CÁLCULO DIFERENCIAL E INTEGRAL

Paulo Boulos

CÁLCULO DIFERENCIAL E INTEGRAL

VOLUME 1

©1999 Pearson Eucation do Brasil Ltda.

Todos os direitos reservados. Nenhuma parte desta publicação poderá ser reproduzida ou transmitida de qualquer modo ou por qualquer outro meio, eletrônico ou mecânico, incluindo fotocópia, gravação ou qualquer outro tipo de sistema de armazenamento e transmissão de informação, sem prévia autorização por escrito e transmissão de informação, da Pearson Education do Brasil.

PRODUTORA EDITORIAL Sandra Cristina Pedri
CAPA Sidnei Moura e Solange Rennó
sobre o projeto original de Marcelo Françozo

Dados Internacionais de Catalogação na Publicação (CIP)
(Câmara Brasileira do Livro, SP, Brasil)

Boulos, Paulo
  Cálculo Diferencial e Integral, volume 1 – São Paulo : Pearson Makron Books, 1999.

  Bibliografia
  ISBN: 978-85-346-1041-4

Outubro 2014
Direitos exclusivos para a língua portuguesa cedidos à
Pearson Education do Brasil Ltda.,
uma empresa do grupo Pearson Education
Rua Nelson Francisco, 26
CEP 02712-100 – São Paulo – SP – Brasil
Fone: 11 2178-8686 – Fax: 11 2178-8688
e-mail: vendas@pearson.com

À minha querida esposa, Márcia.

Agradecimento Especial:

Profª Zara Issa Abud

Sumário

Prefácio	....	XI
Capítulo 1	**Noções Básicas**...............................	1
	§0- UMA MENSAGEM BREVE SOBRE NÚMEROS REAIS	2
	§1- COORDENADAS EM UM PLANO.......................	6
	(A) Sistema cartesiano de coordenadas	6
	(B) Simetrias...	8
	(C) Conjunto-solução de uma equação em x e y.............	9
	(D) Distância entre pontos................................	11
	§2- RETA	15
	(A) A equação $y = mx + n$	15
	(B) Inclinação...	16
	§3- FUNÇÕES...	21
	(A) Conceito...	21
	(B) Gráfico..	26
	(C) Função par e função ímpar	32
	(D) Sinal e raiz	34
	(E) Função afim e função linear..........................	35
	(F) Função módulo (ou valor absoluto)	37
	(G) Função polinomial e função racional	38
	(H) Complemento	39
	§4- FUNÇÕES TRIGONOMÉTRICAS	41
	(A) Funções seno e co-seno...............................	41
	(B) Funções tangente, co-tangente, secante e co-secante........	54
	§5- FUNÇÕES USADAS EM ECONOMIA	61
	EXERCÍCIOS SUPLEMENTARES PARA O CAPÍTULO 1	67

Capítulo 2   Limite, Continuidade, Derivada 71

§6- DERIVADA.. 72
    (A) Reta tangente 72
    (B) Cálculo da inclinação de reta tangente 74
    (C) Derivada...................................... 76

§7- REGRAS PARA CÁLCULO DE DERIVADA 84
    (A) Derivada da soma e da diferença 85
    (B) Derivada de constante vezes função 86
    (C) Derivada de um produto 88
    (D) Derivada de um quociente.......................... 91

§8- REGRA DA CADEIA 95
    (A) A regra da cadeia 95
    (B) Complemento 99
    (C) Aplicação: derivação implícita....................... 100

§9- A DERIVADA COMO TAXA DE VARIAÇÃO 106
    (A) A derivada como velocidade 106
    (B) Taxa de variação................................. 109
    (C) Aplicações à Economia: funções marginais e elasticidade.... 111
    (D) Taxas relacionadas 114

§10- SIGNIFICADO DO SINAL DAS DERIVADAS PRIMEIRA E SEGUNDA 121
    (A) Sinal da derivada primeira.......................... 121
    (B) Sinal da derivada segunda 126
    (C) Aplicação ao estudo de função quadrática 134

§11- PROBLEMAS SOBRE MÁXIMOS E MÍNIMOS............. 141

§12- FUNÇÃO INVERSA E SUA DERIVADA 152
    (A) O conceito de função inversa........................ 152
    (B) Gráfico 155
    (C) Como derivar função inversa 157
    (D) Complemento 160

§13- LIMITES... 161
    (A) Conceito intuitivo de limite.......................... 162
    (B) Propriedades operatórias 165
    (C) Limites infinitos 168
    (D) Formulação Equivalente 171
    (E) Limites no infinito................................ 172
    (F) Complementos................................... 176

§14- CONTINUIDADE 179
    (A) Conceito....................................... 179
    (B) Propriedades.................................... 182
    (C) Continuidade e derivabilidade 184
    (D) Complementos 185

(E) Três teoremas importantes 187
§15- O TEOREMA DO VALOR MÉDIO 191
    (A) Os teoremas de Rolle e do Valor Médio 191
    (B) Complemento 195
EXERCÍCIOS SUPLEMENTARES PARA O CAPÍTULO 2 197

Capítulo 3   **Integral e Sua Relação com a Derivada 211**
    §16- PRIMITIVA 212
        (A) Conceito 212
        (B) Aplicação à função logaritmo neperiano 215
        (C) Notação de Leibniz 216
        (D) Propriedade de linearidade 217
    §17- OBTENÇÃO DE UMA FUNÇÃO A PARTIR DE SUA DERIVADA 219
        (A) O problema de valor inicial 219
        (B) Aplicações 221
    §18- INTEGRAL DEFINIDA 224
        (A) Conceito 224
        (B) Propriedades 228
        (C) Complementos 233
    §19- OS DOIS TEOREMAS FUNDAMENTAIS DO CÁLCULO 235
        (A) Primeiro Teorema Fundamental do Cálculo 235
        (B) Segundo Teorema Fundamental do Cálculo 240
    §20- APLICAÇÕES DA INTEGRAL DEFINIDA 245
        (A) Área da região entre gráficos 245
        (B) Cálculo de volume 247
        (C) Aplicações às ciências 251
        (D) Valor médio de uma função 253
        (E) Aplicações à Economia 256
    EXERCÍCIOS SUPLEMENTARES PARA O CAPÍTULO 3 261

Capítulo 4   **Estudo de Algumas Funções 269**
    §21- AS FUNÇÕES LOGARITMO NEPERIANO E EXPONENCIAL;
    FUNÇÕES HIPERBÓLICAS 270
        (A) A função logaritmo neperiano 270
        (B) Função exponencial 273
        (C) Funções hiperbólicas 276
    §22- AS FUNÇÕES LOGARITMO E EXPONENCIAL GERAIS 281
        (A) A função exponencial de base a 281
        (B) A função logaritmo de base a 285
        (C) Dois limites 289
    §23- FUNÇÕES TRIGONOMÉTRICAS E INVERSAS 291

(A) Derivadas e primitivas das funções trigonométricas 291
(B) Funções trigonométricas inversas..................... 294
(C) Aplicações a máximos e mínimos 300
§24- FORMAS INDETERMINADAS......................... 307
(A) Tipo 0/0 307
(B) Tipo ∞/∞ 309
(C) Tipos $0.\infty$ e $\infty - \infty$................................ 311
(D) Tipos 1^∞, 0^0 e ∞^0............................. 312
EXERCÍCIOS SUPLEMENTARES PARA O CAPÍTULO 4 314

Capítulo 5 Técnicas de Integração............................ 321
§25- INTEGRAÇÃO POR SUBSTITUIÇÃO E POR PARTES 322
(A) Generalidades................................... 322
(B) Método de substituição 323
(C) Complementos 329
(D) Método de integração por partes 331
§26- INTEGRAIS E SUBSTITUIÇÕES TRIGONOMÉTRICAS...... 336
(A) Algumas integrais trigonométricas.................... 336
(B) Substituições trigonométricas....................... 340
§27- INTEGRAÇÃO DE FUNÇÕES RACIONAIS................ 347
(A) Integrais envolvendo expressão quadrática 347
(B) Integração de funções racionais 348
§28- INTEGRAIS IMPRÓPRIAS............................ 360
(A) Integrais sobre intervalo infinito 360
(B) Integrais com integrando não-limitado 362
EXERCÍCIOS SUPLEMENTARES PARA O CAPÍTULO 5 365

Formulário **369**
GEOMETRIA 369
ÁLGEBRA 369
IDENTIDADES TRIGONOMÉTRICAS...................... 370
FUNÇÕES TRIGONOMÉTRICAS INVERSAS 371
FUNÇÕES HIPERBÓLICAS............................. 371
REGRAS DE DERIVAÇÃO.............................. 372
INTEGRAÇÃO 373
TABELA DE DERIVADAS BÁSICAS 373
TABELA DE INTEGRAIS BÁSICAS.................. 374

Apêndice **375**

Bibliografia **381**

Prefácio

O livro e sua estratégia
Este livro pretende ser realista no que diz respeito ao aluno médio das escolas superiores. Portanto, procura suprir, tanto quanto possível e necessário, algumas lacunas que em geral existem na formação do aluno de segundo grau. Por exemplo, o estudo de uma função quadrática é apresentado como parte integrante do texto, e não com caráter de revisão.

      As idéias subjacentes ao Cálculo Diferencial e Integral são difíceis, como todos sabemos, e para tentar contornar essa dificuldade, procuramos, sempre que possível, expor os conceitos do ponto de vista geométrico ou do ponto de vista físico. É necessário que o aluno aceite com naturalidade os resultados, caso contrário oferecerá grande resistência ao aprendizado. No início, em geral, ele não tem maturidade suficiente para receber as idéias do Cálculo, e a bem da verdade, nem motivação. Se, logo de início, começarmos a falar de limites e de suas propriedades, o aluno quase sempre se pergunta para que isso serve, e acaba não se sentindo bem com relação à matéria. Isso justifica certas inversões lógicas na apresentação, que acreditamos serem benéficas para o aprendizado. Esta é uma das estratégias que usamos para apresentar conceitos mais difíceis em época de suposta maior maturidade do aluno. Quanto à motivação, ressaltamos, sempre que possível, a importância do Cálculo nas aplicações do dia-a-dia.

      À medida que o livro avança, certos parágrafos passam a conter seções de caráter complementar, onde certos aspectos teóricos são abordados, com demonstrações. Estes tópicos podem ser em geral omitidos, a não ser em casos especiais, e poderão eventualmente ser retomados em uma segunda leitura.

Breve descrição do livro

Este livro consta de vinte e nove parágrafos, distribuídos em cinco capítulos. Os conhecimentos do anexo Pré-cálculo, que faz parte integrante deste volume, são supostos conhecidos. O §0 foi colocado como um pequeno adendo ao que foi dito no citado livro. Na sua maioria, cada parágrafo se divide em seções, indicadas por (A), (B), etc.

Os exercícios se distribuem ao longo do texto, em geral sucedendo exemplos, sendo que as respostas dos mesmos, destacados em cinza, são dadas ao fim de cada parágrafo. Ao fim de cada capítulo, apresentamos exercícios suplementares, cujas respostas figuram após o último enunciado.

Os exemplos foram incluídos na medida justa para o esclarecimento do assunto exposto. Em cada exemplo, aparece o sinal ◁, indicando ou uma resposta, ou o fim do exemplo.

Agradecimentos

Uma versão preliminar deste livro foi usada por diversos professores. Desejo agradecer em particular às professoras Teresa Takahara, Neide Arashiro, Suely Alípio Costa Lopes, das Faculdades Oswaldo Cruz, Sandra Regina Leme Forstes, da Universidade Santo Amaro, e Cristina Barkevui Mekitarian de Mello, da Universidade Ibirapuera, que não só apontaram inúmeros erros e impropriedades do texto, como transmitiram reações dos alunos, indicando-nos a necessidade de reescrever certos parágrafos. Também fui agraciado com os comentários sempre justos da professora Célia Maria Carolino Pires, das Faculdades Oswaldo Cruz. A inclusão de aplicações à Economia foi feita por sugestão, bastante oportuna aliás, do professor Oscar K.N. Asakura, da Universidade Mackenzie, de quem recebi importante incentivo. Para leitura de alguns parágrafos, pedi socorro a vários professores do Instituto de Matemática e Estatística da Universidade de São Paulo, que, em nome da amizade, trocaram pesquisa pela tarefa enfadonha de ler texto e conferir respostas de exercícios. Nesse particular, não posso deixar de ressaltar o nome da professora Zara Issa Abud, cuja disposição em ajudar pessoas é grandemente conhecida no círculo de suas amizades, do qual eu tenho a honra de pertencer. A todos, os meus sinceros agradecimentos.

Apelo

Espero poder melhorar este trabalho, e para isso solicito dos meus colegas críticas e sugestões, que poderão ser enviadas para a Editora Makron Books do Brasil, pelas quais antecipadamente agradeço.

São Paulo, 25 de novembro de 1998.

O Autor.

Capítulo 1

Noções Básicas

§0- Uma mensagem breve sobre números reais

§1- Coordenadas em um plano
    (A)   Sistema cartesiano de coordenadas
    (B)   Simetrias
    (C)   Conjunto-solução de uma equação em x e y
    (D)   Distância entre pontos

§2- Reta
    (A)   A equação $y = mx+n$
    (B)   Inclinação

§3- Funções
    (A)   Conceito
    (B)   Gráfico
    (C)   Função par e função ímpar
    (D)   Sinal e raiz
    (E)   Função afim e função linear
    (F)   Função módulo (ou valor absoluto)
    (G)   Função polinomial e função racional
    (H)   Complemento

§4- Funções trigonométricas
    (A)   Funções seno e co-seno
    (B)   Funções tangente, co-tangente, secante e co-secante

§5- Funções usadas em Economia

Exercícios suplementares para o Capítulo 1

§0- UMA MENSAGEM BREVE SOBRE NÚMEROS REAIS

- Os números com os quais lidaremos neste livro são os números reais. Vamos admitir que você tenha uma idéia sobre eles e suas propriedades algébricas (serão pressupostos os conhecimentos apresentados no **Pré-Cálculo**). Indicaremos o conjunto dos números reais por R.

- Se o número a é menor do que o número b, indicamos $a < b$. Isto equivale a dizer que b é maior do que a, o que se indica por $b > a$.

  Por exemplo,

  $1 < 2$ $2 > 1$
  $-1 < 0$ $0 > -1$
  $-5 < 2$ $2 > -5$

A notação $a \leq b$ (equivalentemente $b \geq a$) significa que $a < b$ ou $a = b$.

- Um fato importante é que os números reais podem ser representados sobre uma reta. A Figura 0-1 ilustra como se faz isto. Escolhe-se um ponto O da reta para representar o número 0 (O é chamado de **origem**), e outro à direita, para representar o número 1. Fazemos então uma graduação na reta, como se fosse um termômetro.

Sendo P o ponto que representa o número a, dizemos que **P tem coordenada a**, e que **a é a coordenada de P**.

Exemplo 0-1 Na Figura 0-1, P tem coordenada 2, Q tem coordenada 3, R tem coordenada -2, S tem coordenada -1 e O tem coordenada 0.

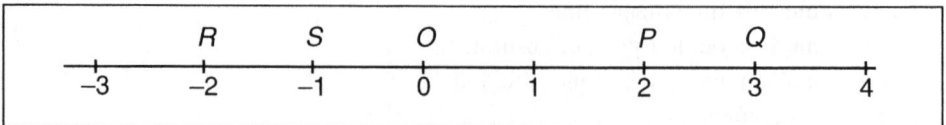

Figura 0-1

Na Figura 0-1 indicamos só números inteiros, porém, qualquer número real tem um ponto da reta que o representa. Por exemplo, o número racional $5/2 = 2,5$ está entre 2 e 3; como $5/2$ é a média aritmética entre 2 e 3, isto é, $5/2 = (2+3)/2$, então sua localização sobre a reta é no ponto médio do segmento PQ, onde P e Q representam respectivamente 2 e 3. Um número mais difícil de marcar é $\sqrt{2}$. Se você usar uma calculadora, verá que $\sqrt{2} = 1{,}414...$, e poderá assim ter uma idéia de sua localização, usando uma graduação "mais fina", como se mostra na Figura 0-2.

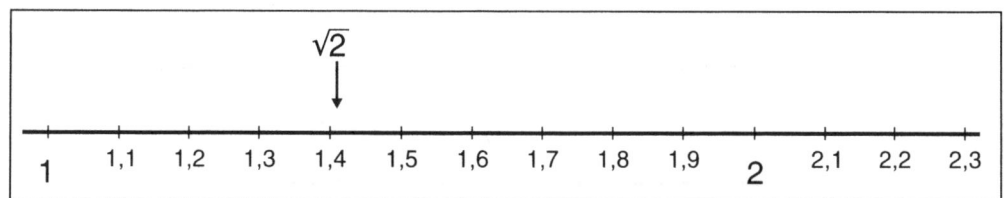

Figura 0-2

- Temos o seguinte fato:

  Se $a < b$ (ou equivalentemente, $b > a$), o ponto que representa a fica à esquerda do ponto que representa b.

A Figura 0-3 ilustra. Para ressaltar que o fato acima não depende da localização dos pontos em relação à origem, ela não foi desenhada na figura.

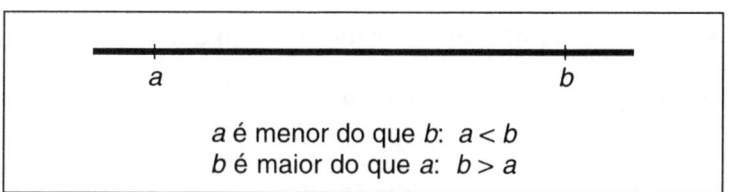

Figura 0-3

Em particular, todos os números positivos (maiores do que 0) são representados à direita de O, e todos os números negativos (menores do que 0) são representados à esquerda de O.

Observação. Costuma-se identificar um número real a com o ponto que o representa sobre uma reta, ou seja, identifica-se o ponto com sua coordenada.

Exemplo 0-2 Represente, em uma reta, o conjunto dos números reais x, em cada caso:

(a) $x > 0$. (b) $x \geq 0$. (c) $1 < x < 3$.
(d) $1 \leq x < 3$. (e) $-2 \leq x \leq 1$. (f) $-10 \leq x \leq \sqrt{2}$.

Resolução.

(a) $x > 0$ quer dizer que x está à direita de 0, ou seja, é positivo. A representação está indicada na Figura 0-4(a). São todos os números à direita de 0. Como o 0 não está incluído, colocamos uma bola "vazada" circulando-o.

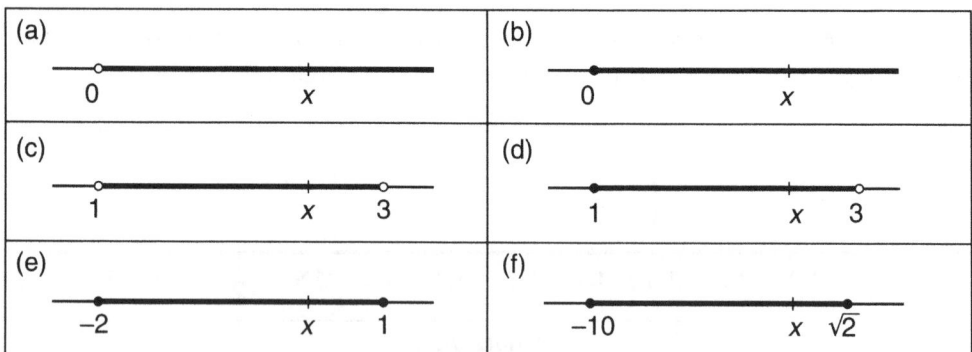

Figura 0-4

(b) Relembremos que a notação $x \geq 0$ deve ser lida: x é maior ou igual a zero. Assim, basta incluir o 0 no conjunto do item (a). Por causa desta inclusão, nós assinalamos o ponto que o representa com uma bola "cheia" (Figura 0-4(b)).

(c) Como $1 < x$ então x está à direita de 1; como $x < 3$, então x está à esquerda de 3. A representação está indicada na Figura 0-4(c).

Os restantes casos estão representados na Figura 0-4. ◄

Exercício 0-1 Repita o exemplo acima, nos casos:

(a) $x<0$.   (b) $x\leq 0$.   (c) $1<x<5$.
(d) $-2<x<0$.   (e) $x>2$.   (f) $-10\leq x \leq -9$.

Destacaremos uma classe importante de conjuntos de números reais:

Um **intervalo** é um conjunto I de números reais com a seguinte propriedade: se dois números estão em I, qualquer número entre eles também está em I.

A seguir listaremos tipos de intervalos, com a notação usual para indicá-los. As letras a e b designam números reais fixados, e serão utilizados os símbolos ∞ (lê-se **infinito**) e $-\infty$ (lê-se menos **infinito**), que, ressaltamos, não representam números reais. (Relembramos que "$\in$" se lê "pertence a " e "I" se lê "tal que".)

(a) $]-\infty, \infty[= \mathbb{R}$ (b) $]a, \infty[= \{x \in \mathbb{R} \mid x > a\}$
(c) $]-\infty, a[= \{x \in \mathbb{R} \mid x < a\}$ (d) $]a, b[= \{x \in \mathbb{R} \mid a < x < b\}$
(e) $[a, \infty[= \{x \in \mathbb{R} \mid x \geq a\}$ (f) $]-\infty, a] = \{x \in \mathbb{R} \mid x \leq a\}$
(g) $[a, b] = \{x \in \mathbb{R} \mid a \leq x \leq b\}$ (h) $[a, b[= \{x \in \mathbb{R} \mid a \leq x < b\}$
(i) $]a, b] = \{x \in \mathbb{R} \mid a < x \leq b\}$

Os números a e b são referidos como **extremidades** (ou **extremos**) do intervalo.

Observações.

(1) Suporemos, sem menção explícita, que nos casos (d), (h) e (i) se tem $a < b$, e que no caso (g) se tem $a \leq b$.
(2) Pode-se provar que qualquer intervalo é de um dos tipos acima.

Exemplo 0-3   Na Figura 0-5 representamos intervalos:

(a) $]-\infty, 0[$.   (b) $]-\infty, 0]$.   (c) $]1, 5[$.
(d) $]-2, 0[$.   (e) $]2, \infty[$.   (f) $[-10, -9]$.

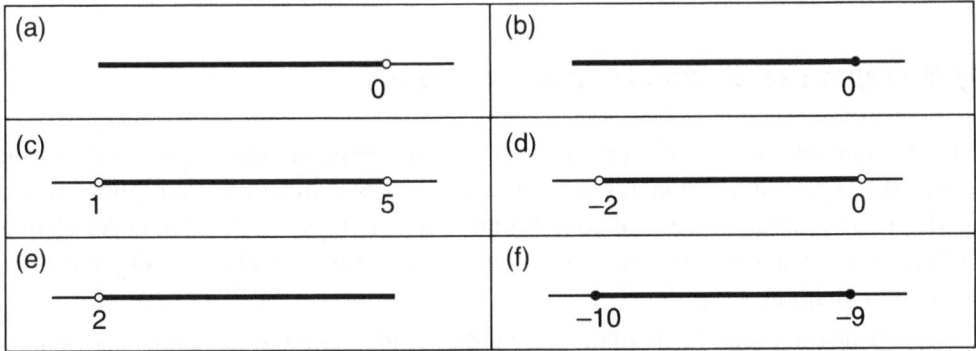

Figura 0-5

É muito importante a noção de intervalo aberto, definida a seguir.

Um **intervalo aberto** é um intervalo que não contém extremidades, ou seja, ou é R, ou de um dos tipos $]-\infty, a[$, $]a, \infty[$, $]a, b[$.

Exercício 0-2   Diga quais intervalos representados na Figura 0-4 são abertos.

Exercício 0-3   Diga quais intervalos representados na Figura 0-5 são abertos.

Exercício 0-4   Verdadeiro ou falso?

(a) ∞ é um número real.   (b) $[4, 6[$ é intervalo aberto.   (c) $]-\infty, -1[$ é intervalo aberto.
(d) $2 \in]2, 4]$.   (e) $-3 \in]-\infty, -1[$.   (f) $[-20, -4[$ está contido em $]-21, -4]$.

> **Respostas dos exercícios do §0**
> 0-1 Figura 0-5.
> 0-2 (a), (c).
> 0-3 (a), (c), (d), (e).
> 0-4 (a) F.   (b) F.   (c) V.   (d) F.   (e) V.   (f) V.

§1- COORDENADAS EM UM PLANO

(A) Sistema cartesiano de coordenadas

Consideremos, em um plano, duas retas graduadas perpendiculares no ponto O, ponto este que será a origem comum das duas graduações, como mostrado na Figura 1-1. Cada uma das retas é chamada de **eixo coordenado**; escolhemos um deles para ser chamado de **eixo dos x**, ou **eixo Ox**; o outro será chamado **eixo dos y**, ou **eixo Oy**. O ponto O é referido como **origem**.

Dado um ponto P_0 do plano, traçando por ele paralelas aos eixos coordenados, determinamos um único par ordenado (x_0, y_0) de números reais, como se mostra na Figura 1-1, números referidos como **coordenadas** de P_0; x_0 é a **abscissa** de P_0, e y_0 a **ordenada** de P_0. Reciprocamente, dado (x_0, y_0), podemos marcar um único ponto do plano tendo x_0 e y_0 como abscissa e ordenada, respectivamente. Embora P_0 seja um ponto do plano e (x_0, y_0) um par de números, escrevemos

$$P_0 = (x_0, y_0)$$

(melhor seria escrever $P_0 \equiv (x_0, y_0)$, ou $P_0(x_0, y_0)$).

Exemplo 1-1 Na Figura 1-2 mostramos os pontos $(1, 2)$, $(2, 1)$, $(4, 0)$, $(0, 3)$, $(-1, 2)$, $(-1, -2)$, $(-3, -3)$. Vamos detalhar a marcação do ponto $P_0 = (-1, 2)$. Você deve olhar para a primeira coordenada (a abscissa), que no caso de P_0 é -1. No eixo Ox, ponha a ponta do lápis no ponto correspondente a -1, que está assinalado com um pequeno círculo. A seguir você deve olhar para a segunda coordenada de P_0 (a ordenada), que no caso de P_0 é 2. Como é positiva, você sobe a ponta do lápis (que estava no ponto assinalado com um pequeno círculo) duas unidades na vertical. Pronto! Você está em P_0.

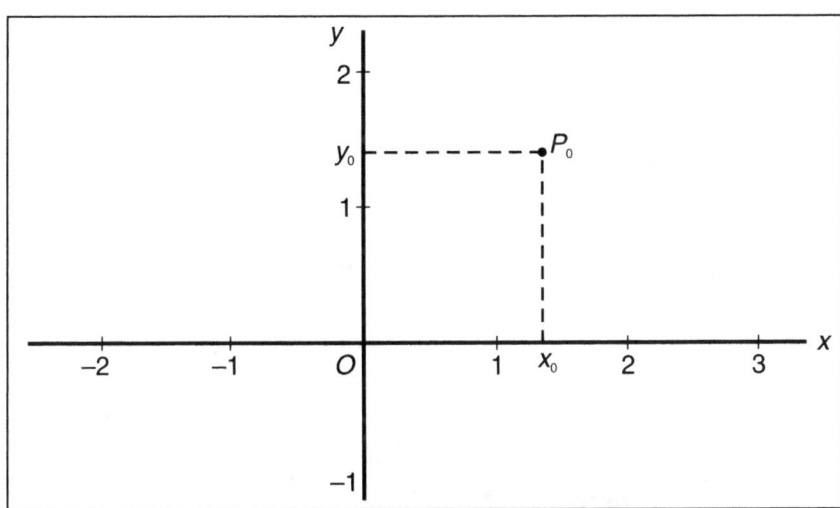

Figura 1-1

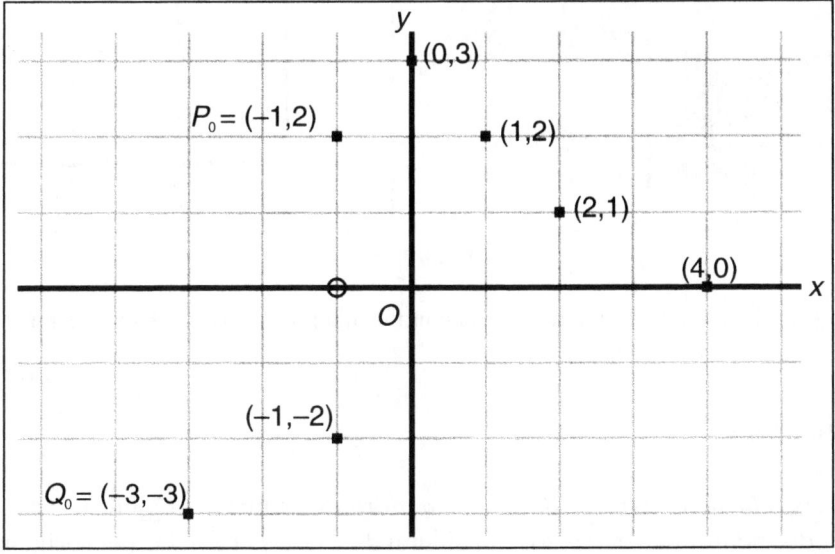

Figura 1-2

Mais um detalhamento. Vamos ver agora como marcar $Q_0 = (-3,-3)$ (siga na Figura 1-2). A primeira coordenada (a abscissa) é -3. Você deve por a ponta do lápis no eixo Ox, no ponto correspondente a -3. Como a segunda coordenada de Q_0 (a ordenada) é -3, negativa, você deve descer a ponta do lápis três unidades na vertical. Você estará em Q_0.

Exercício 1-1 Marque, como no exemplo anterior, os pontos:

A = (−4, 2).   B = (−4, −2).   C = (2, 3).
D = (3, 2).   E = (4, −1).   F = (0, 0).
G = (−1, 0).   H = (2, 0).   I = (−2, 2).

Convém dar nomes às seguintes regiões do plano Oxy (Figura 1-3(a)):

Primeiro quadrante: $\{(x,y) \mid x \geq 0 \text{ e } y \geq 0\}$
Segundo quadrante: $\{(x,y) \mid x \leq 0 \text{ e } y \geq 0\}$
Terceiro quadrante: $\{(x,y) \mid x \leq 0 \text{ e } y \leq 0\}$
Quarto quadrante: $\{(x,y) \mid x \geq 0 \text{ e } y \leq 0\}$

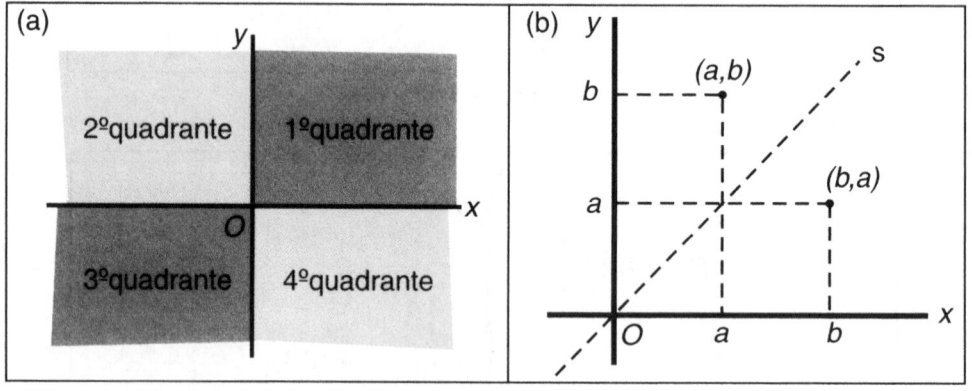

Figura 1-3

Exercício 1-2 Diga em que quadrante se encontra cada ponto do exercício anterior.

(B) Simetrias

Simetria em relação à bissetriz do 1° e 3° quadrantes. Olhe, na Figura 1-3(b), as representações dos pontos (a, b) e (b, a). Considerando a reta s que passa pela origem O e que faz 45 graus com Ox (logo, também com Oy), vemos que estes pontos são simétricos em relação a essa reta. Reciprocamente, se dois pontos são simétricos em relação a s, se um deles é (m, n) o outro é (n, m).

Exercício 1-3 Sendo s como acima, dê o simétrico de P em relação a s, nos casos:

(a) $P = (−2, 6)$.   (b) $P = (2, −7)$.   (c) $P = (−1, −1)$.
(d) $P = (−2, −6)$.   (e) $P = (3, 1)$.   (f) $P = (m, m)$.

Exercício 1-4 Quais pontos da Figura 1-2 são simétricos em relação à reta s acima definida?

• **Simetria em relação aos eixos coordenados.** Olhe para a Figura 1-2. Os pontos (–1, 2) e (1, 2) são simétricos em relação a Oy (têm abscissas opostas e ordenadas iguais). Em geral, os pontos $(-a, b)$ e (a, b) são simétricos em relação a Oy, e reciprocamente, pontos com esta simetria têm coordenadas desse tipo.

Os pontos (–1, 2) e (–1, –2) são simétricos em relação a Ox (têm abscissas iguais e ordenadas opostas). Em geral, os pontos (a, b) e $(a, -b)$ são simétricos em relação a Ox, e reciprocamente, pontos com esta simetria têm coordenadas desse tipo.

Exercício 1-5 Dados os pontos $A = (3, 7)$, $B = (-2, 6)$, $C = (-1, -1)$, $D = (1, 1)$, $E = (-1, 1)$, $F = (-3, 7)$, dê os simétricos em relação a Ox e a Oy. (Nosso conselho: desenhe esquematicamente o ponto, e em seguida seu simétrico.)

• **Simetria em relação à origem.** Dizer que os pontos A e B são simétricos em relação à origem O é o mesmo que dizer que as coordenadas de um são respectivamente opostas às coordenadas do outro. Se $A \neq B$, isto significa que O é ponto médio do segmento AB. Assim, (2, –3) e (– 2, 3) são simétricos em relação a O, bem como (4, 9) e (– 4, – 9).

Exercício 1-6 Dê o simétrico do ponto dado, em relação à origem , nos casos:

(a) (2, 2).   (b) (– 2, 5).   (c) (– 4, – 1).   (d) (0, – 3).   (e) (0, 0).   (f) (– 3, 0).

(C) Conjunto-solução de uma equação em x e y

Vamos agora considerar equações em x e y, como por exemplo $x^2 + y^2 = 1$.

Dada uma equação em x e y, o conjunto A dos pares (x, y) que verificam a equação é chamado **conjunto-solução** da mesma. Nesse caso, diz-se que tal equação é **equação de A**.

Por exemplo, dada a equação $x^3 + y^3 = 1$, temos que (1, 0) está no conjunto-solução da mesma, pois $1^3 + 0^3 = 1$. Será que (–1, 0) também está? Vejamos: $(-1)^3 + 0 = -1 + 0 = -1$, logo (–1, 0) não está no conjunto-solução da equação dada.

O nosso interesse aqui é representar o conjunto-solução de uma equação em x e y , ou seja, representar todos os pontos desse conjunto (na verdade, só conseguiremos, em geral, representar alguns pontos, que nos darão uma idéia da representação de todos).

Exemplo 1-2 Represente o conjunto-solução da equação (em x e y)

$$2y - x^2 = 0.$$

Resolução. Vamos construir uma tabela de pares (x, y), atribuindo valores a x, e obtendo os correspondentes valores de y através da relação $y = x^2/2$, obtida da equação dada. Eis a tabela:

x	0	1	2	3	4
$y = x^2/2$	0	1/2	2	9/2	8

Observemos que, neste caso particular, se substituirmos x por $-x$ o valor de y não se altera. Assim, se $x = -2$ temos $y = (-2)^2 / 2 = 2$, que é o mesmo y que se obtém para $x = 2$. Portanto, o conjunto-solução é simétrico em relação a Oy. Representando os pontos (x, y) da tabela acima, traçamos uma curva passando por eles, que será tanto mais precisa quanto mais pontos usarmos. O resultado está na Figura 1-4. Trata-se de uma parábola, que é uma curva que se estuda no Curso de Geometria Analítica. Assim, de acordo com a definição dada acima, $y = x^2/2$ é equação dessa parábola.

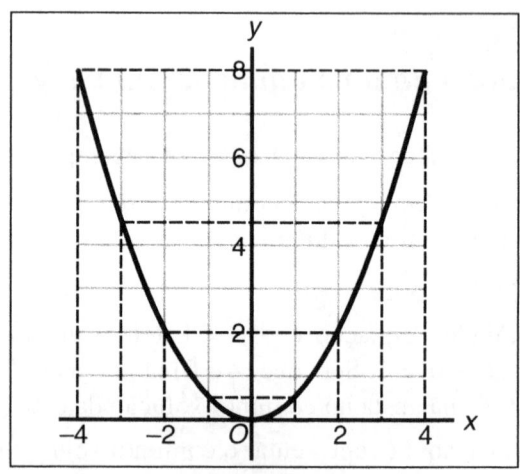

Figura 1-4

Exercício 1-7 Represente o conjunto-solução da equação em x e y, nos casos:

(a) $y = x^2$. (b) $y = x^2 + 5$. (c) $y = -x^2$.

Observação. Se você resolveu o exercício anterior, deve ter notado que:

- Para obter a representação do conjunto-solução de $y = x^2 + 5$, basta deslocar de 5 unidades verticalmente para cima a representação do conjunto-solução de $y = x^2$. Se fosse pedido para representar $y = x^2 - 3$, bastaria deslocar verticalmente de 3 unidades para baixo a representação do conjunto-solução de $y = x^2$.

- Para obter a representação do conjunto-solução de $y = -x^2$, basta tomar o simétrico em relação a Ox da representação do conjunto-solução de $y = x^2$.

Tire partido dessa observação para resolver o exercício a seguir.

Exercício 1-8 Represente o conjunto-solução da equação em x e y, nos casos:

(a) $y = x^3$.   (b) $y = x^3 + 1$.   (c) $y = x^3 - 1$.   (d) $y = -x^3$.

Observação. Em uma equação em x e y, uma dessas letras pode não comparecer. É o caso da equação $x = 1$. O conjunto-solução é formado pelos pontos da forma $(1, y)$, y real qualquer, e é representado pela reta paralela a Oy, cujos pontos todos têm abscissa 1. Para a equação $y = 2$, o conjunto-solução é representado por uma reta paralela a Ox, cujos pontos todos têm ordenada 2.

(D) Distância entre pontos

Queremos achar a distância entre os pontos $P_1 = (x_1, y_1)$ e $P_2 = (x_2, y_2)$. Observe a Figura 1-5(a). Tal distância é a medida P_1P_2 da hipotenusa do triângulo retângulo P_1QP_2. Pelo teorema de Pitágoras, temos

$$P_1P_2 = \sqrt{(P_1Q)^2 + (QP_2)^2}.$$

Mas $(P_1Q)^2 = (x_1 - x_2)^2$, $(QP_2)^2 = (y_1 - y_2)^2$; logo, indicando P_1P_2 por $d(P_1, P_2)$, vem:

$$d(P_1, P_2) = \sqrt{(x_1 - x_2)^2 + (y_1 - y_2)^2}$$

Esta fórmula vale mesmo que o triângulo degenere em um segmento.

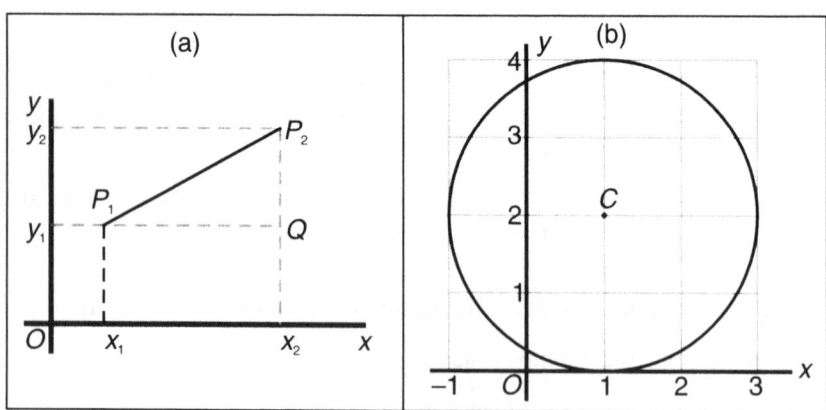

Figura 1-5

Exemplo 1-3

(a) Calcule a distância entre $P_1 = (-1, 2)$ e $P_2 = (1, -3)$.
(b) Escreva uma equação da circunferência de centro $C = (1, 2)$ e raio $r = 2$.

Resolução.

(a) Temos

$$d(P_1, P_2) = \sqrt{(-1-1)^2 + (2-(-3))^2} = \sqrt{4+25} = \sqrt{29} \quad \triangleleft$$

(b) A equação pedida é uma equação em x e y cujo conjunto-solução é a circunferência especificada. Dizer que $P = (x, y)$ está na circunferência é o mesmo que dizer que $d(P, C) = 2$, o que equivale, por ser $d(P, C) > 0$, a $d^2(P, C) = 4$, ou seja, a

$$(x-1)^2 + (y-2)^2 = 4 \quad \triangleleft$$

Na Figura 1-5(b) está representada a circunferência acima.

Exercício 1-9 Calcule a distância entre P_1 e P_2, nos casos:

(a) $P_1 = (1, 1)$, $\quad P_2 = (4, 5)$. (b) $P_1 = (1, 0)$, $P_2 = (2, \sqrt{8})$.
(c) $P_1 = (-1, -1)$, $P_2 = (3, 4)$. (d) $P_1 = (0, 2)$, $P_2 = (0, 4)$.

Exercício 1-10 Escreva uma equação da circunferência, e represente seu gráfico, nos casos:

(a) Centro $C = (0, 0)$, raio 1. (b) Centro $C = (-1, 0)$, raio 2.
(c) Centro $C = (3, -1)$, raio 2. (d) Centro $C = (1, 2)$, raio $\sqrt{2}$.

Respostas dos exercícios do §1

1-1 Veja a Figura 1-6.

1-2 A:2°. B: 3°. C: 1°. D:1°. E: 4°. F: todos. G: 2° e 3°. H: 1° e 4°. I: 2°.

1-3 (a) (6, –2).   (b) (–7, 2).   (c) (–1, –1).
     (d) (– 6, –2).   (e) (1, 3).   (f) (m, m).

1-4 (1, 2) e (2, 1); (–3, –3) é simétrico de si mesmo.

1-5 Em relação a Ox: (3, –7), (– 2, – 6), (–1, 1), (1, –1), (–1, –1), (–3, –7).
     Em relação a Oy: (–3, 7), (2,6), (1, –1), (–1, 1), (1, 1), (3, 7).

1-6 (a) (–2, –2).   (b) (2, –5).   (c) (4, 1).   (d) (0, 3).   (e) (0, 0).   (f) (3, 0).

1-7 Veja a Figura 1-7.

1-8 Veja a Figura 1-8 para os itens (a), (b) e (c), e a Figura 1-9 para o item (d).

1-9 (a) 5.   (b) 3.   (c) $\sqrt{41}$.   (d) 2.

1-10 Para os gráficos, veja a Figura 1-10.
     (a) $x^2 + y^2 = 1$.   (b) $(x+1)^2 + y^2 = 4$.
     (c) $(x-3)^2 + (y+1)^2 = 4$.   (d) $(x-1)^2 + (y-2)^2 = 2$.

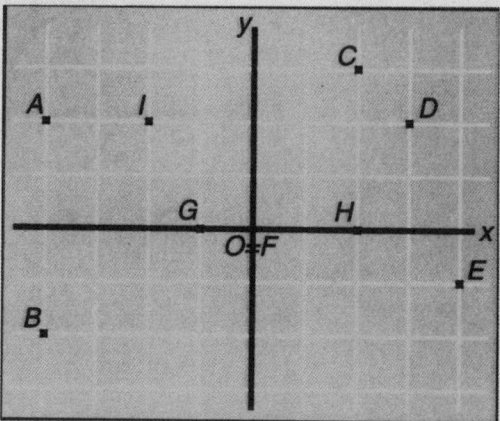

Figura 1-6

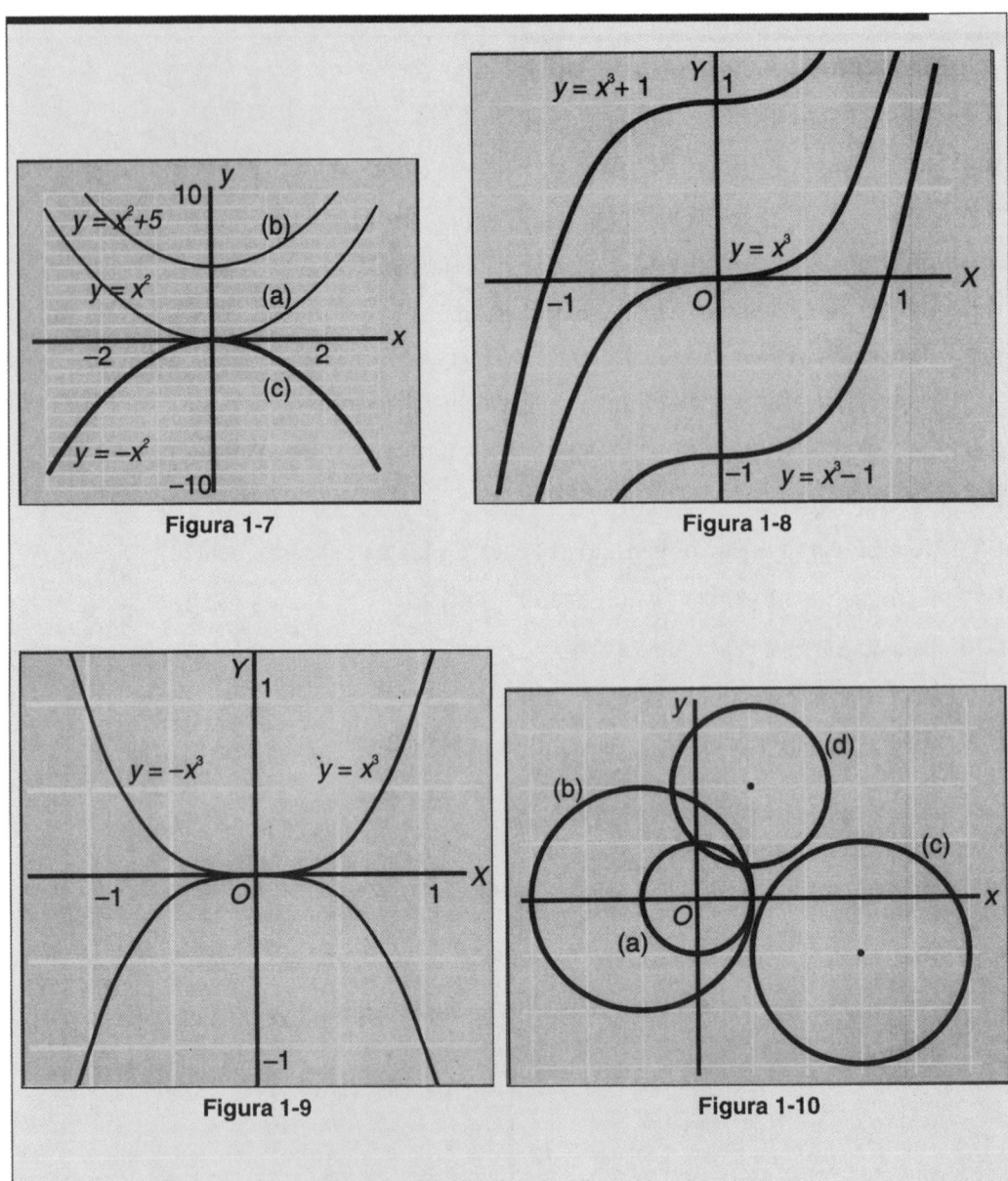

Figura 1-7

Figura 1-8

Figura 1-9

Figura 1-10

§2- RETA

(A) A equação y = mx + n

Como será a representação do conjunto-solução da equação (em x e y) $y = mx + n$? Para adquirimos uma experiência sobre isso, vejamos um exemplo.

Exemplo 2-1 Represente no plano o conjunto-solução da equação

$$y = 0{,}5x + 1$$

Resolução. Montamos a tabela:

x	−4	−3	−2	−1	0	1	2	3	4
$y = 0{,}5x+1$	−1	−0,5	0	0,5	1	1,5	2	2,5	3

Representando tais pontos, vemos que eles estão alinhados, o que nos leva a conjeturar que se trata de uma reta (Figura 2-1).

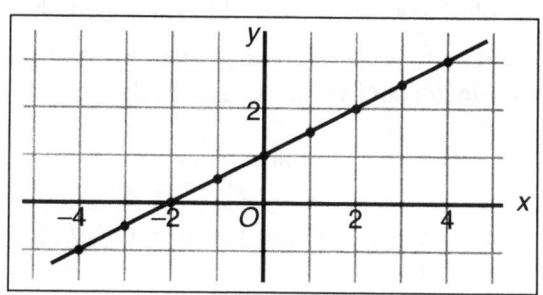

Figura 2-1

Usaremos a seguinte nomenclatura:

reta horizontal: reta paralela a Ox. **reta vertical**: reta paralela a Oy.

Pode-se provar que:

O conjunto-solução da equação (em x e y)

$$y = mx + n$$

é uma reta não-vertical. Qualquer reta não-vertical tem equação dessa forma, onde m e n são únicos.

Assim, para representar o conjunto-solução de (★), bastam dois pontos.

Exercício 2-1 Represente o conjunto-solução da equação (em x e y), nos casos:

(a) $y = x$. (b) $y = x + 1$. (c) $y = 2x - 1$.
(d) $y = 2$. (e) $y = -x$. (f) $y = -2x + 2$.

Observação. A equação de uma reta vertical é da forma $x = c$, c um número real. Por exemplo, $x = 0$ é equação do eixo Oy. E $x = 1$ é equação da reta vertical que passa pelo ponto $(1, 0)$. Conforme se estuda na Geometria Analítica, a equação de uma reta, vertical ou não, é da forma $ax + by + c = 0$, onde a e b não são ambos nulos.

(B) Inclinação

Definição de inclinação. Vamos definir a inclinação de uma reta não-vertical como sendo um número que caracteriza sua direção, do seguinte modo:

Sendo $P_1 = (x_1, y_1)$ e $P_2 = (x_2, y_2)$ dois pontos de uma reta não-vertical, a **inclinação** (ou **declividade**, ou **coeficiente angular**) da reta é o número m dado por

$$m = \frac{y_2 - y_1}{x_2 - x_1}$$

Vemos, na Figura 2-2, que no caso (a), $m = QP_2/P_1Q > 0$; no caso (b), $m = -QP_1/QP_2 < 0$; e no caso (c), $m = 0$.

Pode-se provar que

Retas não-verticais são paralelas se e somente se elas têm inclinações iguais.

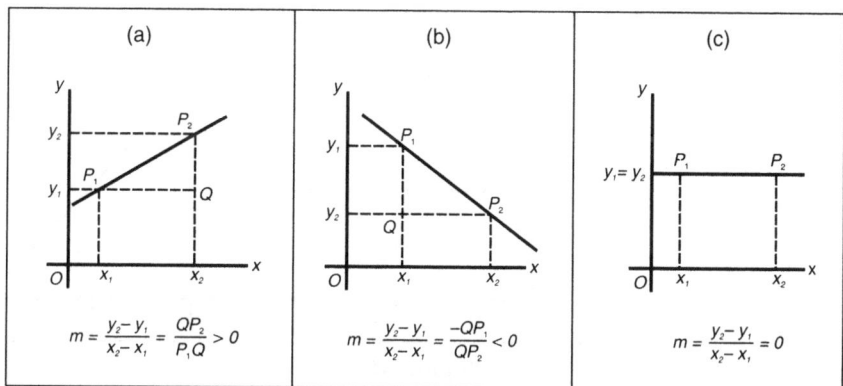

Figura 2-2

Este resultado justifica a afirmação feita inicialmente de que a inclinação caracteriza a direção de uma reta. Para se ter um sentimento sobre ele, representamos, na Figura 2-3, duas retas paralelas r e r^* de inclinação positiva, e pontos sobre elas. Como os triângulos destacados são semelhantes, tem-se

$$\frac{QP_2}{P_1Q} = \frac{Q^*P_2^*}{P_1^*Q^*}$$

ou seja, as inclinações são iguais.

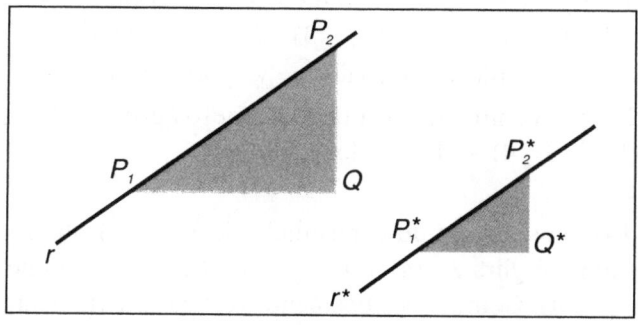

Figura 2-3

Indicaremos um modo prático para o cálculo da inclinação, que ajuda a evitar erros. Escrevemos

$$P_2 - P_1 = (x_2, y_2) - (x_1, y_1) = (x_2 - x_1, y_2 - y_1)$$

e depois, para obter a inclinação, dividimos o segundo elemento $y_2 - y_1$ pelo primeiro $x_2 - x_1$.

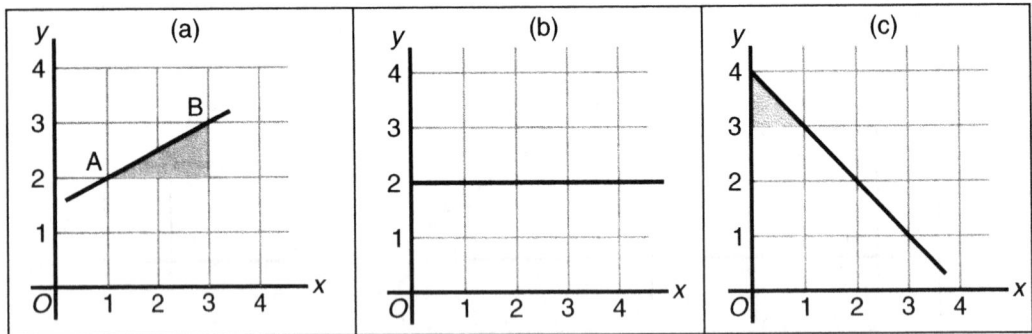

Figura 2-4

Exemplo 2-2 Calcule a inclinação da reta:

(a) que passa por $A = (1, 2)$ e $B = (5, 4)$;
(b) representada na Figura 2-4(a);
(c) que passa por $A = (1, 3)$ e $B = (4, 1)$;
(d) representada na Figura 2-4(b);
(e) representada na Figura 2-4(c).

Resolução.

(a) Temos $B - A = (5, 4) - (1, 2) = (5 - 1, 4 - 2) = (4,2)$; logo, a inclinação é $2/4 = 1/2$.
(b) Observando a Figura 2-4(a), vemos que $A = (1, 2)$ e $B = (3, 3)$ pertencem à reta. Temos $B - A = (3, 3) - (1, 2) = (3 - 1, 3 - 2) = (2, 1)$; logo, a inclinação é $1/2$. ◄
(c) Temos $B - A = (4, 1) - (1, 3) = (4 - 1, 1 - 3) = (3, - 2)$, logo $m = -2/3$.
(d) Dois pontos da reta têm ordenadas iguais $y_2 = y_1$, portanto $m = 0$. ◄
(e) Pela Figura 2-4(c), vemos que a reta passa pelos pontos $(0, 4)$ e $(1, 3)$. Então $(1, 3) - (0, 4) = (1 - 0, 3 - 4) = (1, - 1)$; logo, $m = - 1$. ◄

Observação. Poderíamos ter obtido o resultado do item (b) observando o triângulo retângulo assinalado na Figura 2-4(a), relativo a um deslocamento horizontal 2 (tamanho do cateto horizontal). Como o deslocamento vertical é 1 (tamanho do cateto vertical), então $m = 1/2$. Da mesma forma, um outro modo de resolver a parte (e) é observar que no triângulo assinalado na Figura 2-4(c), o cateto vertical mede 1, e o horizontal também mede 1, logo a medida do vertical dividida pela do horizontal é 1, valor este que dá a inclinação pedida, a menos do sinal. Pelo modo como a reta se inclina, a inclinação é negativa, logo ela é -1.

Exercício 2-2 Determine a inclinação da reta:

(a) que passa por $A = (-1, 2)$ e $B = (3, 6)$;
(b) que passa por $A = (4, -8)$ e $B = (1, 10)$;
(c) representada na Figura 2-5(a);
(d) representada na Figura 2-5(b);

(e) que passa por (2, 5) e (3, 2);
(f) que passa por (4, 10) e (5, 10);
(g) representada na Figura 2-5(c).

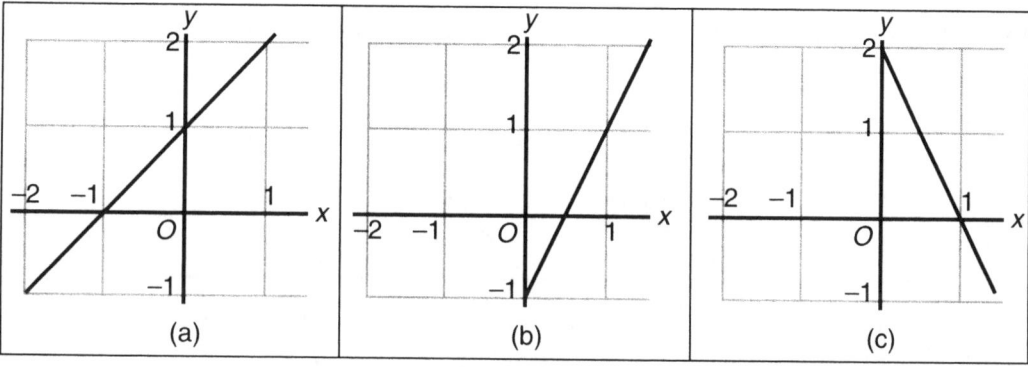

Figura 2-5

Cálculo da inclinação conhecida uma equação da reta. Se $y = mx + n$ é uma equação da reta, como calcular sua inclinação? Tomando dois pontos $P_1 = (x_1, y_1)$ e $P_2 = (x_2, y_2)$ da reta, temos $y_1 = mx_1 + n$ e $y_2 = mx_2 + n$, de onde resulta

$$y_2 - y_1 = mx_2 + n - (mx_1 + n) = m(x_2 - x_1)$$

e daí

$$m = \frac{y_2 - y_1}{x_2 - x_1}$$

Assim,

A inclinação da reta de equação $y = mx + n$ é m.

Exemplo 2-3 Calcule a inclinação da reta de equação:

(a) $y = 3x + 2$.   (b) $y = -5x + 2$.

Resolução.

(a) Temos imediatamente que a inclinação é $m = 3$.
(b) Temos imediatamente que a inclinação é $m = -5$.

Exercício 2-3 Dê a inclinação da reta de equação dada, nos casos:

(a) $y = 4x + 4$. (b) $y = 5x$. (c) $y = -32x - 1$. (d) $y = 0$.

Exercício 2-4 Na Figura 2-6, diga quais retas têm inclinação positiva, quais têm inclinação nula, e quais têm inclinação negativa.

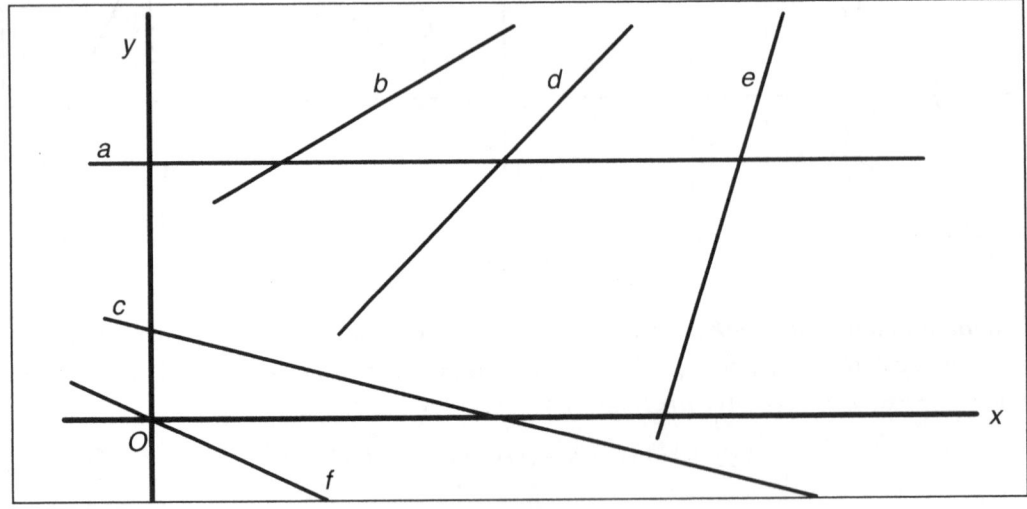

Figura 2-6

Exemplo 2-4 Dê uma equação da reta r que passa pelo ponto $A = (2, -3)$ e que tem inclinação -2.

Resolução. Sabemos que uma equação é da forma $y = mx + n$, onde m é a inclinação; logo,

$$y = -2x + n$$

Impondo que $A = (2, -3)$ pertença à reta, temos $-3 = -2 \cdot 2 + n$, de onde resulta $n = 1$. Assim,

$$y = -2x + 1$$

Exercício 2-5 Dê uma equação da reta que passa por A e tem inclinação m, nos casos:

(a) $A = (-1, -2)$, $m = 1$.   (b) $A = (1, 4)$, $m = -1$.
(c) $A = (-2, 4)$, $m = 2$.   (d) $A = (1, -7)$, $m = 6$.
(e) $A = (-3, 1)$, $m = -3$.   (f) $A = (1, 1)$, $m = 0$.

Respostas dos exercícios do §2

2-1 Veja a Figura 2-7.

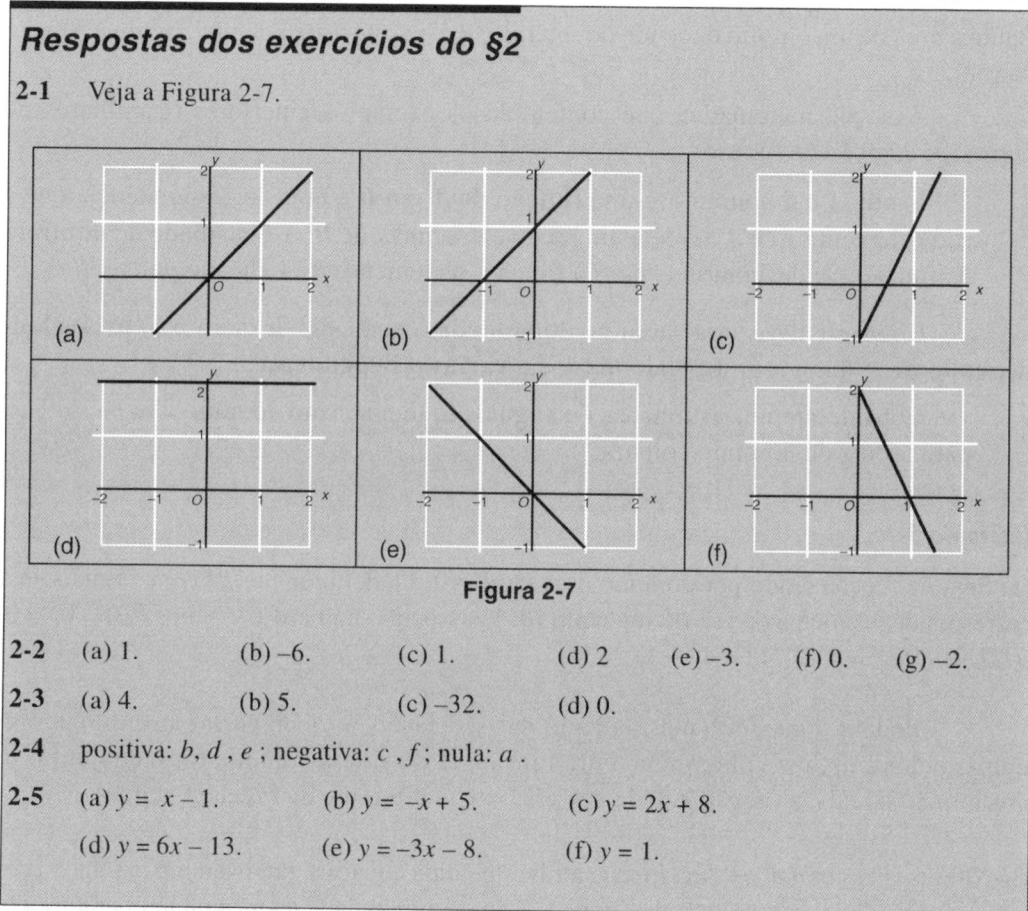

Figura 2-7

2-2 (a) 1. (b) –6. (c) 1. (d) 2 (e) –3. (f) 0. (g) –2.

2-3 (a) 4. (b) 5. (c) –32. (d) 0.

2-4 positiva: b, d, e ; negativa: c, f ; nula: a .

2-5 (a) $y = x - 1$. (b) $y = -x + 5$. (c) $y = 2x + 8$.
(d) $y = 6x - 13$. (e) $y = -3x - 8$. (f) $y = 1$.

§3- FUNÇÕES

(A) Conceito

A noção de função é fundamental em matemática. Observando o nosso dia-a-dia, vemos que existem grandezas que dependem de outras. Por exemplo, a temperatura de um ponto de um forno que acaba de ser desligado tende a diminuir ao longo do tempo. Então a grandeza *temperatura do ponto* depende da grandeza *tempo*; diz-se que a temperatura é função do tempo. Por outro lado, na própria Matemática abundam exemplos de grandezas que dependem de outras, como a área de um círculo de raio r, que é dada por $A = \pi r^2$.

Então a área de um círculo depende de seu raio; diz-se que a área de um círculo é função do raio.

A noção matemática que contempla os exemplos anteriores (e milhares de outros), é a noção de função:

> Sendo A e B conjuntos, uma **função de A em B** é uma correspondência que a cada elemento x de A associa um único elemento y de B. A é chamado de **domínio** da função. Se designarmos por f a função, o elemento y é indicado por $y = f(x)$.

Como x é livre para variar no domínio da função, diz-se que x é a **variável independente**, e que y, por depender de x, é a **variável dependente**.

> Consideraremos as funções f e g iguais se têm mesmo domínio e se $f(x) = g(x)$ para todo x do domínio comum.

Exemplo 3-1

(a) Seja f a função tendo por domínio o intervalo [0, 1], definida por $f(x) = x^3$. Então f é a correspondência que a cada x do intervalo [0, 1] associa o número x^3. Temos $f(0) = 0^3 = 0$, $f(1/2) = (1/2)^3 = 1/8, f(1) = 1^3 = 1$.

Podemos manter a mesma regra de associação, a saber, elevar ao cubo, porém mudar o domínio, para obter uma outra função. Assim, se o domínio for o conjunto $\mathbb{R}$ dos números reais, a função g dada por $g(x) = x^3$ é diferente da função f acima.

(b) Muitas vezes obtém-se uma função através de uma equação. Por exemplo, a relação entre a medida C da temperatura em graus Celsius e a medida F da mesma temperatura em graus Fahrenheit é estabelecida nos cursos de Física como sendo

$$\frac{F - 32}{9} = \frac{C}{5}$$

Desta equação em F e C podemos, por exemplo, tirar o valor de F:

$$F = \frac{9C}{5} + 32$$

Obtemos assim uma correspondência que a cada C associa F dada por esta expressão. Se estipularmos que C varia em um certo conjunto de números, obteremos uma função f tendo esse conjunto por domínio:

$$F = f(C) = \frac{9C}{5} + 32$$

Assim, se $C = 100$, teremos $F = f(100) = 9.100/5 + 32 = 212$, ou seja, 100 graus Celsius correspondem a 212 graus Fahrenheit.

Por outro lado, poderíamos ter tirado o valor de C em termos de F, caso em que obteríamos uma outra função g, que você pode verificar que é dada por

$$C = g(F) = \frac{5(F-32)}{9}$$

(c) Considere a equação $10y - x^2 = 0$. Podemos explicitar y em termos de x, e escrever $y = x^2/10$. Vamos estipular, por exemplo, que x varia no intervalo aberto]–2, 2[. Então, a cada x real, a expressão acima fornece um único valor de y, a saber, $x^2/10$. Temos assim uma função f, de domínio]–2, 2[, dada por

$$f(x) = \frac{x^2}{10}$$

◄

Exercício 3-1

(a) Sendo $f(x) = 3x + 2$,   calcule $f(-1)$, $f(0)$, $f(1)$.
(b) Sendo $f(x) = x^2 - x + 1$,   calcule $f(-2)$, $f(1)$, $f(4)$.
(c) Sendo $h(t) = 1/(t^2 - 1)$,   calcule $h(0)$, $h(4)$, $h(-4)$.
(d) Sendo $g(u) = u/(1 + u^2)$,   calcule $g(1)$, $g(-1)$, $g(4)$.
(e) Sendo $f(t) = 1 - 2t^2$,   calcule $f(0)$, $f(-1)$, $f(3)$.
(f) Sendo $s(t) = (4 - t^2)^{1/2}$,   calcule $s(1)$, $s(2)$, $s(0)$.

A notação $f(x)$ oferece em geral alguma dificuldade ao estudante. O próximo exemplo se destina a esclarecer essa notação.

Exemplo 3-2   Sendo

$$f(x) = \frac{1}{x} \qquad (\bigstar)$$

vamos calcular $f(x + h)$. Um erro muito comum é escrever $f(x + h) = \frac{1}{x} + h$. Onde está o erro? Está na **interpretação** do símbolo $f(x) = \frac{1}{x}$. Quando escrevemos, por exemplo, $f(2)$, o 2 está no lugar de x. Então devemos escrever, no segundo membro de ($\bigstar$), 2 no lugar de x. Assim, $f(2) = \frac{1}{2}$. Ora, quando escrevemos $f(x + h)$, $x + h$ está no lugar de x. Então, devemos escrever, no segundo membro de ($\bigstar$), $x + h$ em lugar de x. Assim,

$$f(x + h) = \frac{1}{x+h}$$

Um procedimento prático, que evita erros, e que é útil se você estiver em dúvida, é colocar um retângulo em lugar de x:

$$f(\boxed{}) = \frac{1}{\boxed{}}$$

Agora, se você escrever alguma coisa no retângulo do primeiro membro, deve fazer o mesmo no retângulo do segundo membro. Se for $x + h$, você obterá a expressão anterior. Só para conferir se você entendeu:

- Para calcular $f(x^4 + 2x + 2)$, deve-se escrever $x^4 + 2x + 2$ dentro dos dois retângulos, para obter

$$f(x^4 + 2x + 2) = \frac{1}{x^4 + 2x + 2}$$

- Para calcular $f(\frac{1}{x+1})$, deve-se escrever $\frac{1}{x+1}$ dentro dos dois retângulos, para obter

$$f(\frac{1}{x+1}) = \frac{1}{\frac{1}{1+x}} = 1 + x$$

◄

Observação. Nos exercícios a seguir, vamos usar o símbolo Δx para indicar um número. A letra grega Δ se lê **delta**. Δx indica uma variação dada a x (usaremos isto no §6), mas aqui você deve entender tal símbolo apenas como um número.

Exercício 3-2 Sendo $f(x) = \frac{1}{x}$, calcule

(a) $f(x + 3)$. (b) $f(1 + h)$. (c) $f(x + \Delta x)$.

(d) $f(x + \Delta x) - f(x)$. (e) $\frac{f(x + \Delta x) - f(x)}{\Delta x}$. (f) $f(x^3)$.

Exercício 3-3 Sendo $f(x) = \frac{1}{x^2}$, calcule

(a) $f(1 - d)$. (b) $f(x + \Delta x)$. (c) $\frac{f(x + \Delta x) - f(x)}{\Delta x}$. (d) $f(\frac{1}{x^4})$.

Exercício 3-4 Sendo $f(x) = \frac{x^2}{10}$, calcule $\frac{f(x + \Delta x) - f(x)}{\Delta x}$.

Exercício 3-5 Sendo $f(x) = x^3$, calcule $\frac{f(x + \Delta x) - f(x)}{\Delta x}$. Relembramos que

$$(a + b)^3 = a^3 + 3a^2b + 3ab^2 + b^3$$

Exercício 3-6 Sendo $f(x) = mx + n$, calcule $\dfrac{f(x + \Delta x) - f(x)}{\Delta x}$.

Exercício 3-7 Seja $f(x) = x^2 - x$. Quais das afirmações são verdadeiras?

(a) $f(1) = f(0)$.
(b) $f(2) = f(3)$.
(c) $f(1) + f(2) = f(-1)$.
(d) $f(1 + 2) = f(1) + f(2)$.

Observação. Freqüentemente se diz: considere a função f dada por $f(x) = $ "uma expressão contendo x" (por exemplo, $f(x) = 1/(1 - x)$), sem menção ao domínio da função. Neste caso, supõe-se que tal domínio é formado por todos os x para os quais a expressão pode ser calculada. Assim, se $f(x) = 1/(1 - x)$, o domínio é formado pelos x tais que $1 - x \neq 0$, ou seja, $x \neq 1$, pois o denominador não pode ser nulo. Este conjunto é indicado por $\mathbb{R} - \{1\}$.

Exemplo 3-3

(a) Sendo f dada por $f(x) = \sqrt{1 - x}$, o domínio de f é descrito por $1 - x \geq 0$, ou seja, $x \leq 1$. Isto porque (em $\mathbb{R}$) não podemos extrair raiz quadrada de número negativo. Portanto, o domínio é $]-\infty, 1]$.

(b) Para determinar o domínio da função f dada por

$$f(x) = \frac{3x^4 - 1}{\sqrt[3]{1 - x^2}}$$

observemos que como existe a raiz cúbica de qualquer número (mesmo negativo: $\sqrt[3]{-8} = -2$), o único problema é o anulamento do denominador. Os números que anulam o denominador são os que verificam $1 - x^2 = 0$, ou seja, $(1 - x)(1 + x) = 0$; portanto, são os números 1 e −1. Então, o domínio da função f é o conjunto dos números reais diferentes de 1 e de −1, conjunto este indicado por $\mathbb{R} - \{-1, 1\}$. ◄

Exercício 3-8 Dê o domínio da função, nos casos:

(a) $f(x) = x^3 - 3x + 1$.
(b) $f(x) = \dfrac{x^2 + x}{x - 2}$.
(c) $f(x) = \dfrac{x}{x^2 + 1}$.
(d) $f(u) = \sqrt{u - 4}$.
(e) $f(t) = \dfrac{1}{\sqrt{2t - 8}}$.
(f) $g(s) = \dfrac{s(s + 1)}{(s - 1)(s - 2)}$.

ATENÇÃO. O símbolo $f(x)$ **não significa produto de f por x**. Como f indica uma função (que não é um número), e x indica um número, não tem sentido multiplicar, no nosso contexto, f por x, como se fossem números reais! Induzido por esse erro, o aluno pode achar que se f é uma função qualquer, então $f(a + b) = f(a) + f(b)$ vale no domínio de f. Você já deve ter verificado que ISTO NÃO VALE EM GERAL, quando resolveu o

Exercício 3-7(d). Existe um tipo de função que verifica esta propriedade, a chamada *função linear*, objeto do exercício a seguir.

Exercício 3-9

(a) Sendo $f(x) = mx$, m uma constante dada, mostre que, para quaisquer números reais a e b, vale $f(a + b) = f(a) + f(b)$.
(b) Dê uma função que não verifica tal propriedade.

Os próximos exercícios, que têm um leve sabor prático, servem para você testar se entendeu o conceito de função.

Exercício 3-10 A temperatura, num certo ponto de uma cidade, decorridas t horas após 12h, é dada por $T(t) = -4t^2/3 + 17t/3 + 25$ graus Celsius.

(a) Qual é a temperatura às 15h?
(b) Qual a variação de temperatura ΔT entre 15h e 17h (ΔT = temperatura às 17h– temperatura às 15h)?

Exercício 3-11 Uma partícula é largada do alto de uma torre, e cai verticalmente. Num instante t (em segundos) após a largada, a altura da partícula (distância até o chão) é $h(t) = 19{,}6 - 4{,}9t^2$ metros.

(a) Qual a altura da torre?
(b) Qual o valor de t quando a partícula bater no solo?
(c) Qual a variação Δh da altura entre os instantes $1s$ e $2s$ ($\Delta h = h(2) - h(1)$)?

(B) Gráfico

Existe um provérbio chinês que diz que uma figura vale mais do que mil palavras. Isto se aplica muito em Matemática. Observe que, ao longo deste livro, cada explicação, sempre que possível e razoável, está acompanhada de uma figura. Pois bem, no caso de uma função, que é objeto de nosso estudo, a representação de seu gráfico, conceito que definiremos a seguir, é a figura que vale por (muito mais de) mil palavras. Através dessa representação, saberemos como a função se comporta.

O **gráfico** de uma função f é o conjunto dos pares $(x, f(x))$, onde x percorre o domínio de f.

Quando a função é dada por uma equação $y = f(x)$, seu gráfico nada mais é que o conjunto-solução dessa equação. Com a representação do gráfico, a gente "vê" o comportamento da função, o que, na maioria das vezes, é difícil só com a expressão. Vamos esclarecer este ponto: em um problema prático, um fazendeiro que quer construir uma benfeitoria em sua fazenda, chega à conclusão (para uma situação específica, veja o Exercício 11-4) de que o custo da obra, em dólares, é dado por

$$C(x) = 10(x + \frac{16}{x})$$

onde x é a medida em metros de um lado da construção. Então, se tal lado medir $x = 1$ metro, o custo será $C(1) = 10(1 + 16/1) = 170$ dólares. Se tal lado medir $x = 2$ metros, o custo será $C(2) = 10(2 + 16/2) = 100$ dólares, e assim por diante. Perguntamos: quando x aumenta, o custo $C(x)$ aumenta ou diminui? Qual o valor de x que dá o menor custo?

Olhando para a expressão de $C(x)$, fica difícil responder tais perguntas. Vamos agora exibir uma representação do gráfico da função C, na Figura 3-1. Se soubermos interpretar tal representação corretamente, vamos poder começar a responder as perguntas anteriormente formuladas. De fato, quando x aumenta, a curva vai abaixando, até que x atinge 4 (isto significa que o custo $C(x)$ está diminuindo); daí em diante, a curva vai subindo (o que significa que o custo está aumentando). Pela representação do gráfico vemos que o custo mínimo ocorre para $x = 4$, e este custo mínimo é $C(4) = 80$.

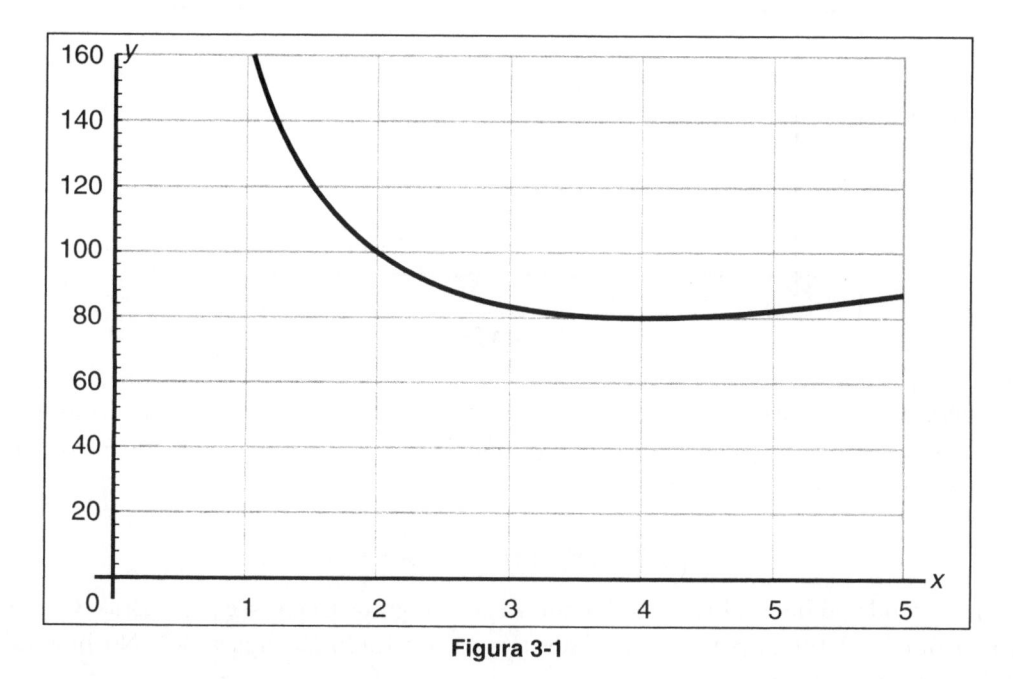

Figura 3-1

Observação. Nós fomos um pouco afoitos nas conclusões acima. Veja: quem garante que para x entre 0 e 1 a função está decrescendo? Além disso, estamos depositando um certo grau de confiança no desenho, para afirmar que $x = 4$ nos dá o custo mínimo. Pela espessura do traço, sempre ficamos na dúvida: não poderia ser $x = 4,0001$? ou

$x = = 3,9999$? Resolveremos tais questões no §10(A). Enquanto isso, você pode proceder como fizemos. A seguir destacaremos, embora de um ponto de vista não rigoroso, a noção de função crescente e de função decrescente em um intervalo, e de ponto de máximo e de mínimo (veja a seção (H) para definições precisas).

Uma função é **crescente em um intervalo** I se, fazendo x crescer em I, a curva que representa o gráfico sobe; e será **decrescente em** I se a curva desce.

O ponto mais alto de um gráfico, quando existe, é o **(valor) máximo** da função, e o mais baixo, o **(valor) mínimo**. As abscissas desses pontos são chamadas, respectivamente, de **ponto de máximo** e **ponto de mínimo** da função.

Na Figura 3-2, a função é crescente em $[a, b]$ e em $[c, d]$, e é decrescente em $[b, c]$. b é ponto de máximo e $f(b)$ é o máximo; c é ponto de mínimo, e $f(c)$ é o mínimo. Não é o caso dessa figura, mas facilmente se pode imaginar uma situação em que existem vários pontos de máximo, todos correspondentes a um valor máximo, ou vários pontos de mínimo, correspondentes a um valor mínimo.

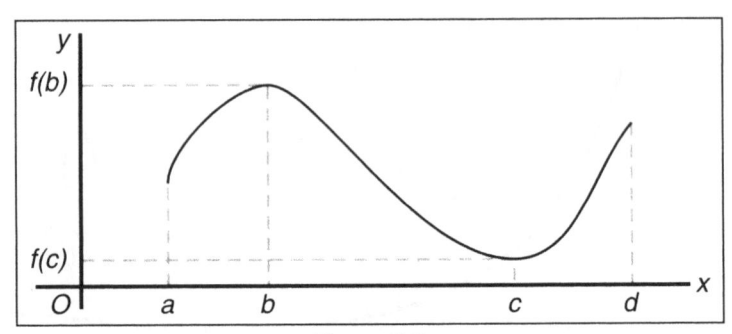

Figura 3-2

Exemplo 3-4 Numa câmara onde se desenvolve um processo químico, um termômetro marca a temperatura T no decorrer da experiência. Sendo t o tempo passado após o início, que se deu às 12 horas, tem-se

$$T = 2t^3 - 12t^2 + 18t + 10$$

relação válida no intervalo $0 \le t \le 4$, onde T está em graus Celsius, e t em horas. O gráfico da função definida pela equação acima está mostrado na Figura 3-3. No intervalo considerado, determine:

(a) a máxima temperatura atingida e a hora em que isto ocorreu;
(b) a mínima temperatura atingida e a hora em que isto ocorreu;
(c) os valores máximo e mínimo da função, bem como os pontos de máximo e de mínimo;

(d) os (maiores) subintervalos de [0, 4] onde a função é crescente e onde a função é decrescente.

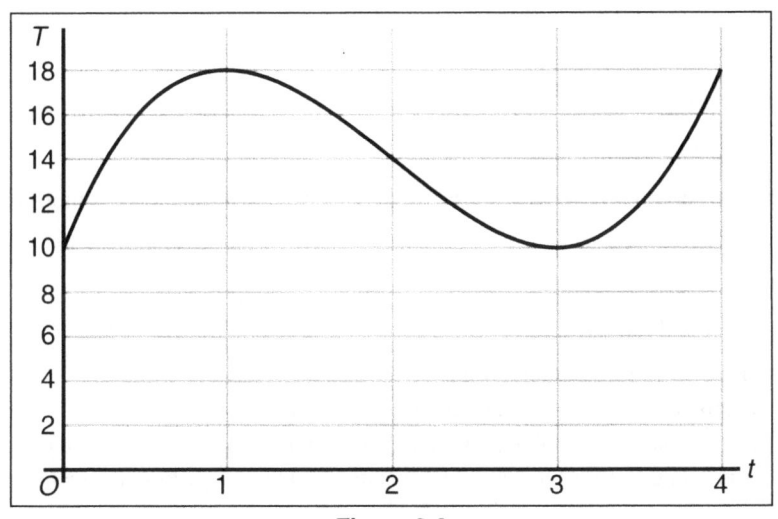

Figura 3-3

Resolução.

(a) A máxima temperatura atingida é 18° C, como se vê na Figura 3-3, e ocorreu para $t = 1$, que corresponde a $12 + 1 = 13$ horas, e também para $t = 4$, que corresponde a $12 + 4 = 16$ horas. Assim:

A temperatura máxima atingida foi 18° C, e ocorreu às 13 horas e às 16 horas. ◂

(b) De modo análogo, obtemos que a temperatura mínima atingida foi 10° C, e ocorreu às 12 horas e às 15 horas. ◂

(c) Obviamente, o valor máximo da função é 18, e o mínimo é 10. Como o domínio da função é dado por $0 \le t \le 4$, os pontos de máximo são $t = 1$ e $t = 4$, e os de mínimo são $t = 0$ e $t = 3$. ◂

(d) A função é crescente em [0, 1] e em [3, 4], e é decrescente em [1, 3]. ◂

Exercício 3-12 As seguintes questões são relativas ao exemplo anterior:

(a) Qual a temperatura às 14 horas?
(b) Quantas vezes a temperatura atingiu 16° C? Dê aproximadamente a hora em que isto ocorreu pela primeira vez.
(c) A temperatura às 12h45m foi maior ou menor do que a temperatura às 14h30m?

Exercício 3-13 Na Figura 3-4(a) são mostrados os pontos A, B e C das margens de um rio. Um atleta vai de A até um ponto P entre A e C, caminhando sobre a margem, com velocidade

$v_1 = 2{,}5$ m/s, e nada de P a B com velocidade $v_2 = 2$ m/s. O tempo gasto no trajeto é calculado lembrando que

espaço percorrido = (velocidade) . (tempo gasto) ∴ tempo gasto =(espaço percorrido)/velocidade

Assim, tempo total gasto = tempo gasto de A a P + tempo gasto de P a B

$$= AP/v_1 + PB/v_2.$$

Observando que $AP = 50 - x$ e $PB = \sqrt{x^2 + (30)^2}$, e indicando o tempo total gasto por $t(x)$, vem

$$t(x) = \frac{50-x}{2{,}5} + \frac{\sqrt{x^2 + 900}}{2}, \quad 0 \le x \le 50$$

(a) Calcule o tempo gasto se o percurso for ACB.
(b) Calcule o tempo gasto se o atleta nadar de A a B, em linha reta.
(c) O gráfico de t em função de x está representado na Figura 3-4(b). (Na parte (c) da figura mostra-se um detalhe do gráfico.) Determine a distância AP para que o tempo gasto seja o menor possível.

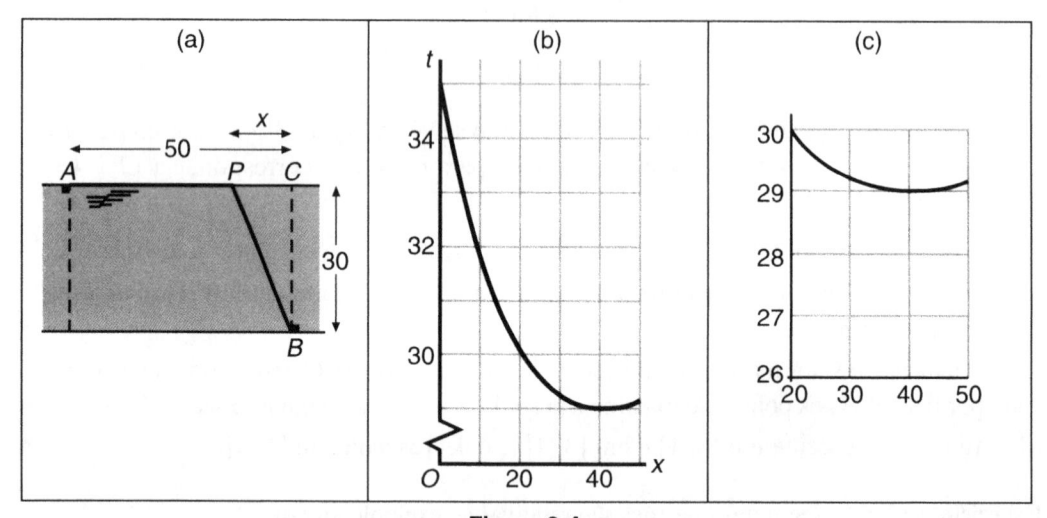

Figura 3-4

Exercício 3-14 A densidade da água, a uma determinada temperatura, é constante. Isto quer dizer que, nessa temperatura, a massa de uma porção qualquer de água dividida pelo volume dessa porção é constante e igual à densidade. Porém, a densidade ρ da água é função da temperatura T, $\rho = f(T)$. Na Figura 3-5(a) está representado o gráfico de f.

(a) f é crescente? Decrescente?
(b) Qual o maior subintervalo de [0, 10] onde f é crescente? Decrescente?

(c) Para qual temperatura a função atinge um máximo em [0, 10]? Mínimo?

(d) Aquecendo-se continuamente uma certa quantidade de água de modo que sua temperatura aumente no decorrer do tempo de 0°C a 10°C, o que acontece com seu volume?

(e) Pergunte a um professor de física o que esse comportamento da água tem a ver com o congelamento dos lagos.

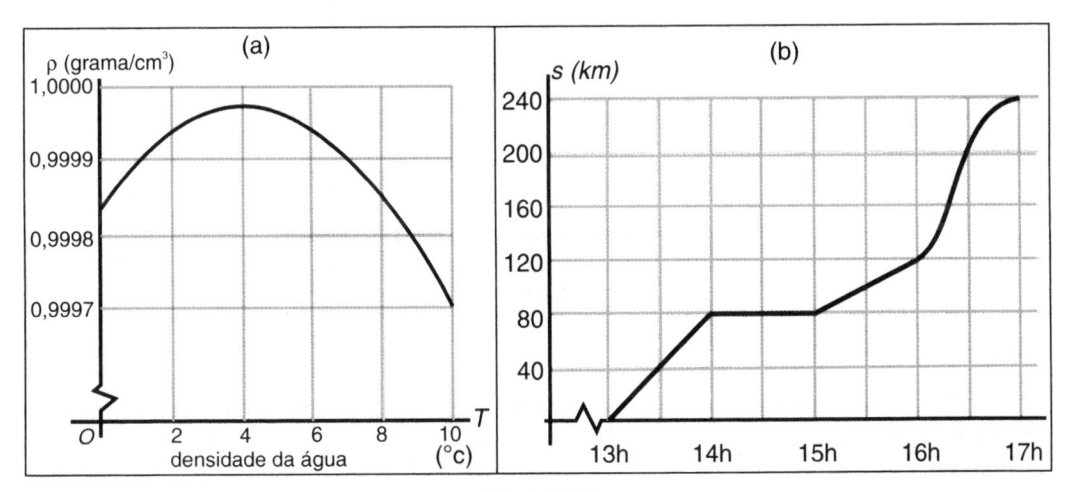

Figura 3-5

Exercício 3-15 Um automóvel percorre uma estrada, partindo, às 13 horas, de uma cidade A e chegando, às 17 horas, em uma cidade B. Um passageiro, lendo o marcador de distância percorrida, a partir de A, para um certo número de instantes, representa aproximadamente o gráfico da distância percorrida em função da hora, o resultado sendo mostrado na Figura 3-5(b).

(a) Qual a distância percorrida entre as duas cidades?

(b) Sabendo que houve apenas uma parada, diga quanto tempo durou e a que horas ocorreu.

(c) A função referida é crescente?

(d) Qual a distância percorrida entre 15h e 16h30m?

Exercício 3-16 Duas partículas P_1 e P_2 são lançadas verticalmente, no instante $t = 0$ (em verticais distintas). Os gráficos de suas alturas (em metros) em função do tempo (em segundos) estão representados na Figura 3-6, o de P_2 sendo tracejado. Determine:

(a) A altura máxima atingida por cada partícula e o instante em que isto sucedeu.

(b) O maior intervalo de tempo durante o qual P_1 se manteve mais alta que P_2.

(c) O instante em que P_1 e P_2 têm mesma altura.

(d) Qual a distância percorrida (em física fala-se espaço percorrido) por P_1 no intervalo de tempo [0, 8]?

Figura 3-6

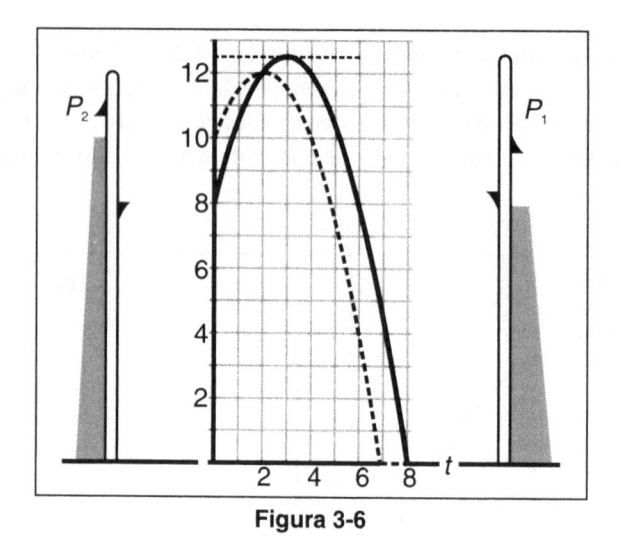

Exercício 3-17

(a) O gráfico de uma equação em x e y apresenta o seguinte fato: existe uma reta vertical (paralela a Oy) que encontra o gráfico em mais de um ponto (Figura 3-7(a)). Este gráfico pode ser o gráfico de uma função? Por quê?

(b) Quais gráficos representados na Figura 3-7 são gráficos de funções?

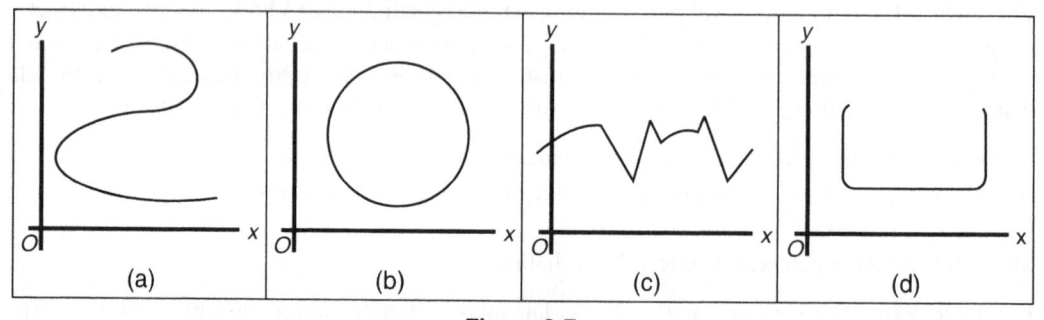

Figura 3-7

(C) Função par e função ímpar

Duas qualidades interessantes que uma função pode apresentar são consideradas a seguir:

Seja f uma função cujo domínio é simétrico com relação a 0 (quer dizer, se x está no domínio então $-x$ também está).

- f é chamada de **função par** se para todo x do seu domínio se tem
$$f(-x) = f(x)$$
- f é chamada de **função ímpar** se para todo x do seu domínio se tem
$$f(-x) = -f(x)$$

Do ponto de vista geométrico, uma função par é aquela cujo gráfico é simétrico com relação ao eixo Oy (Figura 3-8(a)), e uma função ímpar é aquela cuja gráfico é simétrico em relação à origem O (Figura 3-8(b)). Observando esta última figura, vemos que, conhecendo o gráfico de uma função ímpar para $x > 0$, obtém-se o gráfico para $x < 0$ por simetria em relação a Oy seguida de simetria em relação a Ox. Claramente, o conhecimento de que uma função é par ou ímpar facilita a representação de seu gráfico.

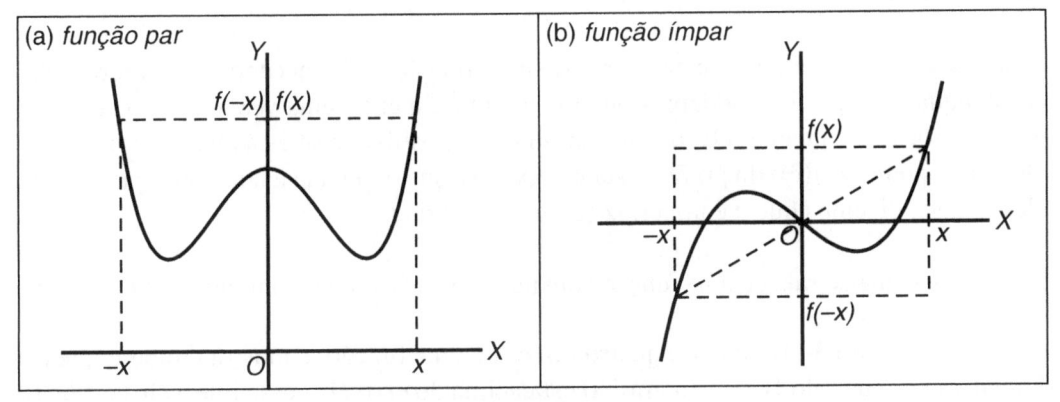

Figura 3-8

Exemplo 3-5

(a) Sendo $f(x) = (x^2 + 3)^3$, temos
$$f(-x) = ((-x)^2 + 3)^3 = (x^2 + 3)^3 = f(x)$$
logo, f é par. ◀

(b) Sendo $f(x) = 4x^5 - 3x^3$, temos
$$f(-x) = 4(-x)^5 - 3(-x)^3 = 4(-x^5) - 3(-x^3) = -4x^5 + 3x^3 = -(4x^5 - 3x^3) = -f(x)$$
logo, f é ímpar. ◀

Exercício 3-18 Decida se f é par ou ímpar:

(a) $f(x) = 2x^4 - x^2 + 4$. (b) $f(x) = 3x^5 + x$. (c) $f(x) = (2x^4 + 1)/x^3$. (d) $f(x) = (5 - x^2)/x^4$.

Exercício 3-19

(a) Dê um exemplo de uma função de domínio $\mathbb{R}$ que não é par nem ímpar.
(b) Determine f sabendo que é par e ímpar.
(c) Sendo h uma função qualquer de domínio simétrico, mostre que f é par e g é ímpar, sendo $f(x) = h(x) + h(-x)$, $g(x) = h(x) - h(-x)$.

Exercício 3-20 Prove as afirmações:

(a) O produto de duas funções pares ou ímpares é uma função par.
(b) O produto de uma função par por uma função ímpar é uma função ímpar.

(D) Sinal e raiz

Uma questão importante é saber o sinal de uma função f. Conhecendo uma representação adequada do gráfico, podemos obter o sinal facilmente, uma vez que, se o ponto do gráfico está acima do eixo Ox, o valor da função é positivo, e se está abaixo, é negativo. Quando o ponto $(c, f(c))$ do gráfico está no eixo Ox, sua ordenada é nula, ou seja, $f(c) = 0$. Nesse caso, dizemos que c é uma raiz (ou um zero) de f.

Chama-se **raiz** de uma função f um número real c do seu domínio tal que $f(c) = 0$.

A Figura 3-9(a) mostra quatro raízes de uma função, e mostra também que ela é positiva no intervalo $]x_2, x_3[$ (o gráfico está acima do eixo Ox nesse intervalo) e negativa no intervalo $]x_3, x_4[$ (o gráfico está abaixo do eixo Ox nesse intervalo).

x_1, x_2, x_3, x_4, são raízes de f

$$f(x) = \frac{x^3 - 6x^2 + 11x - 6}{x^2 + 1}$$

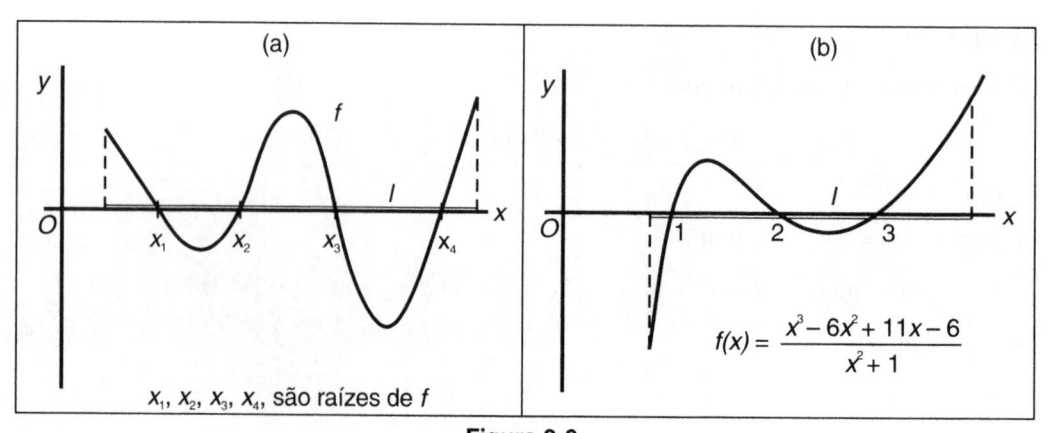

Figura 3-9

Exercício 3-21 Dada a representação do gráfico de f (Figura 3-9(b)), dê, no intervalo I, o sinal e as raízes de f, sendo

$$f(x) = \frac{x^3 - 6x^2 + 11x - 6}{x^2 + 1}$$

Exercício 3-22 Verifique se o número dado é raiz de f, nos casos:

(a) $f(x) = \dfrac{4x^4 - 3x - 1}{3x^2 + x + 1}; 1$. (b) $f(x) = \dfrac{(3x+4)(x-2)}{(x-4)^2}; 2$. (c) $f(x) = \dfrac{x^3 - x + 2}{2x^4 - x + 2}; -1$.

Exercício 3-23 Estude, quanto ao sinal, a função de domínio [– 4, 2], cujo gráfico está representado na Figura 3-10 (ou seja, diga onde ela atinge valores positivos, e onde ela atinge valores negativos).

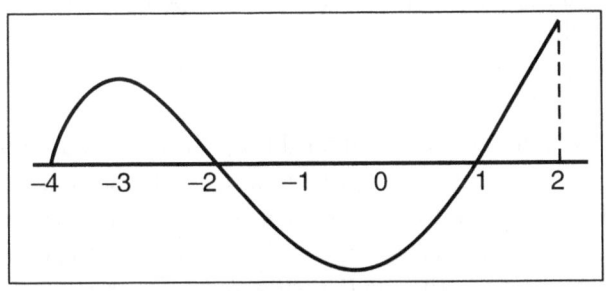

Figura 3-10

(E) Função afim e função linear

Uma função f é chamada de **função afim** se existem números reais m e n tais que $f(x) = mx + n$, para qualquer x real.

Se $n = 0$, ou seja, se $f(x) = mx$, a função é chamada de **função linear**.

Escrevendo $y = f(x) = mx + n$, vemos que o gráfico de uma função afim é uma reta de inclinação m, conforme aprendemos no §2. Se $m = 0$, temos $f(x) = n$, ou seja, f é constante; logo, o gráfico é uma reta paralela ao eixo Ox.

Exercício 3-24 Uma haste tem comprimento L a uma temperatura T. Para uma variação ΔT da temperatura, há uma variação ΔL do comprimento. O número $\alpha = \dfrac{\Delta L / L}{\Delta T}$ pode, para efeitos práticos, ser considerado constante para o material da haste, e é chamado de **coeficiente de dilatação térmica linear**.

(a) Prove que, para uma determinada haste, o comprimento é uma função afim da temperatura.

(b) Determine esta função para uma haste de alumínio que tem 2 metros de comprimento à temperatura de 20° Celsius, sendo dado que, para o alumínio, $\alpha = 23.10^{-6}$ (graus Celsius)$^{-1}$.

Exercício 3-25 Em um termômetro de mercúrio, a temperatura é uma função afim da altura de mercúrio. Sabendo que a temperatura 0° Celsius corresponde à altura 20 milímetros do mercúrio, e que 100° Celsius corresponde à altura de 270 milímetros, determine a temperatura correspondente a 45 milímetros.

Exercício 3-26 Para um fluido em repouso, a pressão p a uma profundidade h é dada por $p = p_0 + \rho gh$, onde ρ é a densidade do fluido, g a aceleração da gravidade, e p_0 a pressão atmosférica. Considerando p_0, g e ρ constantes, temos então uma função afim, que a cada h associa p dado pela expressão acima.

(a) Dê a inclinação da reta que é gráfico dessa função.
(b) Imergindo um medidor de pressão em um líquido, observou-se que em um deslocamento, a variação de pressão dividida pela correspondente variação de profundidade deu $1000g$. Qual a densidade do líquido? Considerar as unidades no Sistema Internacional, no qual a densidade é dada em quilos por metro cúbico.

Exemplo 3-6 Uma lanterna comum requer duas pilhas colocadas uma após a outra de modo apropriado. Normalmente, cada pilha é de 1,5 volt, de modo que o conjunto fornece 1,5 + 1,5 = 3 volts. Portanto, ela aplica 3 volts entre os terminais da lâmpada da lanterna. Por causa disto, flui uma corrente elétrica (movimento ordenado de cargas elétricas), que ao passar pelo filamento da lâmpada, provoca um aquecimento do mesmo, a ponto de fazê-lo incandescente, e assim a lanterna cumpre seu papel de iluminar. A lâmpada é um exemplo de **resistor**, que é um dispositivo tal que se lhe for aplicado nos terminais uma tensão U, surge uma corrente elétrica de intensidade I, relacionada por

$$U = RI$$

onde R é chamada **resistência** do resistor. Portanto se R for constante, tem-se uma função linear que a I associa U.

No sistema Internacional de Unidades, U se mede em *volts*, I em *amperes*, e portanto R em *volts/amperes*. Volt/ampere é chamado de *ohm*. Quando se trata de uma pilha, ou mais geralmente de um gerador, que é um dispositivo que consegue manter uma voltagem preestabelecida, a gente costuma referir-se a essa voltagem como **força eletromotriz**. Assim, fala-se em pilha de força eletromotriz de 1,5 volt. Damos, na Figura 3-11(a), o esquema usado pelos eletricistas para indicar um gerador que aplica uma tensão E nos terminais de um resistor.

Cap. 1   Noções básicas   37

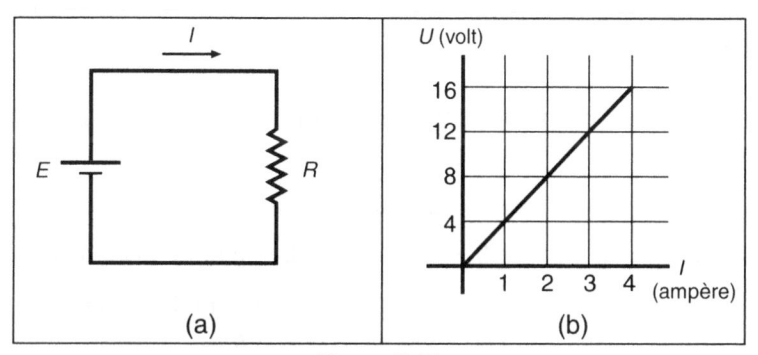

Figura 3-11

Exercício 3-27   A relação entre tensão e corrente de um resistor está mostrada na Figura 3-11(b). Calcule a resistência.

(F) Função módulo (ou valor absoluto)

A função f dada por $f(x) = |x|$ se chama **função módulo**, também chamada de **função valor absoluto**. Relembrando a definição de módulo, temos, para todo x real,

$$f(x) = \begin{cases} x & \text{se } x \geq 0 \\ -x & \text{se } x < 0 \end{cases}$$

Pela própria definição dessa função, seu gráfico coincide com a reta $y = x$ se $x \geq 0$ e com a reta $y = -x$ se $x < 0$, e assim é fácil representá-lo (Figura 3-12(a)).

Exercício 3-28   Dê $f(x)$, sendo f de domínio $[-4, 4]$, cujo gráfico está representado na Figura 3-12(b)).

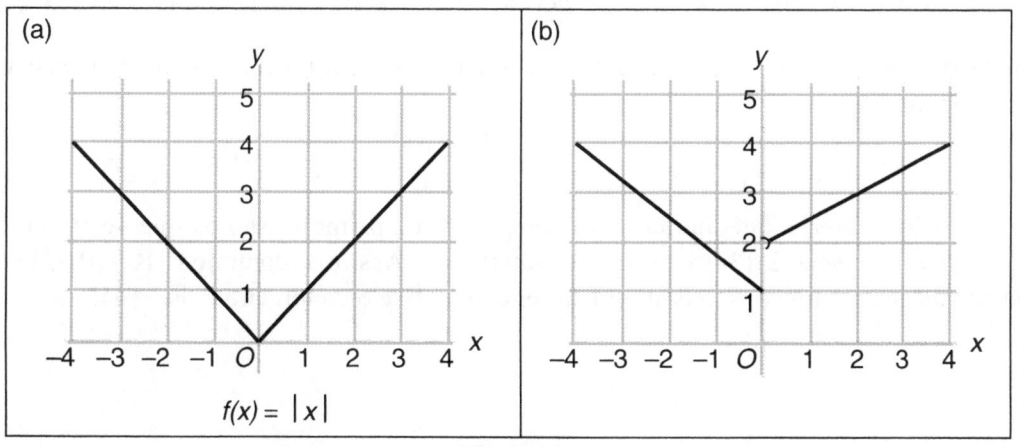

Figura 3-12

(G) Função polinomial e função racional

Uma função p é chamada de **função polinomial** se existem números $a_n, a_{n-1}, \ldots a_1, a_0$ tais que

$$p(x) = a_n x^n + a_{n-1} x^{n-1} + \ldots + a_1 x + a_0$$

para todo x real. Se $a_n \neq 0$, o inteiro n é chamado de **grau** de p.

Usaremos a palavra **polinômio** como sinônimo de função polinomial; porém, em álgebra superior faz-se distinção entre estes conceitos.

Uma função afim e uma função linear são funções polinomiais. No caso $n = 2$ a função polinomial recebe também o nome de **função quadrática**, e seu estudo será feito no §10(C).

Uma função que pode ser escrita como quociente de polinômios é chamada de **função racional**.

Ela se diz **imprópria** se o grau do polinômio do numerador é maior ou igual ao do polinômio do denominador; caso contrário, ela se diz **própria**.

Em particular, toda função polinomial é uma função racional imprópria.

O domínio de uma função racional é formada pelos números que não anulam o denominador.

Exemplo 3-7

(a) As funções dadas a seguir são polinômios de graus respectivamente 9, 7 e 2:

$$p(x) = 3x^9 - 6x^4 + 5x - 2, \qquad p(x) = -3x^7 + x - 45, \qquad p(x) = 4x^2 - 2x + 3$$

(b) As funções dadas a seguir são funções racionais, as duas primeiras sendo próprias, e a terceira imprópria:

$$r(x) = \frac{6x^4 - 6x + 1}{6x - 2x^6} \qquad r(x) = \frac{12 - 3x^2}{1 + x^4} \qquad r(x) = \frac{1 - 3x^2}{4 - x}$$

Os números que anulam o denominador da primeira são os que verificam $6x - 2x^6 = 0$, ou seja, $2x(3 - x^5) = 0$. Eles são 0 e $\sqrt[5]{3}$. Assim, o domínio é $\mathbb{R} - \{0, \sqrt[5]{3}\}$. Quanto às demais funções, o domínio da segunda é $\mathbb{R}$ e o da terceira é $\mathbb{R} - \{4\}$.

Exercício 3-29 Dê o domínio da função f, classificando-a em função racional própria ou imprópria, nos casos:

(a) $f(x) = \dfrac{4x^5 + 5x + 2}{x(x-1)(x+2)}$. (b) $f(x) = \dfrac{x^{45} - 5x^{19} + 2}{x^{50} - 1}$. (c) $f(x) = \dfrac{x^{40} - x + 2}{x^{40} + 1}$.

(H) Complemento

Eis as definições de função crescente e função decrescente em um intervalo (Figura 3-13):

Seja I um intervalo contido no domínio da função f.

- f é **crescente** em I se, quaisquer que sejam x_1 e x_2 de I com $x_1 < x_2$, tem-se $f(x_1) < f(x_2)$.
- f é **decrescente** em I se, quaisquer que sejam x_1 e x_2 de I com $x_1 < x_2$, tem-se $f(x_1) > f(x_2)$.

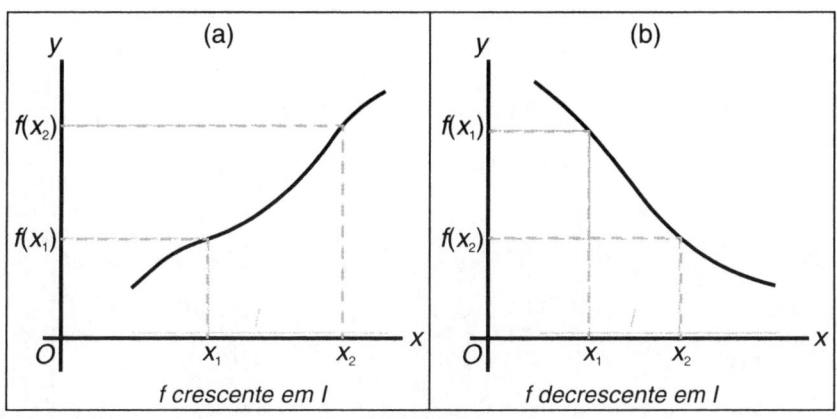

Figura 3-13

Eis as definições de ponto de máximo, ponto de mínimo, valor máximo e valor mínimo de uma função:

- Um ponto x_0 do domínio da função f é chamado **ponto de mínimo de f** se $f(x) \geq f(x_0)$, para todo x do domínio. Nesse caso, $f(x_0)$ é chamado de **(valor) mínimo de f**.
- Um ponto x_0 do domínio da função f é chamado **ponto de máximo de f** se $f(x) \leq f(x_0)$, para todo x do domínio. Nesse caso, $f(x_0)$ é chamado de **(valor) máximo de f**.

Respostas dos exercícios do §3

3-1 (a) −1, 2, 5. (b) 7, 1, 13. (c) −1, 1/15, 1/15.
(d) 1/2, −1/2, 4/17. (e) 1, −1, −17. (f) $\sqrt{3}$, 0, 2.

3-2 (a) $\dfrac{1}{x+3}$. (b) $\dfrac{1}{1+h}$. (c) $\dfrac{1}{x+\Delta x}$. (d) $-\dfrac{\Delta x}{x(x+\Delta x)}$.

(e) $-\dfrac{1}{x(x+\Delta x)}$. (f) $\dfrac{1}{x^3}$.

3-3 (a) $\dfrac{1}{(1-d)^2}$. (b) $\dfrac{1}{(x+\Delta x)^2}$. (c) $-\dfrac{2x+\Delta x}{x^2(x+\Delta x)^2}$. (d) x^8.

3-4 $\dfrac{2x+\Delta x}{10}$.

3-5 $3x^2 + 3x\Delta x + (\Delta x)^2$.

3-6 m.

3-7 (a) V. (b) F. (c) V. (d) F.

3-8 (a) $\mathbb{R}$. (b) $\mathbb{R}-\{2\}$. (c) $\mathbb{R}$.

(d) $\{u \in \mathbb{R} \mid u \geq 4\}$. (e) $\{t \in \mathbb{R} \mid t > 4\}$. (f) $\mathbb{R}-\{1, 2\}$.

3-10 (a) $30^0 C$. (b) $T(5) - T(3) = -10^0 C$.

3-11 (a) 19,6m. (b) 2s. (c) −14,7m.

3-12 (a) $14^0 C$. (b) três; 12h30m. (c) maior.

3-13 (a) 35 s. (b) $5\sqrt{34} \cong 29,2\ s$. (c) $AP = 10\ m$

3-14 (a) Não; não. (b) [0, 4]; [4, 10]. (c) 4°C; 10°C.

(d) Diminui no intervalo de tempo em que a temperatura cresce de 0°C a 4°C, e depois aumenta no intervalo de tempo em que a temperatura cresce de 4°C a 10°C.

3-15 (a) 240 km. (b) 1h, 14h. (c) Não. (d) 120 km.

3-16 (a) P_1: 12,5 metros, $t = 3$ segundos; P_2: 12 metros, $t = 2$ segundos.

(b) $2 < t < 8$.

(c) $t = 2$ segundos.

(d) 17 metros.

3-17 (a) Não, pois ao ponto estão associados mais do que um valor. (b) Apenas (c).

3-18 (a) Par. (b) Ímpar. (c) Ímpar. (d) Par.

3-19 (a) $f(x) = x + 1$. (b) $f(x) = 0$ (função nula).

3-21 Raízes:1, 2, 3. Sinal: positiva em]1,2[e no subintervalo de I dado por $x > 3$; negativa em]2, 3[.

3-22 (a) Sim. (b) Sim. (c) Não.

3-23 Positiva em]–4, –2[e em]1, 2]; negativa em]–2, 1[.

3-24 (b) $L = 1,99908 + 0,00046T$ (L em metros, T em graus Celsius).

3-25 10° Celsius.

3-26 (a) ρg. (b) 1000 kg/m^3.

3-27 4 ohms.

3-28 $f(x) = -3x/4 + 1$ se $x \leq 0$ e $f(x) = x/2 + 2$ se $x > 0$.

3-29 (a) $\mathbb{R} - \{-2, 0, 1\}$; imprópria. (b) $\mathbb{R} - \{-1, 1\}$; própria. (c) $\mathbb{R}$; imprópria.

§4- FUNÇÕES TRIGONOMÉTRICAS

(A) Funções seno e co-seno

O número principal. A figura principal da nossa história é o número π. Ele surge quando queremos calcular o comprimento C de uma circunferência de raio r: $C = 2\pi r$. Assim,

o comprimento de uma circunferência de raio 1 é 2π

$$(\star)$$

Pode-se provar que o número não é um número racional, isto é, não é quociente de dois números inteiros. Seu valor é

$$\pi = 3,14159265...$$

Recobrimento da circunferência. Fixemos uma circunferência de raio 1, e um ponto A da mesma. Vamos agora ensinar a você uma maneira de associar, a cada número real x, um ponto P_x dessa circunferência.

1º caso. $x > 0$. Partindo de A, caminhamos, sobre a circunferência, uma distância x, no sentido indicado na Figura 4-1(a) (chamado de **sentido anti-horário**). Determina-se assim um ponto P_x sobre a circunferência. Note que o arco AP_x tem comprimento x.

2º caso. $x < 0$. Partindo de A, caminhamos, sobre a circunferência, uma distância $-x$ (como $x < 0$, decorre que $-x > 0$), no sentido indicado na Figura 4-1(b) (chamado de **sentido horário**). Determina-se assim um ponto P_x sobre a circunferência. Note que o comprimento do arco AP_x é $-x$.

3º caso. $x = 0$. Neste caso o ponto sobre a circunferência coincide com o ponto A que foi fixado.

Podemos dizer, de modo sugestivo, que a construção anteriormente indicada enrola a reta real na circunferência de raio unitário, ou que a reta real recobre esta circunferência.

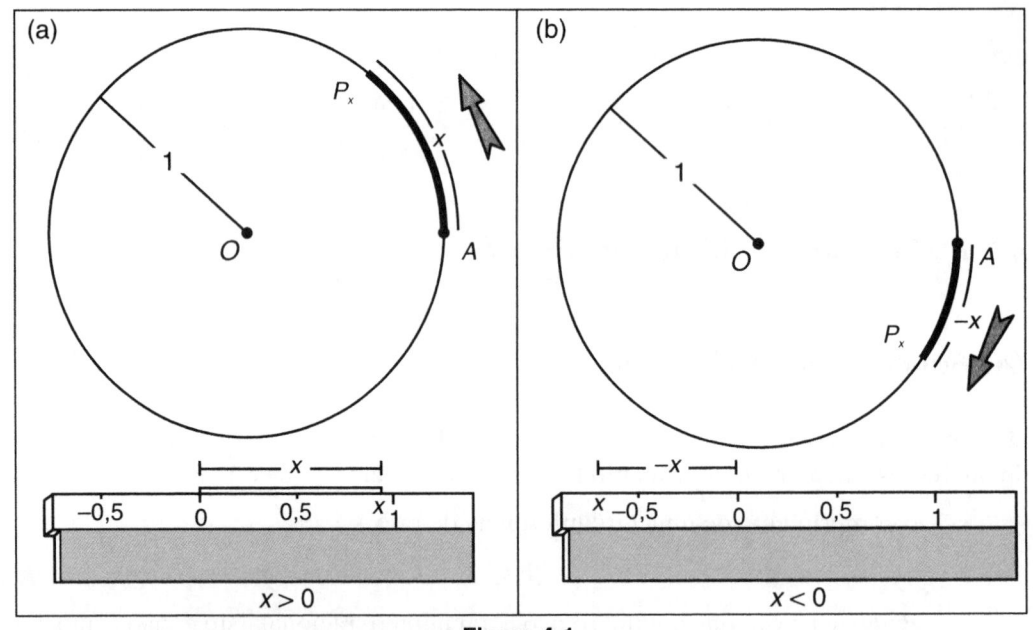

Figura 4-1

Exemplo 4-1 A Figura 4-2(a) mostra uma circunferência de raio 1 e um ponto A da mesma, a qual foi dividida em 12 partes iguais, sendo A um dos pontos da divisão. Portanto, de acordo com (★), cada parte (arco) tem comprimento

$$\frac{\text{comprimento da circunferência}}{12} = \frac{2\pi}{12} = \frac{\pi}{6}$$

Cap. 1 Noções básicas 43

A seguir, escolheremos alguns valores de x. Para cada valor, indicaremos o ponto P_x, segundo a construção acima explicada.

- Se $x = \pi/6$, devemos caminhar sobre a circunferência, a partir de A, no sentido anti-horário, uma distância $\pi/6$. Isto corresponde ao arco AB, conforme se ilustra na Figura 4-2 (b). Portanto, o ponto da circunferência correspondente a $x = \pi/6$ é o ponto B.

- Se $x = -\pi/6$, devemos caminhar sobre a circunferência, a partir de A, no sentido horário, uma distância $\pi/6$. Isto corresponde ao arco AM, conforme se ilustra na Figura 4-2 (c). Portanto, o ponto da circunferência correspondente a $x = -\pi/6$ é o ponto M.

- Se $x = -7\pi/6$, devemos caminhar sobre a circunferência, a partir de A, no sentido horário, uma distância $7\pi/6$. Isto corresponde ao arco AF, conforme se ilustra na Figura 4-2(d). Portanto, o ponto da circunferência correspondente a $x = -7\pi/6$ é o ponto F.

- Se $x = \pi/3$, devemos caminhar sobre a circunferência, a partir de A, no sentido anti-horário, uma distância $\pi/3$. Para termos uma referência dessa distância com relação a $\pi/6$, multiplicamos numerador e denominador da fração $\pi/3$ por dois, para obter $\pi/3 = 2\pi/6$. Assim, a distância a ser percorrida sobre a circunferência é $2\pi/6$; logo, o ponto da circunferência correspondente a esse valor é o ponto C (Figura 4-2(e)).

- Se $x = \pi/3 + 2\pi$, ou seja, se $x = 7\pi/3$, obteremos novamente o ponto C, pois ao caminharmos $\pi/3$ estaremos em C, e se em seguida caminharmos 2π, estaremos perfazendo uma volta completa, pois 2π é o comprimento da circunferência (Figura 4-2(f)). Se você entendeu isto, entenderá também que se $x = \pi/3 - 2\pi$ novamente obteremos o ponto C.

Exercício 4-1 Utilizando a Figura 4-2(a), determine o ponto de circunferência correspondente a x, nos casos:

(a) $x = 5\pi/6$. (b) $x = 7\pi/6$. (c) $x = -\pi/3$. (d) $x = -5\pi/6$. (e) $x = -\pi$. (f) $x = 8\pi/3$.

Exercício 4-2 Observe, na Figura 4-2(a), que os pontos A, D, G e J dividem a circunferência (a qual, lembramos, tem raio 1) em quatro partes iguais. Determine o ponto P_x da circunferência correspondente a x, nos casos:

(a) $x = 0$. (b) $x = \pi/2$. (c) $x = \pi$. (d) $x = 3\pi/2$. (e) $x = 2\pi$.
(f) $x = -\pi/2$. (g) $x = -\pi$. (h) $x = -3\pi/2$. (i) $x = -2\pi$. (j) $x = -21\pi/2$.

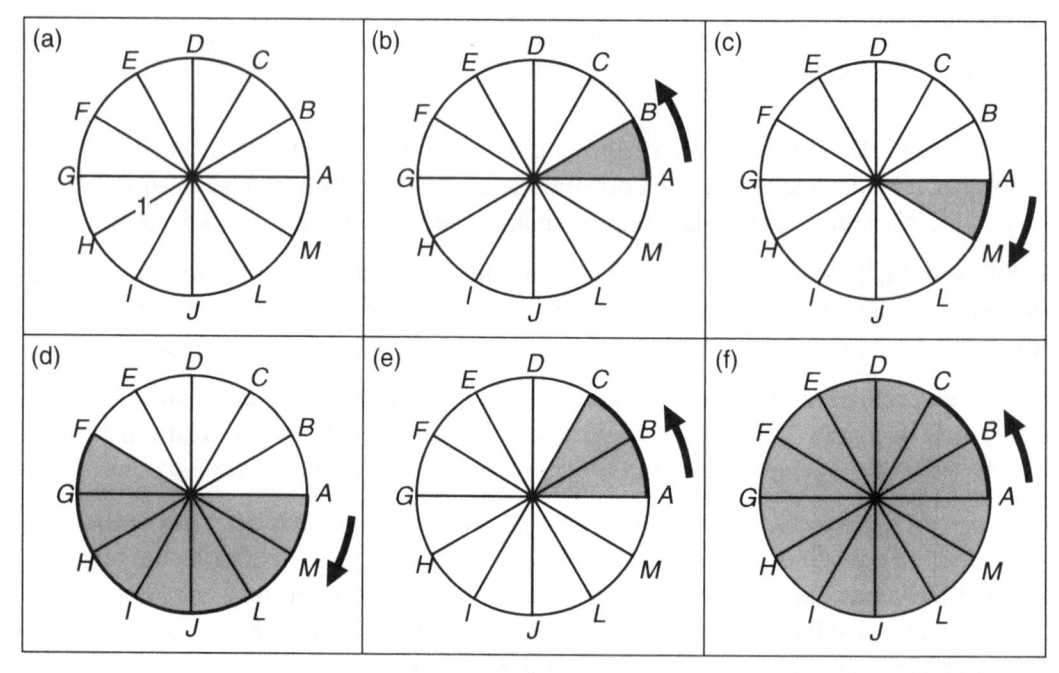

Figura 4-2

Exercício 4-3 Seja M o ponto da circunferência correspondente a x, e N o correspondente a $x + 2k\pi$, k um número inteiro. Qual a relação entre M e N?

Estamos agora em condições de apresentar as funções **seno** e **co-seno**, indicadas respectivamente por *sen* e *cos*.

- **Definição geométrica do seno e do co-seno.** Tomemos uma circunferência de raio 1 e um ponto A da mesma, e consideremos o sistema de coordenadas como mostrado na Figura 4-3. Para facilitar a exposição, chamaremos esta circunferência de **circunferência unitária**. Dado um número real x, seja P_x o ponto da circunferência correspondente a x, conforme a construção já explicada. Então

$$cos\, x = \text{abscissa de } P_x \qquad sen\, x = \text{ordenada de } P_x$$

Portanto,

$$P_x = (cos\, x,\, sen\, x)$$

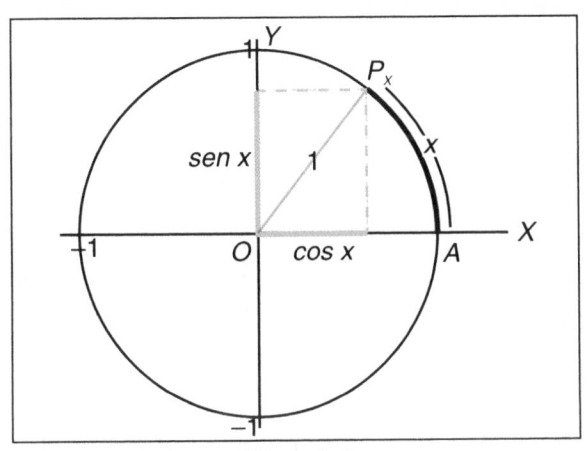

Figura 4-3

ATENÇÃO. Note que, para obter *sen x* e *cos x*, o número *x*, apesar da letra que o indica, NÃO é marcado no eixo das abscissas. Ele deve ser utilizado para marcar o ponto P_x, conforme vimos anteriormente. Para não haver confusão, usamos letras maiúsculas *X* e *Y* para indicar, na Figura 4-3, os eixos coordenados.

Exemplo 4-2 Na Figura 4-4(a) está representada a circunferência unitária, dividida em quatro partes iguais pelos pontos $A = (1, 0)$, $B = (0, 1)$, $C = (-1, 0)$ e $D = (0, -1)$. Cada arco da divisão mede, por (★), $2\pi/4 = \pi/2$.

- Se $x = 0$, o ponto P_x correspondente na circunferência é $A = (1, 0)$. Então, por definição, temos $(cos\ 0, sen\ 0) = (1, 0)$; logo,

$$cos\ 0 = 1 \qquad sen\ 0 = 0$$

- Se $x = \pi/2$, o ponto P_x correspondente na circunferência é $B = (0, 1)$. Então, por definição, temos $(cos(\pi/2), sen(\pi/2)) = (0, 1)$; logo,

$$cos(\frac{\pi}{2}) = 0 \qquad sen(\frac{\pi}{2}) = 1 \qquad \triangleleft$$

Exercício 4-4 Calcule *cos x* e *sen x*, nos casos:

(a) $x = \pi$. (b) $x = 3\pi/2$.

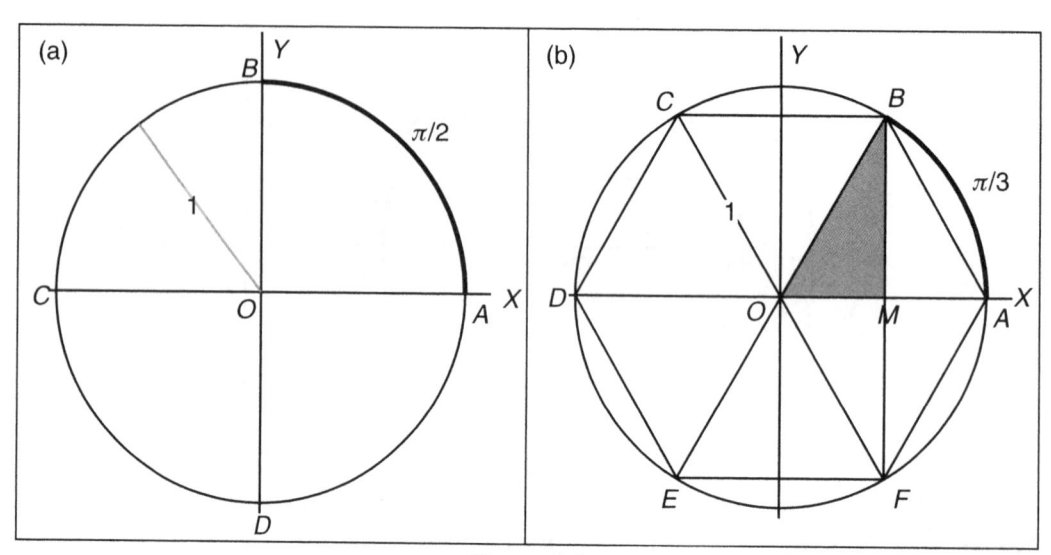

Figura 4-4

Exemplo 4-3 Na Figura 4-4(b) está representada uma circunferência de raio 1 e centro O, dividida em seis partes iguais pelos pontos A, B, C, D, E e F, os quais, como se sabe da Geometria Plana, são vértices de um hexágono regular em que um lado tem medida igual ao raio, que é 1. Então o triângulo OAB é equilátero, ou seja, seus lados têm mesma medida, a saber, 1. Sendo M o ponto médio do segmento OA, temos que o segmento OM mede 1/2 (siga na figura), que é a abscissa de B. A ordenada MB de B será obtida usando o Teorema de Pitágoras no triângulo retângulo OMB para escrever $(1/2)^2 + (MB)^2 = 1^2$, de onde resulta $MB = \sqrt{3}/2$. Assim, $B = (1/2, \sqrt{3}/2)$.

Como os pontos A, B, C, D, E e F dividem a circunferência em seis partes iguais, o arco AB mede, por (★), $x = 2\pi/6 = \pi/3$; logo, o ponto P_x correspondente na circunferência é B. Por definição, temos $(cos(\pi/3), sen(\pi/3)) = (1/2, \sqrt{3}/2)$; logo,

$$cos(\frac{\pi}{3}) = \frac{1}{2} \qquad sen(\frac{\pi}{3}) = \frac{\sqrt{3}}{2}$$

◄

Exercício 4-5 Calcule $cos\ x$ e $sen\ x$, nos casos (utilize a Figura 4-4(b), e os cálculos já feitos no exemplo anterior):

(a) $x = 2\pi/3$. (b) $x = -2\pi/3$. (c) $x = 4\pi/3$. (d) $x = 5\pi/3$. (e) $x = -\pi/3$.

Observação. Como o símbolo da função seno é *sen*, deveríamos escrever *sen(x)* em lugar de *sen x*. Analogamente, deveríamos escrever *cos(x)* em lugar de *cos x*. A omissão dos parênteses é tradicional, e tem a vantagem óbvia de aliviar a notação, porém pode dar, a quem está iniciando seus estudos, a impressão de que *sen x* é um produto, o de *sen* por *x*. Mas você deve tirar logo de sua cabeça esse mau pensamento, se é que o teve, pois, conforme já dissemos quando estudamos o conceito de função (§3(A)), não tem sentido, para nós, multiplicar uma função, que é uma correspondência, por *x*, que é um número:

sen *x* não é produto de *sen* por *x*; cos *x* não é produto de *cos* por *x*.

Avisamos que o uso de parênteses acompanhando as funções seno e co-seno não está descartado, desde que seja favorável à clareza.

Propriedades

(a) As funções seno e co-seno têm, ambas, domínio $\mathbb{R}$ e imagem $[-1, 1]$.

(b) $cos\ x = cos(x + 2k\pi)$, $sen\ x = sen(x + 2k\pi)$ (*k* inteiro)

(c) A função co-seno é par, a função seno é ímpar.

(d) $cos\ (\frac{\pi}{2} - x) = sen\ x$ $sen\ (\frac{\pi}{2} - x) = cos\ x$

Justifiquemos:

(a) Quando *x* percorre $\mathbb{R}$, P_x fica dando voltas na circunferência unitária, de modo que tanto *sen x* quanto *cos x* percorrem o intervalo $[-1, 1]$.

(b) É geometricamente claro que se $y = x + k.2\pi$ para algum inteiro *k* então $P_x = P_y$, ou seja, $(cos\ x, sen\ x) = (cos(x + 2k\pi), sen(x + 2k\pi))$.

(c) Temos $P_x = (cos\ x, sen\ x)$ e $P_{-x} = (cos(-x), sen(-x))$. Como P_x e P_{-x} são simétricos em relação a *Ox* (Figura 4-5(a)), eles têm abscissas iguais e ordenadas opostas, ou seja, $cos(-x) = cos\ x$ e $sen(-x) = -sen\ x$, que é a afirmação (§1(C)).

(d) Temos $P_{\pi/2 - x} = (cos\ (\pi/2 - x), sen\ (\pi/2 - x))$, $P_x = (cos\ x, sen\ x)$. Como estes pontos são simétricos em relação à reta $y = x$ (Figura 4-5(b)), o primeiro é igual ao segundo com as coordenadas permutadas (§1(C)), ou seja, $(cos\ (\pi/2 - x), sen\ (\pi/2 - x)) = (sen\ x, cos\ x)$, de onde resulta o afirmado. ◄

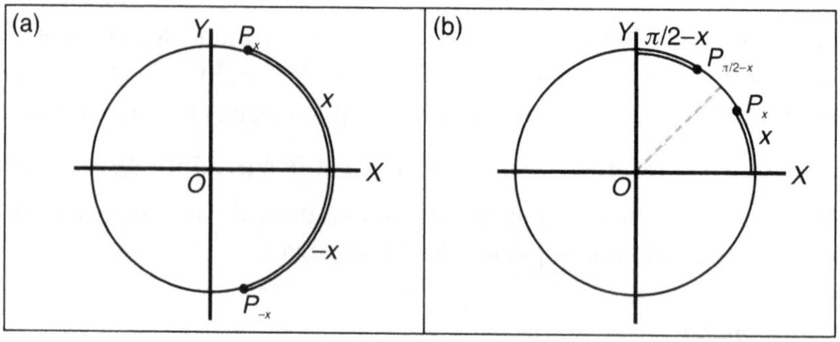

Figura 4-5

Gráficos. Para representar o gráfico da função seno, observemos que:

- Quando x cresce de $\pi/2$, o ponto P_x vai de A a B, no sentido anti-horário (Figura 4-6(a)). Assim, a ordenada de P_x, que é *sen x*, cresce de 0 a 1.

- Quando x cresce de $\pi/2$ a π, o ponto P_x vai de B até C no sentido anti-horário (Figura 4-6(b)). Assim, a ordenada de P_x, que é *sen x*, decresce de 1 a 0.

- Quando x cresce de π a $3\pi/2$, o ponto P_x vai de C até D no sentido anti-horário (Figura 4-6(c)). Assim, a ordenada de P_x, que é *sen x*, decresce de 0 a -1.

- Quando x cresce de $3\pi/2$ a 2π, o ponto P_x vai de D até A no sentido anti-horário (Figura 4-6(d)). Assim, a ordenada de P_x, que é *sen x*, cresce de -1 a 0.

Daí para a frente a situação se repete, pois P_x atingiu A. Do mesmo modo, há uma repetição do lado esquerdo de O. Aliás, já vimos que $sen(x + 2k\pi) = sen\ x$, para qualquer inteiro k, o que evidencia o caráter periódico dessa função, de acordo com a seguinte definição:

Uma função f para a qual existe $c > 0$ verificando as condições:

(a) Se x está no domínio de f, $x + c$ também está.

(b) $f(x + c) = f(x)$, para todo x do domínio de f,

é chamada **periódica**, e o menor c nestas condições é chamado de **período** de f.

Figura 4-6

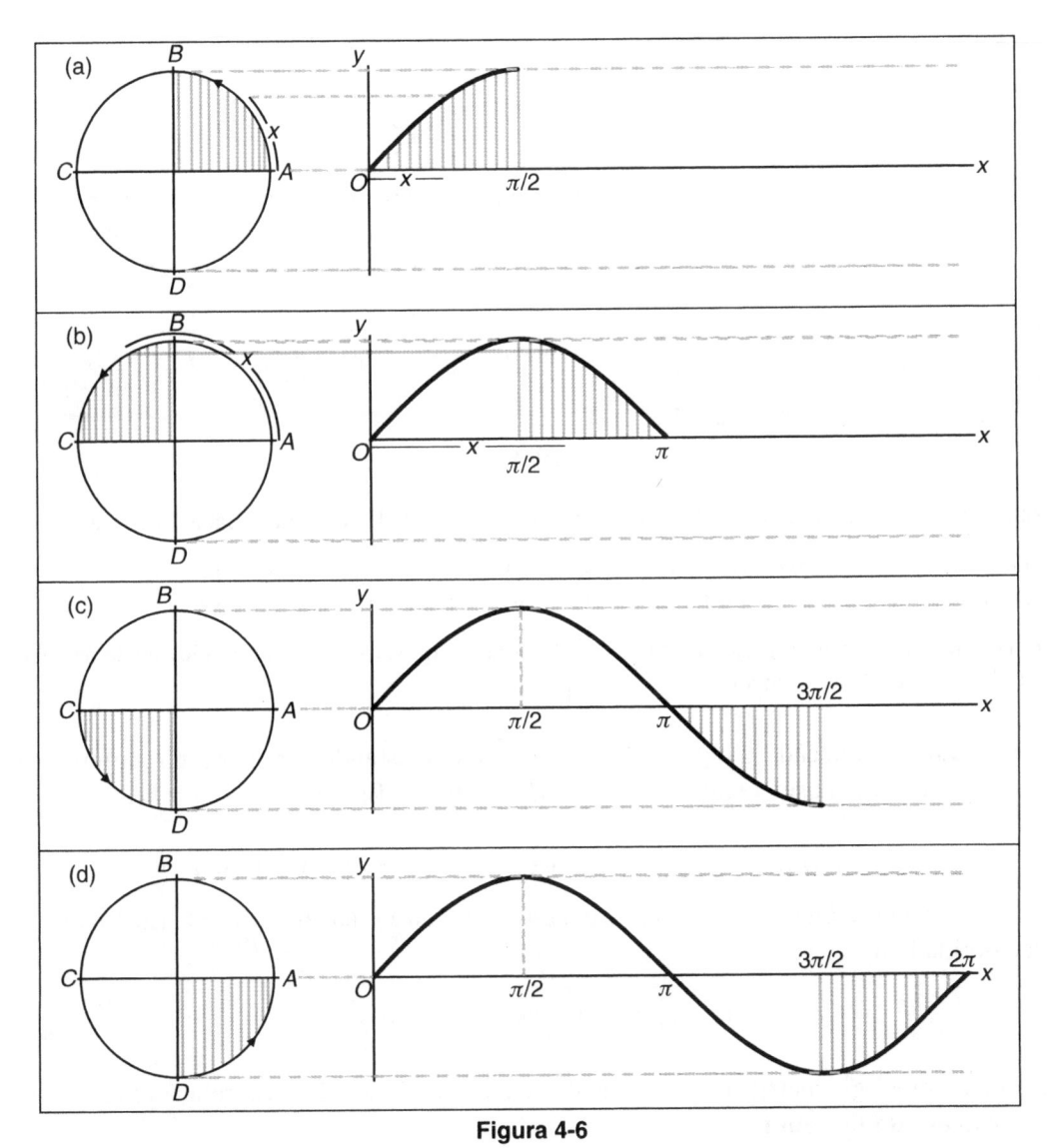

No caso da função seno, ela é periódica de período 2π. Uma análise semelhante permite representar o gráfico da função co-seno, e concluir que esta função também é periódica, de período 2π.

⦃ As funções seno e co-seno são periódicas de período 2π.

Na Figura 4-7 representamos os gráficos das funções seno e co-seno.

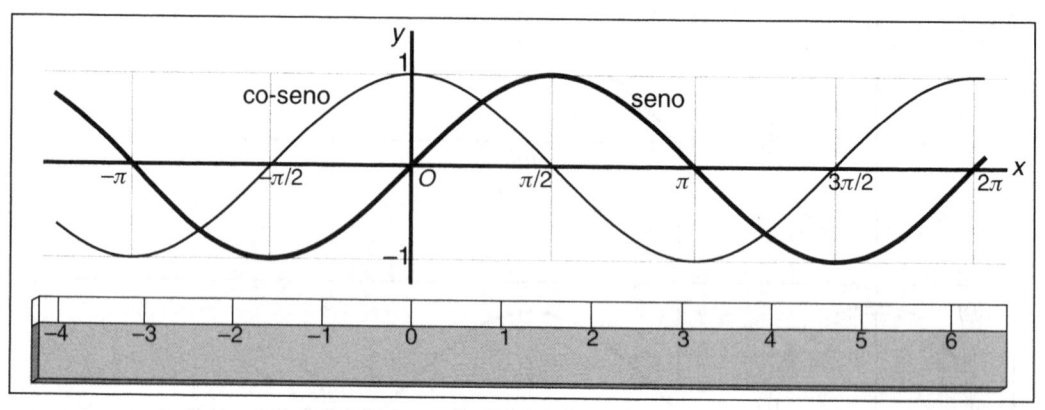

Figura 4-7

Exercício 4-6 Olhando para a Figura 4-7, decida se é verdadeira ou falsa cada afirmação:

(a) $sen\,(1, 1) > 0$. (b) $cos(2, 3) < 0$. (c) $sen\,4 > 0$. (d) $cos\,4 < 0$.
(e) $sen\,(-2) > 0$. (f) $sen\,(5, 1) < cos(5, 1)$. (g) $sen\,6 > cos\,1$. (h) $sen\,(-3) < sen\,(-\pi)$.

Exercício 4-7 Olhando para a Figura 4-7, e lembrando que cos e sen são periódicas de período 2π, dê as raízes dessas funções.

Identidades. Para cada x, o ponto $P_x = (cos\,x, sen\,x)$, estando sobre uma circunferência de raio 1, dista 1 do seu centro $O = (0, 0)$: $d(P_x, O) = 1$. Então,

$$1^2 = d^2(P_x, O) = (cos\,x - 0)^2 + (sen\,x - 0)^2 = (cos\,x)^2 + (sen\,x)^2$$

Escreveremos $(cos\,x)^2$ na forma $cos^2 x$, e $(sen\,x)^2$ na forma $sen^2 x$. Então a relação obtida fica

$$sen^2\,x + cos^2\,x = 1$$ (♣)

resultado que é geometricamente evidente no caso da Figura 4-3. Tal relação é chamada de **relação fundamental**.

Exemplo 4-4 Sabendo que $cos\,x = -3/5$, e que $\pi < x < 3\pi/2$, calcule $sen\,x$.

Resolução. Usando (♣), temos

$$sen^2\,x + (-3/5)^2 = 1 \quad \therefore \quad sen^2\,x = 16/25 \quad \therefore \quad sen\,x = \pm 4/5$$

Como $\pi < x < 3\pi/2$, o ponto P_x está no 3º quadrante (faça uma figura), de modo que $sen\,x < 0$; logo, $sen\,x = -4/5$. ◁

Exercício 4-8 Sabendo que $sen\, x = 1/2$, calcule $cos\, x$, nos casos:

(a) $0 < x < \pi/2$. (b) $\pi/2 < x < \pi$. (c) $3\pi/2 < x < 5\pi/2$.

Eis algumas fórmulas que nos serão úteis em parágrafos posteriores:

(1) $cos(a + b) = cos\, a\, cos\, b - sen\, a\, sen\, b$ (6) $sen(2a) = 2\, sen\, a\, cos\, a$

(2) $cos(a - b) = cos\, a\, cos\, b + sen\, a\, sen\, b$ (7) $sen\, a\, sen\, b = -\dfrac{1}{2}[cos(a+b) - cos(a-b)]$

(3) $sen(a + b) = sen\, a\, cos\, b + cos\, a\, sen\, b$ (8) $cos\, a\, cos\, b = \dfrac{1}{2}[cos(a+b) + cos(a-b)]$

(4) $sen(a - b) = sen\, a\, cos\, b - cos\, a\, sen\, b$ (9) $sen\, a\, cos\, b = \dfrac{1}{2}[sen(a+b) + sen(a-b)]$

(5) $cos(2a) = cos^2 a - sen^2 a \begin{cases} = 1 - 2\, sen^2\, a \\ = 2\, cos^2\, a - 1 \end{cases}$

Vamos ver exemplos de aplicação dessas fórmulas. Para isso, damos a seguinte tabela, que pode ser obtida usando geometria elementar, tal como fizemos no Exemplo 4-3.

x	0	$\pi/6$	$\pi/4$	$\pi/3$	$\pi/2$	π
$sen\, x$	0	1/2	$\sqrt{2}/2$	$\sqrt{3}/2$	1	0
$cos\, x$	1	$\sqrt{3}/2$	$\sqrt{2}/2$	1/2	0	-1

Exemplo 4-5 Calcule $cos(\dfrac{5\pi}{12})$.

Resolução.

(a) Escreveremos a primeira linha da tabela acima com denominador 12: 0. $\pi/12$, $2.\pi/12$, $3.\pi/12$, $4.\pi/12$, $6\pi/12$, $12.\pi/12$. Agora fica claro que para obter $5.\pi/12$ basta somar o segundo com o terceiro: $5\pi/12 = 2\pi/12 + 3\pi/12 = \pi/6 + \pi/4$.

Temos, então, usando a fórmula (1):

$$cos(\dfrac{5\pi}{12}) = cos(\dfrac{\pi}{6} + \dfrac{\pi}{4}) = cos(\dfrac{\pi}{6})cos(\dfrac{\pi}{4}) - sen(\dfrac{\pi}{6})sen(\dfrac{\pi}{4}) = \dfrac{\sqrt{3}}{2} \cdot \dfrac{\sqrt{2}}{2} - \dfrac{1}{2} \cdot \dfrac{\sqrt{2}}{2}$$

ou seja,

$$cos(\dfrac{5\pi}{12}) = \dfrac{\sqrt{6} - \sqrt{2}}{4}$$

◄

Exercício 4-9 Calcule

(a) $sen(\frac{5\pi}{12})$. (b) $cos(\frac{\pi}{12})$ e $sen(\frac{\pi}{12})$. (c) $cos(\frac{7\pi}{12})$ e $sen(\frac{7\pi}{12})$.

Exercício 4-10 Mostre que

(a) $sen(\pi - x) = sen\, x$.
(b) $sen(\pi + x) = - sen\, x$.
(c) $sen(x + \pi/2) = cos\, x$.
(d) $sen(3\pi/2 + x) = - cos\, x$.

Exercício 4-11 Mostre que

(a) $cos(\pi - x) = - cos\, x$.
(b) $cos(\pi + x) = - cos\, x$.
(c) $cos(x + \pi/2) = - sen\, x$.
(d) $cos(3\pi/2 + x) = sen\, x$.

Exercício 4-12 Calcule $sen(a - b)$, sabendo que $sen\, a = 3/5$, P_a tem abscissa positiva, $cos\, b = 12/37$, e P_b tem ordenada positiva.

Exemplo 4-6 Sendo $cos\, a = 4/5$, calcule:

(a) $cos(2a)$.   (b) $sen(2a)$, supondo, para este caso, que $3\pi/2 < a < 2\pi$.

Resolução. Pela relação fundamental (♣), temos

$$sen^2 a = 1 - cos^2 a = 1 - (4/5)^2 = 9/25$$

(a) Temos, pela fórmula (5),

$$cos(2a) = cos^2 a - sen^2 a = (4/5)^2 - 9/25 = 7/25$$ ◀

(b) De $sen^2 a = 9/25$ vem $sen\, a = \pm 3/5$. Como $3\pi/2 < a < 2\pi$, temos $sen\, a < 0$, logo $sen\, a = - 3/5$. Usando a fórmula (6), vem

$$sen(2a) = 2\, sen\, a \cdot cos\, a = 2 \cdot (-3/5) \cdot (4/5) = -24/25$$ ◀

Exercício 4-13 Sendo $cos\, a = 1/5$, calcule:

(a) $cos(2a)$.   (b) $sen(2a)$, supondo, para este caso, que $0 < a < \pi/2$.

Exercício 4-14 Sendo $sen\, a = 1/3$, calcule:

(a) $cos(2a)$.   (b) $sen(2a)$, supondo, para este caso, que $\pi/2 < a < \pi$.

Exemplo 4-7 Calcule $cos(\frac{\pi}{8})$.

Resolução. Fazendo $a = \pi/8$, então $2a = \pi/4$; logo, $cos(2a) = cos(\pi/4) = \sqrt{2}/2$. Substituindo na fórmula (5), $cos(2a) = 2cos^2 a - 1$, vem

$$\frac{\sqrt{2}}{2} = 2cos^2\left(\frac{\pi}{8}\right) - 1$$

de onde resulta

$$cos^2\left(\frac{\pi}{8}\right) = \frac{1 + \sqrt{2}/2}{2} = \frac{2 + \sqrt{2}}{4}$$

Observando que $cos(\pi/8) > 0$, pois $\pi/8$ corresponde na circunferência unitária a um ponto do 1º quadrante, resulta

$$cos\left(\frac{\pi}{8}\right) = \frac{\sqrt{2 + \sqrt{2}}}{2}$$

◀

Exercício 4-15 Calcule

(a) $sen(\pi/8)$.
(b) $cos(\pi/16)$.
(c) $cos\, a$, sabendo que $cos(2a) = 1/8$, e que $\pi/2 < a < 3\pi/2$.
(d) $sen\, a$, sabendo que $cos(2a) = -5/18$, e que $-\pi < a < 0$.

Algumas vezes teremos necessidade de transformar um *produto* envolvendo seno e co-seno em *soma* envolvendo seno e co-seno. Nesse caso as fórmulas (7), (8) e (9) são úteis. O exemplo a seguir ilustra.

Exemplo 4-8 Transforme $4sen(3x)cos(6x)$ em soma de senos.

Resolução. Temos, usando (9):

$$4sen(3x)cos(6x) = 4\frac{1}{2}[sen(3x + 6x) + sen(3x - 6x)]$$
$$= 2[sen(9x) + sen(-3x)] = 2[sen(9x) - sen(3x)]$$

◀

Exercício 4-16 Transforme em soma:

(a) $2sen(4x)cos(5x)$.   (b) $8sen(3x)sen(6x)$.   (c) $cos(4x)cos(6x)$.

(B) Funções tangente, co-tangente, secante e co-secante

- **Definições**. As funções definidas no quadro seguinte, o qual inclui notação e nomenclatura usadas, são chamadas, juntamente com as funções seno e co-seno, de funções trigonométricas.

nome da função	símbolo	expressão
tangente	tg	$tg\ x = \dfrac{sen\ x}{cos\ x}$
co-tangente	cot	$cot\ x = \dfrac{cos\ x}{sen\ x} = \dfrac{1}{tg\ x}$
secante	sec	$sec\ x = \dfrac{1}{cos\ x}$
co-secante	csc	$csc\ x = \dfrac{1}{sen\ x}$

Observação. Existe, na literatura, uma pequena variação para os símbolos. Aparece *tan* em lugar de *tg*, *cotg* em lugar de *cot*, *cossec* em lugar de *csc*.

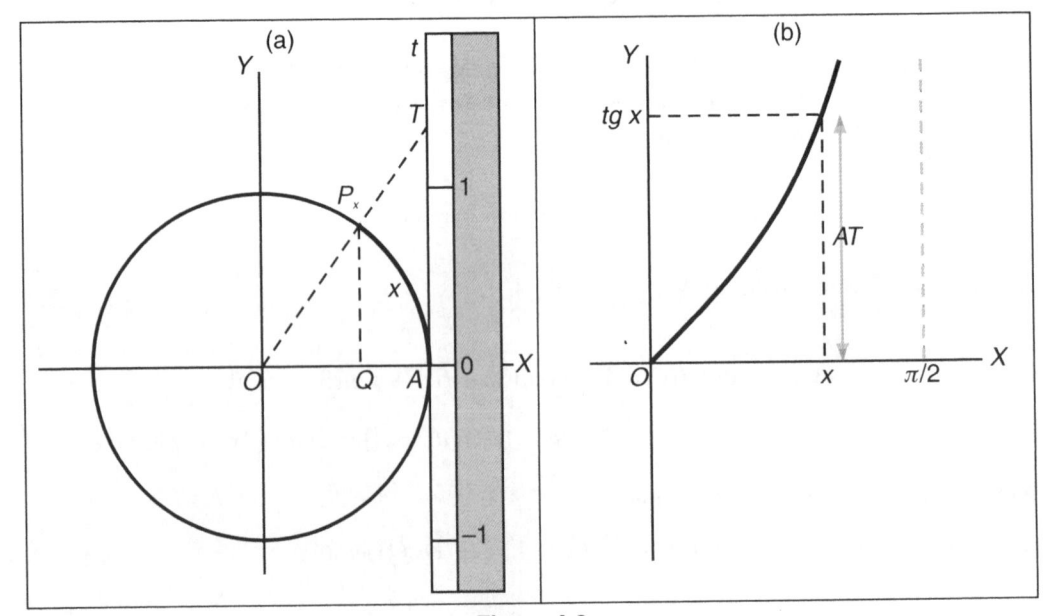

Figura 4-8

Interpretação geométrica de tg(x). Na Figura 4-8(a), além da circunferência unitária e do ponto $P_x = (cos\ x, sen\ x)$, com $0 < x < \pi/2$, está representada a reta t, tangente à circunferência no ponto A. Sobre t tomamos uma graduação igual à do eixo Oy. Sendo T a interseção da reta OP_x com t (siga na figura), e Q a projeção ortogonal de P_x sobre Ox, então, como os triângulos OP_xQ e OTA são semelhantes, temos

$$\frac{AT}{OA} = \frac{P_xQ}{OQ}, \quad \text{ou seja,} \quad \frac{AT}{1} = \frac{sen\ x}{cos\ x}, \quad \text{ou seja,} \quad AT = tg\ x$$

Portanto, o número correspondente a T que se lê na graduação da reta t é $tg\ x$.

Conseqüências da interpretação geométrica de tg(x).

(1) A função tg é ímpar, isto é, $tg(-x) = -tg\ x$.

(2) $tg(x + k\pi) = tg\ x$, para qualquer k inteiro.

(3) tg é periódica de período π.

Estas informações nos permitem representar o gráfico da tangente. Agora fica fácil ver que, à medida que x cresce no intervalo $[0, \pi/2[$, $tg\ x$ cresce, e fica maior que qualquer número positivo, para todo x suficientemente próximo de $\pi/2$ (Figura 4-8(b)). Então, desenhamos o gráfico em $[0, \pi/2[$ e depois, para desenhar a parte correspondente a $]-\pi/2, 0]$, basta tomar, graças a (1), o simétrico do traçado em relação à origem. Esperamos que você entenda agora a representação do gráfico da função tangente, dada na Figura 4-9(a).

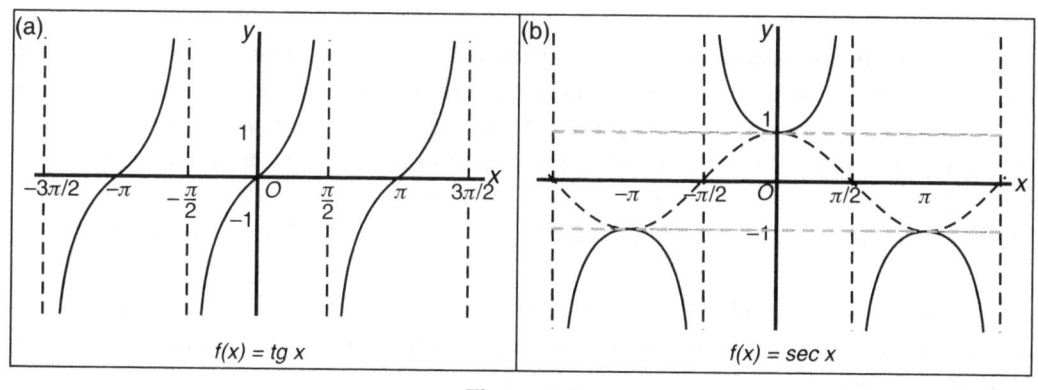

Figura 4-9

Exercício 4-17 Pede-se para você dizer se cada afirmação a seguir é verdadeira ou falsa. Nossa sugestão é que você use as representações dos gráficos das funções envolvidas, ou eventualmente a definição da função tangente.

(a) A função tangente é periódica.
(b) $tg(x + 2\pi) = tg\, x$, para todo x do domínio da função tangente.
(c) A função tangente tem mesmo período que a função seno.
(d) A função tangente tem período π.
(e) O quociente de duas funções de período T tem mesmo período T.
(f) $tg(-x) = -tg\, x$.
(g) $tg(-x) = tg(x)$.
(h) $tg^2(-x) = tg^2 x$.

Exercício 4-18 Utilizando a tabela que precede o Exemplo 4-5, calcule

(a) $tg\, 0$.
(b) $tg(\pi/3)$.
(c) $tg(\pi/6)$.
(d) $tg(\pi/4)$.

> ***Propriedades da função secante:***
> (a) A função secante é par.
> (b) A função secante é periódica de período 2π.

(A justificativa dessas propriedades é deixada para você.)

Para obter a representação do gráfico da função secante, basta considerar o intervalo $[0, \pi/2[$, já que ela sendo par, tem gráfico simétrico em relação a Oy. Uma vez feito isto, temos a representação em $]-\pi/2, \pi/2[$ e agora é só lembrar que ela é periódica de período 2π. Observando o gráfico da função co-seno no intervalo $[0, \pi/2]$, vemos que $cos\, x$ decresce de 1 a 0; logo, $sec\, x = 1/cos\, x$ cresce "de 1 a ∞". Na Figura 4-9(b) está a representação do gráfico da função secante, no qual se inclui a do co-seno.

• **Interpretação geométrica de sec x.** Para uma interpretação geométrica relativa à função co-secante, observe, na Figura 4-10(a), que os triângulos OP_xQ e OTA são semelhantes; logo, temos

$$\frac{OT}{OP_x} = \frac{OA}{OQ}, \quad \text{ou seja,} \quad \frac{OT}{1} = \frac{1}{cos\, x}, \quad \text{ou seja,} \quad OT = sec\, x$$

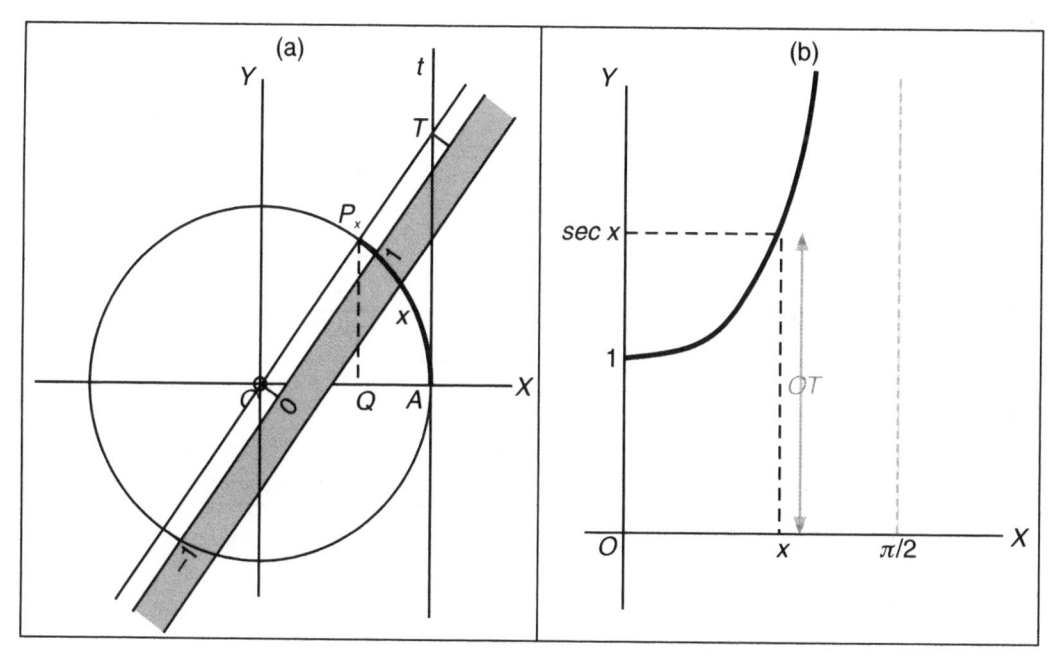

Figura 4-10

Isto sugere que façamos uma graduação na reta móvel por O e P_x, com este último ponto sempre correspondendo a 1 na referida graduação. Então $sec\ x$ é o valor que se lê, nessa régua móvel, correspondente ao ponto T.

Exercício 4-19 Verdadeiro ou falso? (Aqui é interessante reafirmar os comentários feitos no Exercício 4-17. Releia-os, por favor.)

(a) A função secante é periódica.
(b) $sec(x + 2\pi) = sec\ x$, para todo x do domínio da função secante.
(c) A função secante tem mesmo período que a função seno.
(d) A função secante tem período π.
(e) Se f tem período T, e f não se anula, então $1/f$ tem período T.
(f) $sec(-x) = -sec\ x$.
(g) $sec(-x) = sec\ x$.

Exercício 4-20 Utilizando a tabela que precede o Exemplo 4-5, calcule

(a) $sec\ 0$.   (b) $sec(\pi/3)$.   (c) $sec(\pi/6)$.   (d) $sec(\pi/4)$.

Considerações análogas podem ser feitas para as funções co-tangente e co-secante. Vamos nos limitar apenas a apresentar as representações de seus gráficos (Figura 4-11). Como desafio, se você é interessado, deixamos a tarefa de descobrir interpretações geométricas para a construção dessas funções, como fizemos para as funções tangente e secante. Para seu controle, incluímos, na Figura 4-11(b), a representação da função seno.

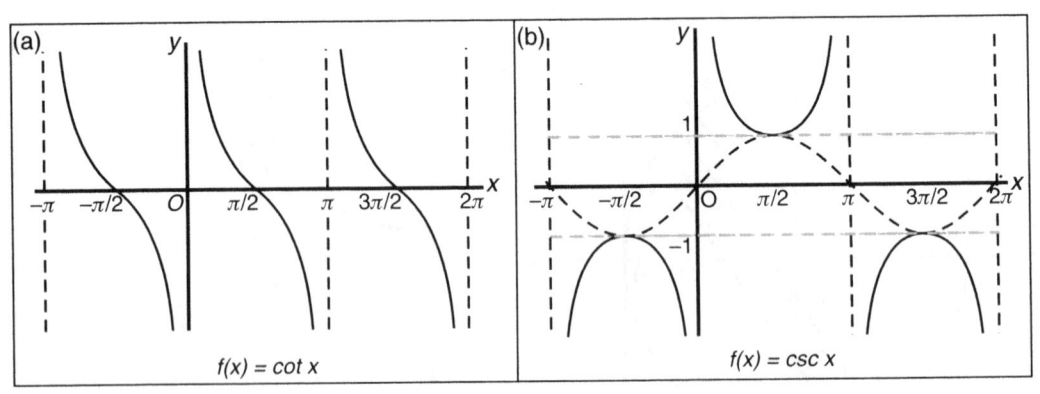

Figura 4-11

(a) $f(x) = \cot x$

(b) $f(x) = \csc x$

Exercício 4-21 Verdadeiro ou falso?

(a) A função co-tangente é periódica.
(b) $\cot(x + 2\pi) = \cot x$, para todo x do domínio da função co-tangente.
(c) A função co-tangente tem mesmo período que a função tangente.
(d) A função co-tangente tem período π.
(e) $\cot(-x) = -\cot x$.
(f) $\cot(-x) = \cot(x)$.

Exercício 4-22 Utilizando a tabela que precede o Exemplo 4-5, calcule

(a) $\cot(\pi/2)$.   (b) $\cot(\pi/3)$.   (c) $\cot(\pi/6)$.   (d) $\cot(\pi/4)$.

Exercício 4-23 Verdadeiro ou falso?

(a) A função co-secante é periódica.
(b) $\csc(x + 2\pi) = \csc x$, para todo x do domínio da função co-secante.
(c) A função co-secante tem mesmo período que a função co-seno.
(d) A função co-secante tem período π.
(e) $\csc(-x) = -\csc x$.
(f) $\csc(-x) = \csc x$.

Exercício 4-24 Utilizando a tabela que precede o Exemplo 4-5, calcule

(a) $\csc(\pi/2)$.   (b) $\csc(\pi/3)$.   (c) $\csc(\pi/6)$.   (d) $\csc(\pi/4)$.

Exemplo 4-9 Demonstre:

(a) $\boxed{sec^2 x = 1 + tg^2 x.}$ $\boxed{csc^2 x = 1 + cot^2 x}$

(b) $$\frac{cos\ x - 1}{x} = -(\frac{sen\ x}{x})^2 \cdot \frac{x}{1+cos\ x}$$

Resolução.

(a) Vejamos a primeira (a outra fica como exercício):

$$sec^2 x = \frac{1}{cos^2 x} = \frac{sen^2 x + cos^2 x}{cos^2 x} = \frac{sen^2 x}{cos^2 x} + \frac{cos^2 x}{cos^2 x} = tg^2 + 1$$ ◀

(b) Temos

$$\frac{cos\ x - 1}{x} = \frac{cos\ x - 1}{x} \cdot \frac{cos\ x + 1}{cos\ x + 1} = \frac{cos^2 x - 1}{x} \cdot \frac{1}{cos\ x + 1}$$

$$= \frac{-sen^2 x}{x} \cdot \frac{1}{cos\ x + 1} = -\frac{sen^2 x}{x^2} \cdot \frac{x}{cos\ x + 1}$$ ◀

Exercício 4-25 Prove :

(a) $tg(a \pm b) = \frac{tg\ a \pm tg\ b}{1 \mp tg\ a.tg\ b}.$

(b) $cot(a \pm b) = \frac{cot\ a.cot\ b \mp 1}{cot\ a \pm cot\ b}.$

(c) $tg(2a) = \frac{2\ tg\ a}{1 - tg^2 a}.$

(d) $cot(2a) = \frac{cot^2 a \mp 1}{2\ cot\ a}.$

(e) $sen(3a) = 3 sen\ a - 4 sen^3 a.$

(f) $cos(3a) = 4 cos^3 a - 3 cos\ a.$

Exercício 4-26 Sendo $t = tg(x/2)$, mostre que

(a) $sen\ x = \frac{2t}{1+t^2}.$

(b) $cos\ x = \frac{1-t^2}{1+t^2}.$

(c) $tg\ x = \frac{2t}{1-t^2}.$

Respostas dos exercícios do § 4

4-1 (a) F. (b) H. (c) L. (d) H. (e) G. (f) E.

4-2 (a) A. (b) D. (c) G. (d) J. (e) A. (f) J. (g) G. (h) D. (i) A. (j) J.

4-3 M e N coincidem.

4-4 (a) $cos\ \pi = -1$, $sen\ \pi = 0$. (b) $cos(3\pi/2) = 0$, $sen(3\pi/2) = -1$.

4-5 (a) $cos(2\pi/3) = -1/2$, $sen(2\pi/3) = \sqrt{3}/2$.   (b) $cos(-2\pi/3) = -1/2$, $sen(-2\pi/3) = -\sqrt{3}/2$.

(c) $cos(4\pi/3) = -1/2$, $sen(4\pi/3) = -\sqrt{3}/2$.   (d) $cos(5\pi/3) = 1/2$, $sen(5\pi/3) = -\sqrt{3}/2$.

(e) $cos(-\pi/3) = 1/2$, $sen(-\pi/3) = -\sqrt{3}/2$.

4-6 (a) V. (b) V. (c) F. (d) V. (e) F. (f) V. (g) F. (h) V.

4-7 Raízes da função co-seno: notemos que elas se situam na reta real equiespaçadas de π. Então, partindo de uma delas, para obter as outras basta ir somando múltiplos inteiros positivos e negativos de π. Assim, partindo de $\pi/2$, qualquer raiz é da forma $\pi/2 + k\pi$, k um inteiro. Com raciocínio análogo, as raízes da função seno são da forma $k\pi$, k um inteiro qualquer.

4-8 (a) $\sqrt{3}/2$.   (b) $-\sqrt{3}/2$.   (c) $\sqrt{3}/2$.

4-9 (a) $(\sqrt{2}+\sqrt{6})/4$.   (b) $(\sqrt{2}+\sqrt{6})/4$; $(\sqrt{6}-\sqrt{2})/4$.   (c) $(\sqrt{2}-\sqrt{6})/4$; $(\sqrt{2}+\sqrt{6})/4$.

4-12 $-104/185$.

4-13 (a) $-23/25$.   (b) $4\sqrt{6}/25$.

4-14 (a) $7/9$.   (b) $-4\sqrt{2}/9$.

4-15 (a) $(\sqrt{2-\sqrt{2}})/2$.   (b) $(\sqrt{2+\sqrt{2+\sqrt{2}}})/2$.   (c) $-\sqrt{23}/6$.

4-16 (a) $sen(9x) - sen\,x$.   (b) $4[cos(3x) - cos(9x)]$.   (c) $[cos(10x) + cos(2x)]/2$.

4-17 (a) V. (b) V. (c) F. (d) V. (e) F. (f) V. (g) F. (h) V.

4-18 (a) 0. (b) $\sqrt{3}$. (c) $\sqrt{3}/3$. (d) 1.

4-19 (a) V. (b) V. (c) V. (d) F. (e) V. (f) F. (g) V.

4-20 (a) 1. (b) 2. (c) $2/\sqrt{3}$. (d) $\sqrt{2}$.

4-21 (a) V. (b) V. (c) V. (d) V. (e) V. (f) F.

4-22 (a) 0. (b) $\sqrt{3}/3$. (c) $\sqrt{3}$. (d) 1.

4-23 (a) V. (b) V. (c) V. (d) F. (e) V. (f) F.

4-24 (a) 1. (b) $2/\sqrt{3}$. (c) 2. (d) $\sqrt{2}$.

§5- FUNÇÕES USADAS EM ECONOMIA

Antes de mais nada, vamos avisar que, em geral, o preço de um bem será referido normalmente em uma **unidade monetária**, que se abrevia por u.m., não especificada. Ao invés de dizermos 4 reais, ou 4 dólares, ou 4 rublos, diremos simplesmente 4 u.m.

Função de demanda. Um exemplo importante de função em Economia é a função de demanda. Sendo p o preço por unidade de um certo bem oferecido a um mercado, seja x a quantidade desse bem demandada pelos consumidores. O que acontece (em geral) é que p depende de x, ou seja, temos uma função f, $p = f(x)$. Tal função é chamada **função de demanda**, e o seu gráfico é referido como **curva de demanda**. Normalmente, quanto menor o preço, maior a quantidade demandada, o que se traduz no fato de f ser decrescente. Por vezes, a função de demanda é dada por uma equação em p e x, chamada **equação de demanda**, como por exemplo $x^2 + p^2 = 1$. Neste caso, dizemos que a função de demanda é **dada implicitamente** pela equação.

Função de oferta. A quantidade x de um produto colocada no mercado por produtores relaciona-se com o preço por unidade p desse produto. Verifica-se que, em geral, quanto maior o preço, maior a quantidade do produto oferecida. Temos então uma função g, $p = g(x)$, a qual é crescente, chamada **função de oferta**, e seu gráfico é referido como **curva de oferta**. Como no caso da função de demanda, a função de oferta pode ser dada implicitamente por uma equação, chamada **equação de oferta**.

Exercício 5-1 Um certo produto tem equação de demanda $2x + 4p - 6 = 0$, x em milhares de unidades.

(a) Qual o preço por unidade para uma demanda de 1000 unidades?
(b) Qual a demanda se o produto for oferecido gratuitamente?

Exercício 5-2 Uma equação de oferta sendo $3x - 8p + 10 = 0$, sendo x em centenas de unidades, qual o preço por unidade pelo qual 200 unidades são ofertadas?

Exercício 5-3 Nenhuma lanterna de uma determinada marca estará disponível no mercado se seu preço por unidade for inferior ou igual a 5 u.m. Caso contrário, haverá disponibilidade no mercado, sendo que se o preço por unidade for 7 u.m., estarão disponíveis 200 lanternas. Determine a função de oferta, supondo-a afim.

Na Figura 5-1(a) representamos, em um mesmo desenho, os gráficos da função de demanda e da função de oferta relativas a um mesmo produto. O ponto de interseção P_e dos gráficos é chamado de **ponto de equilíbrio**. O preço correspondente p_e é chamado **preço de equilíbrio**, e a quantidade x_e é chamada de **quantidade de equilíbrio**.

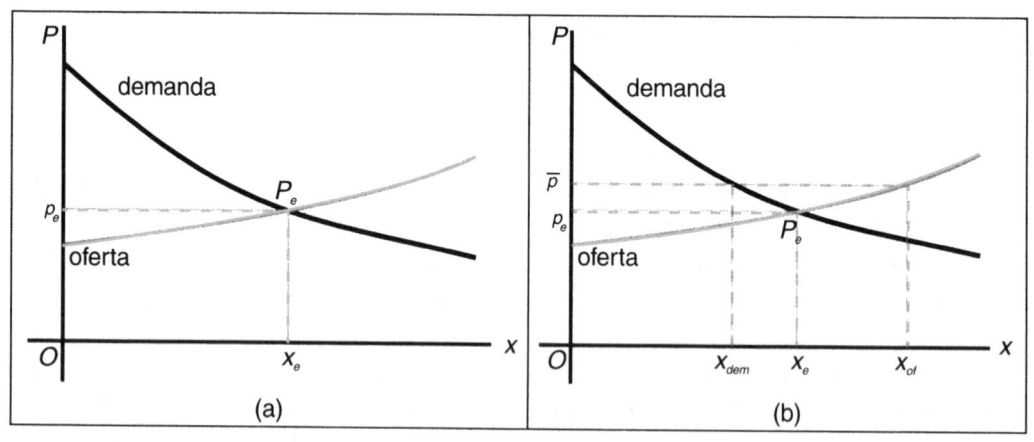

Figura 5-1

Observação. O nome ponto de equilíbrio dado a P_e advém do seguinte. Suponha que o bem esteja sendo oferecido a um preço $\bar{p} > p_e$. Traçando uma reta horizontal de ordenada $\bar{p}$, determinaremos a quantidade demandada correspondente x_{dem}, e a quantidade oferecida correspondente x_{of} (Figura 5-1(b)). Como $x_{dem} < x_{of}$, ou seja, a quantidade demandada é menor que a oferecida, há uma tendência de queda de preço.

Um raciocínio semelhante indica que se o preço que o bem é oferecido é menor que p_e, então a quantidade demandada é maior que a oferecida, e o preço tende a subir.

Exemplo 5-1 Sendo $x^2 + p^2 = 25$ e $p - x - 1 = 0$ respectivamente equações de demanda e oferta de um bem, x em 1000 unidades, determine o preço de equilíbrio e a quantidade de equilíbrio.

Resolução. Devemos resolver o sistema

$$\begin{cases} x^2 + p^2 = 25 \\ p - x - 1 = 0 \end{cases}$$

Tirando o valor de p da segunda equação, obtemos

$$p = x + 1$$

que, substituído na primeira, fornece $x^2 + (x + 1)^2 = 25$, ou seja, $x^2 + x^2 + 2x + 1 = 25$, ou seja, $2x^2 + 2x - 24 = 0$. Resolvendo esta equação do segundo grau, obtemos $x = 3$ e $x = -4$. Devemos descartar este último valor, já que x (normalmente) é positivo ou nulo. Para $x = 3$ obtemos pela expressão de p, o valor $p = 4$. Assim, o preço de equilíbrio é 4 u.m. e a quantidade de equilíbrio é 3.1000 = 3000 unidades. ◄

Exercício 5-4 Dadas equações de demanda e oferta, onde x é dada em milhares de unidades, determine o ponto de equilíbrio, nos casos a seguir.

(a) $2p + x = 12$, $p = 2x + 1$. (b) $p = 4 - x^2$, $2p = 3x + 3$.

Exercício 5-5 Funções de demanda e oferta de um bem são ambas funções afins. Determine-as, conhecendo o ponto de equilíbrio (2, 6), e as seguintes informações adicionais: a quantidade demandada é 5 unidades quando o preço por unidade é nulo. O preço por unidade é 2 u.m. quando nenhuma quantidade é oferecida.

Funções receita e receita média. Ao vender x rádios a um preço de 15 u.m. cada, você embolsa a quantia de $15x$ u.m. A função que a cada x associa $15x$, neste contexto, é chamada de função receita: $R(x) = 15x$. Nesse exemplo, o preço do produto é constante. Pode suceder que ele seja variável. Por exemplo, se $p + 3x = 30$ a equação de demanda de um bem, então $p = 30 - 3x$; logo, a função receita é

$$R(x) = (\text{preço por unidade}).(\text{quantidade demandada}) = (30 - 3x)x.$$

Em geral, a **função receita** R de um bem (relativa a uma sua curva de demanda) é definida por

$$R(x) = p(x).x$$

onde x é a quantidade demandada se o preço por unidade é $p(x)$. Note que $R(0) = 0$. A **receita média** é a função que a cada x associa $R(x)/x$, ou seja, a receita média coincide com a função preço de demanda se $x \neq 0$.

Exercício 5-6 Um certo bem tem por equação de demanda $p^2 + x^2 - 2500 = 0$.

(a) Dê a expressão da função receita e da função receita média.
(b) Qual a receita e a receita média se a quantidade demandada é 40 unidades?
(c) Qual o domínio da função receita? Da função receita média?

Funções custo e custo médio. Quando se produz um bem, tem-se um custo, o qual é descrito por uma função, chamada função custo, e representada pela letra C. Em geral, a expressão da função custo apresenta uma parcela fixa, e outra variável com a quantidade x do bem produzido. A parcela fixa corresponde a $x = 0$, e se refere a gastos fixos de produção, como aluguel, seguros, equipamento, etc. Assim, se a função custo é dada por $C(x) = 123 + 4x + 0{,}7x^2$, o custo fixo é $C_f = 123$ e o variável é $C_v(x) = 4x + 0{,}7x^2$.

O **custo médio** C_m é definido por

$$C_m(x) = \frac{C(x)}{x}$$

No caso do custo anterior, o custo médio é $C_m(x) = 123/x + 4 + 0{,}7x$.

Exercício 5-7 O custo de produção de um bem é uma função afim. Quando nenhuma quantidade é produzida, o custo vale 500 u.m. e quando 50 unidades são produzidas, o custo é de 600 u.m. Calcule o custo médio para 100 unidades produzidas.

Função Lucro. A **função lucro** L é definida por

$$L = R - C$$

Assim, se para uma certa quantidade a receita é 30 u.m. (é o que você apurou na venda dessa quantidade), e o custo de produção para essa quantidade é de 10 u.m., o lucro é de 30 – 10 = 20 u.m. Se o custo de produção fosse de 35 u.m., o lucro para a referida quantidade seria de 30 – 35 = –5, negativo, caso em que se fala em prejuízo. Em geral:

Para uma quantidade vendida x, diz-se que **há lucro** se $L(x) > 0$, e que **há prejuízo** se $L(x) < 0$.

Na Figura 5-2, representamos simultaneamente gráficos da receita R e do custo C relativos a um mesmo bem. Cada ponto de interseção desses gráficos é chamado **ponto de nivelamento**. No caso da referida figura, os pontos de nivelamento são A e B. Sendo x_1 e x_2 suas abscissas, vemos que se $x<x_1$ ou $x>x_2$, há prejuízo, pois nesses intervalos o gráfico de R está abaixo do de C, ou seja, $L(x) = R(x) - C(x) < 0$; se $x_1<x<x_2$, há lucro, pois a situação se inverte; nos pontos x_1 e x_2 a função lucro se anula, caso em que não há lucro nem prejuízo.

Função custo e função receita

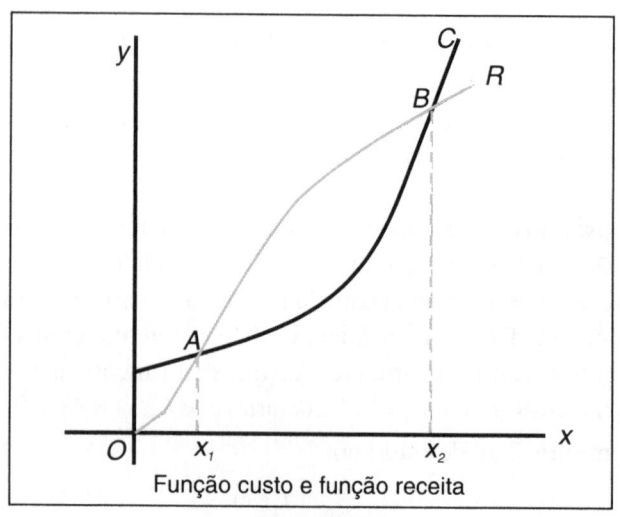

Figura 5-2

Exercício 5-8 Uma pessoa fabrica um produto de limpeza caseiro. Para cada x litros produzidos, ela tem um custo $C(x)$. Na Figura 5-3 está representado o gráfico da função C.

(a) Qual o custo de produção de 10 litros?
(b) Qual o custo de produção de 20 litros?
(c) Se o custo de produção é 22 u.m., quantos litros estão sendo produzidos?
(d) A função C é crescente em [10, 40]?
(e) Qual o custo fixo?

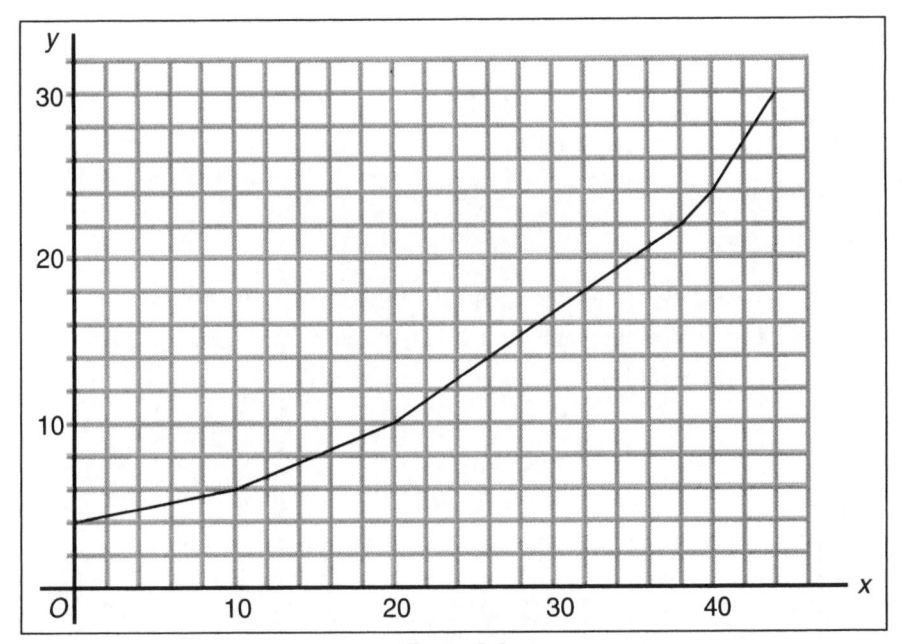

Figura 5-3

Exercício 5-9 Este exercício se refere ainda ao anterior. Suponha que o fabricante vende ò produto a 0,6 u.m. o litro.

(a) Se forem produzidos e vendidos 10 litros, qual é a receita correspondente? Houve lucro ou prejuízo?
(b) Mesma pergunta para 20 litros.
(c) Represente o gráfico da função receita na Figura 5-3.
(d) Quais os pontos de nivelamento?
(e) Qual é o intervalo de produção que o fabricante deve observar para lucro?

Exercício 5-10 Um produto tem por equação de demanda $p + x = 50$, e a função custo para produzi-lo é $C(x) = 0,5x^2 + 5x + 187,5$. Calcule as abscissas dos pontos de nivelamento.

Respostas dos exercícios do §5

5-1   (a) 1 u.m.   (b) 3000 unidades.

5-2   2 u.m.

5-3 $p = x/100 + 5$.

5-4   (a) quantidade de equilíbrio: 2000 unidades; preço de equilíbrio: 5 u.m.

     (b) quantidade de equilíbrio: 1000 unidades; preço de equilíbrio: 3 u.m.

5-5 $p = 10 - 2x$ e $p = 2x + 2$.

5-6   (a) $R(x) = x\sqrt{2500 - x^2}$; $R(x)/x = \sqrt{2500 - x^2}$.

     (b) 1200 u.m.; 30 u.m. por unidade.

     (c) [0, 50];]0, 50].

5-7   7 u.m./unidade.

5-8   (a) 6 u.m.   (b) 10 u.m.   (c) 38 litros.   (d) Sim.   (e) 4 u.m.

5-9   (a) 6 u.m.; nem lucro nem prejuízo.   (b) 12 u.m.; lucro de 2 u.m.

     (c) Veja a Figura 5-4.   (d) (10, 6) e (40, 24).   (e)]10, 40[.

5-10 5 e 25.

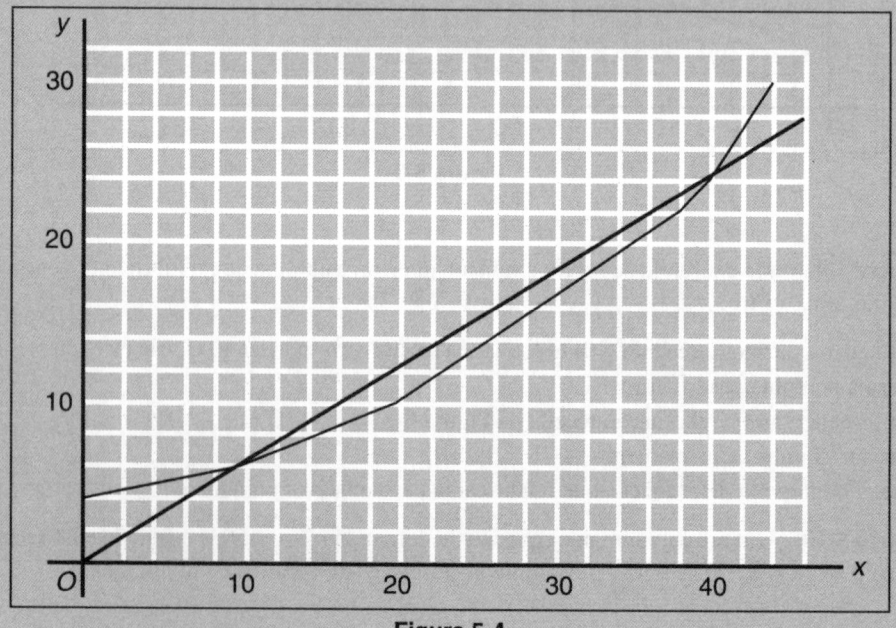

Figura 5-4

EXERCÍCIOS SUPLEMENTARES PARA O CAPÍTULO 1

1. Quais intervalos são abertos?
   (a) $]1, 3[$.   (b) $[3, 6[$.   (c) $[1, 18]$.   (d) R.   (e) $]-\infty, 3[$.   (f) $[4, \infty[$.

2. Quais conjuntos são intervalos, e quais são intervalos abertos?
   (a) $R - \{1\}$.   (b) $[1, 5]-\{5\}$.   (c) $[2, 7]-\{2, 7\}$.

3. Calcule a distância entre $P = (0, 3)$ e $Q = (1, 1)$.

4. Dê uma equação da circunferência de centro $(1, 2)$ e que passa pelo ponto $(3, 4)$.

5. Dê uma equação da reta especificada em cada caso:
   (a) horizontal que passa por $(-12, 6)$;   (b) vertical que passa por $(3, 17)$.

6. Dê uma equação da reta que contém o ponto $(1, 2)$ e é paralela à reta de equação $y = -2x + 10$.

7. Verifique se os pontos P, Q e R estão alinhados, nos casos:
   (a) $P = (0, -10)$, $Q = (1, -7)$, $R = (-1, -13)$.
   (b) $P = (6, 31)$, $Q = (-2, -9)$, $R = (1, -1)$.
   (c) $P = (1, -1)$, $Q = (-1, 3)$, $R = (-4, 9)$.

8. Verifique se a reta por A e B é paralela à reta por C e D, nos casos:
   (a) $A = (0, 1)$, $B = (-3, 16)$, $C = (-20, 100)$, $D = (1, -5)$.
   (b) $A = (1, 2)$, $B = (-3, -6)$, $C = (2, 9)$, $D = (1, 5)$.
   (c) $A = (0, 2)$, $B = (1, 1)$, $C = (20, 20)$, $D = (1, 1)$.

9. Ache o centro C de uma circunferência de raio 1 que passa pelo ponto $(1, 5)$, sabendo que C está na reta $y = x + 3$.

10. Sendo $f(x)=(x-3)^5$, calcule: (a) $f(2)$ (b) $f(3 + h)$ (c) $f(2x + 1)$ (d) $f(\sqrt[5]{f(x)})$.

11. Sendo $f(x) = x^2 - 3x + 2$, resolva as seguintes equações:
    (a) $f(-x) = 0$.   (b) $f(-t^2) = 0$.   (c) $f(\sqrt{x}) = f(-2)$.

12. Dê o domínio da função, nos casos:
    (a) $f(x)= \dfrac{1}{x^6 + x^4 + x^2 + 1}$.   (b) $f(x)= \sqrt[3]{x^4 - 1}$.   (c) $f(x)= \dfrac{1}{\sqrt[5]{1-x^4}}$.   (d) $f(x)= \sqrt{x + \dfrac{1}{x}}$.

13. Na figura estão representadas, em função do tempo t, as temperaturas T_1 de uma partícula P_1 e T_2 de uma partícula P_2.
    (a) Dê os intervalos em que a temperatura de P_1 é maior do que a de P_2.
    (b) Quais os instantes em que P_1 e P_2 têm mesma temperatura?
    (c) Qual a máxima temperatura atingida por P_1?
    (d) Em que intervalos T_2 é crescente?

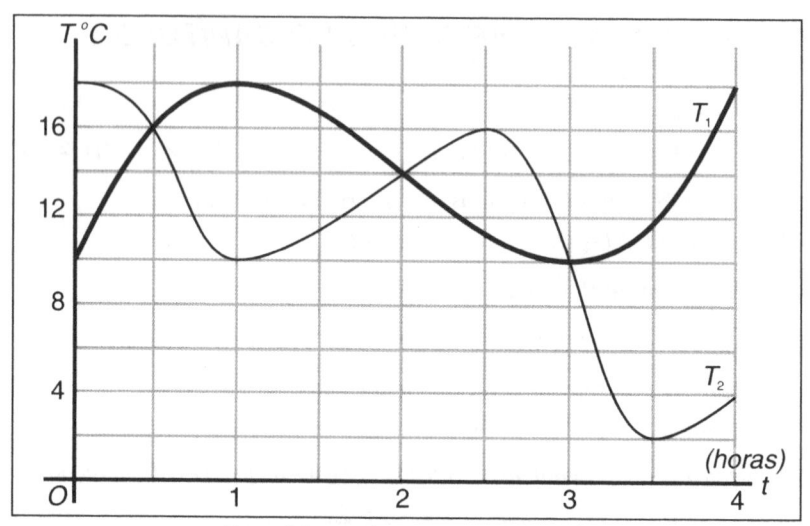

Exercício suplementar 13 (Cap.1)

14. O gráfico de uma função f de domínio $[0, 4]$ está contido na circunferência de centro $(2, 7)$ e raio 2. Dê $f(x)$, sabendo que $f(x) \leq 7$ para todo x do domínio.

15. Um holofote situado em um plano horizontal ilumina uma tela vertical baseada no plano, e distante 20 m do holofote. Um anteparo de 2 m de altura é colocado verticalmente sobre o chão entre o holofote e a tela, distando x do holofote. Calcule a altura da sombra projetada na tela em função de x.

Respostas dos exercícios suplementares do Capítulo 1

1. (a), (d), (e).
2. (b) e (c) são intervalos, somente (c) é aberto.
3. $\sqrt{5}$.
4. $(x-1)^2 + (y-2)^2 = 8$.
5. (a) $y = 6$.   (b) $x = 3$.
6. $y = -2x + 4$.
7. (a) Sim.   (b) Não.   (c) Sim.
8. (a) Sim.   (b) Não.   (c) Não.
9. $(1, 4)$ ou $(2, 5)$.
10. (a) -1.   (b) h^5.   (c) $32(x-1)^5$.   (d) $(x-6)^5$.

11. (a) {−1, −2}. (b) Não existe solução. (c) {25}.
12. (a) R. (b) R. (c) R − {−1, 1}. (d) {x ∈ R| x>0}.
13. (a)]1/2, 2[e]3, 4]. (b) 1/2, 2 e 3. (c) 18°C. (d) [1, 5/2] e [7/2, 4].
14. $f(x) = 7 - \sqrt{4x - x^2}$.
15. $h(x) = \dfrac{40}{x}$.

Capítulo 2

Limite, Continuidade, Derivada

§6- Derivada
 (A) Reta tangente
 (B) Cálculo da inclinação de reta tangente
 (C) Derivada

§7- Regras para cálculo de derivadas
 (A) Derivada da soma e da diferença
 (B) Derivada de constante vezes função
 (C) Derivada de um produto
 (D) Derivada de um quociente

§8- Regra da cadeia
 (A) A regra da cadeia
 (B) Complemento
 (C) Aplicação: derivação implícita

§9- A derivada como taxa de variação
 (A) A derivada como velocidade
 (B) Taxa de variação
 (C) Aplicações à Economia: funções marginais e elasticidade
 (D) Taxas relacionadas

§10- Significado do sinal das derivadas primeira e segunda
 (A) Sinal da derivada primeira
 (B) Sinal da derivada segunda
 (C) Aplicação ao estudo de função quadrática

§11- Problemas sobre máximos e mínimos

§12- Função inversa e sua derivada
  (A) O conceito de função inversa
  (B) Gráfico
  (C) Como derivar função inversa
  (D) Complemento

§13- Limites
  (A) Conceito intuitivo de limite
  (B) Propriedades operatórias
  (C) Limites infinitos
  (D) Formulação equivalente
  (E) Limites no infinito
  (F) Complemento

§14- Continuidade
  (A) O conceito
  (B) Propriedades
  (C) Continuidade e derivabilidade
  (D) Complementos
  (E) Três teoremas importantes

§15- O teorema do valor médio
  (A) Os teoremas de Rolle e do Valor Médio
  (B) Complemento

Exercícios suplementares para o Capítulo 2

§6- DERIVADA

(A) Reta tangente

Fixemos o ponto $P = (x_0, f(x_0))$ do gráfico de uma função f, e tomemos $Q = (x, f(x))$ do mesmo, $Q \neq P$ (Figura 6-1).

Fazendo Q se aproximar de P, pode acontecer que a reta PQ tenda a uma posição-limite: uma reta t. Nesse caso, t é chamada **reta tangente ao gráfico de f em P**, desde que ela não seja vertical. Nesse contexto, a reta PQ é chamada de **reta secante ao gráfico de f em P**. Observemos que Q deve se aproximar de P tanto pela esquerda quanto pela direita, e em ambos os casos a reta PQ deve tender a t. Na Figura 6-1, mostramos instantâneos de Q escorregando ao longo do gráfico de f, em direção a P, pela esquerda na parte (a) da figura, e pela direita na parte (b).

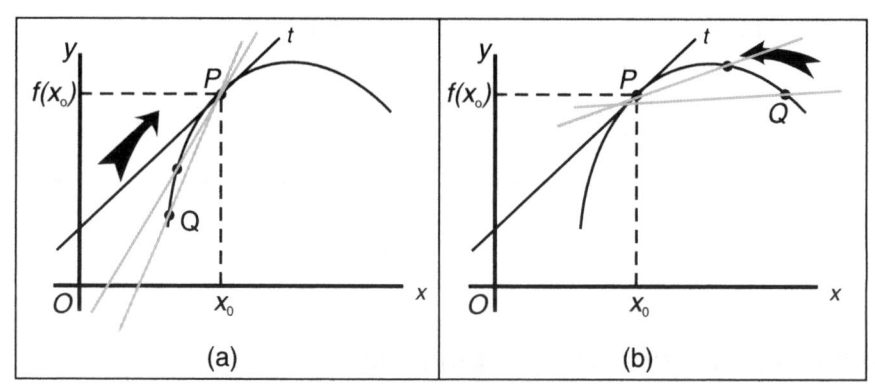

Figura 6-1

Observação. A reta tangente ao gráfico de uma função nem sempre existe. A Figura 6-2(a) apresenta um exemplo onde $P = (x_0, f(x_0))$ é um ponto anguloso (bico), e que o processo anteriormente descrito conduz a duas posições-limites t_1 e t_2, obtidas respectivamente ao fazer Q se aproximar de P pela esquerda e pela direita.

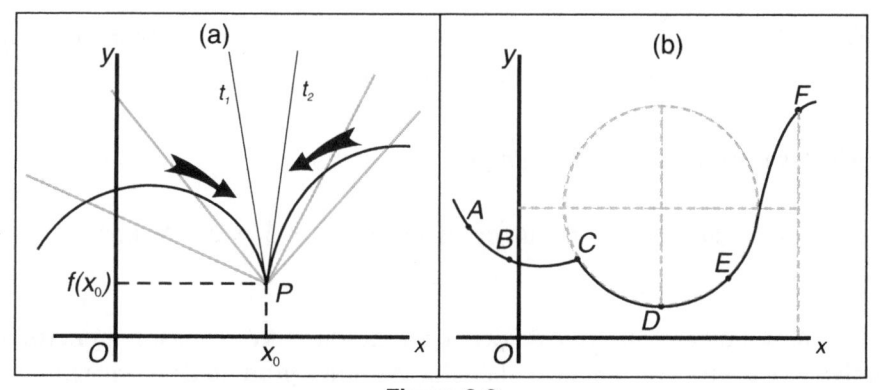

Figura 6-2

Exercício 6-1 No caso da Figura 6-2(b):

(a) Tente desenhar a reta tangente ao gráfico de f em E. Após isso, tente calcular a inclinação da mesma (faça o melhor que puder).
(b) Repita para o ponto D.
(c) O gráfico da função tem reta tangente em C?
(d) Dê o sinal da inclinação da reta tangente ao gráfico de f, nos pontos A, B, F.

Exercício 6-2 Decida se o gráfico de f tem reta tangente ao ponto P, nos casos indicados na Figura 6-3.

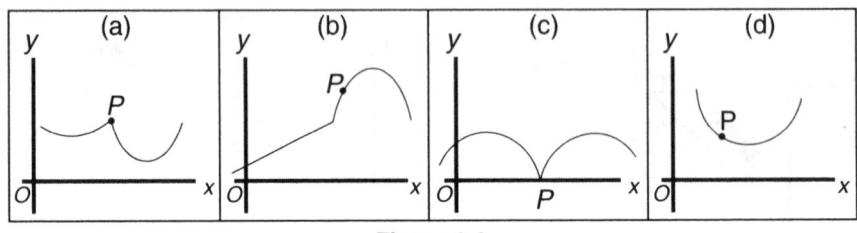

Figura 6-3

(B) Cálculo da inclinação de reta tangente

O exemplo a seguir ilustra como se faz o cálculo da inclinação de reta tangente ao gráfico de uma função.

Exemplo 6-1 Sendo $f(x) = x^2$, calcule a inclinação da reta tangente ao gráfico de f, no ponto P de abscissa $x_0 = 5$.

Resolução. Vamos seguir as instruções, dadas na seção (A), para obter a reta tangente. Devemos tomar um ponto Q do gráfico, distinto de P.

- **Cálculo das coordenadas de P e de Q**

Sendo 5 a abscissa de P, sua ordenada é $f(5) = 5^2 = 25$. Assim,

$$P = (5, 25)$$

Vamos indicar a abscissa de Q por $5 + \Delta x$, onde Δx indica um número, positivo ou negativo (Δ é a letra grega maiúscula delta; Δx **não é** produto de Δ por x). A ordenada de Q é $f(5 + \Delta x) = (5 + \Delta x)^2 = 25 + 10\Delta x + (\Delta x)^2$. Portanto,

$$Q = (5 + \Delta x, 25 + 10\Delta x + (\Delta x)^2)$$

Uma figura tal como a Figura 6-4 é conveniente para guiar o procedimento, onde o gráfico representado é genérico (quer dizer, você não precisa se preocupar em representar o gráfico da função em questão).

- **Cálculo da inclinação da reta secante PQ**

    Temos:

    $Q - P = (5 + \Delta x, 25 + 10\Delta x + (\Delta x)^2) - (5, 25) = (\Delta x, 10\Delta x + (\Delta x)^2);$

    logo, a inclinação da reta PQ é (§2(B))

    $$m_{PQ} = \frac{10\Delta x + (\Delta x)^2}{\Delta x} = 10 + \Delta x$$

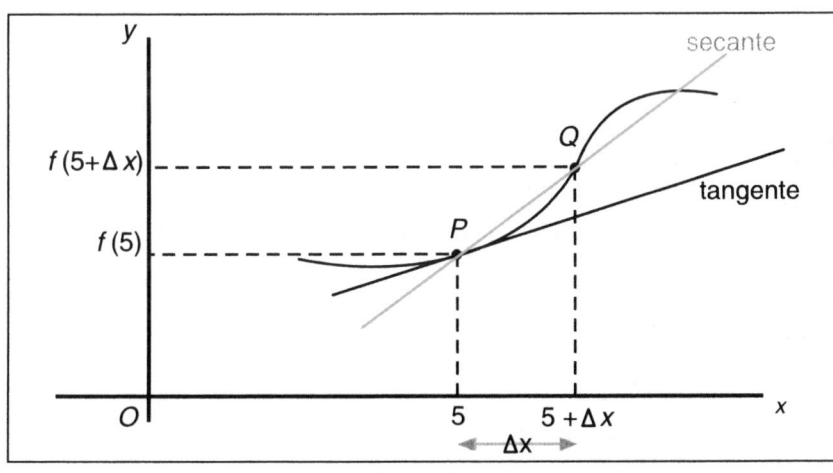

Figura 6-4

- **Cálculo da inclinação da reta tangente ao gráfico de f em P**

    Vamos agora fazer Q tender a P ("tender a" = "aproximar-se de"), o que corresponde (veja a Figura 6-4) a fazer Δx tender a 0. A reta secante tende à reta tangente, e a inclinação m_{PQ} da reta secante tende à inclinação m da reta tangente. Abreviamos isto usando o símbolo

    $$m = \lim_{\Delta x \to 0} m_{PQ}$$

    que se lê assim: "m é o limite de m_{PQ}, para Δx tendendo a 0". Em geral, o símbolo $\to$ se lê "tende a".

    Usando a expressão obtida de m_{PQ}, temos

    $$m = \lim_{\Delta x \to 0} (10 + \Delta x)$$

    Fazendo apelo para sua intuição, note que se $\Delta x \to 0$ então

    $$(10 + \Delta x) \to 10 + 0 = 10$$

Assim,

$$m = \lim_{\Delta x \to 0} (10 + \Delta x) = 10$$ ◄

Observação. O uso de Δx nos cálculos acima é tradicional, mas se você preferir usar uma letra em seu lugar, digamos h, não hesite em fazê-lo.

Exercício 6-3 Calcule a inclinação da reta tangente ao gráfico de f no ponto P de abscissa x_0, nos casos:

(a) $f(x) = x^2$, $x_0 = 2$.   (b) $f(x) = x^2/10$, $x_0 = 1$.
(c) $f(x) = x^2/10$, $x_0 = 0$.   (d) $f(x) = 3x^2$, $x_0 = -1$.

Exercício 6-4 Sendo $f(x) = 3x + 4$, calcule a inclinação da reta tangente ao gráfico de f no ponto P de abscissa x_0, nos casos:

(a) $x_0 = 0$ (b) $x_0 = 1$ (c) $x_0 = -1$

Os resultados que você obteve poderiam ter sido antecipados?

Exercício 6-5 Se f é uma função constante, definida num intervalo aberto, seu gráfico é um segmento de reta paralelo a Ox. Dê a inclinação da reta tangente ao gráfico de f em um seu ponto P de abscissa x_0, de dois modos:

(a) Usando um argumento geométrico.
(b) Calculando, como no exemplo anterior.

(C) Derivada

De acordo com o que vimos na seção anterior, para calcular a inclinação da reta tangente ao gráfico de f no ponto $P = (x_0, f(x_0))$, devemos proceder assim: tomamos $Q = (x_0 + \Delta x, f(x_0 + \Delta x))$ do gráfico, distinto de P, calculamos

$$Q - P = (x_0 + \Delta x, f(x_0 + \Delta x)) - (x_0, f(x_0)) = (\Delta x, f(x_0 + \Delta x) - f(x_0))$$

de onde resulta a inclinação m_{PQ} da reta secante PQ:

$$m_{PQ} = \frac{f(x_0 + \Delta x) - f(x_0)}{\Delta x}$$

Fazemos Q se aproximar de P, o que se consegue fazendo $\Delta x \to 0$; então a reta secante PQ tenderá à reta tangente ao gráfico de f em P (admitindo que ela exista), de modo que se m for sua inclinação, tem-se

$$m = \lim_{\Delta x \to 0} m_{PQ} = \lim_{\Delta x \to 0} \frac{f(x_0 + \Delta x) - f(x_0)}{\Delta x}$$

O segundo membro recebe o nome de derivada de f em x_0. Destaquemos:

Define-se **derivada da função f no ponto x_0**, e se indica por $f'(x_0)$, como sendo o número

$$f'(x_0) = \lim_{\Delta x \to 0} \frac{f(x_0 + \Delta x) - f(x_0)}{\Delta x}$$

supondo que o limite exista, caso em que se diz que f é **derivável em x_0**.

A função que a cada x onde f é derivável associa $f'(x)$ é chamada de **(função) derivada** de f, e é indicada por f'. Se f é derivável em todos os pontos do seu domínio, ela se diz **derivável**.

Pela própria maneira como se definiu $f'(x_0)$, temos a seguinte

INTERPRETAÇÃO GEOMÉTRICA DA DERIVADA

$f'(x_0)$ é a inclinação da reta tangente ao gráfico de f no ponto $P = (x_0, f(x_0))$.

AVISO. É muito importante que se saiba a interpretação geométrica da derivada acima. Ela nos facilitará a intuição e a visualização geométrica de resultados importantes, conforme veremos.

A seguinte notação, chamada **notação de Leibniz**, é muito usada nas ciências e nos ajudará no cálculo de derivadas:

$$\boxed{f' = \frac{df}{dx}}$$

Nos exemplos a seguir, calcularemos a derivada de uma função f em um ponto x, caso em que temos

$$\boxed{f'(x) = \lim_{\Delta x \to 0} \frac{f(x + \Delta x) - f(x)}{\Delta x}}$$

Exemplo 6-2 Sendo $f(x) = b$, b um número real fixo, calcule, pela definição, a derivada de f.

Resolução. Temos $f(x + \Delta x) - f(x) = b - b = 0$; logo,

$$\frac{f(x+\Delta x)-f(x)}{\Delta x} = \frac{0}{\Delta x} = 0$$

e assim,

$$f'(x) = \lim_{\Delta x \to 0} \frac{f(x+\Delta x)-f(x)}{\Delta x} = \lim_{\Delta x \to 0} 0 = 0$$

Indicaremos o resultado acima por um dos seguintes modos

$$(b)' = 0 \quad \text{ou} \quad \frac{d(b)}{dx} = 0 \quad \text{ou} \quad \frac{db}{dx} = 0$$

Destaquemos:

A derivada de uma (função) constante é (a função) nula.

Observação. Como o gráfico de uma função constante definida num intervalo é um segmento de reta horizontal (paralelo a Ox), a reta tangente em qualquer ponto do mesmo é uma reta horizontal, cuja inclinação é, portanto, nula. Isto poderia antecipar o resultado do cálculo acima, usando a interpretação geométrica da derivada como inclinação de reta tangente.

Exercício 6-6 Calcule:

(a) $(1)'$. (b) $(8)'$. (c) $\dfrac{d(16)}{dx}$. (d) $(0)'$. (e) $\dfrac{d(-3)}{dx}$. (f) $\dfrac{d(\sqrt{7})}{dx}$.

No próximo exemplo, que generaliza o anterior, vamos considerar uma função afim f, que, relembremos, é da forma $f(x) = mx + n$, m e n números fixos. O gráfico de f é, como sabemos, uma reta r de inclinação m. A reta t, tangente ao gráfico de f em um seu ponto, claramente coincide com r. Então, pela interpretação geométrica da derivada, vem:

$$f'(x) = \text{inclinação de } t = \text{inclinação de } r = m$$

Vejamos como os cálculos confirmam esse resultado:

Exemplo 6-3 Sendo $f(x) = mx + n$ (m e n fixos), calcule, pela definição, a derivada de f.

Resolução. Temos:

$$f(x+\Delta x) - f(x) = m(x+\Delta x)+n - (mx+n) = mx + m\Delta x + n - mx - n = m\Delta x$$

Logo,

$$\frac{f(x+\Delta x) - f(x)}{\Delta x} = m$$

e assim,

$$f'(x) = \lim_{\Delta x \to 0} \frac{f(x+\Delta x) - f(x)}{\Delta x} = \lim_{\Delta x \to 0} m = m$$

Indicaremos o resultado acima por um dos seguintes modos:

$$(mx+n)' = m \quad \text{ou} \quad \frac{d(mx+n)}{dx} = m$$

Exercício 6-7 Mostre, pela definição, que $(-6x+1)' = -6$.

Exercício 6-8

(a) Conclua, do exemplo anterior, que $(x)' = 1$, ou, na notação de Leibniz,

$$\frac{dx}{dx} = 1$$

(b) Sendo $f(x) = x$, represente o gráfico de f. Dê um argumento geométrico que ilustra a fórmula $(x)' = 1$.

Exemplo 6-4 Calcule, pela definição, a derivada de f, sendo $f(x) = x^2$.

Resolução. Temos

$$f(x+\Delta x) - f(x) = (x+\Delta x)^2 - x^2 = x^2 + 2x\Delta x + (\Delta x)^2 - x^2 = 2x\Delta x + (\Delta x)^2$$

Logo,

$$\frac{f(x+\Delta x) - f(x)}{\Delta x} = \frac{2x\Delta x + (\Delta x)^2}{\Delta x} = 2x + \Delta x$$

e assim,

$$f'(x) = \lim_{\Delta x \to 0} \frac{f(x+\Delta x) - f(x)}{\Delta x} = \lim_{\Delta x \to 0} (2x + \Delta x) = 2x$$

Indicaremos o resultado obtido por um dos seguintes modos:

$$(x^2)' = 2x, \quad \text{ou} \quad \frac{dx^2}{dx} = 2x$$

Exercício 6-9 (a) Mostre, usando a definição de derivada, que $(x^3)' = 3x^2$. Para isto, lembramos que

$$(a+b)^3 = a^3 + 3a^2b + 3ab^2 + b^3$$

(b) Usando o resultado de (a), calcule a inclinação da reta tangente ao gráfico da função f, sendo $f(x) = x^3$, no ponto de abscissa $x = 3$. Repita para o ponto de abscissa $x = -3$.

Pode-se provar que

$$\boxed{(x^n)' = nx^{n-1} \quad (n = 1, 2, 3, \ldots)} \qquad (\clubsuit) \qquad \boxed{\frac{dx^n}{dx} = nx^{n-1} \quad (n = 1, 2, 3, \ldots)}$$

onde, como sempre, repetimos a fórmula usando a notação de Leibniz.

Exercício 6-10 Utilizando a fórmula acima, calcule a inclinação da reta tangente ao gráfico da função f, sendo $f(x) = x^{100}$, no ponto de abscissa x_0, nos casos:

(a) $x_0 = 1$.   (b) $x_0 = -1$.   (c) $x_0 = 1/10$.

Exercício 6-11 Calcule:

(a) $\dfrac{dx^6}{dx}$.   (b) $\dfrac{dt^6}{dt}$.   (c) $\dfrac{du^5}{du}$.   (d) $\dfrac{dx^{20}}{dx}$.

(e) $(x^{17})'$.   (f) $(x)'$.   (g) $\dfrac{dx}{dx}$.   (h) $(x^8)'$.

Exemplo 6-5 Sendo $f(x) = 1/x^2$,

(a) calcule $f'(x)$ pela definição;

(b) dê uma equação da reta tangente ao gráfico de f no ponto de abscissa -1.

Resolução.

(a) Temos:

$$f(x + \Delta x) - f(x) = \frac{1}{(x+\Delta x)^2} - \frac{1}{x^2} = \frac{x^2 - (x + \Delta x)^2}{(x + \Delta x)^2 . x^2}$$

$$= \frac{x^2 - (x^2 + 2x\Delta x + (\Delta x)^2)}{(x+\Delta x)^2 . x^2} = \frac{-2x\Delta x - (\Delta x)^2}{(x+\Delta x)^2 . x^2}$$

Logo,

$$\frac{f(x + \Delta x) - f(x)}{\Delta x} = \frac{-2x - \Delta x}{(x+\Delta x)^2 . x^2}$$

e assim,

$$f'(x) = \lim_{\Delta x \to 0} \frac{f(x + \Delta x) - f(x)}{\Delta x} = \lim_{\Delta x \to 0} \frac{-2x - \Delta x}{(x + \Delta x)^2 . x^2} = \frac{-2x}{x^2 . x^2} = -\frac{2}{x^3}$$ ◀

(b) A inclinação da reta tangente pedida é $f'(-1) = -2/(-1)^3 = 2$; portanto, a reta tangente tem equação da forma $y = 2x+n$ (lembre-se de que a inclinação da reta de equação $y = mx + n$ é m). Para determinar n, devemos impor que esta reta passa pelo ponto do gráfico de abscissa $x = -1$. A ordenada desse ponto é $y = f(-1) = 1/(-1)^2 = 1$. Fazendo $x = -1$ e $y = 1$ na equação da reta vem $1 = 2.(-1) + n$, de onde resulta $n = 3$. Assim, a equação pedida é $y = 2x + 3$. ◀

Exercício 6-12 Sendo $f(x) = 1/x$, calcule, pela definição, a derivada de f e dê uma equação da reta tangente ao gráfico de f no ponto de abscissa 1.

No exemplo a seguir, vamos ter o prazer de conhecer uma importante função, na verdade de modo precário, já que isto será através de uma representação de seu gráfico. A definição matemática será dada no Capítulo 3.

Exemplo 6-6 Na Figura 6-5 está representado o gráfico da função **logaritmo neperiano** (introduzido pelo matemático escocês J. Napier, ou J. Neper, 1550-1617), também conhecida por **logaritmo natural**, a qual é indicada por *ln* (esta notação não é usada por todos). O domínio dessa função é o conjunto dos números reais positivos. Em princípio, devemos indicar seu valor em x por *ln*(x), porém o costume é escrever *ln* x, o parênteses sendo usado para eliminar ambigüidade. As conclusões serão tiradas a partir da figura, porém um tratamento matemático posterior confirmará os resultados. Começamos por notar que

$$\boxed{ln\ 1 = 0}$$

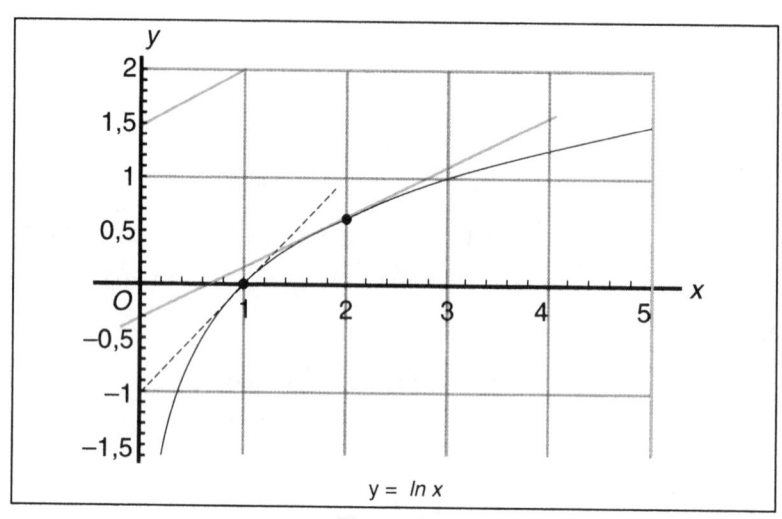

Figura 6-5

Na referida figura, traçamos a reta tangente ao gráfico da função no ponto de abscissa 1, cuja inclinação vale 1, ou seja, a derivada de *ln* no ponto 1 vale 1. Traçamos também a reta tangente ao gráfico da função no ponto de abscissa 2. Para calcular sua inclinação, traçamos uma paralela a ela, no canto superior esquerdo da figura, a qual passa pelos pontos (0, 3/2) e (1, 2).Como (1, 2) − (0, 3/2) = (1, 1/2), a inclinação é 1/2 dividido por 1, ou seja, 1/2. Portanto, a derivada de *ln* no ponto 2 vale 1/2. Estes dois resultados são amostras do seguinte resultado que será provado mais tarde, que diz que a derivada da função *ln* em um ponto x do seu domínio é $1/x$. Destaquemos:

$$(ln\ x)' = \frac{1}{x}$$

Exercício 6-13

(a) Dê uma equação da reta tangente ao gráfico da função logaritmo neperiano no ponto de abscissa x_0.

(b) A reta tangente ao gráfico da função logaritmo neperiano em um certo ponto P_0 encontra o eixo Oy no ponto (0, −1). Determine P_0.

Exercício 6-14 Na Figura 6-6(a), as retas representadas são tangentes ao gráfico da função f. Calcule

(a) $f'(1)$.   (b) $f'(2)$.   (c) $f'(5)$.

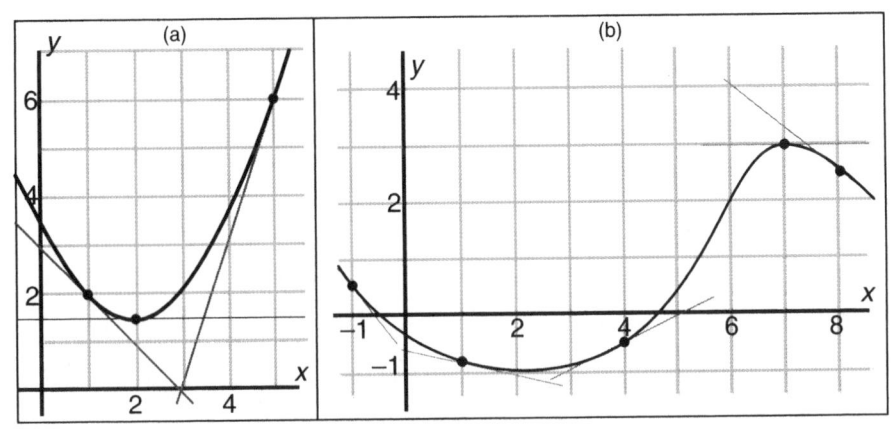

Figura 6-6

Exercício 6-15 Na Figura 6-6(b), as retas representadas são tangentes ao gráfico da função f. Considere os números $f'(-1), f'(1), f'(4), f'(7), f'(8)$.

(a) Quais são positivos? (b) Quais são negativos?
(c) Quais são nulos? (d) Coloque-os em ordem crescente.

Exercício 6-16

(a) Defina a derivada de uma função f em um ponto x_0.
(b) Dê uma interpretação geométrica da derivada de uma função em um ponto.
(c) Adivinhe a nota que um aluno tirou ao responder que a definição de derivada de uma função f em um ponto x_0 é a inclinação da reta tangente ao gráfico de f em $(x_0, f(x_0))$.

Respostas dos exercícios do §6

6-1 (a) Idealmente, você deve ter achado 1 para a inclinação da reta tangente em E.

(b) No ponto D, a inclinação da reta tangente é 0.

(c) Não.

(d) Negativo, negativo, positivo.

6-2 (a) Não (b) Sim (c) Não (d) Sim

6-3 (a) 4. (b) 1/5. (c) 0. (d) –6.

6-4 Nos três casos a inclinação é 3. Isto poderia ter sido antecipado, pois o gráfico de f é um reta r, precisamente a de equação $y = 3x + 4$. Assim, em qualquer ponto da mesma, a reta tangente coincide com r. Portanto, sua inclinação é a de r, que é 3, coeficiente de x na equação $y = 3x + 4$.

6-5 0.

6-6 0, em todos os casos.

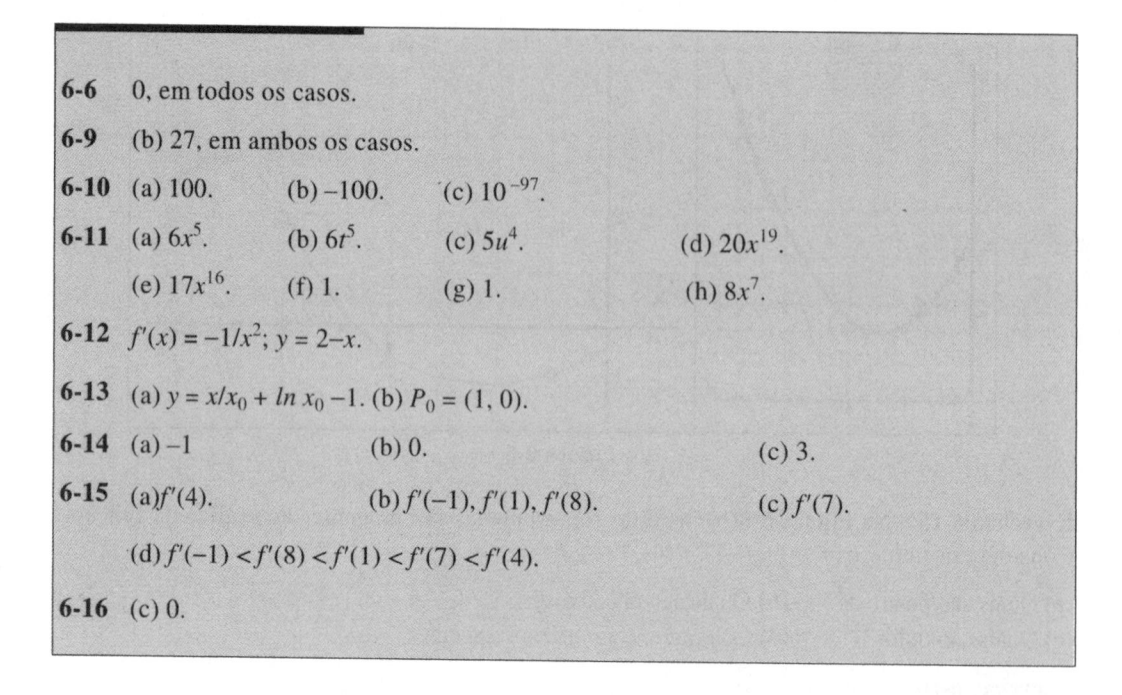

6-9 (b) 27, em ambos os casos.

6-10 (a) 100. (b) −100. (c) 10^{-97}.

6-11 (a) $6x^5$. (b) $6t^5$. (c) $5u^4$. (d) $20x^{19}$.

(e) $17x^{16}$. (f) 1. (g) 1. (h) $8x^7$.

6-12 $f'(x) = -1/x^2$; $y = 2-x$.

6-13 (a) $y = x/x_0 + \ln x_0 - 1$. (b) $P_0 = (1, 0)$.

6-14 (a) −1 (b) 0. (c) 3.

6-15 (a) $f'(4)$. (b) $f'(-1), f'(1), f'(8)$. (c) $f'(7)$.

(d) $f'(-1) < f'(8) < f'(1) < f'(7) < f'(4)$.

6-16 (c) 0.

§7- REGRAS PARA CÁLCULO DE DERIVADA

Até agora, calculamos derivadas usando a definição, em casos simples. Vamos ver algumas regras que tornarão o cálculo da derivada mais eficiente. Eis as derivadas que já conhecemos (na segunda coluna escrevemos os resultados na notação de Leibniz):

$(x^n)' = nx^{n-1}$ ($n > 0$, inteiro) $\dfrac{dx^n}{dx} = nx^{n-1}$

$(x)' = 1$ $\dfrac{dx}{dx} = 1$

$(c)' = 0$ (c constante) $\dfrac{dc}{dx} = 0$

Esclarecimento. A palavra *constante* acima empregada está por *função constante*. No entanto, em alguns contextos, *constante* pode ser sinônimo de número real.

(A) Derivada da soma e da diferença

1ª REGRA: Derivada da soma e da diferença. Se f e g são deriváveis em x, tem-se

$$(f \pm g)'(x) = f'(x) \pm g'(x)$$

As funções $f + g$ e $f - g$ são dadas, respectivamente, por

$$(f + g)(x) = f(x) + g(x) \quad e \quad (f - g)(x) = f(x) - g(x)$$

Falando livremente: **a derivada da soma é a soma das derivadas, a derivada da diferença é a diferença das derivadas.**

A regra acima vale para um número qualquer de funções. Nos exemplos, usaremos ora a notação acima, ora a de Leibniz.

Exemplo 7-1

(a) $\dfrac{d}{dx}(x^9 + x^{10}) = \dfrac{dx^9}{dx} + \dfrac{dx^{10}}{dx} = 9x^8 + 10x^9$

(b) $\dfrac{d}{dt}(t^5 - t^2 + 2) = \dfrac{dt^5}{dt} - \dfrac{dt^2}{dt} + \dfrac{d2}{dt} = 5t^4 - 2t$

(c) $(x^{20} - x^3 + x + 1)' = (x^{20})' - (x^3)' + (x)' + (1)' = 20x^{19} - 3x^2 + 1$

Exercício 7-1 Calcule:

(a) $(x^{30} + x)'$.

(b) $\dfrac{d}{dx}(x^{10} - x + 1)$.

(c) $\dfrac{d}{du}(u^2 - 3)$.

(d) $\dfrac{d}{dt}(t^{15} - t^9 + t)$.

(e) $(x^9 + 7^3)'$.

(f) $(x^{13} - x + \sqrt{7})'$.

(g) $(1 + x^2 - x^4)'$.

(h) $\dfrac{d}{ds}(s^2 - s^7)$.

(i) $\dfrac{d}{dz}(z^{23} + z + 1)$.

Exercício 7-2 Sendo $f(x) = x^{10} - x^8 + x^7 - 1$, obtenha uma equação da reta tangente ao gráfico da função f, no ponto de abscissa $x = 1$.

(B) Derivada de constante vezes função

2ª REGRA: Derivada de "constante vezes função". Se f é derivável em x, e c uma constante, tem-se

$$(cf)'(x) = cf'(x)$$

A função cf é dada por $(cf)(x) = cf(x)$.

Exemplo 7-2

(a) $\dfrac{d}{dx}(3x) = 3\dfrac{dx}{dx} = 3 \cdot 1 = 3$

(b) $(20x^7)' = 20(x^7)' = 20 \cdot 7x^6 = 140x^6$

(c) $\dfrac{d}{du}(3u^2) = 3\dfrac{du^2}{du} = 3 \cdot 2u = 6u$

(d) $\dfrac{d}{dx}(\dfrac{x^2}{8}) = \dfrac{d}{dx}(\dfrac{1}{8} \cdot x^2) = \dfrac{1}{8}\dfrac{dx^2}{dx} = \dfrac{1}{8} \cdot 2x = \dfrac{x}{4}$

(e) $(\dfrac{2x^9}{5})' = (\dfrac{2}{5}x^9)' = \dfrac{2}{5}(x^9)' = \dfrac{2}{5} \cdot 9x^8 = \dfrac{18x^8}{5}$

(f) $\dfrac{d}{dt}(-\dfrac{3t^4}{7}) = \dfrac{d}{dt}(-\dfrac{3}{7} \cdot t^4) = -\dfrac{3}{7}\dfrac{dt^4}{dt} = -\dfrac{3}{7} \cdot 4t^3 = -\dfrac{12t^3}{7}$

Exercício 7-3 Calcule a derivada de

(a) $100x^2$.   (b) $3x^3$.   (c) $20x$.   (d) $2x/7$.   (e) $x^6/18$.   (f) $-3x^8$.

Exercício 7-4 Calcule:

(a) $\dfrac{d}{dx}(\dfrac{x^4}{4})$.   (b) $\dfrac{d}{dt}(\dfrac{20t^{10}}{3})$.   (c) $(\sqrt{7}x)'$.

No exemplo a seguir, as duas regras são usadas.

Exemplo 7-3

(a) $\dfrac{d}{dx}(20x^2 + x - 14) = \dfrac{d}{dx}(20x^2) + \dfrac{dx}{dx} - \dfrac{d(14)}{dx}$

$\qquad\qquad\qquad\quad = 20\dfrac{dx^2}{dx} + \dfrac{dx}{dx} - \dfrac{d(14)}{dx}$

$\qquad\qquad\qquad\quad = 20 \cdot 2x + 1 - 0$

$\qquad\qquad\qquad\quad = 40x + 1.$ ◄

(b) $(-40x^9 - 2x^2 + x)' = (-40x^9)' - (2x^2)' + (x)'$

$\qquad\qquad\qquad\quad = -40\,(x^9)' - 2(x^2)' + (x)'$

$\qquad\qquad\qquad\quad = -40 \cdot 9x^8 - 2 \cdot 2x + 1$

$\qquad\qquad\qquad\quad = -360x^8 - 4x + 1.$ ◄

(c) $\dfrac{d}{ds}\left(30s^3 - \dfrac{2}{3}s^2 + s - 1\right) = \dfrac{d}{ds}(30s^3) - \dfrac{d}{ds}\left(\dfrac{2}{3}s^2\right) + \dfrac{ds}{ds} - \dfrac{d1}{ds}$

$\qquad\qquad\qquad\quad = 30\dfrac{ds^3}{ds} - \dfrac{2}{3}\dfrac{ds^2}{ds} + \dfrac{ds}{ds} - \dfrac{d1}{ds}$

$\qquad\qquad\qquad\quad = 30 \cdot 3s^2 - \dfrac{2}{3} \cdot 2s + 1 - 0$

$\qquad\qquad\qquad\quad = 90s^2 - \dfrac{4s}{3} + 1.$ ◄

Exercício 7-5 Calcule:

(a) $\dfrac{d}{dx}(2x+3)$. (b) $\dfrac{d}{dt}(3t^2 - t + 4)$. (c) $\left(5x^3 - \dfrac{5x^4}{4}\right)'$.

(d) $\left(\dfrac{3x^4}{4} - 4x + 2^{18}\right)'$. (e) $\dfrac{d}{du}(u^4 - u^5 + u^2 - 20u)$. (f) $\left(\dfrac{x^2 - 9x + 2}{4}\right)'$.

ATENÇÃO! Observe a diferença: sendo *c* uma constante, tem-se:

$$\dfrac{dc}{dx} = 0 \quad \text{e} \quad \dfrac{d}{dx}(cf) = c\dfrac{df}{dx}$$

Portanto, se a constante aparece só, use a primeira das fórmulas; se a constante aparece multiplicando uma função, use a segunda fórmula.

Exercício 7-6 Verdadeiro ou Falso? (Admita a derivabilidade de f e de g.)

(a) $\dfrac{d3}{dx} = 0$. (b) $\dfrac{d(3g)}{du} = 3\dfrac{dg}{du}$. (c) $\dfrac{d(4^3)}{dt} = 3 \cdot 4^2$. (d) $\dfrac{d(4f)}{dx} = 4\dfrac{df}{dx}$.

Exercício 7-7 Sendo $f(x) = a(x^3 - 2x)+1$, determine a, sabendo que a inclinação da reta tangente ao gráfico de f em $x = 1$ é 3.

Exercício 7-8 A derivada de f em x_0 vale m, $m \neq 0$. Sendo $F(x) = f(x)/m$, mostre que a reta tangente ao gráfico de F em $(x_0, F(x_0))$ é paralela à reta $y = x$.

(C) Derivada de um produto

3ª REGRA: Derivada de um produto. Se f e g são deriváveis em x, tem-se

$$(fg)'(x) = f'(x)g(x) + f(x)g'(x)$$

A função fg é dada por $(fg)(x) = f(x)g(x)$.

Exemplo 7-4 Sendo $h(x) = (2x+3)(3x-1)$, calcule h'.

Resolução. Temos, de acordo com a regra acima,

$h'(x) = [(2x+3)(3x-1)]'$
$= (2x+3)'(3x-1) + (2x+3)(3x-1)'$
$= 2 \cdot (3x-1) + (2x+3) \cdot 3 = 6x - 2 + 6x + 9 = 12x + 7$ ◄

Observação. Poderíamos ter obtido $h'(x)$ do seguinte modo. Antes de derivar, desenvolvemos a expressão de $h(x)$:

$h(x) = (2x+3)(3x-1) = 2x(3x-1) + 3(3x-1)$
$= 6x^2 - 2x + 9x - 3 = 6x^2 + 7x - 3$

Agora aplicamos a 1ª REGRA e a 2ª REGRA:

$h'(x) = (6x^2 + 7x - 3)' = (6x^2)' + (7x)' - (3)'$
$= 6(x^2)' + 7(x)' - (3)'$
$= 6 \cdot 2x + 7 \cdot 1 - 0 = 12x + 7$

Quando a função a derivar é dada como um produto, nem sempre é vantajoso (e nem sempre é possível) efetuar o produto, como fizemos acima, para depois derivar. Veja o exemplo a seguir:

Exemplo 7-5 Calcule a inclinação da reta tangente ao gráfico da função h, dada por $h(x) = (4x^{20} + x^5 - 6)(2x^2 + x^3)$, no ponto de abscissa $x = 0$.

Resolução. Temos, pela 3ª REGRA,

$$h'(x) = (4x^{20} + x^5 - 6)' (2x^2 + x^3) + (4x^{20} + x^5 - 6)(2x^2 + x^3)'$$
$$= (80x^{19} + 5x^4)(2x^2 + x^3) + (4x^{20} + x^5 - 6)(4x + 3x^2)$$

A inclinação pedida é $h'(0)$. Fazendo $x = 0$ na expressão de $h'(x)$, obtemos $h'(0) = 0$. ◄

Exercício 7-9 Calcule a derivada de:

(a) $(x^{10} + 1)(x^2 - 1)$.   (b) $(2x^6 + x^4 - 1)(3x^7 + x^2)$.
(c) $(5x^6 + x - 1)(2x - 4)$.   (d) $(3x^3 - 2x^2/7 + 1)(x^4 + x/9)$.

Exercício 7-10 Calcule $h'(1)$, nos casos:

(a) $h(x) = (9x^{101} - 909x)(x^2 - 2x)$.   (b) $h(x) = (x^9 + x + 10)(x - 1)$.

Vamos em seguida usar a função logaritmo neperiano, apresentada no parágrafo anterior. Convém lembrar que seu domínio é o conjunto dos números reais positivos, que $ln\ 1 = 0$, e $(ln\ x)' = 1/x$. A nossa experiência mostra que surgem algumas confusões em relação a esta função, e é por isso que damos o aviso a seguir.

ATENÇÃO! **Quando escrevemos *ln x*, isto NÃO É produto de *ln* por *x*, pois *ln x* é o mesmo que *ln(x)*. O erro de se pensar que *ln x* é produto de *ln* por *x* leva a escrever absurdos, como o de cancelar *x* na expressão (*ln x*)/*x* (isto é terrível!):**

$$\frac{ln\ x}{x} = ln \qquad (??!!??)$$

Convenção. Escreveremos $ln^3\ x$ para indicar $(ln\ x)^3$, $ln^5\ x$ para indicar $(ln\ x)^5$, etc. Em geral, tem-se a seguinte convenção de escritura:

$$\boxed{ln^m\ x = (ln\ x)^m}$$

Exemplo 7-6

$$\frac{d}{dx}(x^2 \cdot ln\ x) = \frac{dx^2}{dx} \cdot ln\ x + x^2 \cdot \frac{d}{dx}(ln\ x) = 2x \cdot ln\ x + x^2 \cdot \frac{1}{x} = 2x\ ln\ x + x \qquad ◄$$

Exercício 7-11 Calcule a derivada de:

(a) $x \ln x$. (b) $(2x + 1) \ln x$. (c) $x + \ln x$.
(d) $(-2x^2 + 1) \ln x$. (e) $2 \ln x - x^2 + 1$. (f) $-3x^3 \ln x$.

Pelo que temos até agora, para calcular a derivada de $(2x+1)^{100}$ devemos desenvolver essa expressão (uma tarefa assustadora) e depois derivar. Felizmente podemos evitar isto. De fato, a seguinte generalização da 3ª REGRA

$$(f g h)' = f' g h + f g' h + f g h'$$

nos dá, para $f = g = h$:

$$(f^3)' = f' f f + f f' f + f f f' = 3f^2 f'$$

Repetindo para funções f, g, h e p:

$$(f g h p)' = f' g h p + f g' h p + f g h' p + f g h p'$$

Se $f = g = h = p$, resulta

$$(f^4)' = 4 f^3 f'$$

Obtém-se a fórmula geral seguinte, a qual escrevemos também na notação de Leibniz:

$$\boxed{(f^n)' = nf^{n-1} f'} \qquad \boxed{\frac{df^n}{dx} = nf^{n-1} \frac{df}{dx}}$$

Exemplo 7-7

(a) $[(2x + 1)^{100}]' = 100 (2x + 1)^{100-1} \cdot (2x + 1)' = 100 (2x + 1)^{99} \cdot 2 = 200 (2x + 1)^{99}$.
(b) $[(-2x^3 + x - 1)^9]' = 9 (-2x^3 + x - 1)^{9-1} (-2x^3 + x - 1)' = 9 (-2x^3 + x - 1)^8 (-6x^2 + 1)$.
(c) $(\ln^5 x)' = [(\ln x)^5]' = 5(\ln x)^{5-1}(\ln x)' = 5(\ln x)^4 \cdot \frac{1}{x} = \frac{5 \ln^4 x}{x}$. ◀

Exercício 7-12 Calcule a derivada de:

(a) $(5x + 1)^{10}$. (b) $(-4x + 7)^8$. (c) $(x^2 + x + 1)^4$.
(d) $(-2x^4 + 2x)^5$. (e) $(\ln x + x)^4$. (f) $\ln^3 x$.

Exercício 7-13 Sendo $f(x) = x \ln^2 x$, calcule a inclinação da reta tangente ao gráfico de f, no ponto de abscissa $x = 1$.

Exercício 7-14 Sendo $f(x) = x \ln x + 1$, dê uma equação da reta tangente ao gráfico de f, no ponto de abscissa $x = 1$.

Exercício 7-15 Sendo $f(1) = 2, f'(1) = 3, g(1) = 5, g'(1) = -2$, calcule $(fg)'(1)$.

Exercício 7-16 Sendo $f = f'$, $g = 3g'$, mostre que $(fg)' = 4fg/3$.

Exercício 7-17 Na Figura 7-1, as retas s e t são, respectivamente, tangentes aos gráficos das funções f e g, em pontos de abscissa 3. Sendo $h = 3f + 2g + fg/2$, calcule $h(3)$ e $h'(3)$.

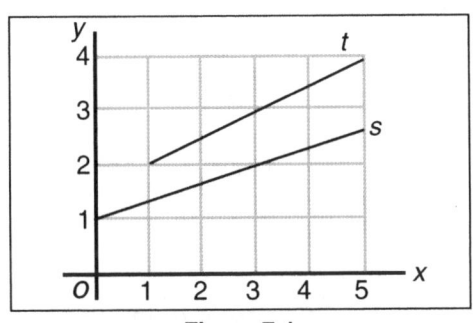

Figura 7-1

(D) Derivada de um quociente

Aprenderemos agora a derivar o quociente f/g de duas funções, que é uma função dada por

$$\left(\frac{f}{g}\right)(x) = \frac{f(x)}{g(x)}$$

o domínio sendo formado pelos x tais que $g(x) \neq 0$.

4ª REGRA: Derivada de um quociente. Se f e g são deriváveis em x, tem-se

$$\left(\frac{f}{g}\right)'(x) = \frac{f'(x)g(x) - f(x)g'(x)}{g^2(x)}$$

Exemplo 7-8

(a) $\left(\dfrac{x^2 - 1}{x + 3}\right)' = \dfrac{(x^2-1)'(x+3) - (x^2-1)(x+3)'}{(x+3)^2} = \dfrac{2x(x+3) - (x^2-1)}{(x+3)^2}$

$= \dfrac{x^2 + 6x + 1}{(x+3)^2}.$ ◂

(b) $\dfrac{d}{dx}(\dfrac{\ln x}{x}) = \dfrac{\dfrac{d\ln x}{dx}.x - \ln x.\dfrac{dx}{dx}}{x^2} = \dfrac{\dfrac{1}{x}.x - \ln x.1}{x^2} = \dfrac{1-\ln x}{x^2}.$ ◁

Exercício 7-18 Calcule a derivada de:

(a) $\dfrac{x+1}{x-1}.$ (b) $\dfrac{x}{x^2+1}.$ (c) $\dfrac{2x^2-1}{x^2+2}.$

(d) $\dfrac{x}{\ln x}.$ (e) $\dfrac{\ln x}{2x+1}.$ (f) $\dfrac{\ln^2 x}{1-x}.$

Exemplo 7-9

(a) $\dfrac{d}{dx}(\dfrac{1}{x^2+1}) = \dfrac{\dfrac{d1}{dx}.(x^2+1) - 1.\dfrac{d}{dx}(x^2+1)}{(x^2+1)^2} = \dfrac{0-2x}{(x^2+1)^2} = -\dfrac{2x}{(x^2+1)^2}.$ ◁

(b) $\dfrac{d}{dx}(\dfrac{4}{x+3}) = \dfrac{\dfrac{d4}{dx}.(x+3) - 4.\dfrac{d}{dx}(x+3)}{(x+3)^2} = \dfrac{0-4.1}{(x+3)^2} = -\dfrac{4}{(x+3)^2}.$ ◁

Exercício 7-19 Calcule a derivada de:

(a) $\dfrac{3}{x^2+1}.$ (b) $\dfrac{6}{x+4}.$ (c) $\dfrac{1}{x^2-1}.$

(d) $-\dfrac{5}{1+x}.$ (e) $\dfrac{4}{3(x^3+2)}.$ (f) $-\dfrac{\sqrt{2}}{4(x^2+x+1)}.$

Exercício 7-20 Sendo $f(x) = 3/(x+1)$, dê a inclinação da reta tangente ao gráfico da função f, no ponto de abscissa $x = 0$.

Usando a 4ª REGRA, podemos estender para expoentes inteiros negativos a seguinte fórmula, vista no §6:

$$\dfrac{dx^n}{dx} = nx^{n-1} \qquad n = 1, 2, 3, \ldots$$

De fato, lembrando que $x^{-n} = 1/x^n$, temos:

$$\dfrac{dx^{-n}}{dx} = \dfrac{d}{dx}\left(\dfrac{1}{x^n}\right) = \dfrac{\dfrac{d1}{dx}.x^n - 1\dfrac{dx^n}{dx}}{(x^n)^2} = \dfrac{0 - \dfrac{dx^n}{dx}}{(x^n)^2}$$

$$= \dfrac{-nx^{n-1}}{x^{2n}} = -nx^{n-1-2n} = -nx^{-n-1} = (-n)x^{(-n)-1}$$

Portanto,

$$\boxed{\frac{dx^m}{dx} = mx^{m-1}} \qquad m = \pm 1, \pm 2, \ldots$$

Exemplo 7-10

(a) $\dfrac{d}{dx}(\dfrac{1}{x}) = \dfrac{dx^{-1}}{dx} = (-1)x^{-1-1} = -x^{-2}$ ◀

(b) $(\dfrac{1}{x^2})' = (x^{-2})' = (-2)x^{-2-1} = -2x^{-3}$ ◀

(c) $\dfrac{d}{dx}(\dfrac{4}{x^{10}}) = \dfrac{d}{dx}(4 \cdot x^{-10}) = 4\dfrac{dx^{-10}}{dx} = 4 \cdot (-10)x^{-10-1} = -40x^{-11}$ ◀

Exercício 7-21 Calcule a derivada de:

(a) $\dfrac{10}{x^2}$. (b) $-\dfrac{15}{x^3}$. (c) $\dfrac{2}{x^5}$.

Exercício 7-22 Calcule a derivada de:

(a) $\dfrac{1}{x} - \dfrac{3}{x^2} + 10$. (b) $5x^{-3} - \dfrac{4}{x^2}$. (c) $-x + \dfrac{1}{\ln x}$. (d) $\dfrac{x^2 - x + x^5}{x}$.

Exercício 7-23 Sabendo que $f(0) = 3$, $f'(0) = 4$, $g(0) = 1$, $g'(0) = -1$, calcule:

(a) $(\dfrac{f}{g})'(0)$. (b) $(\dfrac{f+g}{f-g})'(0)$. (c) $(\dfrac{2f+g}{f-g})'(0)$.

Respostas dos exercícios do §7

7-1 (a) $30x^{29}+1$. (b) $10x^9-1$. (c) $2u$.
(d) $15t^{14}-9t^8+1$. (e) $9x^8$. (f) $13x^{12}-1$.
(g) $2x-4x^3$. (h) $2s-7s^6$. (i) $23z^{22}+1$.

7-2 $y=9x-9$.

7-3 (a) $200x$. (b) $9x^2$ (c) 20. (d) $2/7$. (e) $x^5/3$. (f) $-24x^7$.

7-4 (a) x^3. (b) $200t^9/3$. (c) $\sqrt{7}$.

7-5 (a) 2. (b) $6t-1$. (c) $15x^2-5x^3$. (d) $3x^3-4$.
(e) $4u^3-3u^2+2u-20$. (f) $(2x-9)/4$.

7-6 (a) V. (b) V. (c) F. (d) V.

7-7 (a) 3.

7-9 (a) $10x^9(x^2-1)+(x^{10}+1).2x$.
(b) $(12x^5+4x^3)(3x^7+x^2)+(2x^6+x^4-1)(21x^6+2x)$.
(c) $(30x^5+1)(2x-4)+2(5x^6+x-1)$.
(d) $(9x^2-4x/7)(x^4+x/9)+(3x^3-2x^2/7+1)(4x^3+1/9)$.

7-10 (a) 0. (b) 12.

7-11 (a) $\ln x+1$. (b) $2\ln x+2+1/x$. (c) $1+1/x$.
(d) $-4x\ln x-2x+1/x$. (e) $2/x-2x$. (f) $-9x^2 \ln x-3x^2$.

7-12 (a) $50(5x+1)^9$. (b) $-32(-4x+7)^7$. (c) $4(x^2+x+1)^3(2x+1)$.
(d) $160x^4(1-x^3)^4(1-4x^3)$. (e) $4(\ln x+x)^3(1+x)/x$. (f) $(3\ln^2 x)/x$.

7-13 0.

7-14 $y=x$.

7-15 11.

7-17 15 e 3.

7-18 (a) $-\dfrac{2}{(x-1)^2}$. (b) $\dfrac{1-x^2}{(x^2+1)^2}$. (c) $\dfrac{10x}{(x^2+2)^2}$.

(d) $\dfrac{\ln x - 1}{\ln^2 x}$. (e) $\dfrac{1+2x-2x\ln x}{x(2x+1)^2}$. (f) $\dfrac{(2-2x+x\ln x)\ln x}{x(1-x)^2}$.

7-19 (a) $-\dfrac{6x}{(x^2+1)^2}$. (b) $-\dfrac{6}{(x+4)^2}$. (c) $-\dfrac{2x}{(x^2-1)^2}$.

(d) $\dfrac{5}{(1+x)^2}$. (e) $-\dfrac{4x^2}{(x^3+2)^2}$. (f) $\dfrac{\sqrt{2}(2x+1)}{4(x^2+x+1)^2}$.

7-20 -3.

7-21 (a) $-20x^{-3}$. (b) $45x^{-4}$. (c) $-10x^{-6}$.

7-22 (a) $-x^{-2}+6x^{-3}$. (b) $-15x^{-4}+8x^{-3}$. (c) $-(1+\dfrac{1}{x\ln^2 x})$.

(d) $1+4x^3$.

7-23 (a) 7. (b) $-7/2$. (c) $-21/4$.

§8- REGRA DA CADEIA

(A) A regra da cadeia

Com as regras que temos à nossa disposição até o presente momento, não sabemos, por exemplo, calcular $\dfrac{d}{dx}(ln(x^2+1))$. O fato de que $d\ln x/dx = 1/x$ NÃO nos autoriza a escrever $\dfrac{d}{dx}(ln(x^2+1)) = \dfrac{1}{x^2+1}$. **ERRADO ! (✘)**

O resultado correto pode ser obtido usando-se uma fórmula conhecida como regra da cadeia, conforme veremos a seguir.

Exemplo 8-1 Para calcular $\dfrac{d}{dx}(ln(x^2+1))$ procedemos do seguinte modo:

- Escrevemos $y = ln(x^2+1)$. Com a esperança de usar a derivada de ln, faremos

$$u = x^2+1 \qquad \therefore \qquad y = \ln u \qquad (\star)$$

- Calculamos

$$\frac{du}{dx} = 2x \qquad \text{e} \qquad \frac{dy}{du} = \frac{d\ln u}{du} = \frac{1}{u}$$

- Usamos a seguinte regra, chamada de **regra da cadeia**, cujo primeiro membro é a derivada procurada:

$$\frac{dy}{dx} = \frac{dy}{du} \cdot \frac{du}{dx}$$

ou seja, multiplicamos as derivadas obtidas no passo anterior :

$$\frac{dy}{dx} = \frac{1}{u} \cdot 2x$$

Usamos agora a expressão de u, dada em ($\star$), para obter

$$\frac{dy}{dx} = \frac{1}{x^2+1} \cdot 2x = \frac{2x}{x^2+1} \qquad \blacktriangleleft$$

Um enunciado preciso da regra da cadeia será dado na seção (B). Por enquanto, ficaremos com o seguinte:

Se $y = y(u)$ e $u = u(x)$ são funções são deriváveis, tem-se

$$\frac{dy}{dx} = \frac{dy}{du} \cdot \frac{du}{dx} \qquad (\clubsuit)$$

Observe como a notação de Leibniz nos ajuda a lembrar dessa fórmula, pois ela parece uma igualdade entre frações!

Exemplo 8-2 Calcule, usando a regra da cadeia, a derivada de $(2x+1)^{100}$ (compare com o Exemplo 7-7).

Resolução.

- Seja $y = (2x+1)^{100}$. Com a esperança de usar a derivada de uma potência, fazemos

$$u = 2x+1 \qquad \therefore \qquad y = u^{100}$$

- Calculamos

$$\frac{du}{dx} = 2 \qquad \text{e} \qquad \frac{dy}{du} = 100u^{99}$$

- Usamos a regra da cadeia

$$\frac{dy}{dx} = \frac{dy}{du} \cdot \frac{du}{dx}$$

onde *dy/dx* é a derivada pedida, e as derivadas do segundo membro foram obtidas no passo anterior:

$$\frac{dy}{dx} = 100u^{99} \cdot 2 = 200u^{99}$$

Usamos agora a expressão de *u*, a saber, $u = 2x + 1$:

$$\frac{dy}{dx} = 200(2x+1)^{99} \qquad \blacktriangleleft$$

Observação. O procedimento acima para o uso da regra da cadeia pode e deve ser abreviado. Nossa preocupação em detalhar foi meramente de ordem didática. Para o Exemplo 8-1, podemos proceder assim:

Sendo $y = ln(x^2+1)$, fazendo $u = x^2+1$ temos $y = ln\ u$. Então,

$$\frac{dy}{dx} = \frac{dy}{du} \cdot \frac{du}{dx} = \frac{1}{u} \cdot 2x = \frac{1}{x^2+1} \cdot 2x$$

Vamos arriscar a dizer que você nem precisa chamar "alguém" de *u*. Vamos tentar? Como $y = ln(x^2+1)$, queremos derivar (em *x*) *ln* de "alguém", esse "alguém" sendo naturalmente $1 + x^2$. Sabemos que a derivada de *ln* de "alguém" é 1/"alguém". Basta então multiplicar 1/"alguém" pela derivada do "alguém". Assim, diretamente:

$$\frac{dy}{dx} = \frac{d}{dx}[ln(1+x^2)] = \frac{1}{x^2+1} \cdot 2x$$

Repetindo para o Exemplo 8-2: queremos derivar (em *x*) "alguém" elevado a 100, o "alguém" sendo $2x+1$. Como a derivada de "alguém" elevado a 100 é 100 vezes "alguém" elevado a 99, multiplicamos isto pela derivada do "alguém". Diretamente:

$$\frac{dy}{dx} = \frac{d}{dx}[(2x+1)^{100}] = 100(2x+1)^{99} \cdot 2$$

Veja mais exemplos:

$$\frac{d}{dx}[(x^3+3x+1)^{10}] = 10(x^3+3x+1)^9(3x^2+3)$$

$$\frac{d}{dx}[ln(x^5+4x^2+x)] = \frac{1}{x^5+4x^2+x}\cdot(5x^4+8x+1)$$

$$\frac{d}{dx}[(\frac{1+x}{1-x})^3] = 3(\frac{1+x}{1-x})^2 \frac{d}{dx}[(\frac{1+x}{1-x})] = 3(\frac{1+x}{1-x})^2 \cdot \frac{2}{(1-x)^2}$$

(Neste último exemplo, o cálculo da derivada do quociente não é direto; ele foi calculado em separado. Confira, por favor.)

Esperamos que você não só tenha entendido, como também tenha decidido optar por esse caminho mais rápido. No entanto, quem deve julgar qual procedimento é o mais adequado é você mesmo.

Exercício 8-1 Calcule a derivada de:

(a) $(1-3x)^4$.   (b) $(x^2+x+1)^{34}$.   (c) $ln(x^2-1)$.   (d) $(\frac{1-x^2}{1+x^2})^4$.

(e) $\frac{7}{(x+3)^3}$.   (f) $\frac{1}{(1-x^2)^4}$.   (g) $\frac{4}{3}(\frac{3x^2}{2}+1)^2(5x-x^2)^3$.   (h) $\frac{(3x^2-x)^2}{x^2+1}$.

O seguinte resultado, que estivemos usando para r inteiro, vale também para r racional.

$$\frac{dx^r}{dx} = r\,x^{r-1} \qquad (r\text{ racional})$$

Exemplo 8-3 Calcule a derivada de $(2x^2+x+1)^{3/2}$.

Resolução. Resolvendo diretamente (é a derivada de "alguém" elevado a 3/2) temos

$$\frac{d}{dx}(2x^2+x+1)^{3/2} = \frac{3}{2}(2x^2+x+1)^{(3/2)-1}\frac{d}{dx}(2x^2+x+1) = \frac{3}{2}(2x^2+x+1)^{1/2}(4x+1) \qquad \triangleleft$$

Exercício 8-2 Calcule a derivada de:

(a) $(3x-1)^{1/4}$.   (b) $(x^2+1)^{2/3}$.   (c) $(3x^2-x)^{1/5}$.
(d) $(5x^2-x)^{10}$.   (e) $(2x+4)^{-1}$.   (f) $\sqrt{x^4+1}$.

Exercício 8-3 Calcule a derivada de:

(a) $ln(x^2+4)$.   (b) $ln(2x+6)$.   (c) $ln(x^3)$.
(d) $ln(-x+4)$.   (e) $ln^2 x$.   (f) $ln(-x)$.
(g) $ln(1+1/x)$.   (h) $\sqrt[3]{ln^2 x}$.   (i) $ln(ln\,x)$.

Exercício 8-4 Calcule a derivada de

(a) $ln(\dfrac{x}{x+1})$. (b) $\dfrac{ln(2+x^2)}{2+x^2}$.

Exercício 8-5 Sendo $f(x) = \dfrac{(2x^2-1)^3}{1-x}$, dê uma equação da reta tangente ao gráfico de f, no ponto de abscissa 0.

(B) Complemento

Para enunciar com precisão a regra da cadeia, que foi apresentada de um modo, digamos, prático na seção anterior, introduziremos o conceito de função composta (também conhecida como função de função), definida como segue (Figura 8-1).

Sejam f e g funções tais que para todo x do domínio A de g, $g(x)$ está no domínio de f. Define-se a **composta de f e g**, indicada por $f \circ g$, como sendo a função de domínio A, dada por

$$(f \circ g)(x) = f(g(x))$$

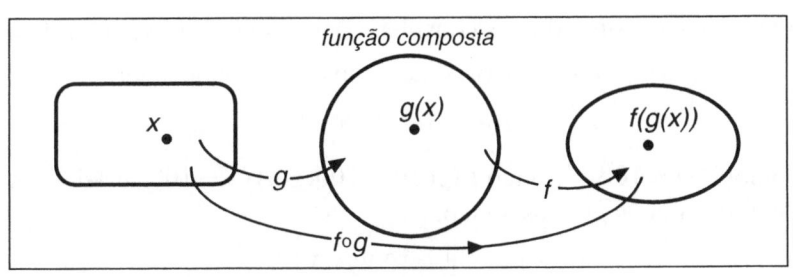

Figura 8-1

Exemplo 8-4

(a) Se $f(x) = ln\ x$ e $g(x) = x^2 + 1$, então

$$(f \circ g)(x) = f(g(x)) = f(x^2+1) = ln\ (x^2+1)$$

(b) Se $f(x) = x^{100}$ e $g(x) = 2x+1$, então

$$(f \circ g)(x) = f(g(x)) = f(2x+1) = (2x+1)^{100}$$

Relendo o Exemplo 8-1 e o Exemplo 8-2, você reconhecerá que o exemplo acima mostra as funções que lá aparecem como funções compostas.

Exercício 8-6 Calcule $f \circ g$ e $g \circ f$ nos casos:

(a) $f(x) = 1 + x$, $g(x) = 2x^5$. (b) $f(x) = \ln x$, $g(x) = x^4 + x^2 + 1$.

Conclua que, em geral, tem-se $f \circ g \neq g \circ f$.

A regra da cadeia pode ser enunciada como segue.

REGRA DA CADEIA. Se g é derivável em x, f é derivável em $g(x)$ (e $f \circ g$ está definida), então

$$(f \circ g)'(x) = f'(g(x)).g'(x) \qquad (\blacklozenge)$$

Exemplo 8-5

(a) Se $f(x) = \ln x$ e $g(x) = x^2 + 1$, então, como vimos no exemplo anterior,

$$(f \circ g)(x) = \ln(x^2 + 1)$$

Como $f'(x) = 1/x$, então $f'(g(x)) = 1/g(x) = 1/(x^2+1)$. Por outro lado, $g'(x) = 2x$. Pela fórmula ($\blacklozenge$) temos, então,

$$[\ln(x^2+1)]' = \frac{1}{x^2+1}.2x \qquad \blacktriangleleft$$

que foi um resultado encontrado nas considerações iniciais deste parágrafo.

(b) Se $f(x) = x^{100}$ e $g(x) = 2x + 1$, então, como vimos no exemplo anterior,

$$(f \circ g)(x) = (2x+1)^{100}$$

Como $f'(x) = 100x^{99}$, então $f'(g(x)) = 100(g(x))^{99} = 100(2x+1)^{99}$. Além disso, $g'(x) = 2$. Pela fórmula ($\blacklozenge$) temos, então,

$$[(2x+1)^{100}]' = 100(2x+1)^{99} . 2 \qquad \blacktriangleleft$$

resultado este já encontrado no Exemplo 8-2.

Observação. As fórmulas ($\blacklozenge$) e ($\clubsuit$) exprimem a regra da cadeia, e dizem a mesma coisa, só que usando diferentes notações. Do ponto de vista prático, é preferível usar ($\clubsuit$); porém, se um aspecto mais delicado deve ser apreciado (como, por exemplo, a demonstração da regra da cadeia), então ($\blacklozenge$) é mais apropriada.

(C) Aplicação: derivação implícita

A equação (em x e y)

$$x^2 + y^2 - 1 = 0$$

como sabemos, é equação da circunferência de centro na origem e raio 1. Tal circunferência não é gráfico de uma função, pois existe uma reta vertical que encontra a circunferência em dois pontos. Isto fica também evidente se explicitarmos y:

$$y = \pm\sqrt{1-x^2}$$

Podemos obter uma função g escolhendo um arco da circunferência acima do eixo Ox, caso em que ela tem por expressão

$$y = g(x) = \sqrt{1-x^2}$$

Escolhendo um arco abaixo do eixo Ox, obteremos uma função h, que tem por expressão

$$y = h(x) = -\sqrt{1-x^2}$$

(acompanhe na Figura 8-2(a)). Note que

$$x^2 + (g(x))^2 - 1 = 0 \quad \text{e} \quad x^2 + (h(x))^2 - 1 = 0$$

Chamando $F(x, y) = x^2 + y^2 - 1$, essas relações ficam

$$F(x, g(x)) = 0 \quad \text{e} \quad F(x, h(x)) = 0$$

Com os exemplos introduzidos, acreditamos que fica inteligível a seguinte definição:

Seja $F(x, y) = 0$ uma equação em x e y. Se existir uma função f tal que para todo x do seu domínio se tenha $F(x, f(x)) = 0$, diz-se que f é **dada implicitamente** por essa equação.

De acordo com essa definição, as funções g e h vistas são dadas implicitamente pela equação $x^2 + y^2 = 1$.

Observação. No exemplo que vimos para motivar a definição acima, pudemos explicitar g e h em termos de x. Mas isto não ocorre em geral. Por exemplo, sendo $F(x, y) = x^4 + y^4 + x^2 + y^2 + x + y - 1$, a equação $F(x, y) = 0$ é $x^4 + y^4 + x^2 + y^2 + x + y - 1 = 0$, e neste caso não há como explicitar y em termos de x. Mas pode suceder que exista uma função f que "satisfaz" a equação, no sentido de que

$$x^4 + (f(x))^4 + x^2 + (f(x))^2 + x + f(x) = 1$$

para todo x do seu domínio. Aliás, o nosso interesse é que exista tal função com a qualidade de ser derivável, pois queremos calcular sua derivada. Isto de fato ocorre, porém não temos meios no momento para justificar a afirmação. Para entender a situação, representamos, na Figura 8-2(b), o conjunto-solução dessa equação. Fica evidente que se escolhermos um trecho conveniente do gráfico, este trecho é gráfico de uma função f, e essa função verifica obviamente a relação anterior.

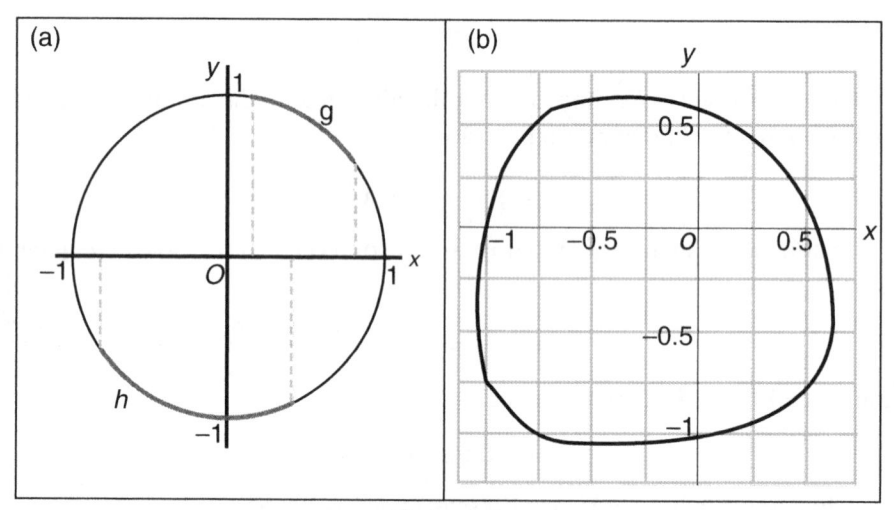

Figura 8-2

Para calcular a derivada de uma função dada implicitamente, é preciso saber, de antemão, se a equação $F(x, y) = 0$ a define com a qualidade se ser derivável. Felizmente, existe um critério simples (é o famoso Teorema da Função Implícita) que permite concluir, para uma dada equação, a existência de uma função derivável, tendo por domínio um intervalo aberto, dada implicitamente pela equação, mas infelizmente usa conceitos relativos a funções de duas variáveis, e por isso não será dado. **Nos exemplos e exercícios, será sempre admitida a existência de uma tal função.**

Exemplo 8-6 Calcule dy/dx por derivação implícita, nos casos:

(a) $x^2+y^2 = 1$. (b) $x^4+y^4+x^2+y^2+x+y = 1$. (c) $x^2y^5 = y+3$.

Resolução. Em primeiro lugar, devemos traduzir o que o enunciado quer dizer: admitindo que a equação defina implicitamente uma função f derivável, $y = f(x)$, calcule sua derivada. Note que estamos usando dy/dx em vez de df/dx.

(a) Derivemos ambos os membros da equação, lembrando que y é uma função de x. Pela regra da cadeia, a derivada de y^2 é $2y(dy/dx)$ (a derivada de "alguém" ao quadrado é 2 vezes "alguém", vezes a derivada do "alguém", lembra-se?). Temos

$$\frac{d}{dx}(x^2+y^2)=\frac{d1}{dx} \quad \therefore \quad 2x+2y\frac{dy}{dx}=0 \quad \therefore \quad \frac{dy}{dx}=-\frac{x}{y} \quad \triangleleft$$

(b) Derivando ambos os membros da equação, lembrando que y é uma função de x, temos

$$\frac{d}{dx}(x^4+y^4+x^2+y^2+x+y)=\frac{d1}{dx} \quad \therefore \quad x^3+4y^3\frac{dy}{dx}+2x+2y\frac{dy}{dx}+1+\frac{dy}{dx}=0$$

Reunindo as parcelas que contêm dy/dx, vem

$$4x^3+2x+1+(4y^3+2y+1)\frac{dy}{dx}=0$$

de onde resulta

$$\frac{dy}{dx}=-\frac{4x^3+2x+1}{4y^3+2y+1} \quad \triangleleft$$

(c) Procedendo como nos itens anteriores, temos:

$$\frac{d}{dx}(x^2y^5)=\frac{d}{dx}(y+3) \quad \therefore \quad \frac{dx^2}{dx}y^5+x^2\frac{dy^5}{dx}=\frac{dy}{dx}+\frac{d3}{dx}$$

$$2xy^5+x^2 \cdot 5y^4\frac{dy}{dx}=\frac{dy}{dx} \quad \therefore \quad (5x^2y^4-1)\frac{dy}{dx}=-2xy^5$$

de onde resulta

$$\frac{dy}{dx}=\frac{2xy^5}{1-5x^2y^4} \quad \triangleleft$$

Observação. Note que dy/dx se expressou, nos casos acima, em termos de x e do próprio y. Isto é de se esperar, porque em geral não se pode explicitar y em função de x. No caso particular (a), podemos escrever $y=\pm\sqrt{1-x^2}$. No caso de se usar o sinal +, temos

$$\frac{dy}{dx}=\frac{d}{dx}\sqrt{1-x^2}=\frac{d}{dx}(1-x^2)^{1/2}=\frac{1}{2}(1-x^2)^{\frac{1}{2}-1}(-2x)=-\frac{x}{\sqrt{1-x^2}}$$

o que coincide com o resultado acima, pois $y=\sqrt{1-x^2}$. Analogamente se pode verificar a derivada da outra função, $y=-\sqrt{1-x^2}$.

Exercício 8-7 Calcule dy/dx por derivação implícita:

(a) $x^2+5y^3-x=5$.　　(b) $x^3-y^3-4xy=0$.　　(c) $x^2y+3xy^3-3=x$.

(d) $xy-lny=2$.　　(e) $\dfrac{y}{x}=\dfrac{x-y}{x+y}$.　　(f) $(ln\,x)(ln\,y)=ln(xy)$.

Exemplo 8-7 Obtenha uma equação da reta tangente à curva de equação $(\ln x)(\ln y) = \ln(xy)$, no ponto $(1, 1)$.

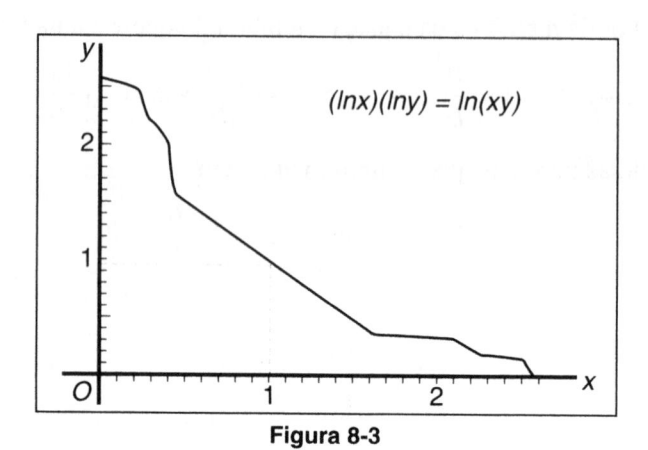

Figura 8-3

Resolução. Embora não seja necessário representar a curva, nós o fizemos na Figura 8-3, apenas para melhor compreensão. Note que $(1, 1)$ pertence à curva, pois fazendo $x = 1$ e $y = 1$ na equação, o primeiro membro fica $(\ln 1)(\ln 1) = 0.0 = 0$, e o segundo membro fica $\ln(1.1) = \ln 1 = 0$.

- *Cálculo da inclinação da reta tangente.* Derivando implicitamente a equação dada, cálculo que você deve ter feito no Exercício 8-7(f), obtém-se

$$\frac{dy}{dx} = -\frac{y}{x} \cdot \frac{\ln y - 1}{\ln x - 1}$$

Fazendo $x = 1$, $y = 1$, obtemos o valor -1 para dy/dx, que é a inclinação da reta procurada.

- *Equação da reta tangente.* Uma vez obtida a inclinação da reta tangente em questão, uma sua equação se escreve $y = (-1)x + n = -x + n$. Como a reta também passa por $(1, 1)$, fazemos nessa última equação $x = 1$ e $y = 1$, para obter $1 = -1 + n$, logo $n = 2$. Portanto, a reta tangente tem por equação

$$y = -x + 2$$

◀

Exercício 8-8 Para a curva mostrada na Figura 8-2(b), calcule a inclinação da reta tangente no ponto $(0, -1)$.

Exercício 8-9 A curva representada na Figura 8-4(a) é chamada de **Folium de Descartes**, e tem por equação $x^3+y^3 = 3xy$.

(a) Determine o ponto da curva, distinto da origem, que está sobre a reta $y = x$.
(b) Dê uma equação da reta tangente à curva nesse ponto.

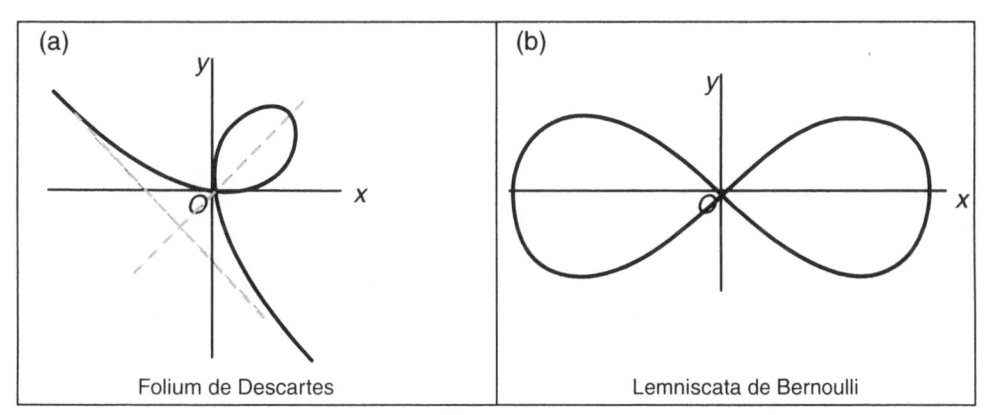

Figura 8-4

Exercício 8-10 A curva representada na Figura 8-4(b) é chamada de **Lemniscata de Bernoulli**, e tem por equação $(x^2+y^2)^2 = x^2-y^2$. Determine os pontos da mesma onde a reta tangente é horizontal.

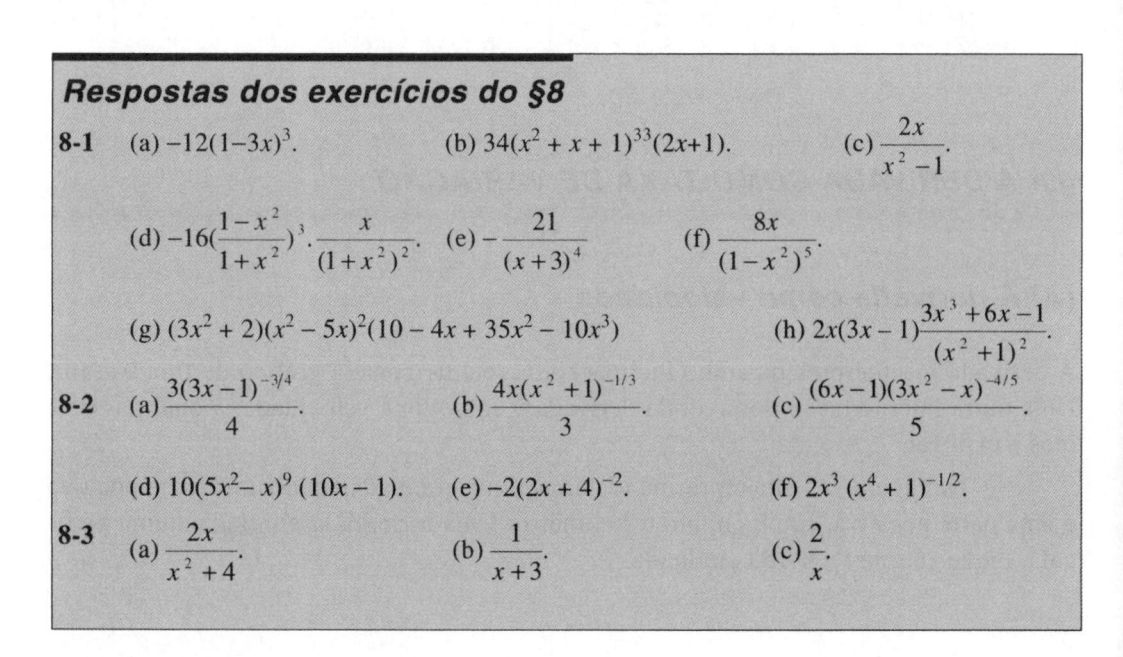

Respostas dos exercícios do §8

8-1 (a) $-12(1-3x)^3$. (b) $34(x^2+x+1)^{33}(2x+1)$. (c) $\dfrac{2x}{x^2-1}$.

(d) $-16\left(\dfrac{1-x^2}{1+x^2}\right)^3 \cdot \dfrac{x}{(1+x^2)^2}$. (e) $-\dfrac{21}{(x+3)^4}$. (f) $\dfrac{8x}{(1-x^2)^5}$.

(g) $(3x^2+2)(x^2-5x)^2(10-4x+35x^2-10x^3)$. (h) $2x(3x-1)\dfrac{3x^3+6x-1}{(x^2+1)^2}$.

8-2 (a) $\dfrac{3(3x-1)^{-3/4}}{4}$. (b) $\dfrac{4x(x^2+1)^{-1/3}}{3}$. (c) $\dfrac{(6x-1)(3x^2-x)^{-4/5}}{5}$.

(d) $10(5x^2-x)^9(10x-1)$. (e) $-2(2x+4)^{-2}$. (f) $2x^3(x^4+1)^{-1/2}$.

8-3 (a) $\dfrac{2x}{x^2+4}$. (b) $\dfrac{1}{x+3}$. (c) $\dfrac{2}{x}$.

(d) $\dfrac{1}{x-4}$.   (e) $\dfrac{2\ln x}{x}$.   (f) $\dfrac{1}{x}$.

(g) $-\dfrac{1}{x(x+1)}$.   (h) $\dfrac{2}{3x\sqrt[3]{\ln x}}$.   (i) $\dfrac{1}{x\ln x}$.

8-4 (a) $\dfrac{1}{x(x+1)}$.   (b) $\dfrac{2x[1-\ln(2+x^2)]}{(2+x^2)^2}$.

8-5 $y = -x-1$.

8-6 (a) $1+2x^5$; $2(1+x)^5$.   (b) $\ln(x^4+x^2+1)$; $\ln^4 x + \ln^2 x + 1$.

8-7 (a) $\dfrac{1-2x}{15y^2}$.   (b) $\dfrac{3x^2-4y}{3y^2+4x}$.   (c) $\dfrac{1-2xy-3y^3}{x^2+9xy^2}$.

(d) $\dfrac{y^2}{1-xy}$.   (e) $\dfrac{y}{x}$.   (f) $-\dfrac{y}{x}\cdot\dfrac{\ln y-1}{\ln x-1}$.

8-8 1/5.

8-9 (a) (3/2, 3/2).   (b) $y=-x+3$.

8-10 $(\dfrac{\sqrt{6}}{4},\dfrac{\sqrt{2}}{4}),(\dfrac{\sqrt{6}}{4},-\dfrac{\sqrt{2}}{4}),(-\dfrac{\sqrt{6}}{4},\dfrac{\sqrt{2}}{4}),(-\dfrac{\sqrt{6}}{4},-\dfrac{\sqrt{2}}{4})$.

§9- A DERIVADA COMO TAXA DE VARIAÇÃO

(A) A derivada como velocidade

A derivada foi interpretada como inclinação de reta tangente a gráfico de função (§6). Uma outra interpretação possível da derivada é como uma velocidade, a qual passaremos a explicar.

Na Figura 9-1 está representada uma régua graduada, tendo uma parte positiva e uma parte negativa, como em um termômetro. Uma formiga, assimilada a uma partícula, move-se sobre a borda graduada.

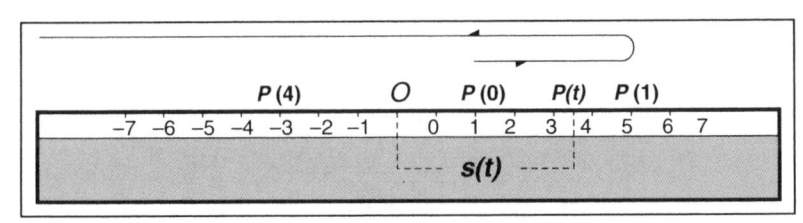

Figura 9-1

No instante $t = 0$ ela ocupa a posição indicada por $P(0)$. No instante $t = 1$, a posição indicada por $P(1)$. Em geral, no instante t a posição que ela ocupa é indicada por $P(t)$. O número na régua que corresponde a essa posição será indicada por $s(t)$. Assim, no caso da Figura 9-1, podemos escrever

$$s(0) = 2, \ s(1) = 6, \ s(4) = -3$$

Temos então uma função que a cada instante t (do intervalo de tempo durante o qual se desenvolve o movimento) associa o número $s(t)$. Esta função, indica usualmente por s, é chamada **função de posição**, mas entre os físicos ela é mais conhecida como **função horária** do movimento.

Na Figura 9-1 o traço desenhado acima da régua pretende indicar o sentido do movimento da formiga: ela parte de $P(0)$, vai até $P(1)$, depois volta, e continua sempre para a esquerda.

Para medir a rapidez da formiga em um intervalo de tempo, digamos, entre o instante t e o instante $t + \Delta t$, tomamos o **deslocamento**, que é $s(t + \Delta t) - s(t)$, e o dividimos pelo tempo gasto correspondente, que é $(t + \Delta t) - t = \Delta t$. Este quociente é chamado **velocidade (escalar) média** no intervalo de tempo considerado:

$$v_m = \frac{s(t + \Delta t) - s(t)}{\Delta t}$$

(Note que, para t fixado, v_m depende de Δt.)

Esta noção é bem conhecida, pois quando se viaja de uma cidade a outra por uma estrada de rodagem, é comum se dizer: fiz uma média de (digamos) 70 km/h. Esta frase significa que dividindo-se a distância do percurso em quilômetros pelo tempo gasto em horas, obteve-se o número 70, que é, segundo a definição acima, a velocidade média no intervalo de tempo da viagem.

Fazendo, na expressão de v_m acima, Δt tender a 0, obteremos o que se chama de velocidade (escalar) no instante t, indicada por $v(t)$:

$$v(t) = \lim_{\Delta t \to 0} \frac{s(t + \Delta t) - s(t)}{\Delta t} = \frac{ds}{dt}(t)$$

Este número $v(t)$ é que se lê no velocímetro de um automóvel. Portanto,

$$\boxed{v = \frac{ds}{dt}}$$

Observação. Nos exemplos e exercícios que envolvem grandezas físicas, adotaremos, salvo menção explícita em contrário, unidades do Sistema Internacional (SI), no qual comprimento é dado em metros (m), tempo em segundos (s) (logo, velocidade em m/s, aceleração em m/s² etc.).

Exemplo 9-1 A função horária do movimento de uma partícula é dada por $s(t) = (t^2 - t) \ln t$. Calcule a velocidade escalar nos instantes: (a) 1/2.   (b) $t = 1$.

Resolução. Temos

$$v = \frac{ds}{dt} = \frac{d}{dt}(t^2 - t).\ln t + (t^2 - t).\frac{d \ln t}{dt}$$

$$= (2t - 1)\ln t + (t^2 - t).\frac{1}{t}$$

$$= (2t - 1)\ln t + t - 1$$

(a) Fazendo $t = ½$, vem

$$v(1/2) = (2.\frac{1}{2} - 1) \ln(\frac{1}{2}) + \frac{1}{2} - 1 = 0.\ln(\frac{1}{2}) - \frac{1}{2} = -1/2 \text{ m/s} \quad \blacktriangleleft$$

(b) Fazendo $t = 1$, vem

$$v(1) = (2 . 1 - 1) \ln 1 + 1 - 1 = \ln 1 = 0 \text{ m/s} \quad \blacktriangleleft$$

Exercício 9-1 Calcule a velocidade, dada a função horária:

(a) $s(t) = \dfrac{t}{t+4}$.   (b) $s(t) = \ln^3 t$.

Exercício 9-2 A função horária de um movimento é dada por $s(t) = t\sqrt{t}$. Em que instantes a velocidade vale 3/2?

Exercício 9-3 A inclinação da reta tangente ao gráfico da função horária de um movimento no ponto (4, 13) é 12. Dê $s(4)$ e $v(4)$.

Exercício 9-4 Na Figura 9-2 está representado o gráfico da função horária de um movimento (a reta mostrada é tangente). Determine:

(a) Os instantes em que a velocidade é nula.
(b) A velocidade para $t = 1$ s.
(c) Os maiores intervalos abertos nos quais a velocidade escalar é negativa.

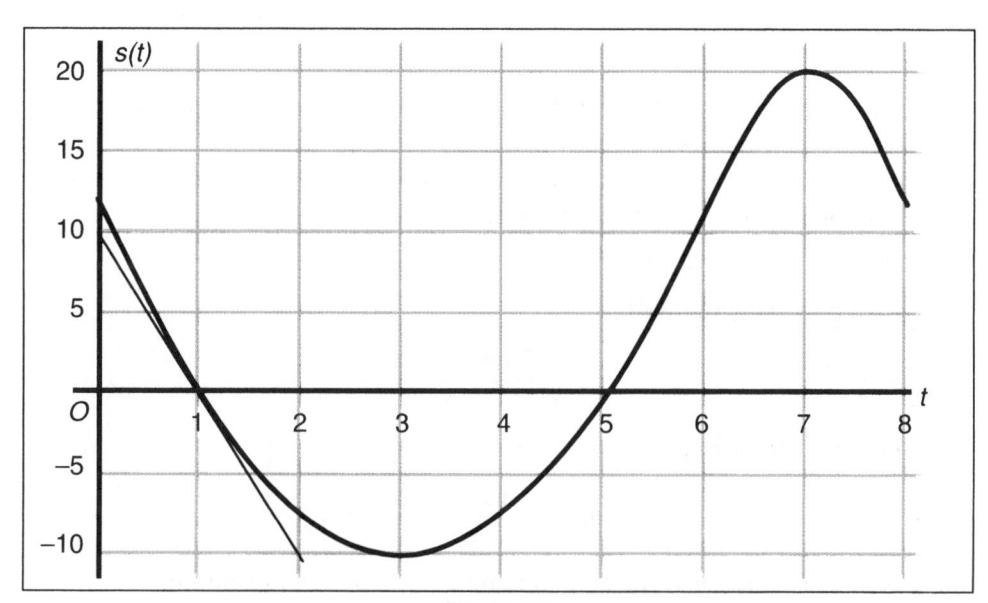

Figura 9-2

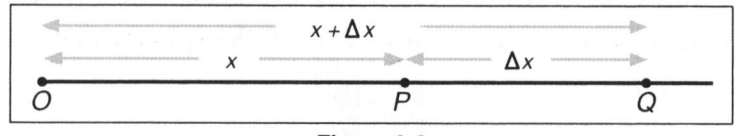

Figura 9-3

(B) Taxa de variação

Aquilo que fizemos para obter a velocidade escalar pode ser repetido para outras grandezas físicas. Por exemplo, no caso de um fio retilíneo como mostrado na Figura 9-3, sendo $m(x)$ a massa do trecho OP, então o quociente

$$\frac{\Delta m}{\Delta x} = \frac{m(x + \Delta x) - m(x)}{\Delta x}$$

nos dá a massa por unidade de comprimento média do trecho PQ, que é chamada **densidade (linear) média** nesse trecho. Fazendo Δx tender a 0, obteremos o que se chama de densidade (linear) no ponto P:

$$\mu(x) = \lim_{\Delta x \to 0} \frac{m(x + \Delta x) - m(x)}{\Delta x} = \frac{dm}{dx}$$

Exercício 9-5 A massa do trecho OP do fio mostrado na Figura 9-3, é $m(x) = x^2 ln(x+1)$ quilos, para x dado em cm. Calcule a densidade linear no ponto em que $x = 1$ cm. Use $ln\ 2 = 0{,}69$.

Em geral, quando uma grandeza y depende de outra grandeza x, $y = f(x)$, define-se a taxa de variação média da primeira relativa a uma variação Δx de x como sendo $\Delta y/\Delta x$, onde Δy é a correspondente variação de y, ou seja, $\Delta y = f(x + \Delta x) - f(x)$; fazendo Δx tender a 0, obtém-se a taxa de variação em x.

Usamos a seguinte nomenclatura:

taxa de variação média:

$$\frac{f(x + \Delta x) - f(x)}{\Delta x}$$

taxa de variação em x:

$$\lim_{\Delta x \to 0} \frac{f(x + \Delta x) - f(x)}{\Delta x} = f'(x)$$

Algumas taxas de variação têm nomes especiais. Por exemplo,

- A taxa de variação de função horária é chamada de **velocidade escalar**.
- A taxa de variação da velocidade é chamada de **aceleração escalar**:

$$\boxed{a = \frac{dv}{dt}}$$

- A taxa de variação da massa no caso anteriormente citado do fio é a **densidade (linear)**.

- Se $V(t)$ é o volume de um líquido que uma torneira despejou em um recipiente até o instante t, então a taxa de variação do volume do líquido, isto é, dV/dt, é chamado de **vazão**.

Exemplo 9-2 Uma torneira lança água em um tanque. O volume de água nele, no instante t, é dado por $V(t) = 5t^3 + 3t$ litros, t sendo dado em minutos. Calcule a vazão da água, no instante $t = 3$ minutos.

Resolução. A vazão é dV/dt. Temos:

$$\frac{dV}{dt} = 15t^2 + 3$$

Logo, a vazão para $t = 3$ é

$$\frac{dV}{dt}(3) = 15.3^2 + 3 = 138 \text{ l/min}$$ ◁

Exercício 9-6 Uma torneira lança água em um recipiente, sendo o volume da água no instante t igual a $V(t) = ln(1 + t)$, $V(t)$ em m^3, t em horas.

(a) Calcule a vazão em um instante t.
(b) Sabendo que em um certo instante a vazão é de ¼ m³/h, determine este instante.

Exemplo 9-3 A área A de um círculo de raio r é dada por $A = \pi r^2$. Considerando A como função de r, calcule a taxa de variação da área do círculo.

Resolução. O que se pede é dA/dr. Temos

$$\frac{dA}{dr} = \frac{d(\pi r^2)}{dr} = \pi \frac{dr^2}{dr} = \pi \cdot 2r = 2\pi r$$ ◁

Exercício 9-7 O volume V de uma esfera de raio r é dado por $V = 4\pi r^3/3$. Calcule a taxa de variação do volume da esfera com o raio.

Exercício 9-8 O volume V de um cubo de aresta medindo x é $V = x^3$. Calcule a taxa de variação do volume de um cubo com a medida da aresta.

Exercício 9-9 Uma certa quantidade de gás ideal, mantido a uma certa temperatura constante, obedece à seguinte lei de Boyle-Mariotte: $PV = 25$, onde P é pressão (em atmosferas) do gás, e V seu volume (em litros). Calcule:

(a) A taxa de variação do volume com a pressão, quando esta valer 5 atmosferas.
(b) A taxa de variação da pressão com o volume, quando este valer 1 litro.

(C) Aplicações à Economia: funções marginais e elasticidade

• Funções marginais

Vimos, no §5, algumas funções usadas em Economia, tais como a função receita R, a função lucro L, etc.(queira, por favor, reler esse parágrafo). As respectivas funções taxa de variação, ou seja, as suas derivadas, são batizadas de **marginais**, e indicadas pela mesma letra que designa a função, acrescida do índice inferior mg. Assim, a receita marginal é $R_{mg} = dR/dx$, o lucro marginal é $L_{mg} = dL/dx$ etc.

Exemplo 9-4 A equação de demanda para um certo produto é $p = 13-x-2x^2$, e o custo para produzi-lo é dado pela função custo $C(x) = 4x + \frac{1}{2}x^2$. Pede-se:

(a) A função custo marginal para 1 unidade.
(b) A função receita marginal.
(c) O lucro marginal para 1 unidade.

Resolução.

(a) $C_{mg}(x) = \frac{dC}{dx}(x) = x+4$ ∴ $C_{mg}(1) = 1+4 = 5$ ◄

(b) $R(x) = p\,x = (13-x-2x^2)x = 13x-x^2-2x^3$; logo,

$$R_{mg}(x) = \frac{dR}{dx}(x) = 13-2x-6x^2$$ ◄

(c) Temos

$$L(x) = R(x)-C(x) = 13x-x^2-2x^3-(\frac{x^2}{2}+4x) = 9x - \frac{3x^2}{2} - 2x^3$$

logo,

$$L_{mg}(x) = \frac{dL}{dx}(x) = 9-3x-6x^2$$ ∴ $L_{mg}(1) = 0$ ◄

Exercício 9-10 Para um certo produto, o custo é dado por $C(x) = 20 + 25x + 300\sqrt[3]{x}$ e a receita é dada por $R(x) = 1000x - 10x^2$. Calcule:

(a) A receita marginal. (b) O custo marginal. (c) O lucro marginal.

Exercício 9-11 Prove que o lucro marginal é igual à receita marginal menos o custo marginal.

Exercício 9-12 A equação de demanda de um certo bem é dada por $p = 50 - x/2$, e o custo para produzi-lo é dado por $C(x) = x^3/6 - 7x^2/2 + 111x/2 + 25$. Calcule:

(a) A receita marginal. (b) O lucro marginal.

• Elasticidade de demanda

Considere a quantidade demandada x de um produto em função do preço correspondente p, $x = x(p)$, suposta derivável. Tomemos uma certa quantidade x_0, correspondente ao preço p_0, e consideremos uma variação Δp do preço a partir de p_0, $p = p_0 + \Delta p$. A isto corresponde uma variação da quantidade demandada, $\Delta p = x(p_0 + \Delta p) - x(p_0)$.

A **elasticidade de demanda para o preço p_0** é definida por

$$\eta(p_0) = \lim_{\Delta p \to 0} \frac{\dfrac{\Delta x}{x_0}}{\dfrac{\Delta p}{p_0}} = \frac{p_0}{x_0} \lim_{\Delta p \to 0} \frac{\Delta x}{\Delta p} = \frac{p_0}{x_0} \frac{dx}{dp}(p_0)$$

A função **elasticidade de demanda** η é definida por

$$\boxed{\eta(p) = \frac{p}{x(p)} \frac{dx}{dp}(p)}$$

Exemplo 9-5 A equação de demanda sendo $x - 10 + p^2 = 0$, determine a elasticidade de demanda para a quantidade demandada $x = 6$.

Resolução. Da equação de demanda vem $x = 10 - p^2$; logo, $dx/dp = -2p$. Portanto, a função elasticidade de demanda é dada por

$$\eta(p) = \frac{p}{10 - p^2}(-2p) = \frac{2p^2}{p^2 - 10}$$

Vamos calcular p correspondente a $x = 6$. Substituindo esse valor na equação de demanda vem $6 - 10 + p^2 = 0$, de onde resulta $p = \pm\sqrt{4} = \pm 2$. Como $p \geq 0$, temos $p = 2$. Substituindo na expressão da função elasticidade de demanda, resulta o valor pedido

$$\eta(2) = \frac{8}{-6} = -\frac{4}{3} \qquad \triangleleft$$

Exercício 9-13 Sendo $x = 30 - 3p^2$ a equação de demanda, calcule a elasticidade:

(a) Para o preço por unidade 1. (b) Para a quantidade demandada 18.

Exercício 9-14 Dê a função elasticidade de demanda se a equação de demanda é

(a) $x = 300/p^7$.

(b) $x = C/p^m$, C e m constantes positivas (para o momento, suponha m inteiro positivo).

Exercício 9-15 Diz-se que a demanda em um ponto é **elástica, inelástica** ou **de elasticidade unitária** se, em valor absoluto, a elasticidade de demanda nesse ponto é maior que 1, menor que 1(e maior que 0), e igual a 1, respectivamente.

(a) Sendo $x = 16 - \dfrac{4}{3} p^2$ a equação de demanda, dê os valores de p para os quais a demanda é de elasticidade unitária.

(b) Sendo $x = 16 - 2p$ a equação de demanda, dê os valores de p para os quais a demanda é elástica.

Observação. O conceito de elasticidade é introduzido como uma medida da sensibilidade da variação da demanda em relação à variação de preço. Para ter uma idéia disso, o economista considera que, como

$$\eta(p_0) = \lim_{\Delta p \to 0} \frac{\dfrac{\Delta x}{x_0}}{\dfrac{\Delta p}{p_0}}$$

então tem-se a aproximação

$$\eta(p_0) \cong \lim_{\Delta p \to 0} \frac{\dfrac{\Delta x}{x_0}}{\dfrac{\Delta p}{p_0}} \qquad \text{(para } \Delta p \text{ próximo de 0)}$$

Então, se, digamos, há um aumento porcentual no preço da ordem de 1%, quer dizer, $\Delta p / p_0 = 1\%$, e a elasticidade $\eta(p_0) = -3$, a queda porcentual correspondente da demanda será da ordem de $|\eta(p_0) \cdot \Delta p / p_o| = 3.1\% = 3\%$.

(D) Taxas relacionadas

A área A de um círculo de raio r é $A = \pi r^2$. Vamos supor que o raio r, por sua vez, varia com o tempo t. Por exemplo, $r = t^3$. Então a área A passa a ser função do tempo t, no caso, $A = \pi(t^3)^2 = \pi t^6$. Pode-se querer então a taxa de variação de A com o tempo, ou seja, dA/dt, que no nosso exemplo é $6\pi t^5$.

Acontece que nem sempre se dá a expressão de r como função de t. Vejamos o que se pode fazer nesse caso, para o cálculo de dA/dt. Temos

$$A = \pi r^2.$$

Então

$$\frac{dA}{dt} = \frac{d(\pi r^2)}{dt} = \pi \frac{dr^2}{dt}$$

Aqui não devemos esquecer que r é função de t. Usaremos a regra da cadeia, vista no §8. Usando o palavreado lá introduzido, queremos derivar "alguém" ao quadrado. O resultado é duas vezes "alguém" vezes a derivada do "alguém". Ou seja, $dr^2/dt = 2r\,dr/dt$. Substituindo na expressão anterior, vem

$$\frac{dA}{dt} = \pi 2r \frac{dr}{dt} = 2\pi r \frac{dr}{dt}$$

Então, mesmo não se conhecendo a expressão de r em função de t, se dermos, em um instante t_0, o valor de r e a taxa de variação de r com o tempo (ou seja, dr/dt), poderemos calcular dA/dt nesse instante t_0. O exemplo seguinte ilustra. Antes, porém, uma observação.

Observação. A turma da física e da engenharia gosta de usar a vantagem da notação de Leibniz, e em vez de ficar falando "alguém" como fizemos acima, eles fazem assim, usando a derivada como se fosse fração:

$$\frac{dr^2}{dt} = \frac{dr^2}{dr} \cdot \frac{dr}{dt} = 2r \cdot \frac{dr}{dt}$$

Procederemos desse modo nos exemplos a seguir.

Exemplo 9-6 Uma pedra é jogada em um lago, provocando uma onda circular de raio r, o qual varia com o tempo a uma taxa constante de 3 cm/s. Calcule a taxa de variação, com o tempo, da área do círculo limitado pela onda, no instante em que o raio vale 20 cm.

Resolução. A área de um círculo de raio r é $A = \pi r^2$. Então

$$\frac{dA}{dt} = \frac{d}{dt}(\pi r^2) = \pi \frac{dr^2}{dt} = \pi \frac{dr^2}{dr} \cdot \frac{dr}{dt} = \pi . 2r . \frac{dr}{dt} = \pi . 2r . 3 = 6\pi r$$

Esta fórmula vale para qualquer instante, pois a taxa dr/dt vale 3 em qualquer instante. No instante em que $r = 20$, teremos

$$\frac{dA}{dt} = 6\pi \cdot 20 = 120\pi \text{ cm}^2/\text{s}$$ ◄

Observação. Suponha que a taxa de variação de r com o tempo valesse 3 cm/s apenas no instante em que o raio vale 20 cm. Nesse caso, escreveríamos que em um instante qualquer do intervalo de tempo do movimento vale

$$\frac{dA}{dt} = \frac{d}{dt}(\pi r^2) = \pi \frac{dr^2}{dt} = \pi \frac{dr^2}{dt} \cdot \frac{dr}{dt} = \pi \cdot 2r \cdot \frac{dr}{dt}$$

Agora, particularizando para o referido instante, temos $r = 20$, $dr/dt = 3$, e a fórmula acima nos fornecerá 120π. Apesar do resultado ser o mesmo do exemplo, a situação é diferente, pois em um dos casos dr/dt vale sempre 3, e no outro só vale 3 em um instante específico.

Exercício 9-16 Um balão esférico, que está sendo inflado, mantém sua forma esférica. Seu raio aumenta a uma taxa constante de 0,05 m/s. Calcule a taxa de variação do seu volume, no instante em que seu raio vale 2 m. (Volume de uma esfera de raio r: $V = 4\pi r^3/3$.)

Exercício 9-17 Um cubo de metal, que está sendo aquecido, mantém sua forma. Uma aresta aumenta a uma taxa que, no instante t_0, vale 0,05 cm/s, instante no qual a aresta mede 10 cm. Calcule a taxa de expansão do volume do cubo no instante t_0.

Exercício 9-18 Uma moeda que está sendo aquecida, mantém sua forma. Calcule o quociente entre a taxa de variação com o tempo da área de uma face e a taxa de variação com o tempo do diâmetro, num instante em que o diâmetro mede 1 cm.

Exercício 9-19 Na Figura 9-4(a), o tanque cúbico horizontal tem aresta medindo 2 m, e a vazão de água é constante, valendo 0,5 m³/s. Determine a velocidade de subida do nível da água.

AJUDA. Se h é a altura da água, o volume dela é V = (área da base).(altura) = $2^2 h$. O exercício pediu dh/dt.

Exemplo 9-7 A Figura 9-4(b) mostra um tanque cônico de altura $H = 3$ m e raio $R = 1$ m, no interior do qual esta sendo lançada água. Quando o nível da água é de 2 m, a água está sendo lançada à razão de 0,05 m³/min. Determine, para esse instante, a velocidade de subida do nível da água.

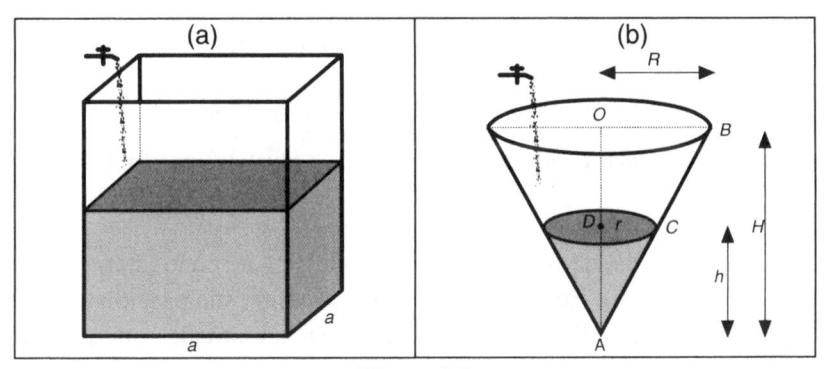

Figura 9-4

Resolução. Sendo, em um instante t, V e h o volume da água no tanque e a altura do nível da mesma, respectivamente (Figura10-4(b)), o problema pediu dh/dt no instante particular em que $h = 2$. Uma vez entendido o que foi dado, e o que foi pedido, agora fica natural que devemos exprimir V em termos de h. Temos:

$$V = \frac{1}{3}\text{ (área da base) (altura)} = \frac{1}{3}\pi r^2 h$$

r sendo o raio do "cone de água" (Figura 9-4(b)). Devemos observar que r e h são funções de t. Não é difícil perceber que r e h não são independentes, isto é, existe uma relação entre r e h. De fato, os triângulos AOB e ADC são semelhantes; logo,

$$\frac{DC}{OB} = \frac{AD}{A0} \quad \therefore \quad \frac{r}{R} = \frac{h}{H}$$

de onde resulta $r = Rh/H = 1 \cdot h/3 = h/3$. Substituindo na expressão de V resulta $V = \pi h^3/27$. Daí,

$$\frac{dV}{dt} = \frac{\pi}{27} \cdot \frac{dh^3}{dt} = \frac{\pi}{27} \cdot \frac{dh^3}{dh} \cdot \frac{dh}{dt} = \frac{\pi}{27} \cdot 3h^2 \cdot \frac{dh}{dt} = \frac{\pi}{9} \cdot h^2 \cdot \frac{dh}{dt}$$

relação válida para qualquer t do intervalo de tempo no qual ocorre a situação.

Particularizando para o instante referido, temos $dV/dt = 0{,}05$ e $h = 2$, o que, na relação anterior, fornece

$$0{,}05 = \frac{\pi}{9} \cdot 2^2 \cdot \frac{dh}{dt}$$

de onde resulta

$$\frac{dh}{dt} = \frac{9}{80\pi} \cong 0{,}036 \text{ m/s} \qquad \triangleleft$$

Exercício 9-20 Repita o exemplo anterior, com os seguintes dados:

$$R = 3 \text{ m}, \quad H = 3 \text{ m}, \quad \text{vazão} = 0{,}04 \text{ m}^3/\text{min}$$

a velocidade de subida pedida sendo no instante em que o nível da água for 0,05 m.

Exemplo 9-8 Uma escada, de comprimento 2 m, desliza no chão, mantendo-se apoiada em uma parede (Figura 9-5). Em um determinado instante, sua base dista 0,6 m da parede, e se afasta da mesma à razão de 0,3 m/s. Calcule a velocidade com que seu topo desliza parede abaixo, no instante em questão.

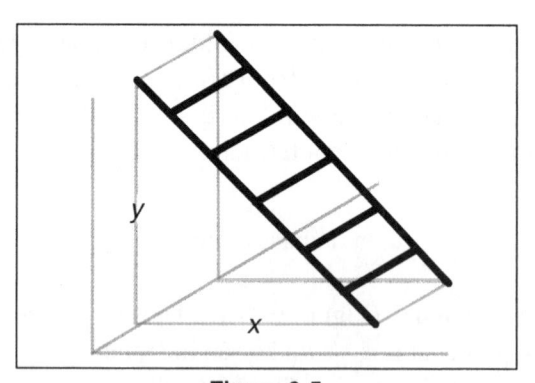

Figura 9-5

Resolução. Sejam x e y como mostrado na Figura 9-5. A primeira coisa a observar é que x e y dependem do tempo. Foi dado que em um certo instante se tem $x = 0{,}6$ e $dx/dt = 0{,}3$. Foi pedido o valor de dy/dt no referido instante. Bem, agora fica evidente como encaminhar uma resolução: vamos tentar relacionar x e y, depois derivar em t.

Pelo Teorema de Pitágoras podemos escrever

$$x^2 + y^2 = 2^2 = 4 \qquad (\bigstar)$$

relação válida em um instante qualquer do intervalo durante o qual se realiza o movimento. Daí,

$$\frac{d}{dt}(x^2 + y^2) = \frac{d4}{dt} \qquad \text{ou seja,} \qquad 2x\frac{dx}{dt} + 2y\frac{dy}{dt} = 0$$

de onde resulta

$$\frac{dy}{dt} = -\frac{x}{y}\frac{dx}{dt} \qquad (\heartsuit)$$

No instante referido no enunciado tem-se $x = 0,6$ e $\frac{dx}{dt} = 0,3$. Para obter y relativo a esse instante, usamos ($\star$):

$$(0,6)^2 + y^2 = 4 \qquad \therefore \qquad y = \sqrt{3,64}$$

Assim ($\heartsuit$) fornece

$$\frac{dy}{dt} = -\frac{0,6}{\sqrt{3,64}}.0,3 = -\frac{0,18}{\sqrt{3,64}} \cong -0,094 \text{ m/s} \qquad \triangleleft$$

Exercício 9-21 Uma escada de 6 m de comprimento, como a mostrada na Figura 9-5, apoia-se, durante seu movimento, no chão e na parede vertical. Em um instante t_0, o seu topo dista 3,6 m do chão, e a sua base afasta-se da parede vertical à taxa de 1m/s. Calcule a velocidade escalar do topo no instante t_0.

Exercício 9-22 Uma escada, como a mostrada na Figura 9-5, apoia-se, durante seu movimento, no chão e na parede vertical.

(a) Mostre que as velocidades do topo e da base têm (quando não-nulas), sinais contrários.
(b) Em um certo instante, as velocidades do topo e da base são, a menos de sinal, iguais. Determine a medida do ângulo agudo que ela faz, no instante considerado, com o chão.

Exercício 9-23 No mecanismo mostrado na Figura 9-6, a haste AB, de comprimento 5 m, move-se, tendo suas extremidade A e B articuladas nos blocos, os quais podem se movimentar nas guias. Em um certo instante, $OB = 3$ m, e B está se afastando de O a uma taxa de 2 m/s. Calcule, para esse instante, a taxa de variação da área do triângulo retângulo OAB.

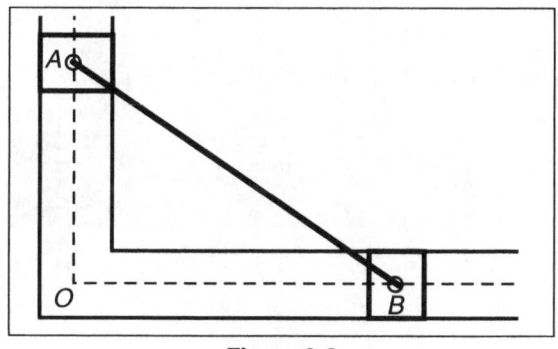

Figura 9-6

Respostas dos exercícios do § 9

9-1 (a) $\dfrac{4}{(t+4)^2}$ m/s. (b) $\dfrac{3\ln^2 t}{t}$ m/s.

9-2 $t = 1$ s.

9-3 13 m e 12 m/s.

9-4 (a) 3s e 7s. (b) −10 m/s. (c) $0 < t < 3$ e $7 < t < 8$.

9-5 1,88 kg/cm.

9-6 (a) $1/(1+t)$ m³/h. (b) t = 3 h.

9-7 $4\pi r^2$.

9-8 $3x^2$.

9-9 (a) − 1 litro/atm. (b) − 25 atm/litro.

9-10 (a) 1000−20x. (b) $25+100x^{-2/3}$. (c) $975-20x-100x^{-2/3}$.

9-12 50−x. (b) $-\dfrac{11}{2}+6x-\dfrac{x^2}{2}$.

9-13 (a) −2/9. (b) −4/3.

9-14 (a) −7. (b) −m.

9-15 (a) $p = 2$. (b) $4 < p < 8$.

9-16 $0,8\pi$ m³/s.

9-17 15 cm³/s.

9-18 $\pi/2$ cm.

9-19 0,125 m/s.

9-20 $16/\pi$ m/min.

9-21 Sendo y como na Figura 9-5, tem-se $dy/dt = -4/3$ m/s.

9-22 (b) 45.

9-23 7/4 m²/s.

§10- SIGNIFICADO DO SINAL DAS DERIVADAS PRIMEIRA E SEGUNDA

(A) Sinal da derivada primeira

Imaginemos uma função f com derivada positiva em todos os pontos de um intervalo I. Como $f'(x)$ é a inclinação da reta tangente ao gráfico de f no ponto $(x, f(x))$ (interpretação geométrica da derivada, §6), então a hipótese feita significa, do ponto de vista geométrico, que qualquer reta tangente ao gráfico no trecho correspondente ao intervalo I tem inclinação positiva; logo, o gráfico só pode subir quando x aumenta, percorrendo I. Ou seja, f é crescente em I (Figura10-1(a)).Com argumentação análoga, se $f'(x) < 0$ para todo x de I, então f é decrescente em I (Figura10-1(b)).

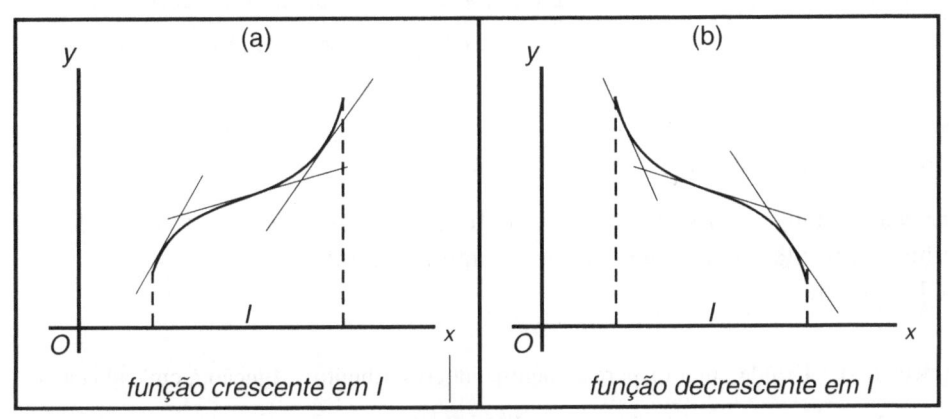

Figura 10-1

Conforme enunciaremos adiante, basta examinar o sinal da derivada nos pontos do intervalo I que não são extremidades do mesmo. Para facilitar a exposição, convém então dar um nome para o conjunto dos pontos de I que não são extremidades. Tal conjunto recebe o nome de interior de I. Destaquemos:

O **interior** de um intervalo I é o conjunto dos pontos do intervalo que não são extremidades. Qualquer elemento desse interior é chamado **ponto interior de I**.

Como um intervalo aberto não contém suas extremidades (aliás, $\mathbb{R}$ nem tem extremidades) o interior de qualquer intervalo aberto é ele próprio. Assim, o interior de $\mathbb{R}$ é $\mathbb{R}$, o interior de $]a, b[$ é $]a, b[$, etc. E para achar o interior de um intervalo que não é aberto, basta jogar fora as extremidades. Assim, o interior de $[a, b]$ é $]a, b[$, o interior do intervalo $[a, \infty[$ é $]a, \infty[$, etc.

Os resultados acima indicados geometricamente serão destacados da maneira seguinte:

Critério da derivada primeira para crescimento e decrescimento. Suponhamos f derivável em todos os pontos de um intervalo I. Tem-se:

- Se $f'(x) > 0$ para todo x do interior de I, então f é crescente em I.
- Se $f'(x) < 0$ para todo x do interior de I, então f é decrescente em I.

Exemplo 10-1 Estude, quanto a crescimento e decrescimento, a função f, em cada caso:

(a) $f(x) = 2x + 3$. (b) $f(x) = -2x^3 - x$. (c) $f(x) = \ln x$.

Resolução.

(a) Sendo $f(x) = 2x+3$, temos $f'(x) = 2 > 0$, para todo x real; logo f é crescente em R. ◄

(b) Sendo $f(x) = -2x^3 - x$, temos $f'(x) = -6x^2 - 1 < 0$, para todo x real; logo, f é decrescente em R. ◄

(c) Sendo $f(x) = \ln x$ ($x > 0$), temos $f'(x) = 1/x > 0$, para todo $x > 0$; logo, f é crescente no seu domínio, o intervalo $]0, \infty[$. ◄

Observação. Quando dissermos que uma função é crescente, isto subentende que seu domínio é um intervalo, e que ela é crescente nesse intervalo. O mesmo se aplica no caso decrescente.

Exercício 10-1 Estude, quanto a crescimento e decrescimento, a função f, em cada caso:

(a) $f(x) = 3x + 3$. (b) $f(x) = -4x + 2$. (c) $f(x) = x^3 + x - 3$.
(d) $f(x) = 10 - 4x^5 - 2x^3 - 2x$ (e) $f(x) = \ln^5 x$. (f) $f(x) = \ln x + x$.

Exemplo 10-2 Sendo $f(x) = x^2$, estude f quanto a crescimento e decrescimento.

Resolução. Sendo $f(x) = x^2$, temos $f'(x) = 2x$. Então

- Se $x < 0$ temos $f'(x) < 0$; logo, f é decrescente em $]-\infty, 0]$.
- Se $x > 0$ temos $f'(x) > 0$; logo, f é crescente em $[0, \infty[$ (Figura 10-4(a)). ◄

Observação. É importante ressaltar que estivemos aplicando exatamente o que nos ensina o resultado anteriormente enunciado. Sendo I o intervalo dado por $x \leq 0$, como $f'(x) = 2x < 0$ no seu interior, que é dado por $x < 0$, podemos concluir que f é decrescente no intervalo I, ou seja, no intervalo dado por $x \leq 0$. **Não importa que $f'(0) = 0$!!!**

Exercício 10-2 Estude, quanto a crescimento e decrescimento, a função f, em cada caso:

(a) $f(x) = 3x^2$. (b) $f(x) = -5x^2$. (c) $f(x) = 4x^4$. (d) $f(x) = -6x^8$.
(e) $f(x) = 2x^2-4x+2$. (f) $f(x) = -x^2+4x-3$. (g) $f(x) = x^2/(1+x^2)$. (h) $f(x) = ln[1+(x-1)^2]$.

Exemplo 10-3 Sendo $f(x) = 10(x + 16/x)$, $x \neq 0$, estude f quanto a crescimento e decrescimento.

Resolução. Temos

$$f'(x) = 10\left(x + \frac{16}{x}\right)' = 10\left(1 - \frac{16}{x^2}\right) = 10\,\frac{x^2 - 16}{x^2} = \frac{10(x-4)(x+4)}{x^2}$$

Como $x \neq 0$, para aplicar o resultado enunciado anteriormente, é necessário considerar os casos $x > 0$ e $x < 0$.

(i) $x > 0$. Neste caso, $x + 4 > 0$, e como $x^2 > 0$, o sinal da derivada é dado pelo sinal de $x-4$. Portanto,

- Se $0 < x < 4$, temos $x - 4 < 0$; logo, $f'(x) < 0$. Então f é decrescente em $]0, 4]$.
- Se $x > 4$, temos $x - 4 > 0$; logo, $f'(x) > 0$. Então f é crescente em $[4, \infty[$.

(ii) $x < 0$. Neste caso, $x - 4 < 0$, e como $x^2 > 0$, então $f'(x)$ tem sinal contrário do sinal de $x+4$. Portanto,

- Se $x < -4$, temos $x + 4 < 0$; logo, $f'(x) > 0$. Então f é crescente em $]-\infty, -4]$.
- Se $-4 < x < 0$, temos $0 < x+4$; logo, $f'(x) < 0$. Então f é decrescente em $[-4, 0[$.

O gráfico de f está representado na Figura 10-2. ◄

Observação. Como f é ímpar, isto é, $f(-x) = -f(x)$, bastaria estudá-la para $x > 0$, pois daí dá para deduzir o que ocorre para $x < 0$.

Exercício 10-3 Estude, quanto a crescimento e decrescimento, a função f, em cada caso:

(a) $f(x) = 1/x$. (b) $f(x) = -1/x$. (c) $f(x) = (x+1)/(x-1)$.
(d) $f(x) = x - 1/x$. (e) $f(x) = (x^4 - 1)/x^2$. (f) $f(x) = x + 1/x$.

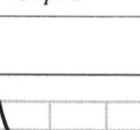

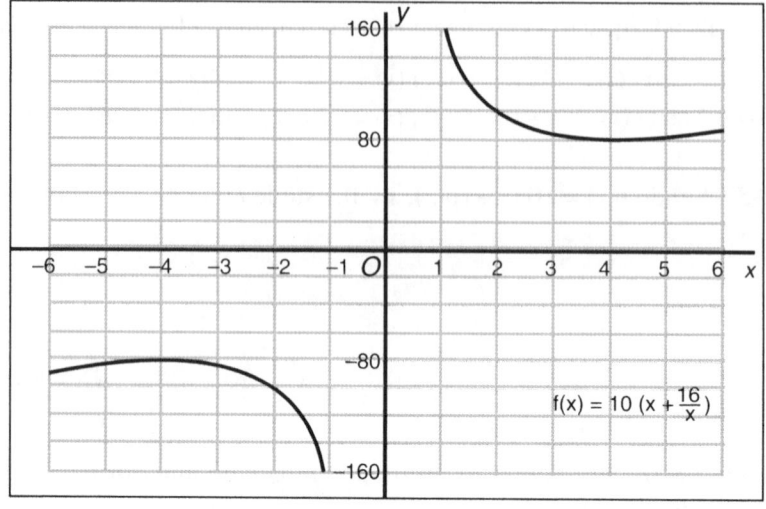

Figura 10-2

Exercício 10-4 Decida se a afirmação é verdadeira ou falsa, em cada caso:

(a) Se a derivada de uma função é positiva em um intervalo, a função é positiva nesse intervalo.
(b) Se a derivada de uma função é negativa no seu domínio, a função é decrescente no seu domínio.
(c) Se uma função derivável é crescente em um intervalo, sua derivada nele é positiva.

Exemplo 10-4 Sendo $f(x) = x^3$, mostre que f é crescente.

Resolução. Temos que $f'(x) = 3x^2 > 0$ se $x \neq 0$. Então:

- $f'(x) > 0$ em $]-\infty, 0[$; logo, f é crescente em $]-\infty, 0]$.
- $f'(x) > 0$ em $]0, \infty[$; logo, f é crescente em $[0, \infty[$.

Em uma linguagem sugestiva, a função cresce até $x = 0$, e depois continua crescendo. Ora, isto quer dizer que ela é crescente na reunião dos dois intervalos mencionados, reunião esta que é $\mathbb{R}$. Portanto f é crescente. Seu gráfico está representado na Figura 10-3.

Exercício 10-5
(a) Sendo $f(x) = 3(x-2)^{15} + 4$, mostre que f é crescente.
(b) Sendo $f(x) = x^3 - 3x^2 - 4$, mostre que f é decrescente em $[0, 2]$.

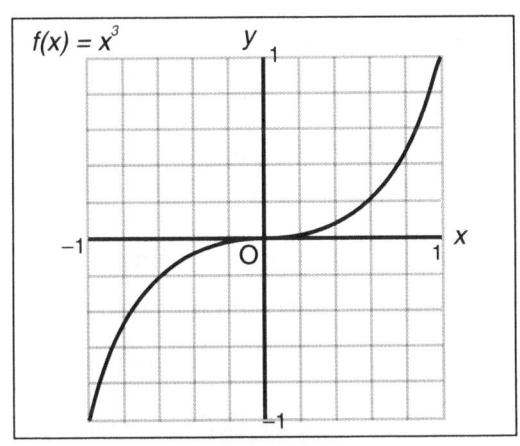

Figura 10-3

Observação. Quando representamos o gráfico de uma função usando o recurso de marcar pontos, sempre temos uma dose de incerteza ao ligar os pontos por uma curva. Se no caso da função f dada por $f(x) = x^2$, focalizada no Exemplo 10-2 (Figura 10-4(a)), marcarmos os pontos obtidos através da tabela

x	-3	-2	-1	0	1	2	3
$y = f(x) = x^2$	9	4	1	0	1	4	9

os quais estão indicados na Figura 10-4(b), e pedirmos para alguém que desconheça matemática traçar uma curva por eles, poderia ocorrer um traçado como o da referida figura. Com o recurso do sinal da derivada, poderemos recusar, por exemplo, o traçado do trecho correspondente a [0, 3], pois de acordo com o que vimos, a curva deve subir quando x aumenta, percorrendo tal intervalo.

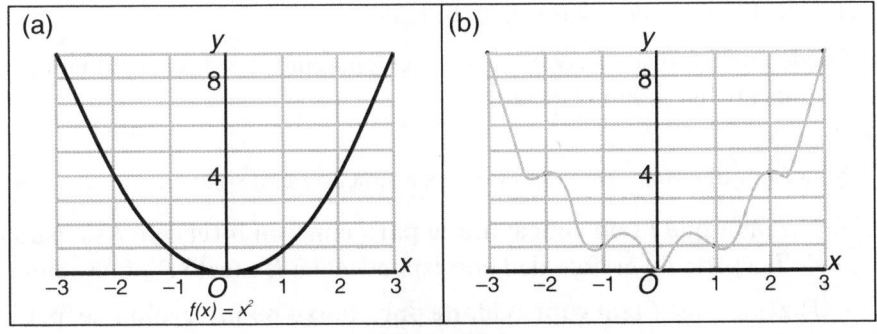

Figura 10-4

(B) Sinal da derivada segunda

Derivada de ordem n. Se $f(x) = 3x^5 - 7x^2 + 2$, então $f'(x) = 15x^4 - 14x$. Podemos derivar novamennte. Indicando $(f')'$ por f'', chamada derivada segunda de f, temos $f''(x) = (f')'(x) = (15x^4 - 14x)' = 60x^3 - 14$. Podemos prosseguir, indicando $(f'')'$ por f''', a derivada terceira de f, temos $f'''(x) = (f'')'(x) = 180x^2$. Por uma questão de ordem prática, usam-se alternativamente $f^{(1)}, f^{(2)}, f^{(3)}$, para indicar, respectivamente, f', f'', f'''. Em geral:

A **derivada de ordem n** (ou **derivada n-ésima**) da função f é definida por

$$f^{(n)} = (f^{(n-1)})' \quad (n \text{ inteiro positivo})$$

A derivada n-ésima, na notação de Leibniz, é indicada por $d^n f/dx^n$. Registremos o caso de interesse no momento:

$$\boxed{f'' = (f')'} \qquad \boxed{\frac{d^2 f}{dx^2} = \frac{d}{dx}\left(\frac{df}{dx}\right)}$$

Exercício 10-6 Calcule $d^2 f/dx^2$, nos casos:

(a) $f(x) = x$ (b) $f(x) = 2x - 10$ (c) $f(x) = 2x^2 - 1$
(d) $f(x) = 1/x$ (e) $f(x) = \ln x$ (f) $f(x) = x \ln x - x$

Concavidade. Na Figura 10-5(a) está representado o trecho do gráfico de uma função f, correspondente a um intervalo I. Vamos indicar por t_x a reta tangente ao gráfico de f no ponto $P_x = (x, f(x))$. Vemos que para cada x de I, todo o trecho está acima de t_x, com exceção de P_x. Por causa do aspecto da representação, alguns costumam dizer que "o gráfico tem boca para cima em I"; os matemáticos preferem dizer que f tem concavidade para cima no intervalo I. A noção de concavidade para baixo se define de modo evidente (Figura 10-5(b)). Vamos destacar esta definição:

Sendo f uma função derivável em x, designaremos por t_x a reta tangente ao gráfico da função f no ponto $P_x = (x, f(x))$.

Seja I um intervalo em cujos pontos a função f é derivável.

- Dizemos que f tem **concavidade para cima no intervalo I** se, para cada x de I, a parte do gráfico de f correspondente a I, exceto P_x, fica acima de t_x;
- Dizemos que f tem **concavidade para baixo no intervalo I** se, para cada x de I, a parte do gráfico de f correspondente a I, exceto P_x, fica abaixo de t_x.

Observação. Convencionaremos que se o domínio de f é um intervalo no qual ela tem concavidade para cima ou para baixo, poderemos dizer simplesmente que f **tem concavidade para cima**, ou f **tem concavidade para baixo**, respectivamente.

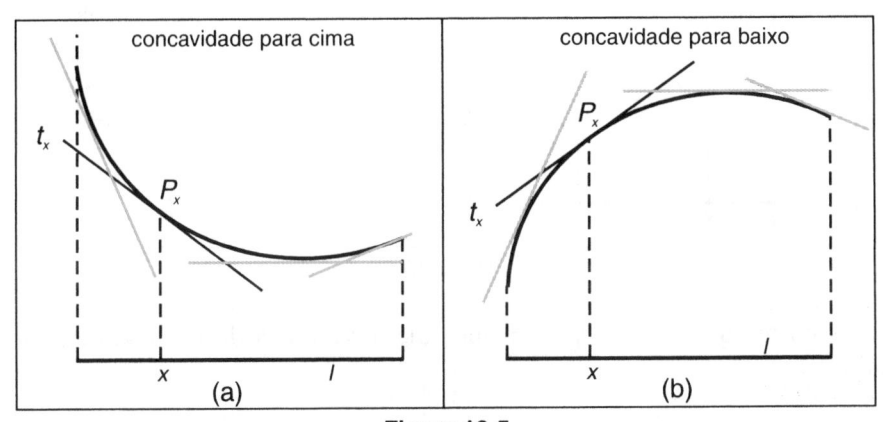

Figura 10-5

Apesar das definições dadas terem forte sabor geométrico, sua aplicabilidade na prática é limitada. Por essa razão, é interessante ter um critério para decidir sobre concavidade que seja razoavelmente manipulável. O interessante é que podemos chegar a um tal critério por uma via geométrica. De fato, observando a Figura 10-5(a), imagine uma animação da figura, em que x cresce, percorrendo I. O que acontece com t_x? Ela gira no sentido anti-horário (contrário ao movimento dos ponteiros de um relógio), de modo que a inclinação de t_x cresce. Se você concordou com isso, ótimo, entendeu que f' é crescente em I, pois $f'(x)$ é a inclinação de t_x. Portanto,

- se f tem concavidade para cima em I, f' é crescente em I.

(Para aqueles que não entenderam o argumento geométrico, apresentamos a Figura 10-6, na qual reproduzimos a Figura 10-5(a), acrescida de um ponto fixo Q, pelo qual passa a reta T_x, paralela a t_x, isto para alguns valores de x. Como t_x e T_x têm mesma inclinação, fica mais fácil entender o que acontece com a inclinação de t_x observando o que acontece com T_x. Quando x cresce em I, T_x gira em torno de Q no sentido anti-horário; portanto, sua inclinação cresce. Esperamos que agora você tenha entendido.)

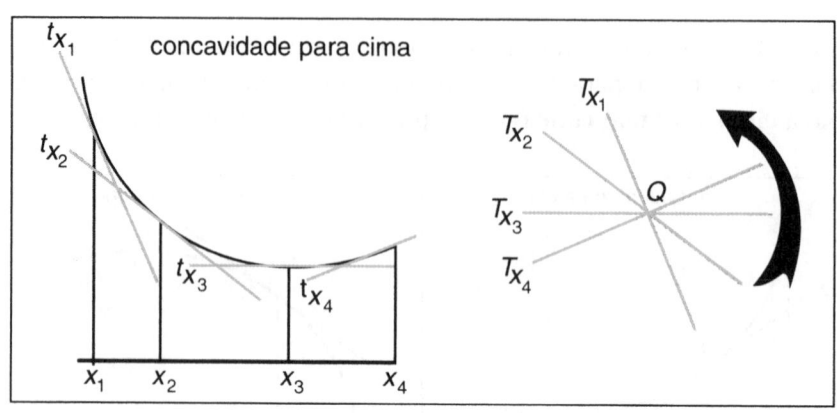

Figura 10-6

Acontece que pode-se provar que vale a recíproca do resultado anteriormente enunciado:

- Se f' é crescente em I, então f tem concavidade para cima em I.

Tudo o que dissemos pode ser imitado para o caso em que f tem **concavidade para baixo**. Destaquemos:

Critério da derivada primeira para concavidade. Sendo f uma função derivável em todos os pontos de um intervalo I, tem-se:

(a) f tem concavidade para cima em I se e somente se f' é crescente em I.

(b) f tem concavidade para baixo em I se e somente se f' é decrescente em I.

Vamos supor agora que f tenha derivada segunda em todos os pontos de I (ou seja, o domínio de f'' inclui I), e que f'' seja positiva no interior de I (relembramos que o interior de I se obtém de I jogando fora as extremidades de I). Então, como $(f')' = f''$, temos, pelo visto no parágrafo anterior, que f' é crescente em I, e, pelo que informamos acima, f tem concavidade para cima em I. Resultado análogo vale caso f'' seja negativa no interior de I. Eis os resultados:

(Critério da derivada segunda para concavidade.) Sendo f uma função derivável duas vezes em todos os pontos de um intervalo I, tem-se:

(a) Se $f''(x) > 0$ para todo x do interior de I então f tem concavidade para cima em I.

(b) Se $f''(x) < 0$ para todo x do interior de I então f tem concavidade para baixo em I.

Antes de passarmos a examinar exemplos de aplicação dos resultados, é bom você testar sua compreensão geométrica do conceito de concavidade, examinando a Figura 10-7, onde se representa o gráfico de uma função f.

Exemplo 10-5 Estude f quanto à concavidade, nos casos:

(a) $f(x) = x^2$.   (b) $f(x) = 10x^8 + 2x^6 + 5x^2 - 2$.   (c) $f(x) = 9 - 4x^2 - x^4 - x^6$.

Resolução.

(a) Temos $f'(x) = 2x$ e $f''(x) = 2 > 0$, para todo x real. Pelo critério da derivada segunda, f tem concavidade para cima em $\mathbb{R}$. ◄

(b) Temos $f'(x) = 80x^7 + 12x^5 + 10x$ e $f''(x) = 560x^6 + 60x^4 + 10$. Como a primeira e a segunda parcelas são ≥ 0, e a terceira é > 0, temos que $f''(x) > 0$, para todo x real. Pelo critério da derivada segunda, f tem concavidade para cima em $\mathbb{R}$. ◄

(c) Temos $f'(x) = -8x - 4x^3 - 6x^5$ e $f''(x) = -8 - 12x^2 - 30x^4 = -(8 + 12x^2 + 30x^4)$. Como $f''(x) < 0$ para todo x real, pelo critério da derivada segunda, f tem concavidade para baixo em $\mathbb{R}$. ◄

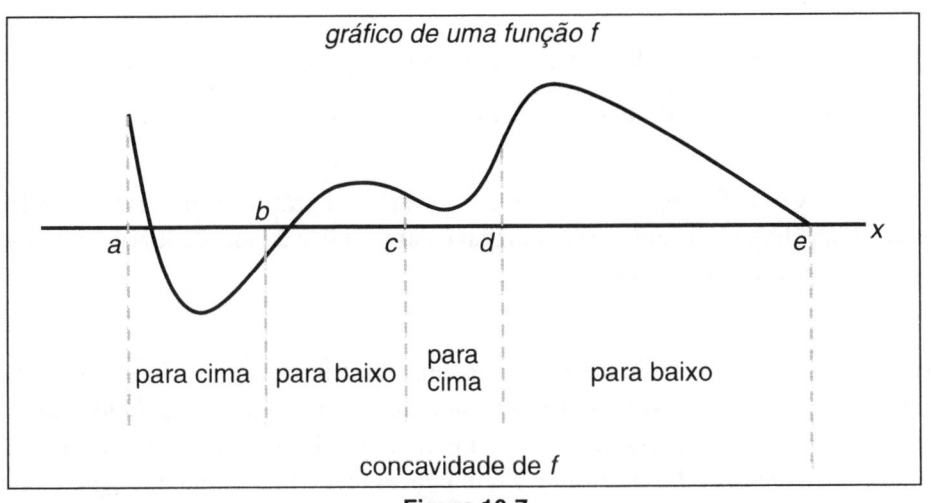

Figura 10-7

Exercício 10-7 Estude f quanto à concavidade, nos casos:

(a) $f(x) = 2x^2$ (b) $f(x) = x^2 + 1$ (c) $f(x) = -3x^2 + x + 1$.
(d) $f(x) = ax^2 + bx + c$, $a \neq 0$ (e) $f(x) = \ln x$ (f) $f(x) = 2x^6 + x^2 + 5$.
(g) $f(x) = 30 - 30x^2 - x^6$.   (h) $f(x) = 25x^2 \sqrt[5]{x^4} + 2x^2 + 1$.

Exercício 10-8 Sendo $f(x) = \ln x + \ln(9-x)$, determine o domínio de f, e estude-a quanto à concavidade (aconselhamos a não reduzir as frações ao mesmo denominador após o cálculo da derivadas).

Exemplo 10-6 Estude f quanto à concavidade, sendo

$$f(x) = 10\left(x + \frac{16}{x}\right)$$

Resolução. Notemos, inicialmente, que o domínio de f é $\mathbb{R} - \{0\}$. Temos

$$f'(x) = 10\left(x + \frac{16}{x}\right)' = 10\left(1 - \frac{16}{x^2}\right)$$

$$f''(x) = 10\left(1 - \frac{16}{x^2}\right)' = 320x^{-3}$$

Portanto,

- se $x < 0$, temos $f''(x) < 0$; logo, a concavidade em $]-\infty, 0[$ é para baixo. ◀
- se $x > 0$, temos $f''(x) > 0$; logo, a concavidade em $]0, \infty[$ é para cima. ◀

Observação. Como f é ímpar, isto é, $f(-x) = -f(x)$, seu gráfico é simétrico em relação a O, de modo que bastaria estudar a concavidade para $x > 0$, e depois deduzi-la para $x < 0$. O gráfico está representado na Figura 10-8.

Observação. Se $f(x) = 1/x^2$, $x \neq 0$, um cálculo fácil mostra que $f''(x) = 6/x^4$. Assim, $f''(x) > 0$ para todo $x \neq 0$. Neste caso, **não** se pode dizer: f tem concavidade para cima, pois só tem sentido falar em concavidade em um intervalo. Assim, devemos dizer, a respeito da concavidade de f, o seguinte: f tem concavidade para cima em $]-\infty, 0[$ e f tem concavidade para cima em $]0, \infty[$.

Exercício 10-9 Estude f quanto à concavidade, nos casos:

(a) $f(x) = 1/x^{17}$.   (b) $f(x) = 1/x^{18}$.   (c) $f(x) = \dfrac{3x^2 + 4x - 5}{x+1}$.   (d) $f(x) = \ln(x^2+1) - \ln x^2$.

Figura 10-8

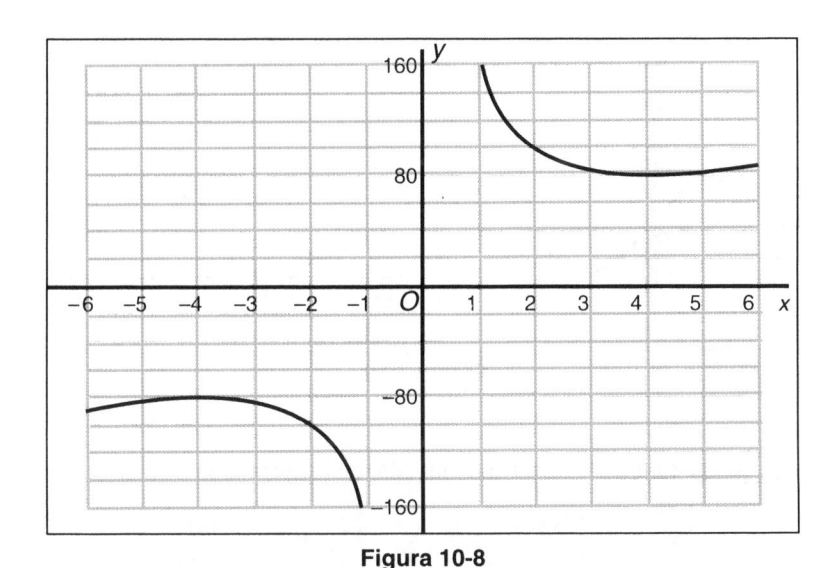

Exemplo 10-7 Estude, quanto à concavidade, a função f dada por $f(x) = x^3 - x$.

Resolução. Temos $f'(x) = 3x^2 - 1$, e $f''(x) = 6x$. Então, usando o critério da derivada segunda, podemos escrever:

- Se $x < 0$, temos $f''(x) < 0$; logo, a concavidade de f é para baixo em $]-\infty, 0]$. ◄
- Se $x > 0$, temos $f''(x) > 0$; logo, a concavidade de f é para cima em $[0, \infty[$. ◄

Na Figura 10-9(a) representa-se o gráfico da função f. Note que $x = 0$ é um ponto onde a concavidade muda. Antes dele a concavidade é para baixo, depois dele é para cima. Um tal ponto é chamado de ponto de inflexão. Na Figura 10-9(b), os pontos b e c são pontos de inflexão. Eis uma definição (um tanto informal):

> Um ponto do domínio de uma função em relação ao qual há uma mudança de concavidade chama-se **ponto de inflexão** da função.

Portanto, no caso do exemplo anterior, $x = 0$ é o único ponto de inflexão. No caso do Exemplo 10-6, não há ponto de inflexão (se você julgou que $x = 0$ é ponto de inflexão, enganou-se, pois o ponto de inflexão deve ser do domínio da função).

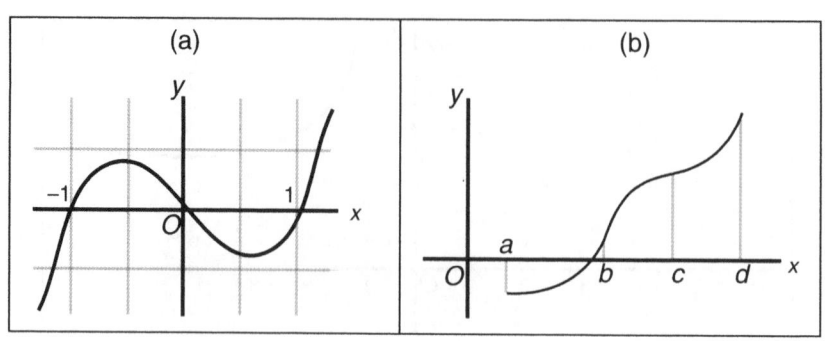

Figura 10-9

Exercício 10-10 Estude f quanto à concavidade, dando os eventuais pontos de inflexão.

(a) $f(x) = x^3$.
(b) $f(x) = -x^3$.
(c) $f(x) = -x^3 + 3x^2 - 2x + 10$.
(d) $f(x) = x^5 + x + 2$.
(e) $f(x) = (x-2)^7 + x$.
(f) $f(x) = -1/x$.
(g) $f(x) = x^{-1/3}$.
(h) $f(x) = \sqrt{x} + 1/\sqrt{x}$.
(i) $f'(x) = \ln(\ln^2 x)$.
(j) $f(x) = (x-4)^7 + 4(x-4)^5 + 2x - 1$.
(l) $f(x) = 3 - (2x+1)^{21} - (2x+1)^5$.
(m) $f(x) = (3x+2)^{20} + (3x+2)^6 + 3x^2$.

Se s é a função horária de um movimento, recordemos que a velocidade escalar é definida por $v = ds/dt$, e que a aceleração escalar é $a = dv/dt$ (§9(B)). Portanto, $a = d^2s/dt^2$.

Exercício 10-11

(a) Sendo $s(t) = (1 + t)/t$, calcule a aceleração do movimento.

(b) A função horária do movimento de um automóvel está representada na Figura 10-9(b). Durante um intervalo de tempo I, o motorista aciona os freios. Quais dos casos seguintes são possíveis?
(a) $I = [a, b]$. (b) $I = [b, c]$. (c) $I = [c, d]$. (d) $I = [a, c]$. (e) $I = [a, d]$.

Exercício 10-12

(a) Suponha que f é derivável em um intervalo I e que c é um ponto de I tal que f tem concavidade para cima no subintervalo de I dado por $x \leq c$ e também no dado por $x \geq c$. Pode-se concluir que f tem concavidade para cima em I?

(b) Sendo $f(x) = x^4$, estude f quanto à concavidade.

(c) Repita o item (b) para $f(x) = 1 - (x - 1)^6/30 - (x - 1)^4/12$.

Observação. Vamos de novo apresentar a função da Figura 10-7, destacando os intervalos onde f é crescente e onde é decrescente (Figura 10-10). Isto pode ser útil para quem confunde intervalos onde uma função cresce ou decresce com intervalos onde a concavidade é para cima ou para baixo.

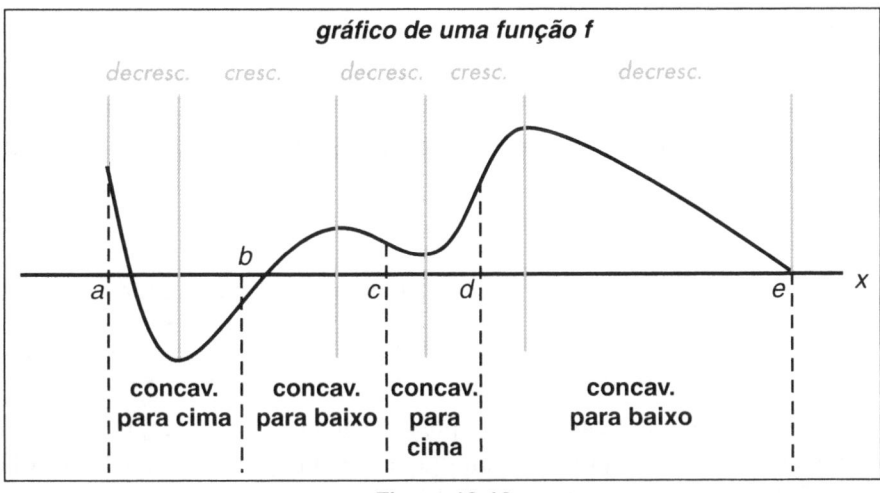

Figura 10-10

Aplicação a máximos e mínimos de função. Suponha que uma função f tem concavidade para cima no seu domínio I, um intervalo, e que em um ponto x_0 tem-se $f'(x_0) = 0$, ou seja, a reta tangente ao gráfico de f no ponto $P_0 = (x_0, f(x_0))$ é horizontal. Por definição de concavidade para cima, todos os outros pontos do gráfico de f estão acima dessa tangente (Figura 10-11(a)), o que significa que x_0 é ponto de mínimo de f em I. Quando a concavidade é para baixo, e a derivada se anula em um ponto, esse ponto é ponto de máximo, conforme um argumento semelhante mostra (Figura 10-11(b)). Vamos destacar:

(Critério da concavidade)

- Se f tem concavidade para cima em um intervalo I, e $f'(x_0) = 0$ para algum x_0 de I, então x_0 é ponto de mínimo de f em I.

- Se f tem concavidade para baixo em um intervalo I, e $f'(x_0) = 0$ para algum x_0 de I, então x_0 é ponto de máximo de f em I.

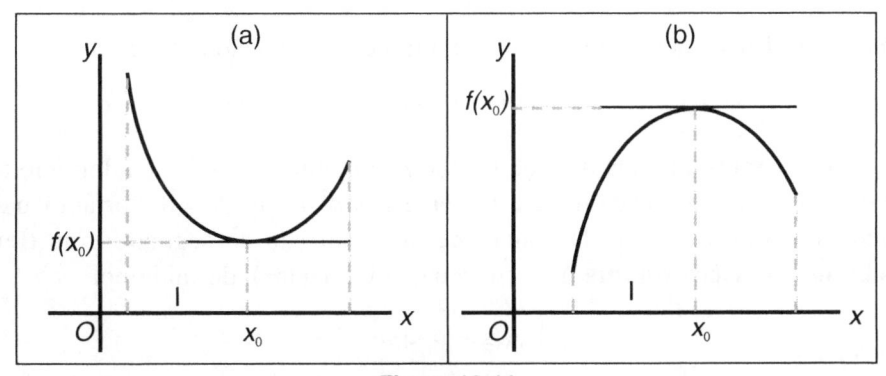

Figura 10-11

Exemplo 10-8 Se $f(x) = \sqrt{x^2+1} + x^2$, mostre que f tem um mínimo, e determine esse mínimo.

Resolução. O cálculo de $f'(x)$ e $f''(x)$, que deixamos para você conferir, nos fornece

$$f'(x) = \frac{x}{\sqrt{x^2+1}} + 2x \qquad f''(x) = \frac{1}{(\sqrt{x^2+1})^3} + 2$$

Claramente, $f''(x) > 0$ para todo x real. Por outro lado, a equação $f'(x) = 0$ nos dá

$$\frac{x}{\sqrt{x^2+1}} + 2x = 0 \qquad \therefore \qquad x\left(\frac{1}{\sqrt{x^2+1}} + 2\right) = 0$$

Como o termo entre parênteses é positivo, temos $x = 0$. Pelo resultado anterior, podemos concluir que $x = 0$ é ponto de mínimo de f. Como $f(x) = \sqrt{x^2+1} + x^2$, obtemos, fazendo $x = 0$, $f(0) = 1$, que é o mínimo pedido. ◀

Exercício 10-13 Use o critério da concavidade para achar o valor mínimo ou o valor máximo, conforme seja o caso, da função f:

(a) $f(x) = \dfrac{\sqrt{6}}{2}x - \sqrt{2x^2+3}$. (b) $f(x) = (x-1)^{10} + 5x^2 - 10x - 5$.

(c) $f(x) = \sqrt{x^2+1} + \sqrt{x^2-12x+40}$.

(C) Aplicação ao estudo de função quadrática

Um função f para a qual existem a, b e c reais tais que

$$f(x) = ax^2 + bx + c \qquad (a \neq 0) \qquad (\star)$$

para todo x real é chamada de **função quadrática**.

Exemplo 10-9 Em cada um dos casos a seguir, f é uma função quadrática:

$$f(x) = 2x^2 - x + 1, \qquad f(x) = -4x^2 + 1, \qquad f(x) = 5x^2 - x \qquad ◀$$

Recordamos que raiz de uma função f é um número m do seu domínio tal que $f(m) = 0$. No caso de $(\star)$, m é raiz se e somente se $am^2 + bm + c = 0$. Portanto, o estudo das raízes de $(\star)$ é o estudo das raízes de uma equação do segundo grau (feito no **Pré-Cálculo**). O **discriminante** Δ da função quadrática $(\star)$, definido por

$$\boxed{\Delta = b^2 - 4ac}$$

decide se existem ou não raízes:

- Se $\Delta > 0$, existem duas raízes (reais).
- Se $\Delta = 0$, existe uma única raiz (real), que costuma ser referida como raiz dupla.
- Se $\Delta < 0$, não existem raízes (reais).

No caso em que $\Delta \geq 0$, a seguinte expressão fornece as raízes (se $\Delta > 0$), ou a raíz (se $\Delta = 0$):

$$\boxed{\text{raízes}: \frac{-b \pm \sqrt{\Delta}}{2a}} \qquad (\diamondsuit)$$

Para representar o gráfico de f, calculamos

$$f'(x) = 2ax + b = 2a\left(x + \frac{b}{2a}\right) = 2a\left(x - \left(-\frac{b}{2a}\right)\right) = 2a(x - x_0),$$

onde

$$\boxed{x_0 = -b/2a}$$

Vamos distinguir dois casos.

1º caso. $a > 0$.

Estudo de f quanto a crescimento e decrescimento. Temos:

- Se $x < x_0$, então $f'(x) < 0$; logo, f é decrescente em $]-\infty, x_0]$.
- Se $x > x_0$, então $f'(x) > 0$; logo, f é crescente em $[x_0, \infty[$.

Se $x = x_0$, f' se anula; logo, a reta tangente ao gráfico de f no ponto $(x_0, f(x_0))$ é horizontal.

Estudo de f quanto à concavidade. Como $f''(x) = 2a > 0$, f tem concavidade para cima.

Resumimos os resultados na Figura 10-12. Na parte (a), em que $\Delta > 0$, existem duas raízes x_1 e x_2, dadas por $(\diamondsuit)$. Na parte (b), em que $\Delta = 0$, existe uma única raiz, dada por $(\diamondsuit)$, que é $x_0 = -b/2a$. Na parte (c), em que $\Delta < 0$, não existem raízes reais. Note que nos três casos, $x_0 = -b/2a$ é ponto de mínimo de f.

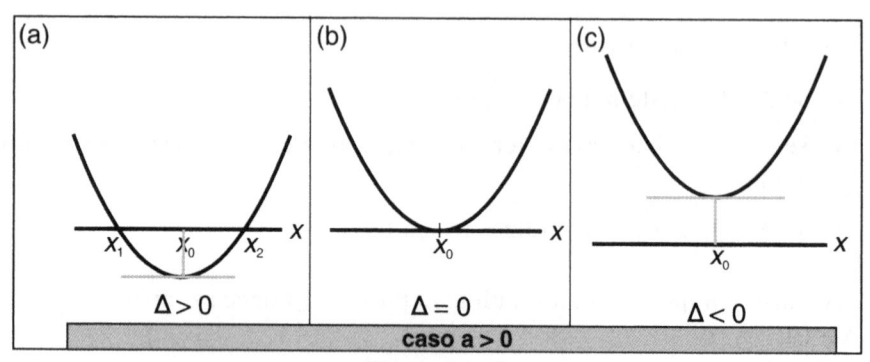

Figura 10-12

2º caso. $a < 0$.

De modo análogo ao caso anterior, chega-se aos resultados que estão resumidos na Figura 10-13.

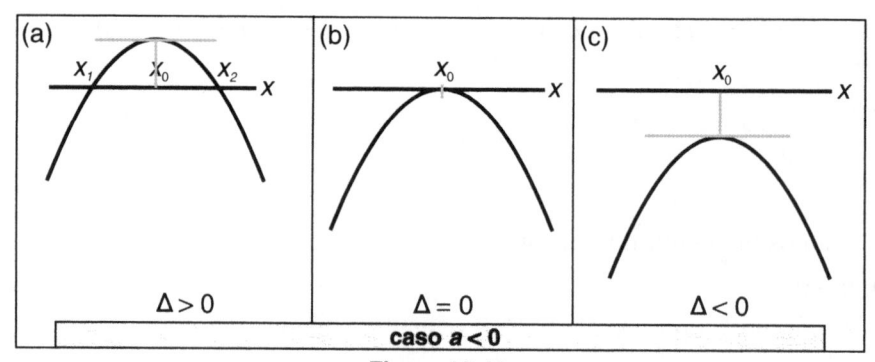

Figura 10-13

Exemplo 10-10 Represente o gráfico da função f, nos casos:

(a) $f(x) = x^2 - 2x - 3$. (b) $f(x) = -x^2 + 2x - 4$.

Resolução.

(a) Temos

$$f'(x) = 2x - 2 = 2(x-1)$$

- Se $x < 1$, então $f'(x) < 0$; logo, f é decrescente em $]-\infty, 1]$.
- Se $x > 1$, então $f'(x) > 0$; logo, f é crescente em $[1, \infty[$.

Portanto $x = 1$ é ponto de mínimo de f, e o valor mínimo é $f(1) = 1^2 - 2.1 - 3 = -4$.

Como $f''(x) = 2 > 0$, f tem concavidade para cima.

As raízes, cujo cálculo fica por sua conta, são -1 e 3. O gráfico está representado na Figura 10-14(a).

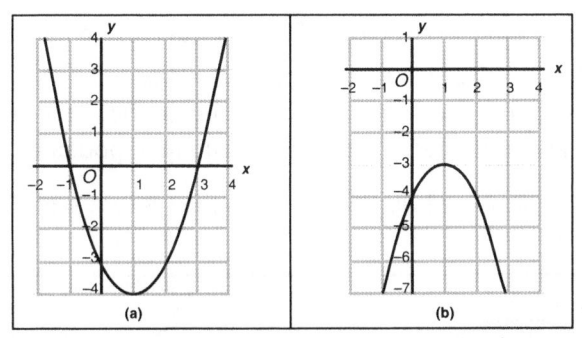

Figura 10-14

(b) Temos

$$f'(x) = -2x + 2 = -2(x-1)$$

- Se $x < 1$, então $f'(x) > 0$; logo, f é crescente em $]-\infty, 1]$.
- Se $x > 1$, então $f'(x) < 0$; logo, f é decrescente em $[1, \infty[$.

Portanto, $x = 1$ é ponto de máximo de f, e o valor máximo é $f(1) = -1^2 + 2.1 - 4 = -3$.

Como $f''(x) = -2 < 0$, f tem concavidade para baixo.

Calculando o discriminante Δ, temos $\Delta = b^2 - 4ac = 2^2 - 4.(-1)(-4) = -10 < 0$; logo não existem raízes reais. Assim o gráfico não corta o eixo Ox.

O resultado final está mostrado na Figura 10-14(b).

Exercício 10-14 Represente o gráfico de f, nos casos:

(a) $f(x) = 2x^2 - 4x + 3$.   (b) $f(x) = -2x^2 + 8x - 6$.   (c) $f(x) = 3x^2/4 - 3x$.
(d) $f(x) = -x^2/4 + x - 2$.   (e) $f(x) = 4x^2/3 - 4x + 3$.   (f) $f(x) = -x^2 - 2x - 1$.

Agora que aprendemos a representar uma função quadrática, o estudo do seu sinal fica muito fácil. Deve-se ter em conta que, para a finalidade em questão, basta que tal representação seja esquemática. Observando as Figuras 10-12 e 10-13, vemos que seis casos são possíveis. O exemplo a seguir mostrará como proceder.

Exemplo 10-11 Estude, quanto ao sinal, a função f, nos casos:

(a) $f(x) = -x^2 + 3x + 10$. (b) $f(x) = 3x^2 + x + 4$.

Resolução.

(a) O coeficiente de x^2 é $a = -1 < 0$; logo, f tem concavidade para baixo.

Examinado o discriminante, temos $\Delta = b^2 - 4ac = 3^2 - 4.(-1).10 = 49 > 0$, logo existem duas raízes reais, que são -2 e 5 (o cálculo fica por sua conta). A Figura 10-15(a) indica o aspecto do gráfico de f, através do qual podemos concluir que

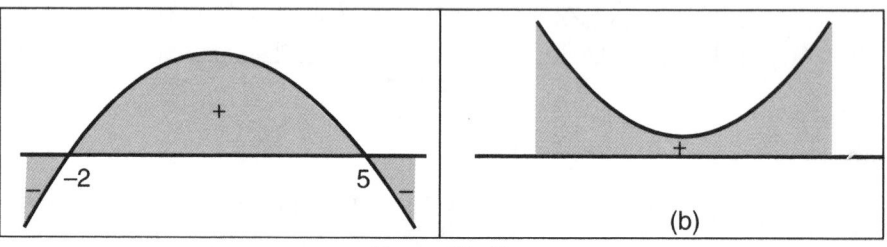

$$f(x) < 0 \quad \text{se } x < -2 \text{ ou } x > 5 \quad \text{e} \quad f(x) > 0 \quad \text{se } -2 < x < 5. \quad \blacktriangleleft$$

Figura 10-15

(b) O coeficiente de x^2 é $a = 3 > 0$; logo, f tem concavidade para cima. Examinando o discriminante, temos $\Delta = b^2 - 4ac = 1^2 - 4.3.4 < 0$; logo, não existem raízes reais. O aspecto do gráfico f está indicado na Figura 10-15(b). Portanto

$$f(x) > 0 \quad \text{para todo } x \text{ real} \quad \blacktriangleleft$$

Exercício 10-15 Estude a função f quanto ao sinal, nos casos:

(a) $f(x) = 2x^2 - 5x + 2$. (b) $f(x) = -3x^2 + 6x - 9$. (c) $f(x) = -2x^2 + 5x + 3$.
(d) $f(x) = 9x^2 - 3x + 1/4$. (e) $f(x) = x^2 + 2x$. (f) $f(x) = x^2 - 2x - 15$.
(g) $f(x) = x^2 - 2x + 15$. (h) $f(x) = -2x^2 + x - 10$.

Respostas dos exercícios do §10

Usaremos as abreviações: c para crescente, d para decrescente

10-1 (a) c em R. (b) d em R. (c) c em R.

(d) d em R. (e) c em $]0, \infty[$. (f) c em $]0, \infty[$.

10-2 (a) d em $]-\infty, 0]$, c em $[0, \infty[$. (b) c em $]-\infty, 0]$, d em $[0, \infty[$.

(c) d em $]-\infty, 0]$, c em $[0, \infty[$. (d) c em $]-\infty, 0]$, d em $[0, \infty[$.

(e) d em $]-\infty, 1]$, c em $[1, \infty[$.   (f) c em $]-\infty, 2]$, d em $[2, \infty[$.

(g) d em $]-\infty, 0]$, c em $[0, \infty[$.   (h) d em $]-\infty, 1]$, c em $[1, \infty[$.

10-3   (a) d em $]-\infty, 0[$; d em$] 0, \infty[$.   (b) c em $]-\infty, 0[$; c em $] 0, \infty[$.

(c) d em $]-\infty, 1[$; d em $]1, \infty[$.   (d) c em $]-\infty, 0[$; c em $] 0, \infty[$.

(e) d em $]-\infty, 0[$; c em $] 0, \infty[$.

(f) c em $]-\infty, -1]$; d em $[-1, 0[$; d em $]0, 1]$; c em $[1, \infty[$.

10-4   Todas são falsas.

10-6   (a) 0.   (b) 0.   (c) 4.   (d) $2/x^3$.   (e) $-1/x^2$.   (f) $1/x$.

10-7   Todas as concavidades são no intervalo $\mathbb{R}$:

(a) Para cima.   (b) Para cima.   (c) Para baixo.

(d) $a > 0$: para cima; $a < 0$: para baixo.   (e) Para baixo.

(f) Para cima.   (g) Para baixo.   (h) Para cima.

10-8   O domínio é $]0, 9[$, no qual f tem concavidade para baixo.

10-9   (a) Para baixo em $]-\infty, 0[$; para cima em $]0, \infty[$.

(b) Para cima em $]-\infty, 0[$; para cima em $]0, \infty[$.

(c) Para cima em $]\infty, -1[$; para baixo em $]-1, \infty[$.

(d) Para cima em $]-\infty, 0[$;, para cima em $]0, \infty[$.

10-10   (a) Para baixo em $]-\infty, 0]$, para cima em $[0, \infty[$; $x = 0$.

(b) Para cima em $]-\infty, 0]$, para baixo em $[0, \infty[$; $x = 0$.

(c) Para cima em $]-\infty, 1]$, para baixo em $[1, \infty[$; $x = 1$.

(d) Para baixo em $]-\infty, 0]$, para cima em $[0, \infty[$; $x = 0$.

(e) Para baixo em $]-\infty, 2]$, para cima em $[2, \infty[$; $x = 2$.

(f) Para cima em $]-\infty, 0[$, para baixo em $]0, \infty[$; não existe ponto de inflexão.

(g) Para baixo em $]-\infty, 0[$, para cima em $]0, \infty[$; não existe ponto de inflexão.

(h) Para cima em $]0, 3]$, para baixo em $[3, \infty[$; $x = 3$.

(i) Para baixo em $]0, 1[$, para cima em $]1, \infty[$; não existe ponto de inflexão.

(j) Para baixo em $]-\infty, 4]$, para cima em $[4, \infty[$; $x = 4$.

(l) Para cima em $]-\infty, -1/2]$, para baixo $[-1/2, \infty[$; $x = -1/2$.

(m) Para cima em R; não existe ponto de inflexão.

10-11 (a) $2/t^3$.   (b) Caso (b).

10-12 (a) Sim.   (b) Para cima em R.   (c) Para baixo em R.

10-13 (a) Valor máximo: $-\sqrt{3}/2$.   (b) Valor mínimo: -10.   (c) Valor mínimo: $3\sqrt{5}$.

10-14 Figura 10-16.

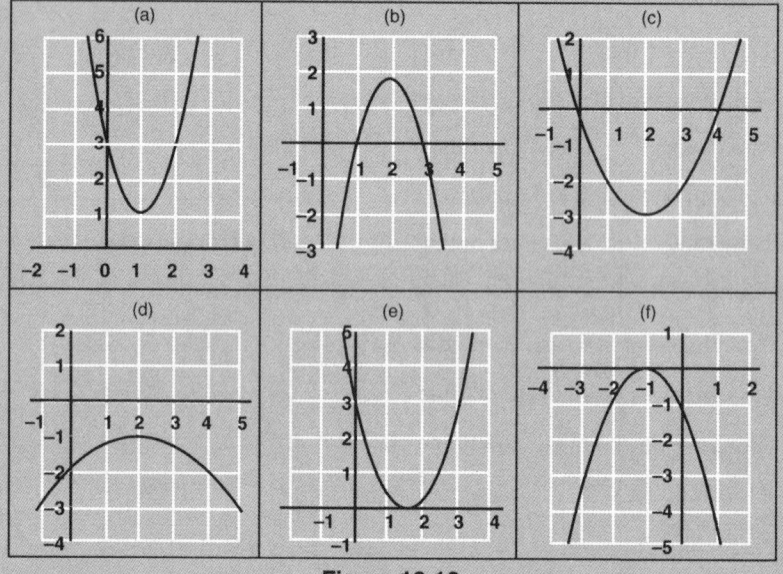

Figura 10-16

10-15 (a) $f(x) > 0$ se $x < 1/2$ ou $x > 2$; $f(x) < 0$ se $1/2 < x < 2$.

(b) $f(x) < 0$ para todo x real.

(c) $f(x) < 0$ se $x < -1/2$ ou $x > 3$; $f(x) > 0$ se $-1/2 < x < 3$.

(d) $f(x) > 0$ para todo $x \neq 1/6$.

(e) $f(x) > 0$ se $x < -2$ ou $x > 0$; $f(x) < 0$ se $-2 < x < 0$.

(f) $f(x) > 0$ se $x < -3$ ou $x > 5$; $f(x) < 0$ se $-3 < x < 5$.

(g) $f(x) > 0$ para todo x real.   (h) $f(x) < 0$ para todo x real.

Cap. 2   Limite, continuidade, derivada   141

§11- PROBLEMAS SOBRE MÁXIMOS E MÍNIMOS

Com o que aprendemos até agora, poderemos encarar alguns problemas nos quais intervém a procura de máximos ou de mínimos de uma função. Muitos desses problemas têm um aspecto prático interessante.

Exemplo 11-1

A parte lateral de uma caixa é obtida dobrando-se uma faixa retangular de papelão, de comprimento 60 cm e largura 20 cm, como mostrado na Figura 11-1. Determine as dimensões x e y para que o volume da caixa seja máximo.

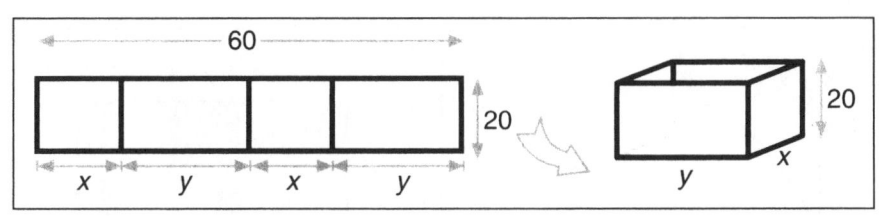

Figura 11-1

Resolução.

- Cálculo do volume da caixa.

$$\text{volume} = (\text{área da base})(\text{altura}) = xy.20$$

- *Relação entre x e y.* Temos (Figura 11-1) $x + y + x + y = 60$; logo,

$$y = 30 - x \qquad (\bigstar)$$

- *Expressão do volume como função de x.* Usando ($\bigstar$), o volume fica

$$\text{volume} = x(30 - x)\,20 = V(x)$$

Devemos ter $x > 0$. Como $y > 0$, ($\bigstar$) nos diz que $x < 30$.

- *Estudo da função V, dada por*

$$V(x) = x(30-x)20 = 600x - 20x^2, \qquad 0 < x < 30.$$

Temos

$$\frac{dV}{dx}(x) = 600 - 40x \quad \text{e} \quad \frac{d^2V}{dx^2}(x) = -40 < 0$$

Igualando a 0 a derivada, obtemos $600 - 40x = 0$; logo, $x = 15$, que está no intervalo $]0, 30[$. Pelo critério da concavidade (§10), 15 é ponto de máximo de V.

Para esse valor, temos, de (★), que $y = 30 - x = 30 - 15 = 15$. Assim,

$$x = y = 15 \text{ cm}$$ ◀

Observação. O gráfico de V é parte do gráfico de uma função quadrática, que sabemos representar (Figura 11-2(a)).

Exercício 11-1 Um fazendeiro tem 10 m de grade para construir três lados de um galinheiro retangular, o quarto sendo uma parede já existente (Figura 11-2(b)). Dê as dimensões para que a área para as galinhas seja a maior possível.

Exercício 11-2 Repita o exercício anterior, supondo que a grade é utilizada para construir os quatro lados do galinheiro.

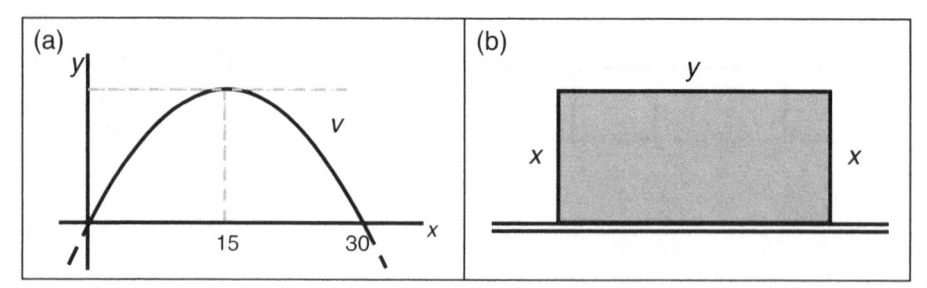

Figura 11-2

Exemplo 11-2 Uma caixa com tampa quadrada usa um material para a tampa e o fundo que custa 4 reais/m², e um outro para a parte lateral que custa 2 reais/m² (Figura 11-3). O custo de cada caixa deve ser de 8 reais. Quais devem ser as dimensões para que o volume da caixa seja máximo?

	Área	custo/m²	custo
tampa	x^2	4	$4x^2$
fundo	x^2	4	$4x^2$
face	xh	2	$2xh$

custo total = custo da tampa +
              custo do fundo +
              4. (custo de cada face)
            = $4x^2 + 4x^2 + 4.(2xh)$

Figura 11-3

Resolução.

- *Cálculo do volume da caixa.* Sendo h e x como na Figura 11-3, temos:

$$\text{volume} = (\text{área da base}) (\text{altura}) = x^2 h$$

- *Relação entre x e h.* Temos

    custo da caixa = custo da tampa + custo do fundo + custo da parte lateral

ou seja (veja a Figura 11-3):

$$8 = 4x^2 + 4x^2 + 4.(2xh)$$

de onde resulta

$$h = \frac{1-x^2}{x} \qquad (\bigstar)$$

- *Expressão do volume como função de x.* Usando a expressão de h na do volume, vem

$$\text{volume} = x(1 - x^2) = x - x^3 = V(x)$$

Devemos ter $x > 0$. Como $h > 0$, ($\bigstar$) nos diz que $x < 1$.

- *Estudo da função V, dada por*

$$V(x) = x - x^3, \, 0 < x < 1.$$

Temos

$$\frac{dV}{dx}(x) = 1 - 3x^2 \quad \text{e} \quad \frac{d^2V}{dx^2}(x) = -6x$$

Vemos que em $]0,1[$ a derivada segunda é negativa, e igualando a 0 a derivada obteremos um único valor, a saber, $x = 1/\sqrt{3}$, nesse intervalo (a outra raiz da derivada é $-1/\sqrt{3}$, que está fora do intervalo). Pelo critério da concavidade(§10), $x = 1/\sqrt{3}$ é ponto de máximo de V. *Conclusão*: para volume máximo, devemos ter $x = 1/\sqrt{3}$, e, usando ($\bigstar$), $h = 2\sqrt{3}/3$. ◀

Observação. O critério da concavidade que temos usado nem sempre é aplicável. Por isso, daremos uma resolução alternativa para estudo da função V do exemplo anterior. Vamos representar o gráfico de V permitindo os valores 0 e 1. Estudando o sinal da derivada de V (Figura 11-4(a)) temos

$$dV/dx > 0 \text{ se } 0 < x < 1/\sqrt{3} \qquad \therefore \qquad V \text{ é crescente em } [0, 1/\sqrt{3}]$$

$dV/dx < 0$ se $1/\sqrt{3} < x < 1$, ∴ V é decrescente em $[1/\sqrt{3}, 1]$
(e $dV/dx = 0$ para $x = 1/\sqrt{3}$).

Com essas informações, e notando que V se anula em 0 e 1, podemos obter a representação do gráfico de V, mostrada na Figura 11-4(b). (Nessa figura, mostramos a representação da função de domínio $\mathbb{R}$, que tem mesma expressão que V, sem nenhum trabalho adicional, a não ser o de notar que V é uma função ímpar, ou seja, verifica $V(-x) = -V(x)$, o que faz com que o gráfico seja simétrico em relação a O.)

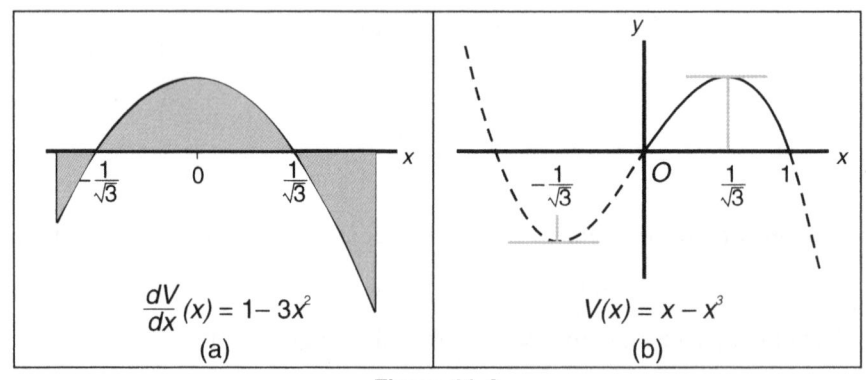

Figura 11-4

Exercício 11-3 Uma caixa sem tampa é construída a partir de um pedaço retangular de papelão, de dimensões (em decímetros) 8 por 5, eliminando quatro quadrados congruentes dos seus vértices, como mostra a Figura 11-5. Qual deve ser o tamanho do lado de um dos quadrados para se obter uma caixa de volume máximo?

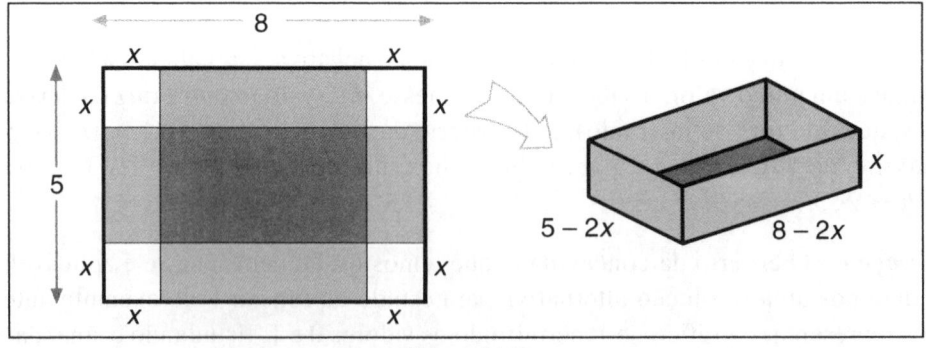

Figura 11-5

Exercício 11-4 O proprietário de uma chácara quer cercar 64 m² dela para construir um pomar retangular, como mostrado na Figura 11-6(a), usando materiais distintos, cujos custos são dados a seguir:

Em *AB*:   9 dólares/metro
Em *BC*:   1,5 dólares/metro
Em *CD* e *DA*:   1 dólar/metro

Quais as dimensões do pomar para que o custo seja mínimo?

Exercício 11-5   Na Figura 11-6(b) são mostrados os pontos *A*, *B* e *C* das margens de um rio. Um atleta vai de *A* até um ponto *P* entre *A* e *C*, caminhando sobre a margem, com velocidade $v_1 = 2,5$ m/s e nada de *P* a *B* com velocidade $v_2 = 2$ m/s. Determine a distância *AP* para que o tempo gasto seja o menor possível. (Veja o Exercício 3-13.)

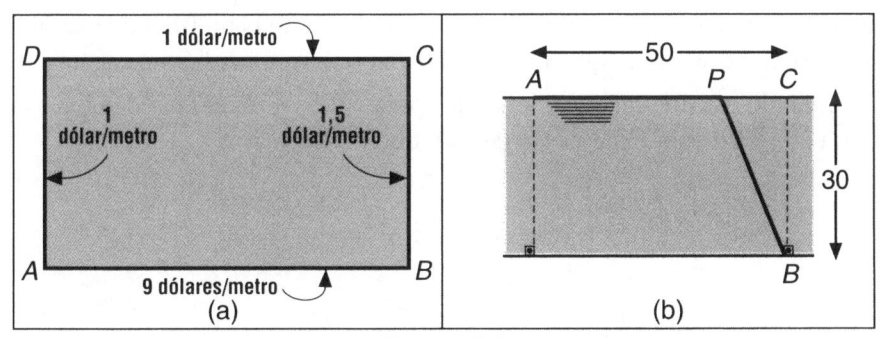

Figura 11-6

Exemplo 11-3   A Figura 11-7(a) mostra um raio luminoso que parte do ponto *A*, atinge o ponto *P*, reflete-se e atinge o ponto *B*. Mostre que o ângulo de incidência é igual ao ângulo de reflexão, admitindo o Princípio de Fermat, segundo o qual o trajeto é feito em tempo mínimo (*A* e *B* estão em um mesmo meio).

Resolução.   Sejam *a*, *b* e *c* as distâncias indicadas na Figura 11-7(b), $a > 0$, $b > 0$, $c > 0$. Indiquemos por *x* a abcissa de *P*, em relação ao ponto *M* considerado como origem (na figura, *x* é positivo). Os ângulos $\hat{i}$ e $\hat{r}$ são respectivamente os ângulos de incidência e de reflexão.

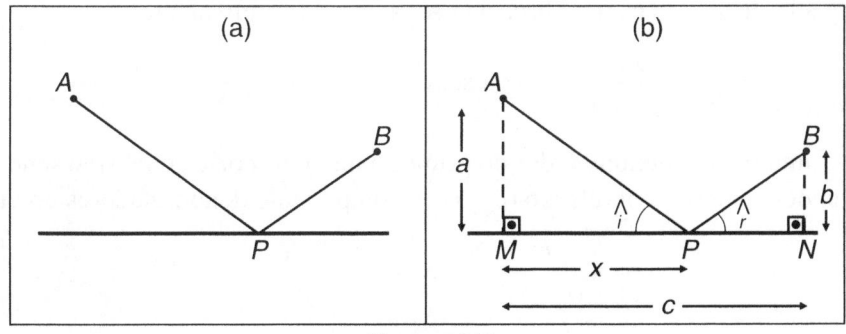

Figura 11-7

Sendo v a velocidade da luz no meio em que se encontram A e B, o tempo gasto para percorrer AP é AP/v, e o gasto para percorrer PB é PB/v, de modo que o tempo total gasto no percurso de A a B é $AP/v + PB/v$. Aplicando o Teorema de Pitágoras ao triângulo retângulo AMP temos $AP = \sqrt{a^2 + x^2}$; analogamente, $PB = \sqrt{b^2 + (c-x)^2}$. Substituindo na expressão do tempo total, vemos que este é uma função de x:

$$t(x) = \frac{1}{v}(\sqrt{a^2 + x^2} + \sqrt{b^2 + (c-x)^2})$$

para x real qualquer (convidamos você a fazer, não agora, mas no final do exemplo, um desenho no caso $x < 0$ para ver que a expressão anterior vale também neste caso).

Efetuando os cálculos, que deixamos para você verificar (se você fez o exercício anterior, não terá dificuldade nessa tarefa), obtém-se

$$t'(x) = \frac{1}{v}\left(\frac{x}{\sqrt{a^2 + x^2}} - \frac{c-x}{\sqrt{b^2 + (c-x)^2}}\right)$$

$$t''(x) = \frac{1}{v}\left(\frac{a^2}{\sqrt{(a^2 + x^2)^3}} + \frac{b^2}{\sqrt{(b^2 + (c-x)^2)^3}}\right)$$

Claramente $t''(x) > 0$ para todo x real. Então, para aplicar o critério da concavidade, basta verificar que a equação $t'(x) = 0$ tem uma raiz real. Esta equação equivale à seguinte:

$$\frac{x}{\sqrt{a^2 + x^2}} = \frac{c-x}{\sqrt{b^2 + (c-x)^2}} \qquad (\clubsuit)$$

Como $c > 0$, os numeradores não se anulam. Ainda mais, x e $c - x$ devem ter mesmo sinal, pois os denominadores são positivos, ou seja, $x(c - x) > 0$, ou seja (§10(C)), $0 < x < c$. Assim, temos $x > 0$ e $c - x > 0$. Com estas condições, obteremos, elevando ao quadrado ambos os membros de ($\clubsuit$), a equação equivalente

$$\frac{x^2}{a^2 + x^2} = \frac{(c-x)^2}{b^2 + (c-x)^2} \qquad \text{ou seja} \qquad \frac{1}{a^2/x^2 + 1} = \frac{1}{b^2/(c-x)^2 + 1}$$

(dividimos numerador e denominador do primeiro membro por x^2, o mesmo sendo feito para o segundo membro com relação $(c - x)^2$.) Comparando denominadores obtemos

$$\frac{a^2}{x^2} = \frac{b^2}{(c-x)^2} \qquad \therefore \qquad \frac{a}{x} = \frac{b}{(c-x)}$$

onde usamos que a, x, b, $c - x$ são positivos. Daí resulta facilmente que $x = ac/(a + b)$, que é, então, ponto de mínimo da função t. Para terminar, observemos que, usando a notação da Figura 11-7(b), (♣) fica

$$\frac{MP}{AP} = \frac{PN}{PB}$$

que acarreta a semelhança dos triângulos AMP e BNP, e conseqüentemente a congruência dos ângulos $\hat{\imath}$ e $\hat{r}$, respectivamente de incidência e de reflexão. ◄

Exemplo 11-4 O preço de uma certa ação na Bolsa de Valores, em função do tempo t decorrido após sua compra por um investidor, é dado por

$$P(t) = \frac{160t}{(4+t)^2} + 1 \qquad (t \geq 0)$$

(t em anos, $P(t)$ em reais). Para vendê-la, o investidor tem que esperar no mínimo 2 anos, e no máximo T anos. Dê a melhor ocasião para a venda, nos casos:

(a) $T = 3$. (b) $T = 5$.

Resolução. Vamos esboçar o gráfico de P (no intervalo dado por $t \geq 0$), para examinar o que acontece no intervalo $2 \leq t \leq T$. Calculando a derivada obtém-se

$$\frac{dP}{dt}(t) = \frac{160(4-t)}{(4+t)^3}$$

que se anula para $t = 4$ e cujo sinal é dado pelo sinal de $4 - t$. Assim:

- Se $0 < t < 4$, tem-se $dP/dt > 0$; logo, P é crescente no intervalo $[0,4]$.
- Se $t > 4$, tem-se $dP/dt < 0$; logo, P é decrescente no intervalo dado por $t \geq 4$.

Portanto $t = 4$ é ponto de máximo de P (no intervalo $t \geq 0$!). Calculando $P(0) = 1$ só para começar a desenhar, temos a representação mostrada na Figura 11-8(a). Agora fica fácil concluir:

(a) No caso $T = 3$, o intervalo relevante é dado por $2 \leq t \leq 3$, onde a função é crescente, de modo que o máximo preço ocorre para $t = 3$. ◄

(b) No caso $T = 5$, o intervalo relevante é dado por $2 \leq t \leq 5$, o qual inclui o ponto de máximo $t = 4$, de modo que o máximo preço ocorre para $t = 4$. ◄

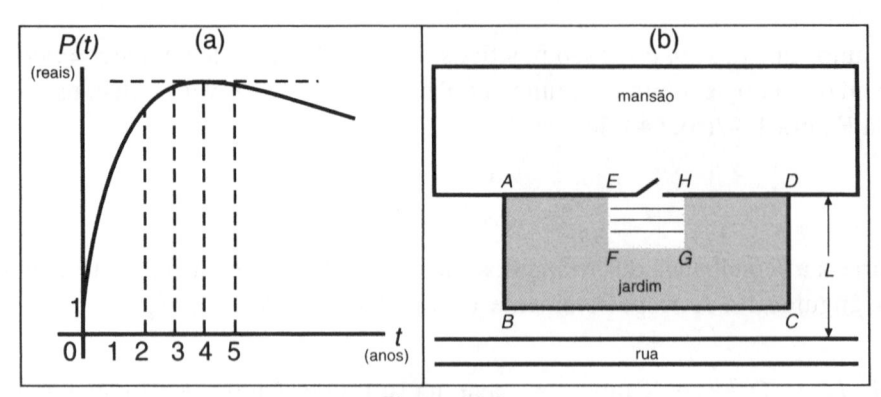

Figura 11-8

Exercício 11-6 Na planta mostrada na Figura 11-8(b), o jardim deve ser cercado em AB, BC e CD, com 32 metros de aramado. Sabendo que EF = 3 metros, FG = 4 metros, e que o jardim deve conter os degraus, dê suas dimensões para que sua área seja máxima, nos casos:

(a) L = 7 metros.   (b) L = 9 metros.

Exercício 11-7 Na casa do exercício anterior, suponha que L = 14 metros, e que o proprietário, para fazer desaforo à esposa, quer um jardim com mínima área. Dê as dimensões do jardim.

Exemplo 11-5 Na Figura 11-9 está esquematizado um circuito elétrico formado por um gerador de força eletromotriz E e resistência interna r_0 = 2 ohms, aos terminais do qual está ligado um resistor de resistência r.

(a) Determine a intensidade i da corrente elétrica que flui no circuito.
(b) Calcule a potência P fornecida ao resistor de resistência r.
(c) Supondo E = 40 volts, e r variável ($r \geq 0$), calcule o valor máximo de P.

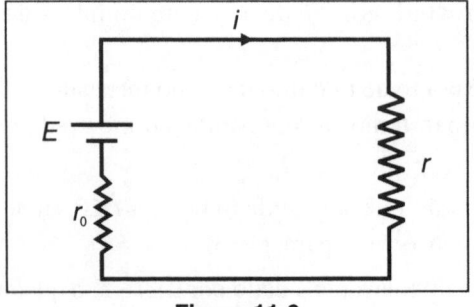

Figura 11-9

Resolução.

(a) A tensão em um resistor é o produto de sua resistência pela corrente que passa por ela (por definição de resistor). Portanto, a tensão no resistor é ri, e devido à resistência interna há uma queda de tensão de $r_0 i$. Por outra lei (da malha de Kirchhoff), a força eletromotriz E é igual à soma das referidas tensões

$$E = ri + r_0 i$$

de onde resulta

$$i = \frac{E}{r + r_0}$$ ◀

(b) A potência fornecida a um resistor é o produto da tensão entre seus terminais pela corrente que o atravessa. Assim, é igual a $ri.i$, ou seja, $P = ri^2$.

No nosso caso, usando a expressão anteriormente obtida, vem

$$P = E^2 \frac{r}{(r + r_0)^2}$$

(c) Fazendo $E = 40$ e $r_0 = 2$, obtemos

$$P = \frac{1600r}{(r+2)^2}$$

Assim, P é função de r. Indicando essa função ainda pela letra P, devemos achar seu máximo. Para isso, calculamos sua derivada, trabalho que deixamos para você verificar, obtendo

$$\frac{dP}{dt}(r) = \frac{1600(2 - r)}{(r+2)^3}$$

Como $r \geq 0$, vemos que o sinal dessa derivada é dado pelo sinal de $2 - r$. Assim,

- Se $0 < r < 2$, tem-se $dP/dr > 0$; logo, P é crescente no intervalo $0 \leq r \leq 2$.
- Se $r > 2$, tem-se $dP/dr < 0$; logo, P é decrescente no intervalo $r \geq 2$.

Portanto, $r = 2$ é ponto de máximo de P. O valor máximo de P é

$$P(2) = \frac{1600.2}{(2+2)^2} = 200 \text{ watts}$$ ◀

Exercício 11-8 No caso do exemplo acima:

(a) Represente o gráfico da função P.

(b) Suponha que $0 \le r \le 1/2$. Determine a mínima potência e a máxima potência que pode ser fornecida ao resistor.

(c) Repita o item (b), supondo $2 \le r \le 8$.

(d) Repita o item (b), supondo $1 \le r \le 8$.

Exemplo 11-6 A equação de demanda de um certo produto é $2p + x = 12$. Calcule a quantidade x com que o produtor deve trabalhar para que tenha lucro máximo, sabendo que o custo de produção é dado por $C(x) = x^3/3 - 3x^2 + 10x + 1$.

Resolução. A função lucro é dada por $L = R - C$, onde R é função receita (§5), a qual é dada por xp. Da equação de demanda obtemos $p = (12 - x)/2 = 6 - x/2$, de modo que $R(x) = x(6 - x/2) = 6x - x^2/2$. Portanto,

$$L(x) = 6x - \frac{x^2}{2} - (\frac{x^3}{3} - 3x^2 + 10x + 1) = -\frac{x^3}{3} + \frac{5}{2}x^2 - 4x - 1$$

Para achar o valor de x que maximiza L, calculamos $L'(x) = -x^2 + 5x - 4$, cujas raízes são 1 e 4, e cuja concavidade é para baixo. O gráfico dessa função está representado na Figura 11-10(a). Daí podemos concluir que:

- Se $0 < x < 1$, tem-se que dL/dx é negativa, logo L é decrescente em $[0,1]$.
- Se $1 < x < 4$, tem-se que dL/dx é positiva, logo L é crescente em $[1,4]$.
- Se $x > 4$, tem-se que dL/dx é negativa, logo L é decrescente em $[4, \infty[$.

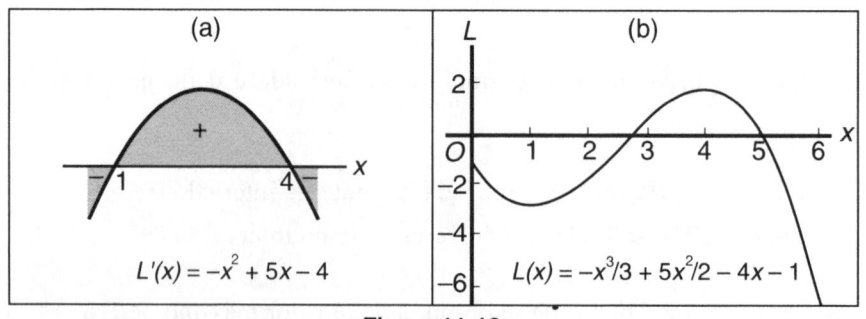

Figura 11-10

Para entender o comportamento de L, vamos representar seu gráfico, usando as informações obtidas e o seguinte quadro de valores:

x	0	1	4	6
$L(x)$	-1	$-2{,}83...$	$1{,}66...$	-7

O gráfico de L está representado na Figura 11-10(b), onde fica claro que $x = 4$ é o valor procurado que dá o máximo de L. ◄

Exercício 11-9 Para um certo produto são dados o custo médio $C_m(x) = 2x^2/3 - 6x + 20 + 6/x$, e a equação de demanda, $2p + 3x = 32$. Calcule a quantidade x para lucro máximo.

Respostas dos exercícios do §11

11-1 $x = 2{,}5$ m e $y = 5$ m.

11-2 $x = y = 2{,}5$ m.

11-3 $x = 1$ dm.

11-4 $x = 4$ m e $y = 16$ m.

11-5 $AP = 10$ m.

11-6 (a) $AB = 7$ m, $BC = 18$ m. (b) $AB = 8$ m, $BC = 16$ m.

11-7 $AB = 14$ m, $BC = 4$ m.

11-8 (a) Figura 11-11(a). (b) 0 e 128 watts.
(c) 128 e 200 watts. (d) 1600/9 e 200 watts.

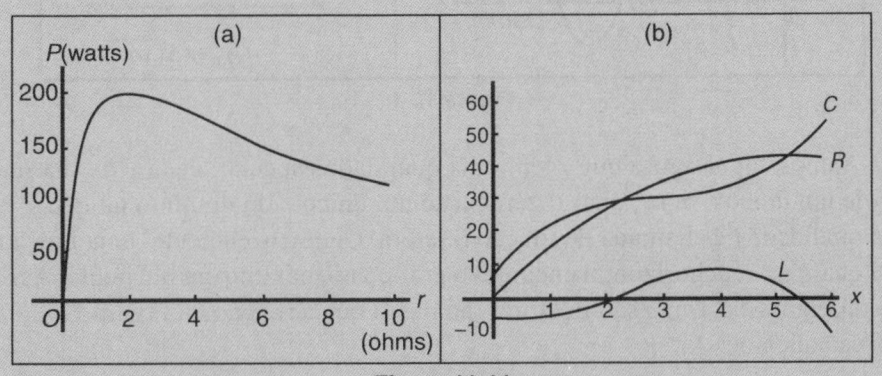

Figura 11-11

11-9 $x = 4$. Embora não tenha sido pedido, damos, na Figura 11-11(b), representações de L, R e C.

§12- FUNÇÃO INVERSA E SUA DERIVADA

(A) O conceito de função inversa

Para introduzir o conceito de função inversa convém primeiro definir o que se entende por imagem de uma função f. Indicaremos o domínio de f por $Domf$. A imagem de f, indicada por Imf, é o conjunto dos $f(x)$, para x percorrendo $Domf$, ou seja, é o conjunto dos elementos associados pela função f. Destaquemos:

A **imagem** da função f é o conjunto

$$Imf = \{f(x)|\ x \in Domf\}$$

Projetando o gráfico de f sobre Oy obtém-se a imagem de f (Figura 12-1(a)). Na Figura 12-1(b) está representado o gráfico da função f, de domínio $\mathbb{R}$, dada por $f(x) = x^2 + 1$. Vê-se claramente que a imagem dessa função é $\{y \in \mathbb{R} |\ y \geq 1\}$.

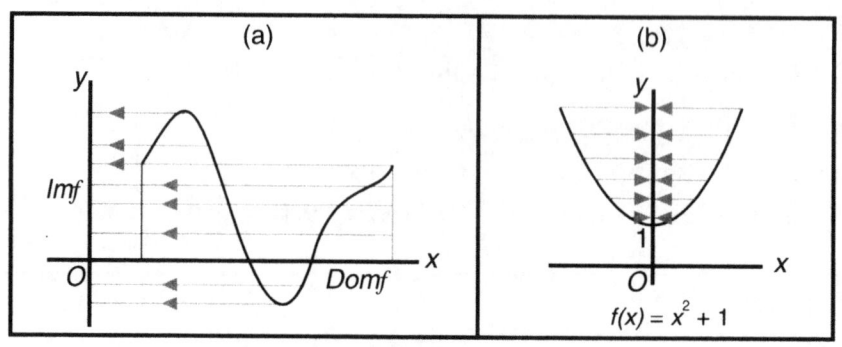

Figura 12-1

Vamos supor agora que f tem uma qualidade especial: cada y da sua imagem provém de um único x por f, quer dizer, existe um único x do domínio tal que $y = f(x)$. Por essa qualidade f é chamada de função injetora. Geometricamente, uma função é injetora se qualquer reta horizontal encontra o gráfico no máximo em um ponto. Assim, as funções da Figura 12-1 não são injetoras, ao passo que a função da Figura 12-2(a) é injetora. Destaquemos:

Uma função f é **injetora** se, para cada y de Imf, existe um único x de $Domf$ tal que $y = f(x)$.

Se f é injetora, podemos definir uma função, indicada por f^{-1}, do seguinte modo: se y está em Imf, f^{-1} leva y no único x de $Domf$ tal que $y = f(x)$, ou seja, $f^{-1}(y) = x$.

Fica claro da definição que $Domf^{-1} = Imf$ e $Imf^{-1} = Domf$. Na Figura 12-2(b) indicamos um esquema para entender o que foi dito, o qual esperamos que ajude.

Note que combinando $y = f(x)$ e $f^{-1}(y) = x$, obtemos $y = f(f^{-1}(y))$ e $f^{-1}(f(x)) = x$, o que torna sugestivo dizer: o que uma função faz, a outra desfaz.

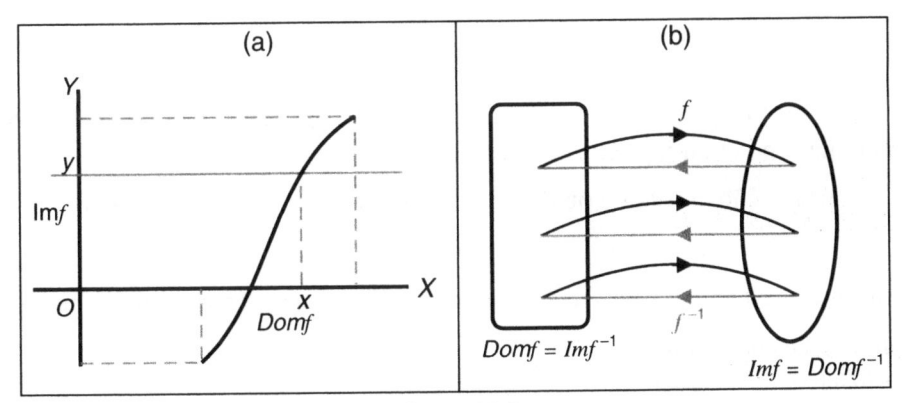

Figura 12-2

Em suma:

Se f é injetora, tem-se:

- $f^{-1}(y) = x$ se e somente se $y = f(x)$
- $Dom f^{-1} = Imf$ $Imf^{-1} = Domf$
- $f^{-1}(f(x)) = x$, $f(f^{-1}(y)) = y$ ($x \in Domf, y \in Imf$)

Exemplo 12-1 Existem casos em que podemos determinar a expressão da função inversa. Por exemplo, se $f(x) = x^2 + 1$, seu domínio sendo dado por $x \geq 0$, procedemos assim:

(I) Introduzimos a variável y: $y = x^2 + 1$.

(II) Tiramos o valor de x: $x^2 = y - 1$; logo, $x = \pm\sqrt{y-1}$. Como $x \geq 0$, então $x = \sqrt{y-1}$. Como $x = f^{-1}(y)$, resulta $f^{-1}(y) = \sqrt{y-1}$.

(III) Trocamos x por y, pois o costume é indicar a variável independente de uma função pela letra x. Assim,

$$f^{-1}(x) = \sqrt{x-1}.$$

◂

Observação. No processo acima, quando se consegue tirar x em função de y, já fica estabelecido que f é injetora. Se não houver a restrição $x \geq 0$, tem-se $x = \pm\sqrt{y-1}$, o que mostra que f não tem inversa.

Exercício 12-1 Dê a expressão de f^{-1}, quando existir, nos casos:

(a) $f(x) = 2x$.
(b) $f(x) = 2x - 1$.
(c) $f(x) = x^2$, $x \geq 0$.
(d) $f(x) = x^2$, $x < 0$.
(e) $f(x) = x^2 - 1$.
(f) $f(x) = 1/x$, $x > 0$.
(g) $f(x) = x$.
(h) $f(x) = x^3$.
(i) $f(x) = x/(1-x)$.
(j) $f(x) = \sqrt{1-x^2}$, $0 \leq x \leq 1$.
(l) $f(x) = \sqrt{1-x^2}$, $-1 \leq x \leq 0$.
(m) $f(x) = 1 + \sqrt{1-x^2}$, $-1 \leq x \leq 0$
(n) $f(x) = x^n$, $n > 1$ par, $x \leq 0$.
(o) $f(x) = x^n$, $x \geq 0$, $n > 1$ par.
(p) $f(x) = x^n$, $n > 1$ ímpar.

Se uma função é crescente, ou decrescente, qualquer reta horizontal corta o gráfico no máximo em um ponto. Assim,

{{ Uma função crescente ou decrescente é injetora (logo tem inversa)

Exercício 12-2 Na Figura 12-3(a) representa-se o gráfico de uma função f, de domínio [0,3].

(a) Justifique o fato dela ter inversa.
(b) Dê o domínio e a imagem de f^{-1}.
(c) Dê $f^{-1}(0)$, $f^{-1}(2)$, $f^{-1}(4)$, $f^{-1}(6)$, $f^{-1}(8)$.

Exercício 12-3 Na Figura 12-3(b), representa-se o gráfico de uma função f, de domínio [0,3].

(a) Dê o domínio e a imagem de f^{-1}.
(b) Dê $f^{-1}(0)$, $f^{-1}(5)$, $f^{-1}(8)$, $f^{-1}(9)$.

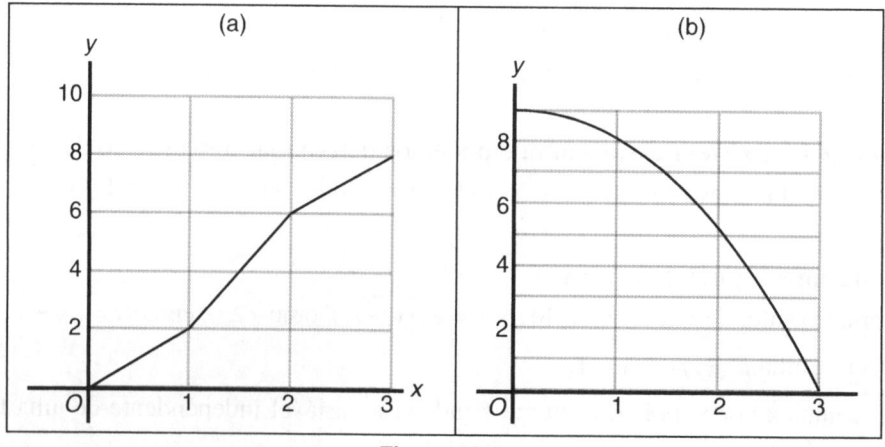

Figura 12-3

Exemplo 12-2 Considere $y = f(x) = x^5 + 2x^3 + 2x + 3$. Nesse caso, não é possível proceder como no exemplo anterior. No entanto, como $f'(x) = 5x^4 + 6x^2 + 2 > 0$ para todo x real, então f é crescente, logo é injetora, portanto tem inversa. Então, se $y = f(x)$, o fato de não ser possível exprimir x em função de y não impede que f possa ter inversa. ◀

Exercício 12-4 Mostre que f tem inversa, nos casos:

(a) $f(x) = 1 - x^{13} - x^{17} - 3x$.   (b) $f(x) = x^{19} + x^{15} + 5x^7 + 5x + 2$.   (c) $f(x) = 3x^9 + 6x^5 - 2$.
(d) $f(x) = x^3 - 3x + 1$, $x \geq 1$.   (e) $f(x) = \ln x + x^{10}$.   (f) $f(x) = -3x^7 - 4x^3 - x + 1$.
(g) $f(x) = 1/(x^2+1)$, $x \leq 0$.   (h) $f(x) = (x^3-2)/(x+2)$, $x \geq 0$.   (i) $f(x) = x^2/(x+1)$, $-2 \leq x < -1$.

Se f é injetora, ela tem inversa f^{-1}. Conforme vimos, o que uma faz, a outra desfaz. Isto nos leva a concluir que a inversa de f^{-1} é f, pois f desfaz o que f^{-1} faz. Ou seja,

$$(f^{-1})^{-1} = f$$

AVISO. Se $f(x) = 1 + x^2$, podemos considerar a função $\dfrac{1}{f}$, definida por $(\dfrac{1}{f})(x) = \dfrac{1}{f(x)} = \dfrac{1}{x^2+1}$. Como vimos, f não é injetora (Figura 12-1(b)); logo, não existe f^{-1}. Deu para perceber que $\dfrac{1}{f}$ e f^{-1} são coisas totalmente diferentes? Ressaltemos:

$$f^{-1} \text{ não é } \frac{1}{f}$$

(B) Gráfico

Considere um ponto (x, y) do gráfico de f, suposta injetora. Então $y = f(x)$. Isto equivale a $x = f^{-1}(y)$. Portanto, (y, x) é ponto do gráfico de f^{-1}. Ora, (x,y) e (y,x) são simétricos em relação à reta $y = x$, conforme ilustra a Figura 12-4(a) (na representação, devemos tomar escalas iguais nos dois eixos). Então, tomando o simétrico do gráfico de f em relação a essa reta, obteremos pontos do gráfico de f^{-1}. Na verdade, obteremos todos eles, pois f é a inversa de f^{-1}. A Figura 12-4(b) ilustra.

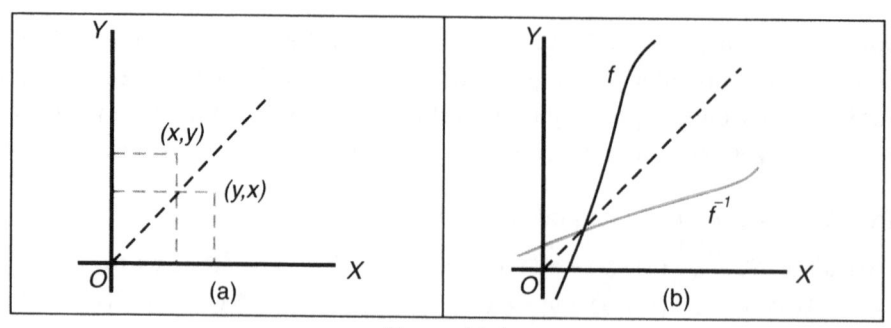

Figura 12-4

Exemplo 12-3 (a) Sendo $f(x) = (x + 1)/2$, obteremos, procedendo como no Exemplo 12-1 (tarefa que deixamos para você executar),

$$y = f^{-1}(x) = 2x - 1$$

Os gráficos de f e de f^{-1} estão representados na Figura 12-5(a).

(b) A função $y = f(x) = x^2$, $x \geq 0$, tem inversa, cuja expressão se obtém exprimindo x em termos de y : $x = \sqrt{y}$. Trocando x por y, temos $y = \sqrt{x}$, logo

$$y = f^{-1}(x) = \sqrt{x}$$

Os gráficos de f e de f^{-1} estão representados na Figura 12-5(b).

(c) A função $y = f(x) = x^3$ tem inversa, cuja expressão se obtém exprimindo x em termos de y : $x = \sqrt[3]{y}$. Trocando x por y, temos $y = \sqrt[3]{x}$, logo

$$y = f^{-1}(x) = \sqrt[3]{x}$$

Os gráficos de f e de f^{-1} estão representados na Figura 12-5(c) ◄

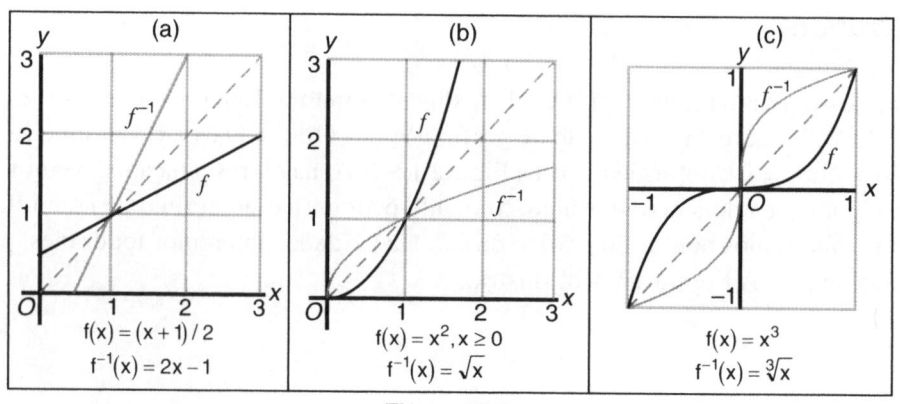

Figura 12-5

(C) Como derivar função inversa

Como de costume, obteremos, usando uma argumentação de caráter geométrico, a fórmula que dá a derivada de f^{-1} em termos da derivada de f. Na Figura 12-6(a) representamos o gráfico de uma função f com derivada positiva, cujo domínio é um intervalo, juntamente com a reta tangente t ao seu gráfico no ponto (x_0, y_0), onde $y_0 = f(x_0)$. O gráfico de f^{-1}, sendo simétrico em relação à reta $y = x$, tem reta tangente t^* ao seu gráfico no ponto (y_0, x_0). Claramente, t^* é simétrica em relação à reta $y = x$. Este é o ponto-chave, pois pela interpretação geométrica da derivada, temos

$f'(x_0)$ = inclinação da reta t $(f^{-1})'(y_0)$ = inclinação da reta t^* (♣)

Para relacionar as duas derivadas basta saber qual a relação entre as inclinações de retas simétricas em relação à reta $y = x$. Para isto, observe a Figura 12-6(b), onde se mostram dois pontos de t e seus simétricos com relação à reta $y = x$, que estão sobre t^*. Então

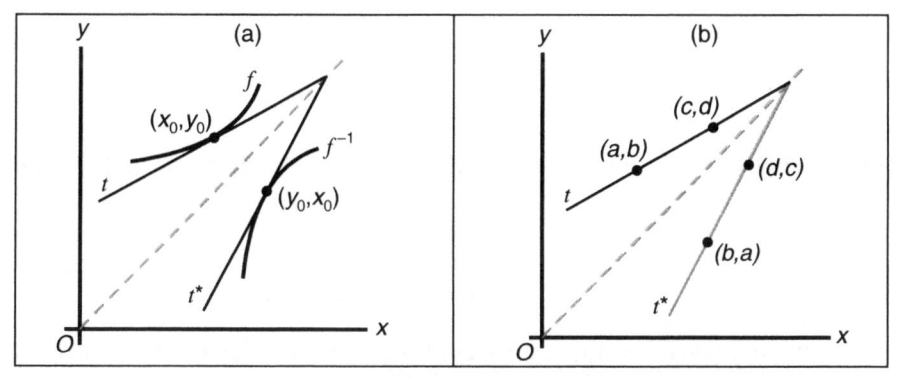

Figura 12-6

$(c,d) - (a,b) = (c - a, d - b)$ logo   (inclinação da reta) $t = \dfrac{d-b}{c-a}$

$(d,c) - (b,a) = (d - b, c - a)$ logo   (inclinação da reta t^*) $= \dfrac{c-a}{d-b}$

Portanto,

$$\text{inclinação da reta } t^* = \frac{1}{\text{inclinação da reta } t}$$

ou seja, lembrando (♣),

$$(f^{-1})'(y_0) = \frac{1}{f'(x_0)} \quad \text{onde } y_0 = f(x_0)$$

Esta argumentação torna plausível o seguinte resultado:

Teorema da derivada de função inversa. Se a função derivável f, tendo por domínio um intervalo, tem derivada sempre positiva ou sempre negativa, então f^{-1} é derivável e, sendo $y = f(x)$, tem-se

$$(f^{-1})'(y) = \frac{1}{f'(x)}$$

para todo x do domínio de f.

Exemplo 12-4 Sendo $f(x) = x^5 + 2x^3 + 2x + 3$, calcule

(a) $(f^{-1})'(8)$. \qquad (b) $(f^{-1})'(3)$.

Resolução. Temos

$$f'(x) = 5x^4 + 6x^2 + 2$$

que é sempre positivo, para todo x real. Sendo $y = 5x^4 + 6x^2 + 2$, temos, pela fórmula acima,

$$(f^{-1})'(y) = \frac{1}{f'(x)} = \frac{1}{5x^4 + 6x^2 + 2}$$

Se nos fosse possível exprimir x em função de y, teríamos $(f^{-1})'(y)$ em termos de y. Faríamos $y = 8$, e obteríamos a resposta de (a). Mas, infelizmente não é possível achar a expressão de y em termos de x (pois teríamos que resolver a equação $y = x^5 + 2x^3 + 2x + 3$). Mas ainda assim conseguiremos calcular as derivadas pedidas. De fato, a relação entre x e y é

$$y = x^5 + 2x^3 + 2x + 3$$

Fazendo $y = 8$, temos a equação

$$8 = x^5 + 2x^3 + 2x + 3$$

Fazendo um pequeno esforço, adivinhamos que $x = 1$. Substituindo na fórmula da derivada vem

$$(f^{-1})'(8) = \frac{1}{5.1^4 + 6.1^2 + 2} = \frac{1}{13}$$

◄

Para obter a derivada pedida no item (b), repetimos a história. Fazendo $y = 3$, temos a equação

$$3 = x^5 + 2x^3 + 2x + 3$$

da qual se infere, por adivinhação, que $x = 0$. Daí

$$(f^{-1})'(3) = \frac{1}{5.0^4 + 6.0^2 + 2} = \frac{1}{2}$$ ◀

Exercício 12-5 Calcule $(f^{-1})'(y_0)$, nos casos:

(a) $f(x) = x^5 + 2x^3 + x$, $y_0 = 4$.
(b) $f(x) = 2x^3 + 4x$, $y_0 = -6$.
(c) $f(x) = 1 - x - x^3$, $y_0 = 1$.
(d) $f(x) = -\ln x + 1/x$, $y_0 = 1$.
(e) $f(x) = (2x^2 - 8)/(x^2 - 16)$, $0 \le x < 4$, $y_0 = 0$.
(f) $f(x) = x(x-1)^3$, $x \le 1/4$, $y_0 = 8$.

Exemplo 12-5 Para $n > 1$ par, a função f dada por $f(x) = x^n$, $x \ge 0$, tem inversa dada por $f^{-1}(x) = \sqrt[n]{x}$ (Exercício 12-1(o)). Como $f'(x) = n x^{n-1}$, vamos nos restringir a $x > 0$ para aplicar o teorema da derivada de função inversa, pois, nesse caso, $f'(x) > 0$. Então, por esse teorema, podemos dizer que f^{-1}, a função raiz n-ésima, é derivável em todo número positivo. Agora usamos o fato de que o que uma faz a outra desfaz, $f(f^{-1}(x)) = x$:

$$(\sqrt[n]{x})^n = x$$

Derivando ambos os membros, e usando a regra da cadeia, vem

$$n (\sqrt[n]{x})^{n-1} (\sqrt[n]{x})' = 1$$

de onde resulta

$$(\sqrt[n]{x})' = \frac{1}{n(\sqrt[n]{x})^{n-1}} \qquad (x > 0, n > 1 \text{ par})$$ ◀

Observação. Escrevendo $\sqrt[n]{x} = x^{\frac{1}{n}}$ a fórmula obtida fica

$$(x^{\frac{1}{n}})' = \frac{1}{n} \cdot \frac{1}{(x^{\frac{1}{n}})^{n-1}} = \frac{1}{n} \cdot \frac{1}{x^{\frac{n-1}{n}}} = \frac{1}{n} \cdot \frac{1}{x^{1-\frac{1}{n}}} = \frac{1}{n} x^{\frac{1}{n}-1}$$

que segue o padrão $(x^r)' = rx^{r-1}$.

Exercício 12-6 Mostre que $(\sqrt[n]{x})' = \frac{1}{n(\sqrt[n]{x})^{n-1}} = \frac{1}{n} x^{\frac{1}{n}-1}$, para $x \ne 0$, $n > 1$ ímpar.

Exercício 12-7 A função logaritmo neperiano $y = \ln x$, $x > 0$, é crescente, pois tem derivada $1/x$, que é positiva. Portanto, a função logaritmo neperiano tem inversa, a qual é chamada de **função exponencial**, e indicada por *exp*. Calcule a derivada da função exponencial.

A fórmula da derivada de função inversa pode ser escrita na notação de Leibniz, quando fica com um aspecto interessante. Como seu uso é muito usado nas ciências, vamos apresentá-la. Sendo $y = f(x)$, a fórmula da derivada de função inversa se escreve, usando y como variável independente de f^{-1}, assim:

$$\frac{df^{-1}}{dy}(y) = \frac{1}{\frac{df}{dx}(x)}$$

Agora, cometeremos abusos de notação. Primeiramente, apagamos (y) e (x):

$$\frac{df^{-1}}{dy} = \frac{1}{\frac{df}{dx}}$$

Como $y = f(x)$ e $x = f^{-1}(y)$, escrevemos x em lugar de f^{-1} e, no segundo membro, y em lugar de f:

$$\frac{dx}{dy} = \frac{1}{\frac{dy}{dx}}$$

o que faz a fórmula particularmente fácil de memorizar, pois parece uma igualdade de frações. Vejamos como funciona através de um exemplo. Sendo $y = x^3$ então $x = \sqrt[3]{y}$. Temos

$$\frac{d\sqrt[3]{y}}{dy} = \frac{dx}{dy} = \frac{1}{\frac{dy}{dx}} = \frac{1}{3x^2} = \frac{1}{3(\sqrt[3]{y})^2}$$

Podemos, se quisermos, trocar y por x.

(D) Complemento

Podemos, com pouco esforço agora, demonstrar a fórmula

$$\frac{dx^r}{dx} = rx^{r-1} \qquad (r \text{ racional})$$

Suporemos $x \neq 0$ (se $x = 0$, as conclusões podem ser tiradas facilmente usando a definição de derivada). Seja $y = x^r$. Escrevendo $r = p/q$, $q > 0$, p e q inteiros, vem $y = x^{p/q}$. Então $y^q = x^p$. Derivando implicitamente (isto é permitido pois $x^{1/q}$ é derivável se $x \neq 0$, como vimos na seção anterior, logo $x^{p/q} = (x^{1/q})^p$ também é), obtemos

$$qy^{q-1} \frac{dy}{dx} = px^{p-1}$$

Como $y^{q-1} = y^q/y = x^p/x^{p/q}$, e $x^{p-1} = x^p/x$, a relação acima fica

$$q \frac{x^p}{x^{p/q}} \cdot \frac{dy}{dx} = p \frac{x^p}{x} \quad \therefore \quad \frac{dy}{dx} = \frac{p}{q} x^{\frac{p}{q}-1}$$

Respostas dos exercícios do §12

12-1 (a) $f^{-1}(x) = x/2$. (b) $f^{-1}(x) = (x+1)/2$. (c) $f^{-1}(x) = \sqrt{x}$.
(d) $f^{-1}(x) = -\sqrt{x}$. (e) não existe (f) $f^{-1}(x) = 1/x$
(g) $f^{-1}(x) = x$. (h) $f^{-1} = \sqrt[3]{x}$. (i) $f^{-1}(x) = x/(1+x)$.
(j) $f^{-1}(x) = \sqrt{1-x^2}$. (l) $f^{-1}(x) = -\sqrt{1-x^2}$. (m) $f^{-1}(x) = -\sqrt{2x-x^2}$.
(n) $f^{-1}(x) = -\sqrt[n]{x}$. (o) $f^{-1}(x) = \sqrt[n]{x}$. (p) $f^{-1}(x) = \sqrt[n]{x}$.

12-2 (a) É crescente, logo injetora. (b) Domínio de f^{-1} : [0,8], imagem de f^{-1} : [0,3].
(c) $f^{-1}(0) = 0; f^{-1}(2) = 1; f^{-1}(4) = 3/2; f^{-1}(6) = 2; f^{-1}(8) = 3$.

12-3 (a) Domínio de f^{-1} : [0,9]. Imagem de f^{-1} : [0,3].
(b) $f^{-1}(0) = 3; f^{-1}(5) = 2; f^{-1}(8) = 1; f^{-1}(9) = 0$.

12-5 (a) 1/12. (b) 1/10. (c) – 1. (d) – ½. (e) – 3/2. (f) – 1/20.

12-7 $(\exp x)' = \exp x$.

§13- LIMITES

AVISO. A noção de derivada usa a noção de limite. Portanto, do ponto de vista lógico, deveríamos ter introduzido limite antes de derivada. Isto não foi feito por uma questão meramente didática. Falaremos agora um pouco sobre limite, em nível intuitivo.

No que segue, usaremos a expressão "tender a" no sentido de "aproximar-se de".

(A) Conceito intuitivo de limite

Considere uma função f e um número x_0, que pode ou não pertencer ao domínio de f. Suponha que $f(x)$ tende a um número L se x tende a x_0, x mantendo-se no domínio, com $x \neq x_0$. Para exprimir esta circunstância, indica-se

$$\lim_{x \to x_0} f(x) = L \quad \text{ou então} \quad f(x) \to L \quad \text{se} \quad x \to x_0 \quad (\clubsuit)$$

(Lê-se, respectivamente: *o limite de $f(x)$, para x tendendo a x_0, é L e $f(x)$ tende a L se x tende a x_0.*) Neste caso se diz: **existe o limite de f para x tendendo a x_0**, ou que **existe o limite de f em x_0**.

A Figura 13-1 ilustra um caso em que ($\clubsuit$) ocorre. Para enfatizar que não importa o que sucede com a função em x_0, os casos (a) e (b) se referem a funções que diferem apenas nesse ponto. A do caso (a) nem está definida nesse ponto (a pequena circunferência envolvendo $P_0 = (x_0, f(x_0))$ indica que P_0 não pertence ao gráfico da função), ao passo que a do caso (b) inclui x_0 no seu domínio. Em ambos os casos, as funções têm mesmo limite L em x_0. Do ponto de vista geométrico, podemos imaginar uma animação da figura: quando x tende a x_0, mantendo-se $x \neq x_0$, o ponto $P = (x, f(x))$ escorrega sobre o gráfico, tendendo ao ponto $P_0 = (x_0, L)$.

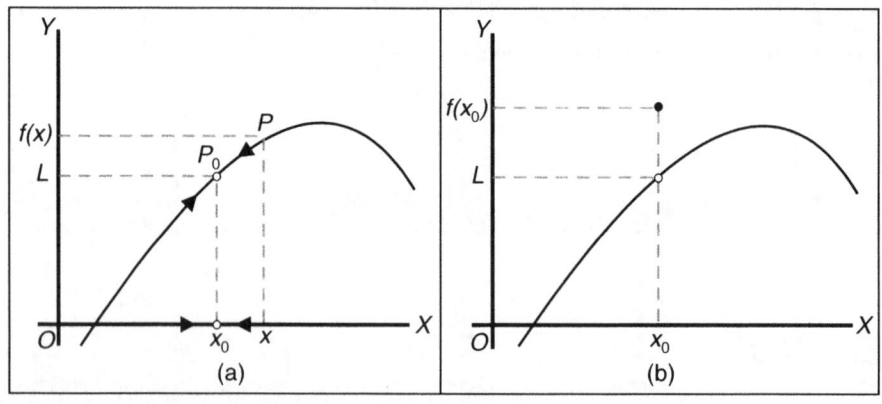

Figura 13-1

Suponha que, quando x **tende a x_0 pela esquerda**, isto é, por valores menores que x_0, $f(x)$ tende ao número L_1. Este fato é indicado por

$$\lim_{x \to x_0-} f(x) = L \quad \text{ou por} \quad f(x) \to L_1 \quad \text{se} \quad x \to x_0- \quad (\blacklozenge)$$

Suponha que, quando x **tende a x_0 pela direita,** isto é, por valores maiores que x_0, $f(x)$ tende ao número L_2. Este fato é indicado por

$$\lim_{x \to x_0+} f(x) = L_2 \quad \text{ou por} \quad f(x) \to L_2 \quad \text{se} \quad x \to x_0+ \qquad (\heartsuit)$$

Os números L_1 e L_2 são chamados respectivamente **de limite à esquerda de** f **em x_0** e **limite à direita de** f **em x_0**, e referidos coletivamente como **limites laterais de** f **em x_0**.

No caso da Figura 13-2(a), existem os dois limites laterais, porém, como eles são diferentes, não existe o limite da função em x_0. Já no caso da Figura 13-2(b), existe o limite à esquerda, porém não existe o limite à direita, pois quando x tende a x_0 pela direita, $f(x)$ oscila cada vez mais entre dois valores fixos, e por isso não se aproxima de nenhum número. Em casos como este, em que se pode considerar os dois limites laterais, a não existência de um deles acarreta não existência do limite.

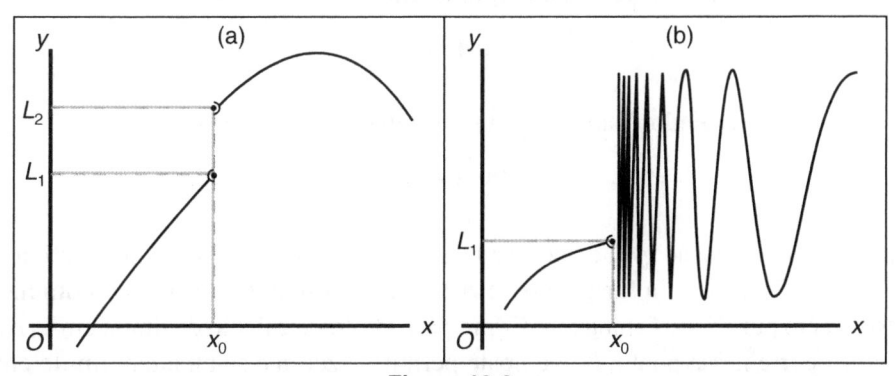

Figura 13-2

Observações.

(1) Quando se fala em limite de $f(x)$ para x tendendo a x_0, pressupõe-se que o domínio D da função contenha pontos arbitrariamente próximos de x_0 e distintos dele, para ter sentido considerar-se $f(x)$ para x tendendo a x_0. Um tal ponto tem o nome técnico de **ponto de acumulação** de D, nome sugestivo para dizer que os pontos de D "se acumulam nele". Se pontos de D se acumulam mantendo-se maiores que x_0, x_0 se diz ponto de **acumulação à esquerda** de D; analogamente se tem o conceito de **ponto de acumulação à direita** de D. E se eles se acumulam de ambos os lados de x_0, este ponto é chamado de **ponto de acumulação bilateral** de A. Quando falarmos em limite em um ponto, suporemos, sem mencionar explicitamente, que tal ponto é ponto de acumulação do domínio da função. No caso de limite lateral, a suposição será de que o ponto em questão é de acumulação à esquerda ou à direita, conforme o limite lateral for à esquerda ou à direita.

(2) Um ponto a ser esclarecido desde já pode ser entendido considerando $f(x) = \sqrt{x}$, cujo domínio é $[0,\infty[$. Se x tende a 0, mantendo-se nesse intervalo, é intuitivo que $\sqrt{x}$ tende a 0. Portanto, podemos escrever $\lim_{x \to 0} \sqrt{x} = 0$. Mas podemos também escrever, pela conceituação de limite à direita, $\lim_{x \to 0+} \sqrt{x} = 0$.

O seguinte resultado é intuitivo:

Se x_0 é ponto de acumulação bilateral do domínio de f, tem-se:

$$\lim_{x \to x_0} f(x) = L \text{ se e somente se } \lim_{x \to x_0-} f(x) = L \text{ e } \lim_{x \to x_0+} f(x) = L$$

Exemplo 13-1

(a) Na Figura 13-3(a) está representado o gráfico de uma função f constante, $f(x) = c$. Pelo modo geométrico com que foi introduzida a noção de limite, temos que $f(x)$ tende a c se x tende a x_0, fato que simbolizaremos do seguinte modo:

$$\lim_{x \to x_0} c = c \qquad \triangleleft$$

(b) Da mesma forma, sendo f dada por $f(x) = x$, temos (Figura 13-3(b)):

$$\lim_{x \to x_0} x = x_0 \qquad \triangleleft$$

(c) Consideremos a função g, dada por $g(x) = x$, para todo $x \neq x_0$, não estando definida para $x = x_0$ (Figura 13-3(c)), e f a função do item anterior, ou seja, $f(x) = x$, cujo domínio é $\mathbb{R}$. Portanto, exceto em x_0, g e f empatam. Como para efeito de cálculo de limite em x_0 não importa o que ocorre nesse ponto, este empate permite dizer que se uma tem limite em x_0, a outra terá o mesmo limite nesse ponto. Como $f(x) \to x_0$ se $x \to x_0$ conforme vimos em (b), resulta que

$$\lim_{x \to x_0} g(x) = x_0 \qquad \triangleleft$$

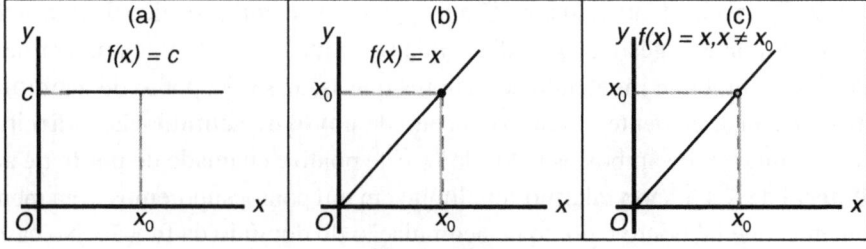

Figura 13-3

Exercício 13-1 Dê o limite da função em x_0, se existir, nos casos da Figura 13-4. Caso não exista, dê os limites laterais.

Exercício 13-2 Dê o limite da função f em $x_0 = 0$; caso não exista, dê os limites laterais.
(a) $f(x) = |x|$.
(b) $f(x) = x/|x|$.
(c) $f(x) = -|x|/x$.
(d) $f(x) = x$ se $x < 0$ e $f(x) = 0$ se $x > 0$.
(e) $f(x) = x + 1$ se $x < 0$ e $f(x) = 2x$ se $x > 0$.
(f) $f(x) = \sqrt{|x|}$.

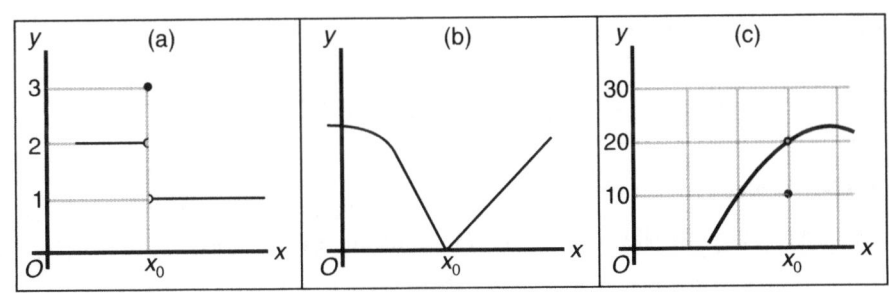

Figura 13-4

(B) Propriedades operatórias

As seguintes propriedades podem ser demonstradas:

Se $\lim_{x \to x_0} f(x) = L$ e $\lim_{x \to x_0} g(x) = M$, então

(L_1) $\lim_{x \to x_0} (f \pm g)(x) = L \pm M$ (L_3) $\lim_{x \to x_0} (fg)(x) = LM$

(L_2) $\lim_{x \to x_0} (cf)(x) = cL$ (c constante)   (L_4) $\lim_{x \to x_0} \left(\frac{f}{g}\right)(x) = \frac{L}{M}$ ($M \neq 0$)

Usando (L_3) podemos efetuar o seguinte cálculo, sendo n inteiro positivo:
$$\lim_{x \to x_0} x^n = \lim_{x \to x_0} (x.x. \ldots .x) = (\lim_{x \to x_0} x)(\lim_{x \to x_0} x) \ldots (\lim_{x \to x_0} x) = x_0.x_0. \ldots .x_0 = x_0^n$$
onde usamos o Exemplo 13-1(b). Portanto, se c é uma constante (isto é, um número real) temos, usando (L_2),
$$\lim_{x \to x_0} (c x^n) = c \lim_{x \to x_0} x^n = c x_0^n$$

Com isto, podemos calcular o limite, para x tendendo a x_0, de um polinômio. Por exemplo,
$$\lim_{x \to x_0}(2x^4 + x - 3) = \lim_{x \to x_0}(2x^4) + \lim_{x \to x_0} x - \lim_{x \to x_0} 3 = 2x_0^4 + x_0 - 3$$

Em geral, temos o seguinte resultado:

Se p é um polinômio, o limite de $p(x)$ para x tendendo a x_0 se obtém substituindo x por x_0 na expressão de $p(x)$, isto é,

$$\lim_{x \to x_0} p(x) = p(x_0)$$

Exemplo 13-2 Calcule $\lim_{x \to 2} (-2x^3 + 3x^2 + 2)$.

Resolução. Temos imediatamente

$$\lim_{x \to 2} (-2x^3 + 3x^2 + 2) = -2 \cdot 2^3 + 3 \cdot 2^2 + 2 = -2 \quad \triangleleft$$

Exercício 13-3 Calcule:

(a) $\lim_{x \to 1} (2x^3 - 4x + 1)$. (b) $\lim_{x \to 0} (4x^5 - 5x - 2)$. (c) $\lim_{x \to -1} (4x^2 - x + 1)$.

No caso de uma função racional (quociente de dois polinômios), o limite para x tendendo a x_0 se obtém imediatamente se este número não anula o denominador, pois, nesse caso, podemos usar (L_4): sendo $r = p/q$, p e q polinômios, com $q(x_0) \neq 0$, temos

$$\lim_{x \to x_0} r(x) = \lim_{x \to x_0} \frac{p(x)}{q(x)} = \frac{\lim_{x \to x_0} p(x)}{\lim_{x \to x_0} q(x)} = \frac{p(x_0)}{q(x_0)} = r(x_0)$$

Assim,

Se x_0 não anula o denominador da função racional r, ou seja, se x_0 está no domínio de r, então o limite de $r(x)$ para x tendendo a x_0 se obtém substituindo x por x_0 na expressão de $r(x)$, isto é,

$$\lim_{x \to x_0} r(x) = r(x_0)$$

Exemplo 13-3 Calcule $\lim_{x \to -2} \dfrac{8 - 2x + x^2}{1 - x^3}$.

Resolução. Temos imediatamente

$$\lim_{x \to -2} \frac{8 - 2x + x^2}{1 - x^3} = \frac{8 - 2(-2) + (-2)^2}{1 - (-2)^3} = \frac{16}{9} \quad \triangleleft$$

Exercício 13-4 Calcule:

(a) $\lim\limits_{x \to 2} \dfrac{x-4}{x+2}$.

(b) $\lim\limits_{x \to 1} \dfrac{x^3 - 2}{2x^2}$.

(c) $\lim\limits_{x \to 0} \dfrac{x^2 - 4}{x - 2}$.

(d) $\lim\limits_{x \to -1} \dfrac{4x^2 - x + 1}{x^3 - 1}$.

(e) $\lim\limits_{x \to 3} \dfrac{x^3 - 3x - 18}{x - 4}$.

(f) $\lim\limits_{x \to 4} \dfrac{16 - x}{4 + x^2}$.

Exemplo 13-4 Calcule $\lim\limits_{x \to 1} \dfrac{2x^2 - 6x + 4}{x^2 - 1}$.

Resolução. Se substituirmos x por 1 no denominador, veremos que ele se anula; logo, não podemos usar (L_4). Mas o numerador também se anula para esse valor de x. Portanto, ambos contêm o fator $x - 1$. Se $f(x) = ax^2 + bx + c$, $a \neq 0$, e x_1 e x_2 são raízes de f, então $f(x) = a(x - x_1)(x - x_2)$. Usando isto, temos

$$2x^2 - 6x + 4 = 2(x - 1)(x - 2) \qquad \text{e} \qquad x^2 - 1 = (x - 1)(x + 1)$$

logo

$$\dfrac{2x^2 - 6x + 4}{x^2 - 1} = \dfrac{2(x-1)(x-2)}{(x-1)(x+1)} = \dfrac{2(x-2)}{x+1} \qquad (\bigstar)$$

e daí

$$\lim\limits_{x \to 1} \dfrac{2x^2 - 6x + 4}{x^2 - 1} = \lim\limits_{x \to 1} \dfrac{2(x-2)}{x+1} = \dfrac{2(1-2)}{1+1} = -1 \qquad \blacktriangleleft$$

Observação. A seguinte objeção pode ser levantada com relação à resolução anterior. A igualdade ($\bigstar$) é válida se $x \neq \pm 1$. No entanto, ao calcularmos o limite, fizemos $x = 1$. Como se explica isto?

Um exame mais cuidadoso revela a resposta. Sendo

$$f(x) = \dfrac{2x^2 - 6x + 4}{x^2 - 1} \ (x \neq \pm 1) \qquad \text{e} \qquad g(x) = \dfrac{2(x-2)}{x+1} \ (x \text{ real qualquer})$$

então f e g coincidem nos pontos distintos de 1 e -1. A observação crucial é que, para efeito de cálculo do limite para x tendendo a 1, não importa o que acontece em $x = 1$, e como elas empatam para todo x próximo de 1, $x \neq 1$, tem-se

$$\lim\limits_{x \to 1} f(x) = \lim\limits_{x \to 1} g(x)$$

(questão análoga foi considerada no Exemplo 13-1(c)). Ora, o limite do segundo membro se calcula substituindo x por 1, conforme já aprendemos, e assim,

$$\lim_{x \to 1} \frac{2x^2 - 6x + 4}{x^2 - 1} = \lim_{x \to 1} f(x) = \lim_{x \to 1} g(x) = g(1) = \frac{2(1-2)}{1+1} = -1$$

Na prática, você deve proceder como na resolução do exemplo anterior, a menos que lhe peçam justificativa.

Exercício 13-5 Calcule:

(a) $\lim_{x \to 0} \dfrac{x^2 + x}{x}$.

(b) $\lim_{x \to 0} \dfrac{x^3 - x}{x}$.

(c) $\lim_{x \to 1} \dfrac{2x^2 - 3x + 1}{x - 1}$.

(d) $\lim_{x \to 1} \dfrac{x^2 - 3x + 2}{2(x-1)}$.

(E) $\lim_{x \to -1} \dfrac{x^2 - 1}{3x^2 - 3x - 6}$.

(f) $\lim_{x \to 1/2} \dfrac{4x^3 - 3x + 1}{4x^3 - 4x^2 + x}$.

(C) Limites infinitos

Vimos, na seção anterior, que para calcular o limite de $f(x)/g(x)$ para x tendendo a x_0, se $g(x_0) \neq 0$ basta substituir x por x_0, ou seja, o limite vale $f(x_0)/g(x_0)$. O caso $g(x_0) = 0$ também ocorreu, mas com $f(x_0) = 0$. Agora vamos ver o caso em que $g(x_0) = 0$ e $f(x_0) \neq 0$, ou seja, temos o anulamento do denominador e não temos o anulamento do numerador.

Exemplo 13-5

(a) Considere $h(x) = 1/(x-1)^2$, $x \neq 1$, o gráfico de h sendo representado na Figura 13-5(a). Se x tende a 1 pela esquerda, $h(x)$ se torna arbitrariamente grande. Se x tende a 1 pela direita, $h(x)$ se torna arbitrariamente grande. Estes fatos são indicados respectivamente por:

$$\lim_{x \to 1^-} \frac{1}{(x-1)^2} = \infty \quad \text{e} \quad \lim_{x \to 1^+} \frac{1}{(x-1)^2} = \infty$$

Neste caso, como o comportamento é o mesmo para x tendendo a 1 pela esquerda e pela direita, escrevemos

$$\lim_{x \to 1} \frac{1}{(x-1)} = \infty$$

(b) Considere $h(x) = -1/x^2$, $x \neq 0$, o gráfico de h sendo representado na Figura 13-5(b).

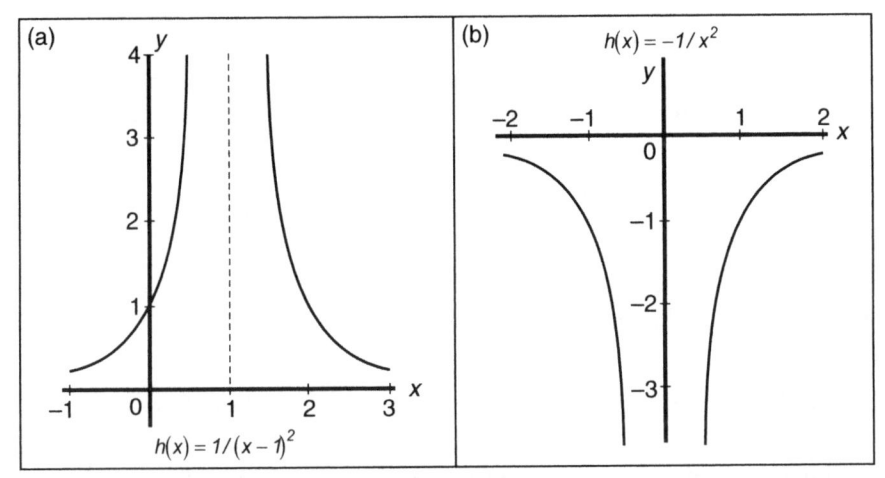

Figura 13-5

Neste caso os seguintes símbolos são usados para indicar o comportamento da função:

$$\lim_{x \to 0-} (-\frac{1}{x^2}) = -\infty \quad \text{e} \quad \lim_{x \to 0+} (-\frac{1}{x^2}) = -\infty$$

no sentido de que se x tende a 0 pela esquerda ou pela direita, $-h(x) = 1/x^2$ se torna arbitrariamente grande. Como o comportamento é o mesmo para x tendendo a 0 pela esquerda e pela direita, escrevemos

$$\lim_{x \to 0} (-\frac{1}{x^2}) = -\infty$$

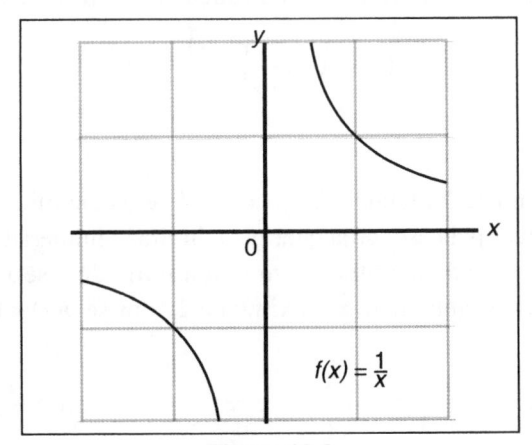

Figura 13-6

Exemplo 13-6 Considere $h(x) = 1/x$, $x \neq 0$, o gráfico de h sendo representado na Figura 13-6. Neste caso o comportamento da função não é o mesmo se x tende a 0 pela esquerda e pela direita. Os símbolos a seguir, cujo significado esperamos que seja evidente para você, indicam isto:

$$\lim_{x \to 0-} \frac{1}{x} = -\infty \qquad \text{e} \qquad \lim_{x \to 0+} \frac{1}{x} = \infty$$

As situações que podem ocorrer quanto ao comportamento de $h(x) = f(x)/g(x)$ em um ponto x_0 que anula o denominador e não anula o numerador são as indicadas pelos símbolos:

$$\lim_{x \to x_0-} h(x) = -\infty \qquad \lim_{x \to x_0+} h(x) = -\infty \qquad \lim_{x \to x_0} h(x) = -\infty$$

$$\lim_{x \to x_0-} h(x) = \infty \qquad \lim_{x \to x_0+} h(x) = \infty \qquad \lim_{x \to x_0} h(x) = \infty$$

sendo que, em cada linha, os dois primeiros equivalem ao terceiro.

Para decidir a situação, não é necessário representar gráfico. Estuda-se o sinal de h para x próximo de x_0, lateralmente se necessário. Se este sinal for positivo, o limite é ∞, se negativo é $-\infty$.

Observações.

(1) Nas situações acima, x_0 é ponto de acumulação adequado do domínio de h.
(2) Em nenhum caso relatado por um dos símbolos acima o limite existe. Lembre-se de que para dizer que existe, o limite deve ser um número!

Exemplo 13-7 Estude o comportamento da função h em torno de $x_0 = 2$, nos casos

(a) $h(x) = \dfrac{x^3 - 1}{x^2 - 4}$. (b) $h(x) = \dfrac{x^3 - 1}{(x^2 - 4)^6}$.

Resolução.

(a) Se x tende a 2, o numerador tende a $2^3 - 1 = 7 \neq 0$, e o denominador tende a $2^2 - 4 = 0$. Para x próximo de 2, quer pela esquerda quer pela direita, o numerador se mantém positivo (próximo de 7), mas isto não acontece com o denominador: se $x < 2$ ele é negativo, e se $x > 2$ ele é positivo. Portanto, para x próximo de 2, tem-se $h(x) < 0$ se $x < 2$ e $h(x) > 0$ se $x > 2$; logo,

$$\lim_{x \to 2-} \frac{x^3 - 1}{x^2 - 4} = -\infty \qquad \text{e} \qquad \lim_{x \to 2+} \frac{x^3 - 1}{x^2 - 4} = \infty$$

(b) Como no item (a), o numerador se mantém positivo para x próximo de 2. Agora, o denominador também se mantém positivo, já que é uma potência par. Portanto, o sinal da função h é positivo para x próximo de 2 quer pela esquerda quer pela direita; logo,

$$\lim_{x \to 2} \frac{x^3 - 1}{x^2 - 4} = \infty$$

◄

Exercício 13-6 Estude o comportamento da função h em torno de x_0, nos casos:

(a) $h(x) = (2x^2 - 3)/(x^2 - 1)$, $x_0 = 1$.   (b) $h(x) = (2x^2 - 3)/(x^2 - 1)$, $x_0 = -1$.
(c) $h(x) = (x^3 + 1)/(x^2 - 4)$, $x_0 = 2$.   (d) $h(x) = (x^3 + 1)/(x^2 - 4)$, $x_0 = -2$.
(e) $h(x) = (x^3 + 1)/(x^2 - 4)^8$, $x_0 = 2$.   (f) $h(x) = (x^3 + 1)/(x^2 - 4)^7$, $x_0 = 2$.
(g) $h(x) = (x^2 + x + 1)/(1 - x^3)$, $x_0 = 1$.   (h) $h(x) = (3x^4 - 1)/(x^2 - 3x + 2)^5$, $x_0 = 1$.
(i) $h(x) = (x + 1)/(x - 1)$, $x_0 = 1$.   (j) $h(x) = (1 - x^2)/(x - 2)$, $x_0 = 2$.
(l) $h(x) = (x^7 + 1)/(x^2 - 1)$, $x_0 = 1$.   (m) $h(x) = (x^7 + 1)/(x - 1)^2$, $x_0 = 1$.
(n) $h(x) = x/(x + 1)^4$, $x_0 = -1$.   (o) $h(x) = (x^2 - 4)/(x^2 - 4x + 4)$, $x_0 = 2$.

Exercício 13-7 Verdadeiro ou falso? (Nos itens (d)-(g) espera-se um raciocínio intuitivo.)

(a) Se $\lim_{x \to x_0} f(x) = \infty$, então existe o limite de $f(x)$ para x tendendo a x_0.
(b) ∞ é um número real, maior que todos os números reais.
(c) ∞ e $-\infty$ são dois números reais distintos.
(d) Se $\lim_{x \to x_0} f(x) = \infty$, então $\lim_{x \to 0}(-f(x)) = -\infty$.
(e) Se $\lim_{x \to x_0} f(x) = 0$, então $\lim_{x \to x_0} \frac{1}{f(x)} = \infty$.
(f) Se $\lim_{x \to x_0} f(x) = 0$, e $f(x) > 0$ para todo x próximo de x_0, então $\lim_{x \to x_0} \frac{1}{f(x)} = \infty$.
(g) Se $\lim_{x \to x_0^-} f(x) = -\infty$ e $\lim_{x \to x_0^+} f(x) = \infty$, então $\lim_{x \to x_0} f^2(x) = \infty$.

(D) Formulação equivalente

Escrevendo $\Delta x = x - x_0$, vemos duas coisas:

- $x \to x_0$ equivale a $\Delta x \to 0$ e   • $x = x_0 + \Delta x$

o que torna plausível o seguinte:

$$\lim_{x \to x_0} f(x) = L \quad \text{significa o mesmo que} \quad \lim_{\Delta x \to 0} f(x_0 + \Delta x) = L$$

(tudo se passa como se, no primeiro símbolo, $x \to x_0$ fosse substituído por $\Delta x \to 0$ e x por $x_0 + \Delta x$). Aqui L pode ser um número ou ∞ ou $-\infty$.

Por esse mesmo argumento,

$$\frac{df}{dx}(x_0) = \lim_{\Delta x \to 0} \frac{f(x_0 + \Delta x) - f(x_0)}{\Delta x} = \lim_{x \to x_0} \frac{f(x) - f(x_0)}{x - x_0}$$

(E) Limites no infinito

Motivação

- Em uma economia imaginária, um indivíduo paga juros que variam com o tempo, de acordo com a fórmula $j(t) = 0{,}003t^3 - 2t + 4$ válida a partir de um certo instante. O que vai suceder a longo prazo? Bem, para resolver esta questão, vamos ver o que sucede quando o tempo t "aumenta indefinidamente", isto é, torna-se arbitrariamente grande, ou, usando um jargão da matemática, quando t tende a infinito, o que simbolicamente se indica por $t \to \infty$.

- Um indivíduo aplica um capital de C dólares em um banco, que oferece uma taxa de 6% ao ano. Ao final do ano, o capital fica $C + C \cdot 0{,}06 = C(1 + 0{,}06)$ ($=1{,}06C$). O banco resolveu compor os juros semestralmente, ou seja, em dois períodos de igual duração. Em cada período ele adota como taxa de juros $0{,}06/2$. Então, ao fim do primeiro semestre, o capital será de $C + C \cdot (0{,}06/2) = C(1 + 0{,}06/2)$. Partindo deste capital, ao fim do segundo semestre o capital será de $C(1 + 0{,}06/2) + C(1 + 0{,}06/2) \cdot 0{,}06/2 = C(1 + 0{,}06/2)(1 + 0{,}06/2) = C(1 + 0{,}06/2)^2$ ($=1{,}0609C$). Vê-se que o capital, após um ano, é maior do que o obtido anteriormente. Pode-se provar que é melhor para o depositário aumentar o número de períodos para compor os juros. Não é difícil de ver que, se tivermos n períodos, o capital ao final de um ano será $C(1 + 0{,}06/n)^n$. O banco, para seduzir clientes, pode dizer que vai compor continuamente os juros, ou seja, vai fazer n tender a infinito. Nesse caso, qual o capital ao fim de uma ano? Sendo B este capital, indica-se

$$B = \lim_{n \to \infty} C \left(1 + \frac{0{,}06}{n}\right)^n$$

Exemplo 13-8 Seja $f(x) = 1/x^3$.

- Vejamos o que acontece quando x cresce arbitrariamente (além de qualquer número positivo), o que simbolicamente se indica por $x \to \infty$. Nesse caso x^3 também cresce arbitrariamente; logo, $1/x^3$ se aproxima de 0. (Se você não entendeu esta última afirmação, veja: $f(10) = 1/10^3 = 0{,}001$; $f(100) = = 1/100^3 = 0{,}000001$; etc.)

Indica-se

$$\lim_{x\to\infty}\frac{1}{x^3}=0$$ ◀

- Vejamos o que acontece se $x \to -\infty$, símbolo para dizer que x torna-se arbitrariamente negativo (aquém de qualquer número negativo). Novamente, $1/x^3$ se aproxima de 0. Os cálculos seguintes ajudam a compreender isto:

$$f(-10) = -1/10^3 = -0{,}001;\, f(-100) = -1/100^3 = -0{,}000001;\text{ etc.}$$

Indica-se

$$\lim_{x\to-\infty}\frac{1}{x^3}=0$$ ◀

Observação. Quando, para $x \to \infty$ e $x \to -\infty$ obtemos a mesma coisa, costuma-se abreviar usando $x \to \pm\infty$. Assim, os resultados acima podem ser condensados em uma única indicação, a saber

$$\lim_{x\to\pm\infty}\frac{1}{x^3}=0$$

Em geral:

(a) Sendo n um inteiro positivo, tem-se

(1) $\lim\limits_{x\to\pm\infty}\dfrac{1}{x^n}=0$ (2) $\lim\limits_{x\to\infty} x^n = \infty$ (3) $\lim\limits_{x\to-\infty} x^n = \begin{cases} \infty & n \text{ par} \\ -\infty & n \text{ ímpar} \end{cases}$

(b) Seja c um real. Em (1) podemos substituir $1/x^n$ por c/x^n. Em (2) e (3) podemos substituir x^n por cx^n se $c > 0$, mas se $c < 0$, ∞ e $-\infty$ devem ser permutados.

Exemplo 13-9 Os resultados a seguir estão baseados nos anteriormente destacados.

$\lim\limits_{x\to\infty} x^3 = \infty$ $\lim\limits_{x\to\infty} 9x^6 = \infty$ $\lim\limits_{x\to\infty}(-4x^3) = -\infty$ $\lim\limits_{x\to\infty}(-6x^6) = -\infty$

$\lim\limits_{x\to-\infty} x^3 = -\infty$ $\lim\limits_{x\to-\infty} 9x^6 = \infty$ $\lim\limits_{x\to-\infty}(-4x^3) = \infty$ $\lim\limits_{x\to-\infty}(-6x^6) = -\infty$

Para estudar o comportamento de uma função polinomial e de uma função racional quando $x \to \infty$ ou $x \to -\infty$, usamos o seguinte:

$$\lim_{x \to \pm\infty} (a_n x^n + a_{n-1} x^{n-1} + \ldots + a_0) = \lim_{x \to \pm\infty} a_n x^n \quad (a_n \neq 0)$$

$$\lim_{x \to \pm\infty} \frac{a_m x^m + a_{m-1} x^{m-1} + \ldots + a_0}{b_n x^n + b_{n-1} x^{n-1} + \ldots + b_0} = \lim_{x \to \pm\infty} \frac{a_m x^m}{b_n x^n} \quad (a_m \neq 0, b_n \neq 0)$$

Para entender o primeiro resultado, colocamos $a_n x^n$ em evidência:

$$a_n x^n + a_{n-1} x^{n-1} + \ldots + a_0 = a_n x^n \left(1 + \frac{a_{n-1}}{a_n x} + \ldots + \frac{a_0}{a_n x^n}\right)$$

Note que se $x \to \infty$ ou $x \to -\infty$ cada parcela do termo entre parênteses, exceto 1, tende a 0; logo, o termo entre parênteses tende a 1. Assim, quem decide é $a_n x^n$.

No caso do segundo resultado, fazemos o mesmo no numerador e no denominador:

$$\frac{a_m x^m + a_{m-1} x^{m-1} + \ldots + a_0}{b_n x^n + b_{n-1} x^{n-1} + \ldots + b_0} = \frac{a_m x^m \left(1 + \frac{a_{m-1}}{a_m x} + \ldots + \frac{a_0}{a_m x^m}\right)}{b_n x^n \left(1 + \frac{b_{n-1}}{b_n x} + \ldots + \frac{b_0}{b_n x^n}\right)}$$

Note que se $x \to \infty$ ou $x \to -\infty$, cada um dos termos entre parênteses tende a 1, de modo que quem decide é $a_m x^m / b_n x^n$.

Exemplo 13-10

(a) $\lim_{x \to -\infty} (3x^5 - 2x^4 + 3) = \lim_{t \to -\infty} 3x^5 = -\infty$.

(b) $\lim_{t \to -\infty} (3 - t + 4t^4) = \lim_{t \to -\infty} 4t^4 = \infty$.

(c) $\lim_{x \to \infty} (6x^3 - 3x^2 + 1) = \lim_{x \to \infty} 6x^3 = \infty$.

(d) $\lim_{x \to \infty} (2 - x^{30} + x^{60} - 56x^{75}) = \lim_{x \to \infty} (-56x^{75}) = -\infty$.

(e) $\lim_{x \to -\infty} \frac{8x^9 + 3x^4 - 4}{7x^6 - x + 12} = \lim_{x \to -\infty} \frac{8x^9}{7x^6} = \lim_{x \to -\infty} \frac{8x^3}{7} = -\infty$.

(f) $\lim_{x \to \infty} \frac{8x^9 + 3x^4 - 4}{7x^6 - x + 12} = \lim_{x \to \infty} \frac{8x^9}{7x^6} = \lim_{x \to \infty} \frac{8x^3}{7} = \infty$.

(g) $\lim_{u \to -\infty} \frac{12u^5 + 4u^3 - 1}{3u^5 + 1} = \lim_{u \to -\infty} \frac{12u^5}{3u^5} = \lim_{u \to -\infty} 4 = 4$.

(h) $\lim_{x \to \infty} \frac{1 - 3x^4 + x^5}{x^7 - 3x^3 + 1} = \lim_{x \to \infty} \frac{x^5}{x^7} = \lim_{x \to \infty} \frac{1}{x^2} = 0$.

Exercício 13-8 Calcule:

(a) $\lim\limits_{x \to -\infty} (2x^5 - 2x^4 + x - 1)$.

(b) $\lim\limits_{x \to -\infty} (3 - 7x + 4x^6)$.

(c) $\lim\limits_{x \to -\infty} (2 - x - x^5)$.

(d) $\lim\limits_{x \to \infty} (x^3 - 3x^2)$.

(e) $\lim\limits_{x \to \infty} (-4x^{12} - 4x + 5)$.

(f) $\lim\limits_{x \to \infty} (9x - x^3 + 3x^{10})$.

(g) $\lim\limits_{x \to -\infty} (-7x^{13} - 4x + 1)$.

(h) $\lim\limits_{x \to \infty} (1 - 2x)$.

(I) $\lim\limits_{x \to -\infty} (1 - 2x)$.

(j) $\lim\limits_{x \to -\infty} \dfrac{6x^5 + x - 1}{2x^4 - 3x + 5}$.

(l) $\lim\limits_{x \to \infty} \dfrac{6x^5 + x - 1}{2x^4 - 3x + 5}$.

(m) $\lim\limits_{t \to -\infty} \dfrac{t - 16t^5}{21t^3 - 3t + 5}$.

(n) $\lim\limits_{u \to -\infty} \dfrac{12u^6 + 34u^3 - 1}{-3u^3 + 1}$.

(o) $\lim\limits_{u \to -\infty} \dfrac{12u^6 + 34u^3 - 1}{1 - u^6 + u}$.

(p) $\lim\limits_{x \to -\infty} \dfrac{26x^5 + x}{2x^8 - 3x + 5}$.

Registraremos também os seguintes fatos, que devem parecer intuitivos para você (por exemplo, se x aumenta arbitrariamente, o mesmo sucede com $\sqrt{x}$, com $\sqrt[3]{x}$, etc.; logo, $\lim\limits_{x \to \infty} \sqrt[n]{x} = \infty$):

- $\lim\limits_{x \to \infty} \sqrt[n]{x} = \infty$
- $\lim\limits_{x \to -\infty} \sqrt[n]{x} = -\infty$ (n ímpar)

Para tornar compreensível o resultado que vamos enunciar vejamos um exemplo. Suponha que queremos calcular $\lim\limits_{x \to 0^+} \sqrt[3]{\dfrac{1+x}{x^3}}$. Para isso, fazemos a substituição $u = \dfrac{1+x}{x^3}$, e notamos que se $x \to 0+$ temos $u \to \infty$ (isto você já aprendeu a fazer). Então

$$\lim_{x \to 0^+} \sqrt[3]{\dfrac{1+x}{x^3}} = \lim_{u \to \infty} \sqrt[3]{u} = \infty$$

(na última igualdade usamos o resultado anteriormente enunciado). Em geral, tem-se:

Para calcular $\lim\limits_{x \to x_0} f(g(x))$, chamamos $u = g(x)$, e se, para $x \to x_0$, tem-se $u \to \pm\infty$, então

$$\lim_{x \to x_0} f(g(x)) = \lim_{u \to \pm\infty} f(u)$$

O resultado vale se, em lugar de x_0, figurar ∞ ou $-\infty$, ou se o limite for lateral.

(A indicação $u \to \pm\infty$ pretende abreviar "$u \to \infty$ ou $u \to -\infty$, respectivamente".)

Exemplo 13-11 Para calcular $\lim_{x \to -\infty} \sqrt[4]{\dfrac{1+3x^5}{x-3}}$, fazemos $u = \dfrac{1+3x^5}{x-3}$. Se $x \to -\infty$, deixamos para você verificar que $u \to \infty$; logo,

$$\lim_{x \to -\infty} \sqrt[4]{\dfrac{1+3x^5}{x-3}} = \lim_{u \to \infty} \sqrt[4]{u} = \infty$$ ◄

Exercício 13-9 Calcule:

(a) $\lim_{x \to -\infty} \sqrt[5]{\dfrac{1+3x^5}{x^2-3}}$.

(b) $\lim_{x \to 1+} (\dfrac{3x^2+x+3}{1-x^2})^{13}$.

(c) $\lim_{x \to \infty} \sqrt{3x^4 - x + 2}$.

(F) Complementos

(1) O Teorema do Sanduíche

O teorema a seguir traduz um fato geométrico evidente, conforme ilustra a Figura 13-7. Ele diz que se, perto do ponto a, g está "ensanduichada" por f e h, e estas tendem a um mesmo limite L para $x \to a$, então g não tem alternativa senão tender a L também.

Teorema do Sanduíche. Suponhamos que $f(x) \le g(x) \le h(x)$ se verifica em $I - \{a\}$, I um intervalo aberto contendo a,

Se $\lim_{x \to a} f(x) = L$ e $\lim_{x \to a} h(x) = L$ então $\lim_{x \to a} g(x) = L$.

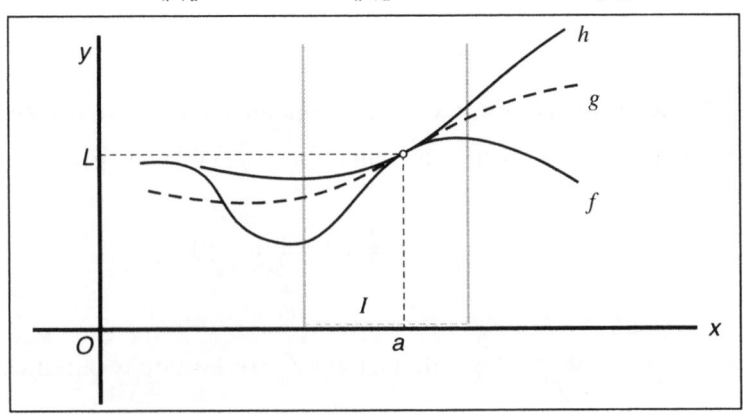

Figura 13-7

Para demonstrar a seguinte conseqüência desse teorema, usaremos dois fatos:
- Se $\lim_{x\to a} f(x) = L$, então $\lim_{x\to a} |f|(x) = |L|$.
- Sendo $M > 0$ então $|x| \leq M$ se e somente se $-M \leq x \leq M$.

Se f é limitada em $I - \{a\}$, I um intervalo aberto contendo a, e $\lim_{x\to a} g(x) = 0$, então

$$\lim_{x\to a} (f(x)g(x)) = 0$$

Demonstração. A hipótese sobre f significa a existência de $M > 0$ tal que, em $I - \{a\}$, verifica-se $-M \leq f(x) \leq M$, ou seja, $|f(x)| \leq M$, e portanto, $|f(x)g(x)| = |f(x)||g(x)| \leq M|g(x)|$, ou seja, $-M|g(x)| \leq f(x)g(x) \leq M|g(x)|$. Como $\lim_{x\to a} g(x) = 0$, o mesmo sucede com $M|g(x)|$ e $-M|g(x)|$, de modo que, pelo teorema do sanduíche, conclui-se que $\lim_{x\to a}(f(x)g(x)) = 0$. ◄

Observação. De modo análogo, prova-se a validade do resultado se, em lugar de a, colocarmos ∞ ou $-\infty$, casos em que a limitação de f é suposta em um intervalo do tipo $]m, \infty[$ ou $]-\infty, m[$, respectivamente.

Assim, se $f(x) = \operatorname{sen} x$, f é limitada, e como $\lim_{x\to\infty}(1/x) = 0$, resulta do que acabamos de provar que $\lim_{x\to\infty} (\frac{1}{x}.\operatorname{sen} x) = 0$.

Exercício 13-10 Calcule:

(a) $\lim_{x\to -\infty} \dfrac{\operatorname{sen} x}{x}$. (b) $\lim_{x\to -\infty} \dfrac{\cos x}{x}$. (c) $\lim_{x\to 0} x \operatorname{sen}(\dfrac{1}{x})$. (d) $\lim_{x\to\infty} \dfrac{\operatorname{sen} x \cos x}{x^3}$.

Exercício 13-11 Sabendo que $|f(x)| \leq 6(x-2)^4$ para todo x real, mostre que $\lim_{x\to 2} f(x) = 0$.

(2) Demonstração da primeira regra de derivação

$$\frac{(f+g)(x) - (f+g)(x_0)}{x - x_0} = \frac{f(x) + g(x) - (f(x_0) + g(x_0))}{x - x_0} = \frac{f(x) - f(x_0) + g(x) - g(x_0)}{x - x_0}$$

$$= \frac{f(x) - f(x_0)}{x - x_0} + \frac{g(x) - g(x_0)}{x - x_0}$$

Portanto,

$$\lim_{x \to x_0} \frac{(f+g)-(f+g)(x_0)}{x-x_0} = \lim_{x \to x_0} (\frac{f(x)-f(x_0)}{x-x_0} + \frac{g(x)-g(x_0)}{x-x_0})$$

$$= \lim_{x \to x_0} (\frac{f(x)-f(x_0)}{x-x_0}) + \lim_{x \to x_0} (\frac{g(x)-g(x_0)}{x-x_0})$$

onde usamos (L_1). Portanto,

$$(f + g)'(x_0) = f'(x_0) + g'(x_0)$$ ◄

Exercício 13-12 Demonstre que $(f-g)'(x_0) = f'(x_0) - g'(x_0)$.

Exercício 13-13 Demonstre, usando (L_2), a segunda regra de derivação: $(cf)'(x_0) = cf'(x_0)$.

Respostas dos exercícios do § 13

13-1 (a) Não existe. Limite à esquerda 2, limite à direita 1.   (b) 0.   (c) 20.

13-2 (a) 0.   (b) $\lim_{x \to 0-} f(x) = -1$, $\lim_{x \to 0+} f(x) = 1$.   (c) $\lim_{x \to 0-} f(x) = 1$, $\lim_{x \to 0+} f(x) = -1$.
(d) 0.   (e) $\lim_{x \to 0-} f(x) = 1$, $\lim_{x \to 0+} f(x) = 0$.   (f) 0.

13-3 (a) -1.   (b) -2.   (c) 6.

13-4 (a) $-1/2$.   (b) $-1/2$.   (c) 2.   (d) -3.   (e) 0.   (f) 3/5.

13-5 (a) 1.   (b) -1.   (c) 1.   (d) $-1/2$.   (e) 2/9.   (f) 3.

13-6 (a) $\lim_{x \to 1-} h(x) = \infty$; $\lim_{x \to 1+} h(x) = -\infty$.   (b) $\lim_{x \to -1-} h(x) = -\infty$; $\lim_{x \to -1+} h(x) = \infty$.
(c) $\lim_{x \to 2-} h(x) = -\infty$; $\lim_{x \to 2+} h(x) = \infty$.   (d) $\lim_{x \to -2-} h(x) = -\infty$; $\lim_{x \to -2+} h(x) = \infty$.
(e) $\lim_{x \to 2} h(x) = \infty$.   (f) $\lim_{x \to 2-} h(x) = -\infty$; $\lim_{x \to 2+} h(x) = \infty$.
(g) $\lim_{x \to 1-} h(x) = \infty$; $\lim_{x \to 1+} h(x) = -\infty$.   (h) $\lim_{x \to 1-} h(x) = \infty$; $\lim_{x \to 1+} h(x) = -\infty$.
(i) $\lim_{x \to 1-} h(x) = -\infty$; $\lim_{x \to 1+} h(x) = \infty$.   (j) $\lim_{x \to 2-} h(x) = \infty$; $\lim_{x \to 2+} h(x) = -\infty$.
(l) $\lim_{x \to 1-} h(x) = -\infty$; $\lim_{x \to 1+} h(x) = \infty$.   (m) $\lim_{x \to 1} h(x) = \infty$.
(n) $\lim_{x \to -1} h(x) = -\infty$.   (o) $\lim_{x \to 2-} h(x) = -\infty$; $\lim_{x \to 2+} h(x) = \infty$.

13-7 (a) F.   (b) F.   (c) F.   (d) V.   (e) F.   (f) V.   (g) V.

13-8 (a) $-\infty$.   (b) ∞.   (c) ∞.   (d) ∞.   (e) $-\infty$.   (f) ∞.   (g) ∞.   (h) $-\infty$.
(i) ∞.   (j) $-\infty$.   (l) ∞.   (m) $-\infty$.   (n) ∞.   (o) -12.   (p) 0.

13-9 (a) $-\infty$.   (b) $-\infty$.   (c) ∞.

13-10 (a) 0.   (b) 0.   (c) 0.   (d) 0.

§14- CONTINUIDADE

(A) Conceito

Começamos colocando a seguinte questão fundamental:

Sendo x_0 um ponto do domínio de f, admita que existe o limite de $f(x)$ para x tendendo a x_0. É sempre verdade que

$$\lim_{x \to x_0} f(x) = f(x_0) ? \qquad (\star)$$

Nossa experiência indica que a tendência é responder que sim. Porém, considere a função f definida do seguinte modo:

$$f(x) = \begin{cases} 2 & \text{se } x \neq 3 \\ 1 & \text{se } x = 3 \end{cases}$$

ou seja, $f(x) = 2$ para todo $x \neq 3$, e $f(3) = 1$. Nada melhor que representarmos seu gráfico para entendê-la, o que está feito na Figura 14-1(a).

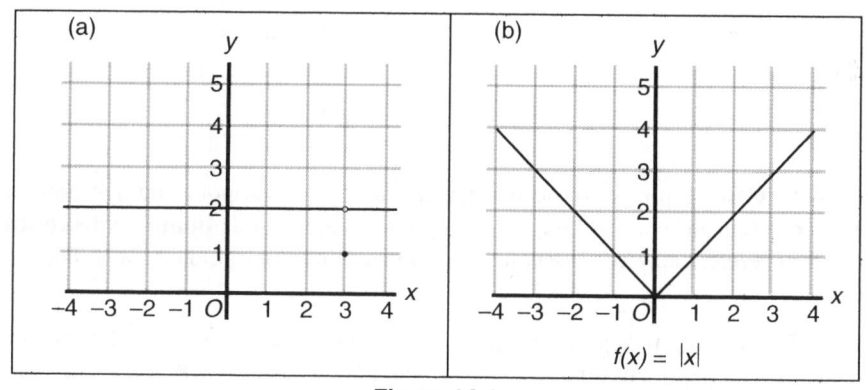

Figura 14-1

Vê-se claramente que $\lim_{x \to 3} f(x) = 2$ e, como $f(3) = 1$, a fórmula ($\star$) não se verifica.

Do ponto de vista geométrico, o fato de $f(x)$ se aproximar de um número que não é $f(x_0)$ quando x se aproxima de x_0 significa que o gráfico de f sofre ruptura nesse ponto (isto ocorre no exemplo da Figura 14-1(a), para $x_0 = 3$). Caso contrário, isto é, quando ocorre ($\star$), não há ruptura do gráfico em x_0: ele é contínuo no ponto correspondente a x_0. É por isso que a definição a seguir usa a palavra *contínua*:

Seja x_0 um ponto do domínio da função f.

- Dizemos que f é **contínua em x_0** se
$$\lim_{x \to x_0} f(x) = f(x_0)$$

- Se f não é contínua em x_0, ela se diz descontínua em x_0, e x_0 é chamado de **ponto de descontinuidade** de f.

- Se f é contínua em todos os pontos de seu domínio, ela se diz **contínua**.

Ressaltemos: **para falar em continuidade em um ponto, ele deve estar no domínio da função.**

Exemplo 14-1 Uma função cujo gráfico não apresenta interrupção em nenhum ponto é a **função módulo** (ou função **valor absoluto**), dada por $f(x) = |x|$, a qual vimos em § 3(F).

Trata-se, pois, de uma função contínua (Figura 14-1(b)).

Exercício 14-1 Represente o gráfico da função f, e diga se ela é contínua, nos casos:

(a) $f(x) = \begin{cases} x & \text{se } x \neq 0 \\ 1 & \text{se } x = 0 \end{cases}$

(b) $f(x) = \begin{cases} x^3/4 & \text{se } x \neq 1 \\ -1 & \text{se } x = 1 \end{cases}$

(c) $f(x) = \begin{cases} |x| & \text{se } x \neq 0 \\ 1 & \text{se } x = 0 \end{cases}$

(d) $f(x) = \begin{cases} x/|x| & \text{se } x \neq 0 \\ 1/2 & \text{se } x = 0 \end{cases}$

Exercício 14-2 Caso se possa alterar o valor da função em um ponto de descontinuidade de modo que a nova função seja contínua nele, tal ponto é chamado de **ponto de descontinuidade removível**. No exercício anterior, diga quais os pontos de descontinuidade das funções, e cite os removíveis.

Exercício 14-3 Um certo país permite uma importação individual até o limite de 500 dólares. O frete em dólares a ser pago, em função do valor x em dólares da importação, é dado pela tabela a seguir. Represente o gráfico do frete em função do valor x da importação. Quais são os pontos de descontinuidade? Quais são removíveis?

x	$0 < x \leq 50$	$50 < x \leq 100$	$100 < x \leq 200$	$200 < x \leq 500$
frete	10	15	20	30

Exercício 14-4 Decida se é ou não contínua em x_0 a função f, nos casos da Figura 14-2.

Exemplo 14-2   As seguintes funções são contínuas:

(a) Função polinomial.
(b) Função racional.
(c) Função módulo.
(d) Função logaritmo neperiano.
(e) Função raiz n-ésima : $f(x) = \sqrt[n]{x}$.
(f) Funções trigonométricas.

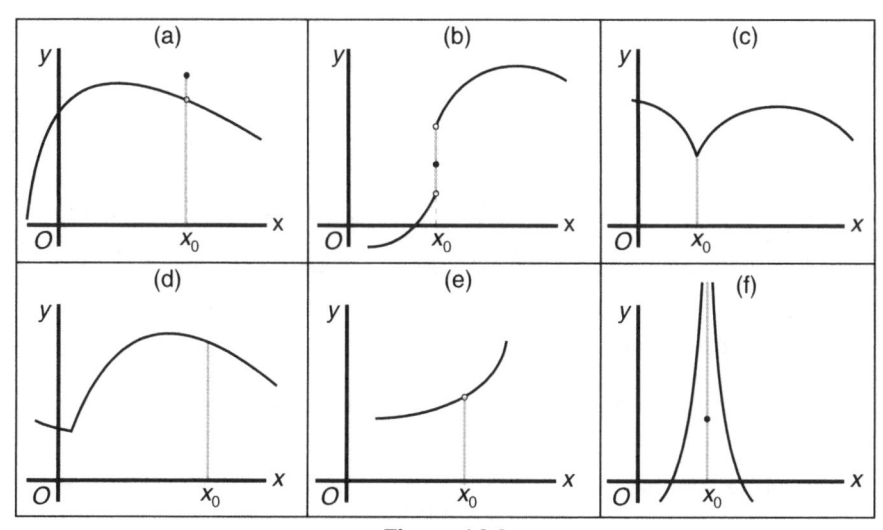

Figura 14-2

A continuidade de algumas dessas funções pode ser justificada por resultados anteriores (é o caso das funções polinomial e racional, conforme vimos no §13(B)), a continuidade de outras, como a função logaritmo neperiano, requer resultados posteriores (Exercício 14-11). No caso das funções trigonométricas, a continuidade do seno e do co-seno é dada como informação, fácil de aceitar dada a representação de seus gráficos (Figura 4-7), e daí a continuidade das outras (Figuras 4-9 e 4-11) é justificada pela propriedade, que veremos adiante, de que quociente de funções contínuas é contínua.

Observação.   Por ser racional, a função f dada por $f(x) = 1/x$ é contínua. Aí vem, quase sempre, a pergunta: Mas como? e para $x = 0$? A resposta é: não tem sentido falar em continuidade em um ponto que não está no domínio da função, e 0 certamente não está. Quando se diz que f é contínua, isto quer dizer, f é contínua em todos os pontos **do seu domínio**.

Exemplo 14-3 Determine m de modo que seja contínua a função f dada por

$$f(x) = \begin{cases} (x^2 - 1)/(x - 1) & \text{se } x \neq 1 \\ m & \text{se } x = 1 \end{cases}$$

Resolução. f é claramente contínua em todo $x \neq 1$, pois nesses pontos ela coincide com uma função racional. Para impor continuidade em 1 devemos ter

$$\lim_{x \to 1} f(x) = f(1) \quad \text{ou seja} \quad \lim_{x \to 1} f(x) = m \quad (\clubsuit)$$

Conforme aprendemos a calcular no parágrafo anterior, temos

$$\lim_{x \to 1} f(x) = \lim_{x \to 1} \frac{x^2 - 1}{x - 1} = \lim_{x \to 1} \frac{(x-1)(x+1)}{x-1} = \lim_{x \to 1}(x+1) = 2$$

Substituindo em ($\clubsuit$) vem $m = 2$.   ◄

Exercício 14-5 Determine m para que f seja contínua, nos casos:

(a) $f(x) = \begin{cases} (x^2 - 4)/(x-2) & \text{se } x \neq 2 \\ m & \text{se } x = 2 \end{cases}$
(b) $f(x) = \begin{cases} (2x^2 - x - 6)/(x-2) & \text{se } x \neq 2 \\ m & \text{se } x = 2 \end{cases}$

(c) $f(x) = \begin{cases} |x| & \text{se } x \neq 0 \\ m & \text{se } x = 0 \end{cases}$
(d) $f(x) = \begin{cases} x/|x| & \text{se } x \neq 0 \\ m & \text{se } x = 0 \end{cases}$

(B) Propriedades

Para a propriedade seguinte, c é uma constante, e f e g são funções tendo domínio comum, ao qual pertence x_0.

Se f e g são funções contínuas em x_0, o mesmo sucede com as funções $f + g$, $f - g$, cf (c constante), fg e, se $g(x_0) \neq 0$, também com f/g.

A demonstração é simples. Vejamos um caso, os restantes ficando como exercício. Pela hipótese, temos

$$\lim_{x \to x_0} f(x) = f(x_0) \quad \text{e} \quad \lim_{x \to x_0} g(x) = g(x_0)$$

Usando (L_1) do §13, temos

$$\lim_{x \to x_0}(f+g)(x) = \lim_{x \to x_0} f(x) + \lim_{x \to x_0} g(x) = f(x_0) + g(x_0) = (f+g)(x_0)$$

Exemplo 14-4 Em cada caso, f é contínua, pelo motivo indicado:

(a) $f(x) = |x| + \ln x$ \qquad (f é soma de funções contínuas).

(b) $f(x) = \ln x - x^2$ \qquad (f é diferença de funções contínuas).

(c) $f(x) = (3x^2 - x + 3)|x|$ \qquad (f é produto de funções contínuas).

(d) $f(x) = tg\, x$ \qquad (f é quociente de funções contínuas). ◀

Exercício 14-6 Justifique por que f é contínua, nos casos:

(a) $f(x) = 1 + x + \ln x$. \qquad (b) $f(x) = \ln x - |x|$. \qquad (c) $f(x) = \ln^2 x$.
(d) $f(x) = x \ln x$. \qquad (e) $f(x) = x/\ln x$. \qquad (f) $f(x) = (\sqrt[7]{x} + \sqrt{x} + 1)/(x^2 + 1)\ln x$.

Exercício 14-7 Calcule o limite de f em $x_0 = 1$ nos casos (a), (b), (c) e (d) do exercício anterior.

Outro resultado, do qual omitiremos a demonstração, diz o seguinte:

Se g é contínua em x_0, f é contínua em $g(x_0)$, então $f \circ g$ (suposta definida) é contínua em x_0.

Usando os dois últimos resultados, podemos dizer, de modo abreviado, que:
soma, diferença, produto, quociente, e composta de funções contínuas é contínua.

Exemplo 14-5 As funções, cujas expressões são dadas a seguir, são contínuas, como compostas de funções contínuas:

(a) $f(x) = \sqrt[n]{x^m}$.
(b) $f(x) = \ln(|x| + \sqrt{x})$.
(c) $f(x) = \left(\dfrac{3x^7 - 4x + 1}{x^3 + \ln x}\right)^{30}$.
(d) $f(x) = |\ln(\ln(5x^4 + 3x - 1))|$.

Exercício 14-8 Justifique por que f é contínua, nos casos:

(a) $f(x) = |3x^5 - 2x^4 + 1|$. \qquad (b) $f(x) = \ln|x - 6x^4|$.
(c) $f(x) = \sqrt[4]{x - \ln x}$. \qquad (d) $f(x) = (\ln|\ln x|)/(x + |x|)$.
(e) $f(x) = (\sqrt[7]{\ln |x+1|})(x + x^4)$. \qquad (g) $f(x) = |(1 - \ln x)|/(1 + x^5)$.

Exercício 14-9 Calcule

(a) $\lim\limits_{x \to 1} \dfrac{\sqrt[3]{x^2} - \ln(2x^2 - 1)}{|-12x^3 - x + 1|}$. \qquad (b) $\lim\limits_{x \to 2} (\sqrt[6]{x^2 - 3} + |1 - x|)^4 [x + \ln(5x^2 - 19)]$.

(C) Continuidade e derivabilidade

Agora um teste crucial para verificar se você está firme no significado geométrico de função derivável e de função contínua. Decida se é verdadeira ou falsa cada uma das afirmações:

(a) Se f é derivável em x_0 então f é contínua em x_0.

(b) Se f é contínua em x_0 então f é derivável em x_0.

Para responder (a), observe que se f é derivável em x_0, seu gráfico tem reta tangente no ponto de abscissa x_0, portanto é suave aí, e assim não pode ter ruptura. Conclui-se que f é contínua em x_0. Registremos:

$\{\!\{$ Se f é derivável em x_0 então f é contínua em x_0.

Uma demonstração desse fato se baseia na seguinte identidade:

$$f(x) = f(x_0) + \frac{f(x) - f(x_0)}{x - x_0} \cdot (x - x_0)$$

Usando $(L_1), (L_2), (L_3)$ vistas no §13, temos

$$\lim_{x \to x_0} f(x) = \lim_{x \to x_0} f(x_0) + \lim_{x \to x_0} \frac{f(x) - f(x_0)}{x - x_0} \cdot \lim_{x \to x_0} (x - x_0) = f(x_0) + f'(x_0) \cdot (x_0 - x_0)$$

ou seja,

$$\lim_{x \to x_0} f(x) = f(x_0)$$

o que mostra que f é contínua em x_0.

Quanto à afirmação (b), basta examinar o gráfico da função módulo (Figura 14-1(b)), para concluir que ela é falsa. De fato, o gráfico é contínuo no ponto de abscissa 0, mas não é suave nesse ponto, não tendo aí reta tangente. Assim, tal função é contínua em 0, mas não é derivável em 0.

Exercício 14-10 Decida se é verdadeira ou falsa a afirmação, em cada caso:

(a) Toda função contínua é derivável.

(b) Toda função derivável é contínua.

(c) Toda função f verifica $\lim_{\Delta x \to 0} f(x_0 + \Delta x) = f(x_0)$.

(d) Se $f(x_0) = 10$, e $\lim_{x \to x_0} \frac{f(x) - f(x_0)}{x - x_0} = 4$, então $\lim_{x \to x_0} f(x) = 10$.

Exercício 14-11 A função *ln* foi apresentada como sendo uma função tal que $d\ln x/dx = 1/x$. Explique por que esta função é contínua, com base em algum resultado já estabelecido.

(D) Complementos

(1) Demonstração da regra de derivação do produto

Temos que calcular o limite, para $x \to x_0$, do quociente de $(fg)(x) - (fg)(x_0)$ por $x - x_0$. Vamos forçar, o que é natural, o aparecimento de $f(x) - f(x_0)$, para quando dividirmos por $x - x_0$, aparecer o quociente $(f(x) - f(x_0))/(x - x_0)$. Veja como:

$$\begin{aligned}(fg)(x) - (fg)(x_0) &= f(x)g(x) - f(x_0)g(x_0) \\ &= [f(x) - f(x_0) + f(x_0)]\,g(x) - f(x_0)g(x_0) \\ &= [f(x) - f(x_0)]\,g(x) + f(x_0)g(x) - f(x_0)g(x_0) \\ &= [f(x) - f(x_0)]\,g(x) + f(x_0)[g(x) - g(x_0)]\end{aligned}$$

Dividindo por $x - x_0$, vem

$$\frac{(fg)(x) - (fg)(x_0)}{x - x_0} = \frac{f(x) - f(x_0)}{x - x_0} \cdot g(x) + f(x_0) \cdot \frac{g(x) - g(x_0)}{x - x_0}$$

Portanto, usando as propriedades de limite, vem

$$\begin{aligned}(fg)'(x_0) &= \lim_{x \to x_0} \frac{(fg)(x) - (fg)(x_0)}{x - x_0} \\ &= \lim_{x \to x_0} \frac{f(x) - f(x_0)}{x - x_0} \cdot \lim_{x \to x_0} g(x) + \lim_{x \to x_0} f(x_0) \cdot \lim_{x \to x_0} \frac{g(x) - g(x_0)}{x - x_0} \\ &= f'(x_0)g(x_0) + f(x_0)g'(x_0)\end{aligned}$$

(usamos o fato de g ser contínua em x_0, por ser derivável nesse ponto). ◄

Exercício 14-12 Demonstre a 2ª Regra de derivação: derivada de constante vezes função (§6).

Exercício 14-13 (a) Demonstre, sendo g derivável em x, que $(1/g)'(x) = -g'(x)/g^2(x)$. (b) Demonstre a regra do quociente, escrevendo $f(x)/g(x) = f(x) \cdot (1/g(x))$, aplicando a regra de derivação de um produto.

(2) Resultado sobre limite

Para tornar compreensível o resultado que vamos enunciar (do qual o resultado sobre a continuidade da composta decorre imediatamente) vejamos um exemplo. Suponha dado o seguinte limite, sobre o qual falaremos mais tarde:

$$\lim_{x \to 0} \frac{sen\, x}{x} = 1$$

e suponha que queremos calcular $\lim_{x \to 0} ln(\frac{sen\, x}{x})$. Para isso, fazemos a substituição $u = \frac{sen\, x}{x}$, e notamos que se $x \to 0$ temos $u \to 1$ (pelo limite dado). Então

$$\lim_{x \to 0} ln(\frac{sen\, x}{x}) = \lim_{u \to 1}(ln\, u) = ln\, 1 = 0$$

O esquema geral é: para calcular $\lim_{x \to x_0} f(g(x))$, chamamos $u = g(x)$, e, se para $x \to x_0$ tem-se $u \to L$, então $\lim_{x \to x_0} f(g(x)) = \lim_{u \to L} f(u)$. Infelizmente isso não vale em geral, mas se f for contínua, o resultado vale (é o caso do exemplo acima). E isto dá para o nosso gasto. Note que, nesse caso, o segundo membro fica $f(L)$. Destaquemos o resultado:

Se $\lim_{x \to x_0} g(x) = L$, f é contínua em L, e a composta $f \circ g$ está definida, então

$$\lim_{x \to x_0} f(g(x)) = f(L), \text{ ou seja, } \lim_{x \to x_0} f(g(x)) = f(\lim_{x \to x_0} g(x))$$

O resultado vale se, em lugar de x_0 figurar ∞ ou $-\infty$, ou se o limite for lateral.

(Se g é contínua em x_0, tem-se $\lim_{x \to x_0} g(x) = g(x_0)$, igualdade que substituída na fórmula anterior diz que a composta $f \circ g$ é contínua em x_0).

Exemplo 14-6

(a) $\lim_{x \to 1} \sqrt[8]{\frac{x^3 - 1}{x - 1}} = \sqrt[8]{\lim_{x \to 1} \frac{x^3 - 1}{x - 1}} = \sqrt[8]{3}$, onde o resultado $\lim_{x \to 1} \frac{x^3 - 1}{x - 1} = 3$ aprendemos como obter no parágrafo anterior, seção (B).

(b) $\lim_{x \to \infty} \sqrt[9]{\frac{3x^5 - 3x^2 + 1}{x^5 + 2x - 1}} = \sqrt[9]{\lim_{x \to \infty} \frac{3x^5 - 3x^2 + 1}{x^5 + 2x - 1}} = \sqrt[9]{\lim_{x \to \infty} \frac{3x^5}{x^5}} = \sqrt[9]{\lim_{x \to \infty} 3} = \sqrt[9]{3}$, onde na segunda igualdade usamos resultado do parágrafo anterior, seção (E).

Exercício 14-14 Calcule:

(a) $\lim_{x \to 0} \sqrt[3]{\dfrac{\operatorname{sen} x}{x}}$.

(b) $\lim_{x \to -\infty} \sqrt{\dfrac{4x^3 - 3x^2 + 1}{x^3 + 2}}$.

(c) $\lim_{x \to \infty} \ln(1 + \dfrac{1}{\sqrt{x}} + \dfrac{x^4 - x}{x^5 + 1})$.

(E) Três teoremas importantes

Para os teoremas que veremos neste parágrafo, vamos exigir que a função seja contínua em um intervalo, de acordo com a definição a seguir.

Seja x_0 um ponto do domínio de uma função f. Dizemos que f é **contínua à esquerda em x_0** se $\lim_{x \to x_0^-} f(x) = f(x_0)$, e é **contínua à direita em x_0** se $\lim_{x \to x_0^+} f(x) = f(x_0)$.

Seja I um intervalo contido no domínio de uma função f. Dizemos que f é **contínua em I** se ela é contínua em todos os pontos de I, sendo que se um desses pontos é extremidade, a continuidade requerida é à esquerda ou à direita, conforme a extremidade seja superior ou inferior.

Teorema de Bolzano. Se f é uma função contínua em $[a,b]$, e $f(a)$ e $f(b)$ têm sinais contrários, então existe (pelo menos) um ponto c de $]a,b[$ tal que $f(c) = 0$.

Este resultado é evidente do ponto de vista geométrico, pois os pontos $A = (a, f(a))$ e $B = (b, f(b))$ se representam um acima de Oy, o outro abaixo, de modo que, para desenhar um possível gráfico, colocamos a ponta de um lápis em A, e traçamos uma curva até B, sem tirar a ponta do lápis do papel (tendo em vista a continuidade de f). É evidente que a curva cruzará o eixo Ox em pelo menos um certo ponto, cuja abscissa pode ser tomada como c (Figura 14-3(a)). A demonstração está fora dos nossos objetivos.

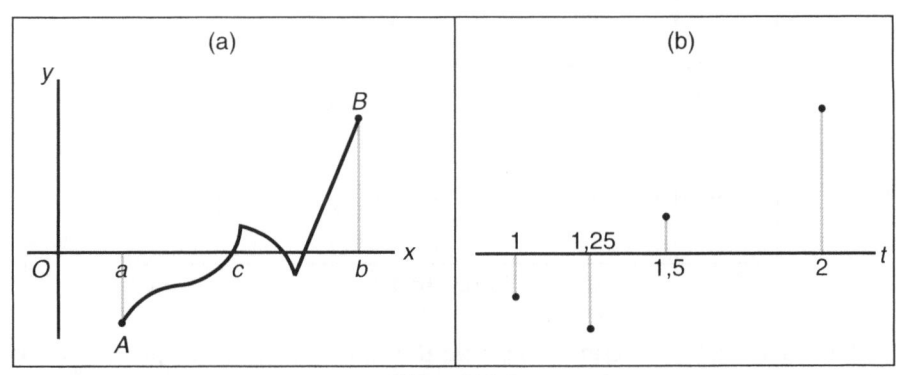

Figura 14-3

Exemplo 14-7 A velocidade de uma partícula é dada por $v(t) = 2t^3 - 2t^2 - 1$. Mostre que existe um instante entre 1 e 2 no qual a velocidade se anula.

Resolução. Como $v(1) = 2 \cdot 1^3 - 2 \cdot 1^2 - 1 = -1 < 0$, $v(2) = 2 \cdot 2^3 - 2 \cdot 2^2 - 1 = 7 > 0$ e v é uma função contínua, podemos afirmar, de acordo com o Teorema de Bolzano, que existe c, com $1 < c < 2$, tal que $v(c) = 0$. ◄

Observação. Consideremos o ponto médio de [1,2], a saber, $(1 + 2)/2 = 1,5$. Calculando, obteremos $v(1,5) = 1,25 > 0$. Então, pelo Teorema de Bolzano, existe uma raiz de v entre 1 e 1,5 (pois $v(1) < 0$ e $v(1,5) > 0$). Prosseguindo, tomamos o ponto médio de 1 e 1,5, que é $(1 + 1,5)/2 = 1,25$, e calculamos $v(1,25) = -1,875 < 0$, logo existe uma raiz de v entre 1,25 e 1,5 (pois $v(1,25) < 0$ e $v(1,5) > 0$). A Figura 14-3(b) ajuda a compreender a situação, onde se mostram os valores de v calculados. Vê-se que, continuando o processo obter-se-á uma delimitação de uma raiz de v com precisão cada vez melhor. Este processo só tem valor como apoio teórico, uma vez que uma calculadora acha raízes de uma função com maior eficiência.

O Teorema de Bolzano é caso particular do seguinte teorema:

Teorema do Valor Intermediário. Seja f uma função contínua em $[a,b]$. Se d é um número que verifica $f(a) < d < f(b)$ ou $f(a) > d > f(b)$, então existe (pelo menos um) c de $]a,b[$ tal que $f(c) = d$.

A Figura 14-4 ilustra o conteúdo geométrico do teorema: Dado um valor d, intermediário entre $f(a)$ e $f(b)$, uma reta horizontal de ordenada d certamente encontra o gráfico de f no trecho entre a e b. Se o ponto de encontro tem abscissa c, então $f(c) = d$.

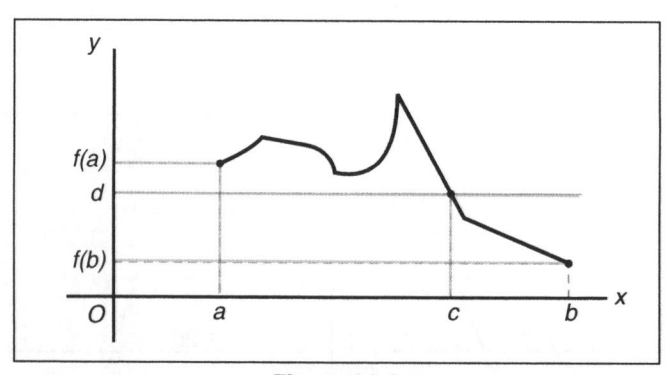

Figura 14-4

Para demonstrá-lo, considere g de domínio $[a,b]$, dada por $g(x) = f(x) - d$. Como d está entre $f(a)$ e $f(b)$ então $g(a)$ e $g(b)$ têm sinais contrários (no caso da Figura

14-4, temos $g(a) = f(a) - d > 0$ e $g(b) = f(b) - d < 0$). Pelo Teorema de Bolzano, existe c de $]a,b[$ tal que $g(c) = 0$, ou seja, $f(c) - d = 0$, que é o que se queria provar.

Com o auxílio do Teorema do Valor Intermediário pode-se provar que:

⦃ Se a função f tem um intervalo por domínio e é contínua, então a imagem de f é um intervalo.

A Figura 14-5(a) ilustra este resultado, I sendo o domínio de f, J sua imagem.

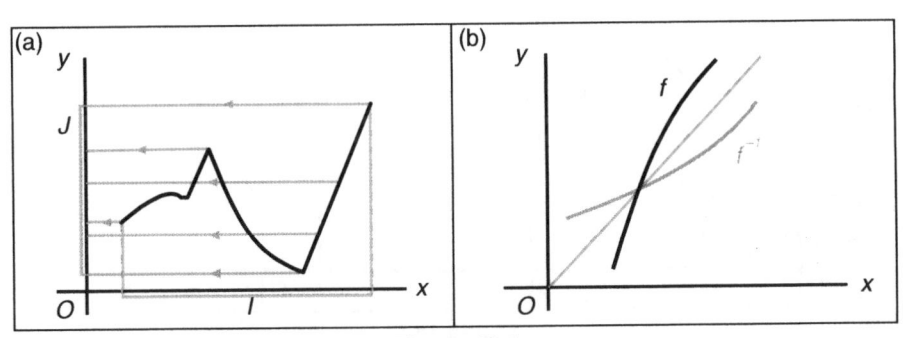

Figura 14-5

Outro resultado que pode ser provado com o auxílio do Teorema do Valor Intermediário é o seguinte:

⦃ Se f tem por domínio um intervalo, é uma função contínua e injetora, então f^{-1} é contínua (e tem por domínio um intervalo).

A Figura 14-5(b) ilustra este resultado. Ele é evidente do ponto de vista geométrico, se lembrarmos que f e f^{-1} são simétricos em relação à reta $y = x$. No entanto, é necessário ressaltar que a hipótese de que o domínio de f ser um intervalo é essencial, caso contrário, a conclusão pode ser falsa.

A partir desses resultados, pode-se provar, por exemplo, que a função raiz n-ésima é contínua, considerando que sua inversa é contínua. Relembremos que tal inversa é dada por $f(x) = x^n$, $x \geq 0$, se n é par, e $f(x) = x^n$, x real qualquer, se n é ímpar.

Enunciaremos a seguir o terceiro teorema importante sobre função contínua em um intervalo.

⦃ **Teorema de Weierstrass.** Se f é contínua em $[a,b]$, ela atinge um mínimo e um máximo nesse intervalo.

O enunciado afirma a existência de pontos c e d de $[a,b]$ tais que $f(c) \leq f(x) \leq f(d)$, qualquer que seja x de $[a,b]$.

A hipótese do intervalo ser do tipo [a,b] (que os matemáticos chamam de **intervalo compacto**) é essencial. De fato, sendo $f(x) = x + 1/2$, f é contínua, e no intervalo $]0,1[$ não atinge nem máximo nem mínimo (Figura 14-6(a)). No intervalo $]0,1]$, f atinge um máximo, que é 3/2, mas não um mínimo (Figura 14-6(b)). No intervalo $[0,1]$, f deve atingir um mínimo e um máximo, de acordo com o teorema acima. De fato (Figura 14-6(c)), eles são respectivamente 1/2 e 3/2.

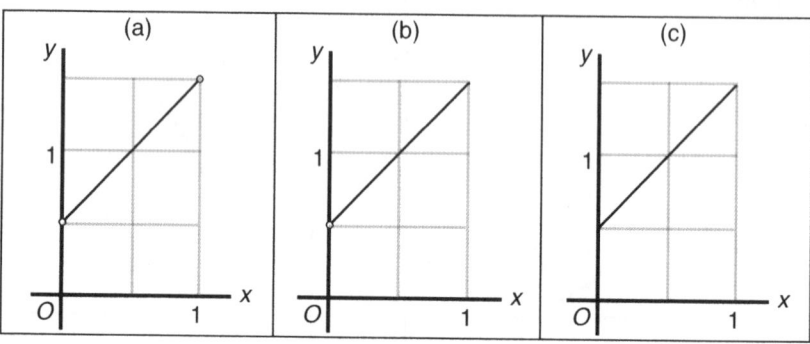

Figura 14-6

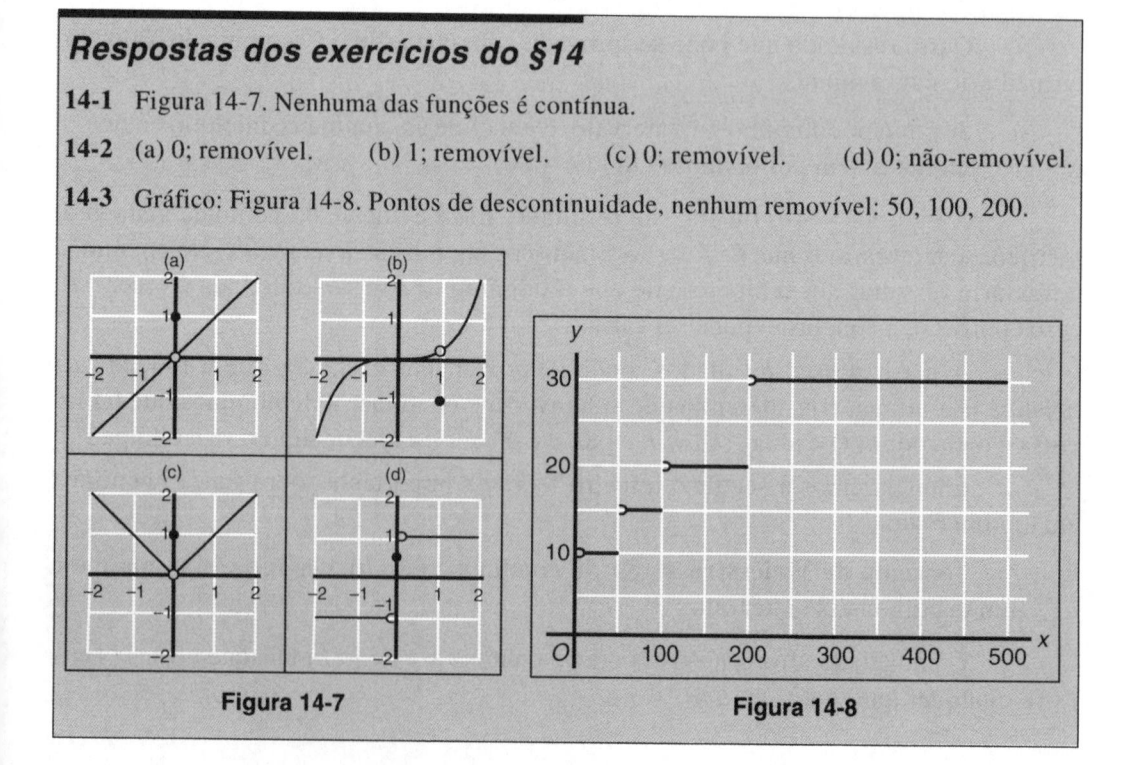

Respostas dos exercícios do §14

14-1 Figura 14-7. Nenhuma das funções é contínua.

14-2 (a) 0; removível. (b) 1; removível. (c) 0; removível. (d) 0; não-removível.

14-3 Gráfico: Figura 14-8. Pontos de descontinuidade, nenhum removível: 50, 100, 200.

Figura 14-7

Figura 14-8

14-4 (a) Não. (b) Não. (c) Sim. (d) Sim.

(e) Pergunta sem sentido. (f) Não.

14-5 (a) 4. (b) 7. (c) 0. (d) nenhum.

14-6 (a) soma de funções contínuas. (b) diferença de funções contínuas.

(c) produto de funções contínuas. (d) produto de funções contínuas.

(e) quociente de funções contínuas.

(f) quociente de funções contínuas, a função do denominador sendo contínua como produto de funções contínuas.

14-7 (a) 2. (b) –1. (c) 0. (d) 0.

14-8 (e) Sendo $g(x) = \sqrt[7]{ln|x+1|}$, g é contínua como composta de contínuas; sendo $h(x) = x + x^4$, $x \neq -1$, h é contínua. Logo, f o é, pois $f = gh$.

14-9 (a) 1/12. (b) 32.

14-10 (a) F. (b) V. (c) F. (d) V.

14-11 Toda função derivável é contínua.

14-14 (a) 1. (b) 2. (c) 0.

§15- O TEOREMA DO VALOR MÉDIO

(A) Os teoremas de Rolle e do Valor Médio

Para encurtar enunciados, convém introduzir a seguinte definição:

Se I é um intervalo aberto, e f uma função derivável em todos os pontos de I, diremos que f **é derivável em** I.

O Teorema do Valor Médio é um teorema central do Cálculo Diferencial. Ele exprime um fato geométrico evidente: se f é uma função contínua em $[a,b]$, seu gráfico deve ser uma curva contínua nesse intervalo, e se ela for derivável em $]a,b[$, seu gráfico deve ser uma curva suave nesse outro. Uma situação típica está ilustrada na Figura 15-1(a).

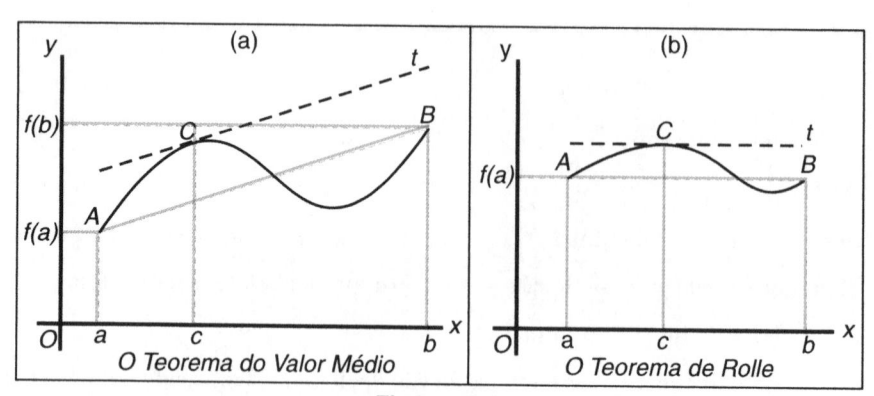

Figura 15-1

(a) O Teorema do Valor Médio
(b) O Teorema de Rolle

Vê-se que foi possível traçar uma reta tangente t ao gráfico de f, paralela à reta AB onde $A = (a, f(a))$ e $B = (b, f(b))$. Sendo c a abscissa do ponto C de tangência, temos, pela interpretação geométrica da derivada, que a inclinação da reta t é $f'(c)$, a qual, por serem t e AB paralelas, é igual à inclinação de AB, ou seja:

$$f'(c) = \text{inclinação da reta } t = \text{inclinação da reta } AB = \frac{f(b) - f(a)}{b - a}$$

Registremos, com ênfase:

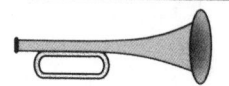

Teorema do Valor Médio

Se f é uma função contínua em $[a,b]$ e derivável em $]a,b[$, então existe c de $]a,b[$ tal que

$$f'(c) = \frac{f(b) - f(a)}{b - a}$$

Um caso particular do Teorema do Valor Médio, em que $f(a) = f(b)$, é conhecido como Teorema de Rolle (Michel Rolle, 1652-1719, matemático francês que descobriu o resultado em 1690), cujo conteúdo geométrico está ilustrado na Figura 15-1(b). Eis o enunciado:

Teorema de Rolle. Se a função f é contínua em $[a,b]$, derivável em $]a,b[$ e $f(a) = f(b)$, então existe c de $]a,b[$ tal que $f'(c) = 0$.

A demonstração do Teorema de Rolle não será feita, pois seríamos obrigados a nos desviar muito do espírito deste livro. Porém, admitido tal teorema, a demonstração do Teorema do Valor Médio fica simples.

Demonstração do Teorema do Valor Médio

Para recair no Teorema de Rolle, vamos definir uma função g, de domínio $[a,b]$, que em cada x calcula a diferença entre $f(x)$ e $h(x)$, h sendo a função cujo gráfico é o segmento AB (A e B estão indicados na Figura 15-1(a)):

$$g(x) = f(x) - h(x)$$

É importante que esta escolha de g não pareça artificial a você. Para ajudá-lo, representamos seu gráfico na Figura 15-2. Observe como ficou boa a situação para aplicar o Teorema de Rolle!

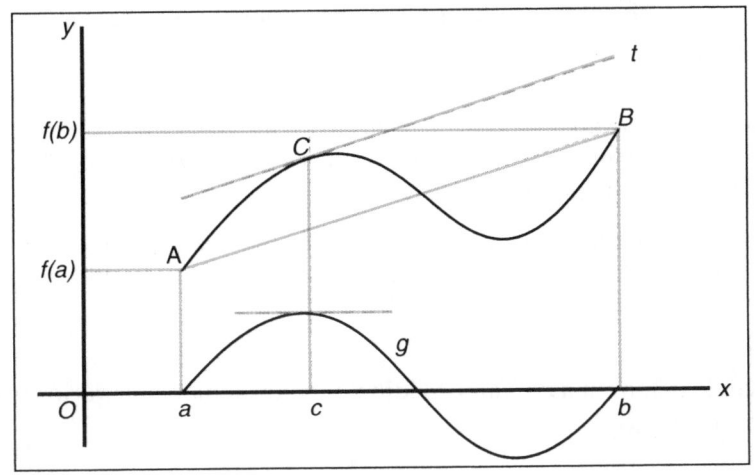

Figura 15-2

Então, como os gráficos de f e h coincidem nos pontos A e B, temos $g(a) = 0 = g(b)$. Como g é contínua em $[a,b]$ e é derivável em $]a,b[$ (por ser diferença de funções com estas propriedades), então podemos aplicar o Teorema de Rolle para dizer que existe c de $]a,b[$ tal que $g'(c) = 0$, ou seja, usando a definição de g,

$$f'(c) - g'(c) = 0$$

Como $h'(x)$ é a inclinação da reta tangente ao gráfico de h, e este gráfico é o segmento AB, então $h'(x)$ é a inclinação da reta AB, ou seja, $h'(x) = ((f(b) - f(a))/(b-a)$, para todo x de $]a,b[$, em particular para c. Substituindo na igualdade acima, vem

$$f'(c) - \frac{f(b)-f(a)}{b-a} = 0$$ ◄

Exemplo 15-1 Sendo s a função horária do movimento de uma partícula, temos, admitindo as hipóteses do Teorema do Valor Médio, que existe um instante c entre t e $t + \Delta t$ tal que

$$\frac{ds}{dt}(c) = \frac{s(t+\Delta t) - s(t)}{t + \Delta t - t} = \frac{s(t+\Delta t) - s(t)}{\Delta t}$$

Sendo v a velocidade escalar do movimento, o primeiro membro é $v(c)$, e o último é a velocidade escalar média v_m no intervalo de extremidades t e $t + \Delta t$, logo $v(c) = v_m$, ou seja, a referida velocidade média é atingida pela velocidade escalar. Assim, se em uma viagem de automóvel você percorrer l00 km em duas horas, a velocidade escalar média é de 100/2 = 50 km/h; então haverá um instante em que o velocímetro marcará 50 km/h. ◄

Exercício 15-1 A função horária de um movimento é dada por $s(t) = t^3 - 3t^2 + 1$. Em quais instantes do intervalo de tempo [0,1] a velocidade média nesse intervalo é atingida pela velocidade escalar? Interprete geometricamente o resultado.

Exercício 15-2 A **aceleração escalar média** no intervalo de extremidades t e $t + \Delta t$ é definida por $[v(t + \Delta t) - v(t)]/\Delta t$. Existe um instante em que a aceleração escalar atinge a aceleração média?

Usando o Teorema do Valor Médio podemos demonstrar vários resultados importantes. Por exemplo:

• O critério da derivada primeira para crescimento e decrescimento de uma função (§10(A)).

• O critério da derivada primeira para a concavidade de uma função (§10(B)), do qual decorre o da derivada segunda.

• A Fórmula do Valor Médio de Cauchy, uma generalização do Teorema do Valor Médio para duas funções, que permite o tratamento de indeterminações do tipo 0/0 (§24).

• A Fórmula de Taylor com resto de Lagrange, que estudaremos posteriormente, cujo papel é fundamental no estudo de séries de Taylor.

Como um exemplo, demonstraremos o seguinte resultado, cujos itens (a) e (b) constituem o critério da derivada primeira para crescimento e decrescimento de uma função (§10(A)). Você deve recordar a definição de função crescente e de função decrescente em um intervalo (§3(E)). O item (c) será importante no estudo de primitivas (§16).

(Critério da derivada primeira para crescimento e decrescimento.) Seja f uma função contínua em um intervalo I, e derivável no seu interior.

(a) Se $f'(x) > 0$ no interior de I, então f é crescente em I.

(b) Se $f'(x) < 0$ no interior de I, então f é decrescente em I. $\quad(\blacklozenge)$

(c) Se $f'(x) = 0$ no interior de I, então f é constante em I.

Demonstração. Tomemos x_1 e x_2 de I, com $x_1 < x_2$. Pelo Teorema do Valor Médio, existe c, com $x_1 < c < x_2$, tal que $f(x_2) - f(x_1) = f'(c)(x_2 - x_1)$. O sinal do segundo membro é dado pelo sinal de $f'(c)$, já que $x_2 - x_1 > 0$. Portanto, no caso (a) tem-se que esse primeiro membro é positivo, ou seja, $f(x_2) - f(x_1) > 0$, o que mostra que f é crescente em I. Analogamente, no caso (b), tem-se $f(x_2) - f(x_1) < 0$, o que mostra que f é decrescente em I.

Para o caso (c), fixemos x_0 de I. Dado x qualquer de I, pelo Teorema do Valor Médio, existe d entre x_0 e x, tal que $f(x) - f(x_0) = f'(d)(x - x_0) = 0.(x - x_0) = 0$; logo, $f(x) - f(x_0) = 0$, o que mostra que f é constante em I.

(B) Complemento

Agora provaremos o critério da derivada primeira para a concavidade de uma função. Você deve relembrar a definição de concavidade (§10(B)).

(Critério da derivada primeira para concavidade.) Sendo f uma função derivável em todos os pontos de um intervalo I, tem-se:

(a) f tem concavidade para cima em I se e somente se f' é crescente em I.

(b) f tem concavidade para baixo em I se e somente se f' é decrescente em I.

Demonstração. (a) Recordemos que a notação t_x indica a reta tangente ao gráfico de f em $(x, f(x))$. Então, t_{x_0} tem por equação $y = f(x_0) + f'(x_0)(x - x_0)$ (Figura15-3(a)). (Isto se obtém facilmente: $y = mx + n$ é equação de uma reta de inclinação m; no caso da reta tangente, $m = f'(x_0)$. Como tal reta passa por $(x_0, f(x_0))$, tem-se $f(x_0) = mx_0 + n$, relação que determina n.)

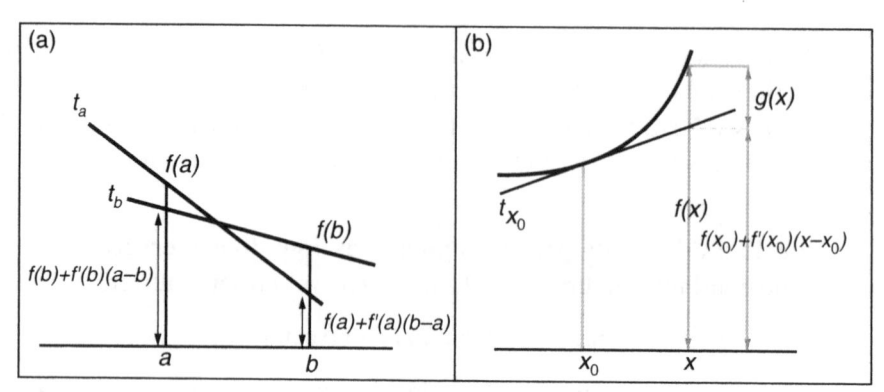

Figura 15-3

- *Suponhamos que f tem concavidade para cima em I*. Tomemos a e b quaisquer de I, distintos. Então, pela definição de concavidade para cima, $(b, f(b))$ está acima de t_a e $(a, f(a))$ está acima de t_b (Figura15-3(a)), fatos que se exprimem respectivamente por

$$f(b) > f(a) + f'(a)(b-a) \qquad f(a) > f(b) + f'(b)(a-b)$$

Somando membro a membro essas desigualdades, resulta

$$f(b) + f(a) > f(a) + f(b) + (f'(a) - f'(b))(b-a) \qquad \therefore \qquad 0 > (f'(a) - f'(b))(b-a)$$

Assim, se $a < b$ tem-se $f'(a) < f'(b)$. Conclusão: f' *é crescente em I*.

- *Suponhamos que f' é crescente em I*. Tomemos um ponto x_0 de I, e consideremos a função g de domínio I, dada por $g(x) = f(x) - (f(x_0) + f'(x_0)(x - x_0))$. O significado geométrico de $g(x)$ está indicado na Figura 15-3(b). Então, para mostrar que f tem concavidade para cima em I basta mostrar que $g(x) > 0$, para todo x de I com $x \neq x_0$.

Se x é ponto de I com $x > x_0$, então $g'(x) = f'(x) - f'(x_0) > 0$, porquanto f' é crescente em I. Podemos aplicar o critério da derivada primeira para concluir que g é crescente no subintervalo de I dado por $x \geq x_0$; logo, se x está em I e $x > x_0$ então $g(x) > g(x_0) = 0$.

Se x é ponto de I com $x < x_0$, então $g'(x) = f'(x) - f'(x_0) < 0$, porquanto f' é crescente em I. Podemos aplicar o critério da derivada primeira para concluir que g é decrescente no subintervalo de I dado por $x \leq x_0$; logo, se x está em I e $x < x_0$ então $g(x) > g(x_0) = 0$.

Conclusão: *f tem concavidade para cima em I*. ◄

(b) Fica como exercício, para o qual sugerimos considerar $-f$.

Como conseqüência do que acabamos de demonstrar, temos o seguinte resultado, enunciado no §10(B) sob hipóteses mais restritivas:

(Critério da derivada segunda para concavidade.) Sendo f uma função com derivada contínua em um intervalo I, derivável duas vezes no interior de I, tem-se :

(a) Se $f''(x) > 0$ no interior de I, então f tem concavidade para cima em I.

(b) Se $f''(x) < 0$ no interior de I, então f tem concavidade para baixo em I.

Demonstração. A hipótese permite aplicar o critério da derivada primeira a f' para concluir que esta função é crescente em I no caso (a), e decrescente em I no caso (b), de modo que as afirmações seguem do resultado anterior. ◄

Respostas dos exercícios do § 15

15-1 No instante $1 - \sqrt{3}/3$ segundos. Isto significa que a a reta tangente ao gráfico da função s no ponto de abscissa $t = 1 - \sqrt{3}/3$ é paralela à reta que passa pelos pontos $A = (0,1)$ e $B = (1, -1)$, ambos do gráfico de s. Este é o único t do intervalo $[0,1]$ para o qual isto ocorre. Existe só mais um outro ponto do gráfico de s, onde a reta tangente também é paralela à reta AB, o qual tem abscissa $t = 1 + \sqrt{3}/3$. Tal número claramente não está no intervalo $[0,1]$.

15-2 Sim, admitidas as hipóteses do Teorema do Valor Médio para v.

EXERCÍCIOS SUPLEMENTARES PARA O CAPÍTULO 2

1. Sendo $f(x) = x^3 - x$, A o ponto do gráfico de f de abscissa 1, determine o ponto B do gráfico tal que a inclinação da reta secante AB é igual a da reta tangente ao gráfico em A.

2. Sendo $f(x) = 2x^2 + 1$, calcule, pela definição, a derivada da função f.

3. A reta que passa pelos pontos $A = (1,5)$ e $B = (-5, -7)$ é tangente ao gráfico da função f no ponto de abscissa 10. Calcule: (a) $f(10)$. (b) $f'(10)$.

4. A reta tangente ao gráfico de uma função f no ponto de abscissa 3 passa pelos pontos $A = (1,4)$ e $B = (8,18)$. Calcule $f'(3)$.

5. Dos gráficos (b), (c), (d), qual o que melhor se adapta para ser o da derivada da função f?

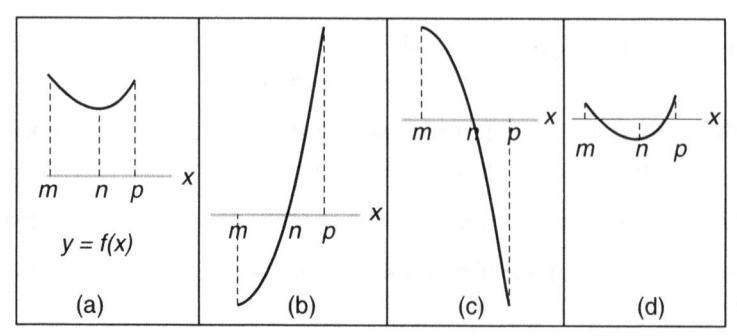

Exercício suplementar 5 (Cap. 2)

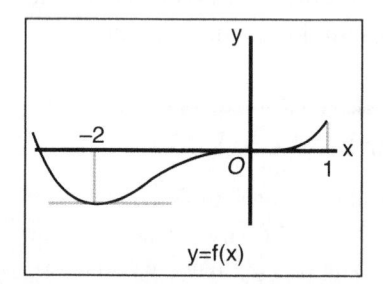

Exercício suplementar 6 (Cap. 2)

6. Faça uma representação aproximada do gráfico de f', sendo f como na figura.

7. Calcule $f'(x)$ pela definição, sendo $f(x) = \dfrac{1}{x(x+1)}$.

8. Em quais pontos do gráfico de f a inclinação da reta tangente ao mesmo vale 11?
   (a) $f(x) = 2x^5 + x$.   (b) $f(x) = x^2 \ln x + 11x - x^2/2$.

9. Sendo $f(x) = \sqrt{x}(x^4 + 3)$ e $g(x) = 12\sqrt{x}$, sabe-se que para um determinado x_0 as tangentes aos gráficos de f e g são paralelas. Determine x_0.

10. Calcule a derivada de f, nos casos:

    (a) $f(x) = \dfrac{\sqrt{x}}{1+\sqrt{x}}$.   (b) $f(x) = (1 + \dfrac{1}{\sqrt[3]{x}})^3$.

    (c) $f(x) = \sqrt[3]{(4+3x)^2}$.   (d) $f(x) = (1 + x^2)^{11}(1 - x^3)^{10}$.

    (e) $f(x) = x^2 \ln x + 2^3$.   (f) $f(x) = \dfrac{4x^3 - x^2 + 1}{x+1}$.

    (g) $f(x) = (10x^2 + 1)^{19}$.

11. Calcule a derivada de f, nos casos:

(a) $f(x) = \dfrac{\sqrt{x^2+1}}{(x+2)^4}$.   (b) $f(u) = \left(\dfrac{2-3u}{u+5}\right)^3$.   (c) $f(z) = \ln\left(1+\dfrac{1}{\sqrt{z}}\right)$.

12. Calcule a derivada de f, nos casos:

(a) $f(x) = \dfrac{x}{\ln x}$.   (b) $f(x) = \sqrt[5]{x^2} + x \ln^2 x$.

13. Sendo $f(x) = \ln^3 x$, dê a inclinação da reta tangente ao gráfico de f no ponto de abscissa 2.

14. Na figura, a reta s é tangente ao gráfico de f em P, e a reta t é tangente ao gráfico de g em Q. Calcule $(3f - 4g + fg)'(3)$.

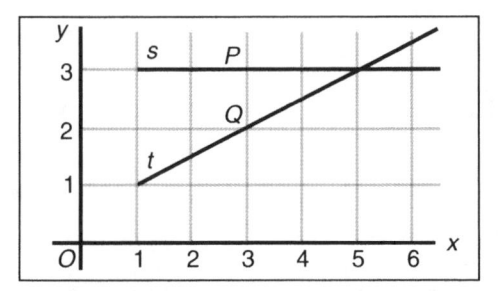

Exercício suplementar 14 (Cap. 2)

15. Sendo $f(4) = 2$, $f'(4) = 3$, $g(4) = 1$, $g'(4) = -5$, dê a inclinação da reta tangente, no ponto de abscissa 4, ao gráfico da função $(2f - g)/(f + g)$.

16. A reta de equação $y = x$ é tangente ao gráfico da função f no ponto de abscissa 1. A reta de equação $y = -2x + 3$ é tangente ao gráfico da função g no ponto de abscissa 1. Sendo $h = \dfrac{3f + 4g}{f^2 + g}$, calcule:

(a) $h(1)$.

(b) A inclinação da reta tangente ao gráfico de h no ponto de abscissa 1.

17. Dê a inclinação da reta tangente à curva dada, no ponto especificado:

(a) $4x^3 + 7xy^2 - 2y^3 = 9$; $(1,1)$.   (b) $(1 + x^2 y)^3 + x\sqrt{y} = 1$; $(-1,1)$.

18. Dê a inclinação da reta que passa pelo ponto $(0, -5)$, sabendo que é tangente ao gráfico de f dada por $f(x) = \dfrac{1+\sqrt{x}}{1-\sqrt{x}}$.

19. Existem duas retas tangentes à curva $x^2 - xy + y^2 = 9$ que são paralelas. Se uma delas é tangente no ponto $(3,0)$ da curva, determine o ponto de tangência da outra.

20. Em um movimento, a velocidade escalar é o triplo da função horária. Mostre que a aceleração escalar é o triplo da velocidade.

21. A função horária s de um movimento é dada implicitamente por $(t^2 + s^2)^3 = 8t^2s^2$
Sabendo que $s(1) = 1$, calcule a velocidade escalar no instante $t = 1$.

22. Uma estação de radar está a 4 km do lugar de lançamento de um foguete, e o rastreia no seu movimento vertical. Determine a velocidade escalar do foguete no instante em que ele dista 6 km do radar e a variação dessa distância é de 400 km/h.

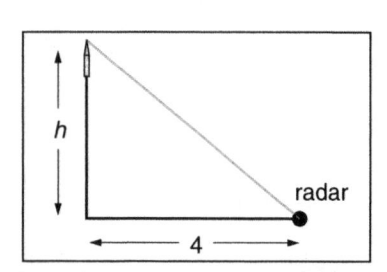

Exercício suplementar 22 (*Cap. 2*)

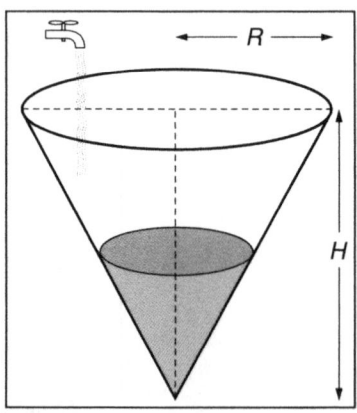

Exercício suplementar 23 (*Cap. 2*)

23. A figura mostra um tanque cônico de eixo vertical no qual se despeja água. A vazão com que a água está sendo despejada, em um certo instante, é igual à velocidade de subida do nível da água. Qual a altura do nível da água no referido instante, sabendo que $H = 2R$?

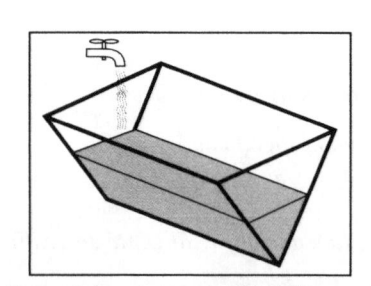

Exercício suplementar 24 (*Cap. 2*)

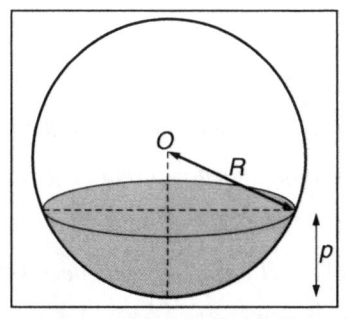

Exercício suplementar 25 (*Cap. 2*)

24. O reservatório mostrado na figura, de 10 m de comprimento, tem como seção transversal um triângulo equilátero de altura vertical. Água está sendo lançada nele a uma taxa de 5 m³/h. Determine a velocidade de subida do nível da água no instante em que este nível vale ½ m.

25. A figura mostra um tanque esférico com líquido, sendo preenchido. No instante em que a maior profundidade p do líquido é metade do raio, a taxa de variação de p vale 3 m/s. Calcule, para esse instante, a taxa de variação do raio da superfície do líquido.

26. Uma partícula percorre a elipse $x^2 + 3y^2 = 4$, de modo que suas coordenadas x e y são funções do tempo t. Em quais pontos da elipse a taxa de variação de x é o triplo da de y, supostas ambas não nulas.

27. Estude a função f quanto a crescimento e decrescimento, nos casos:

(a) $f(x) = \dfrac{x^2}{x^2 - 1}$. (b) $f(x) = \dfrac{3x}{(1-x)^2}$. (c) $f(x) = x^3 - 3x + 1$.

(d) $f(x) = 3x^5 - 5x^3 + 1$. (e) $f(x) = \dfrac{x^2 + 1}{x^2 + 2}$. (f) $f(x) = \ln(\dfrac{x^2 + 1}{x^2 + 2})$.

28. Sendo $f(x) = \ln(\ln^2 x + 1)$, estude f quanto ao crescimento e decrescimento, dada a representação do gráfico de ln, que é crescente no seu domínio.

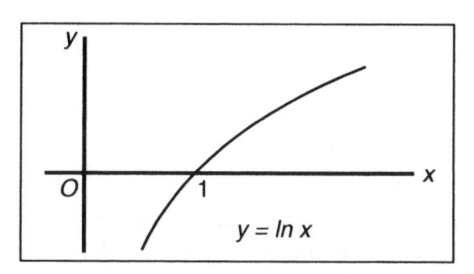

Exercício suplementar 28 (Cap. 2)

29. Se a velocidade escalar é crescente no intervalo]c,d[, quais dos gráficos representados a seguir podem ser gráficos da aceleração escalar?

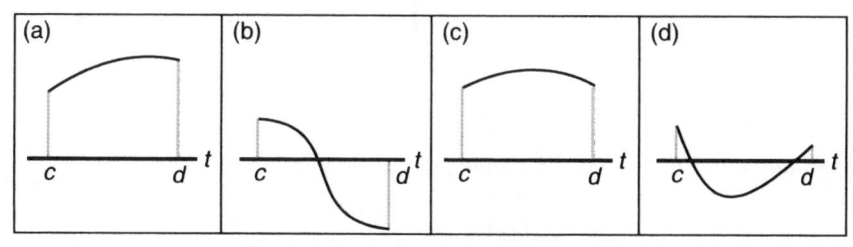

Exercício suplementar 29 (Cap. 2)

30. Estude a função f quanto à concavidade, dando os eventuais pontos de inflexão, nos casos:

(a) $f(x) = 1 + 12x + 3x^2 - 2x^3$. (b) $f(x) = x^4 - 6x^2 + 2$.

(c) $f(x) = \dfrac{x^2 - 4}{x^2 - 16}$. (d) $f(x) = \dfrac{x}{(x-1)^2}$.

(e) $f(x) = 5 \ln \sqrt[4]{1+x^2} - x$.

31. Na figura está representado o gráfico da função f''. Estude a concavidade de f no intervalo $]a,b[$, dando os pontos de inflexão.

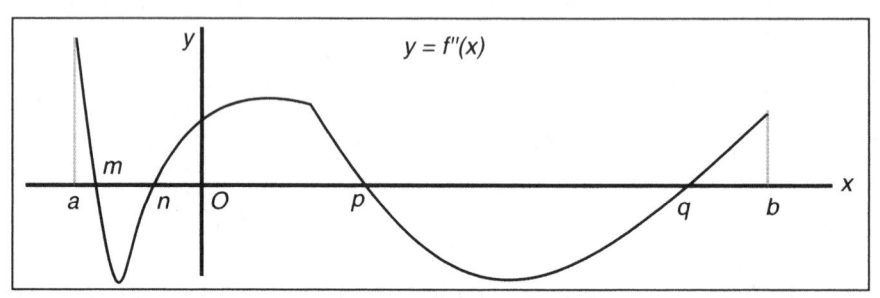

Exercício suplementar 31 (Cap. 2)

32. Uma mosca está vinculada ao arco de parábola $y = -x^2 + 6x - 5$, $y \geq 0$. Descreva a parte desse arco no qual a mosca pode ficar a fim de não ser vista por um observador em $(1/2, 0)$.

33. Sendo $f(x) = 2x^2 + 2x - 4$, $g(x) = 3 + 2x - x^2$,

(a) estude, quanto ao sinal, a função f;

(b) estude, quanto ao sinal, a função g.

(c) estude o sinal da função $h = f g$. Para sistematizar esse estudo, utilize o quadro a seguir, que registra os sinais das funções, cuja primeira linha foi preenchida como exemplo.

		−2		−1		1		3	
f	+		−		−		+		+
g									
h = f g									

34. Estude, quanto ao sinal, a função f dada por

$$f(x) = \dfrac{x^2 - 7x + 10}{1 - x}$$

35. Estude f quanto à concavidade, dando os pontos de inflexão, nos casos:

(a) $f(x) = x^4 - 6x^3 + 12x^2 + 12$.   (b) $f(x) = x^4/12 - x^3/3 + 3x^2/2 + x + 1$.

36. A temperatura, em um certo local de uma cidade, é dada, em graus Celsius, por

$$T(t) = t^3 - 6t^2 + 9t + 20, \quad 0 \le t \le 2$$

t sendo o tempo em horas decorrido após meio dia. Dê a máxima temperatura ocorrida entre 12 horas e 14 horas, e a hora em que ela ocorreu.

37. Determine o raio e a altura de um cilindro circular reto de maior volume que pode ser inscrito em um cone circular reto de raio R e altura H (veja a figura a seguir).

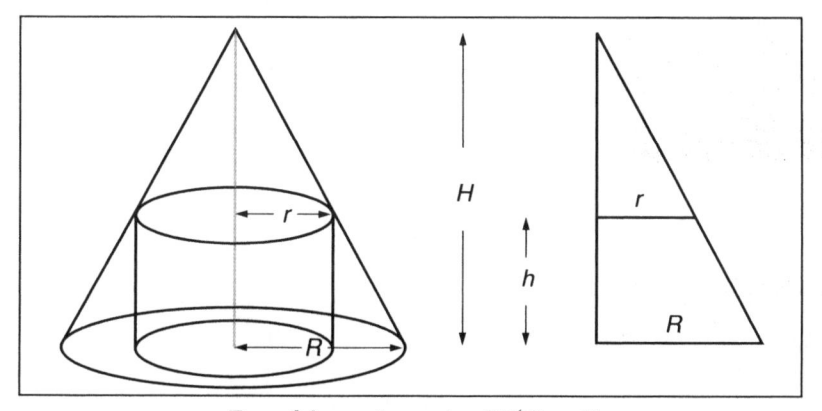

Exercício suplementar 37 (Cap. 2)

38. Uma lata com tampa em forma de cilindro circular reto deve ser construída para conter um volume fixo de tinta. Mostre que para minimizar a quantidade de material usado, a altura da lata deve ser igual ao diâmetro da base.

39. Uma mesma quantidade física foi medida três vezes, obtendo-se os números x_1, x_2 e x_3. Claro, estes números deveriam ser iguais, porém, devido a diversos fatores, em geral eles são diferentes. Qual valor adotar para a medida? O método dos mínimos quadrados considera, para cada x que se adota, o "desvio"

$$\delta(x) = (x_1 - x)^2 + (x_2 - x)^2 + (x_3 - x)^2$$

e propõe que a medida a ser adotada é o valor de x que minimiza a função δ. Mostre que nesse caso tal valor é a média aritmética de x_1, x_2 e x_3.

40. Ache a inversa de f, quando existir, nos casos:

(a) $f(x) = \sqrt[3]{x+1}$.   (b) $f(x) = \sqrt[5]{x^2 + 1}$.

(c) $f(x) = \sqrt[7]{x^5 + 1}$.   (d) $f(x) = \dfrac{2x-3}{4x-2}$.

41. Mostre que a função f é injetora, e calcule $\dfrac{df^{-1}}{dy}(y_0)$, nos casos:

(a) $f(x) = x^5 + 2x + 1$, $y_0 = 4$.   (b) $f(x) = 1 + 2x + x^{51}$, $y_0 = 1$.

42. Calcule

(a) $\lim\limits_{x \to 3} (3x^3 + x - 1)$.

(b) $\lim\limits_{x \to 4} \dfrac{1 - x^3}{1 + x}$.

(c) $\lim\limits_{x \to -1} \dfrac{1 + x^2}{x}$.

(d) $\lim\limits_{x \to 0} \dfrac{2x^3 - x + 4}{x^2 - x + 2}$.

(e) $\lim\limits_{x \to 2} \dfrac{x^2 - 3}{x^3 + 1}$.

(f) $\lim\limits_{x \to 2} \dfrac{x^2 - 3x + 2}{x^3 - 8}$.

(g) $\lim\limits_{x \to 2} \dfrac{x^2 - 4x + 4}{x^4 - 16}$.

(h) $\lim\limits_{x \to 1} \dfrac{(x^4 - 1)^3}{(x^3 - 1)^2 (x - 1)}$.

(i) $\lim\limits_{x \to 2} \dfrac{x^3 - 2x^2 + 4x - 8}{x^3 - 2x - 4}$.

43. Calcule

(a) $\lim\limits_{x \to 2} \dfrac{3x^2 - 15x + 18}{7x - x^2 - 10}$.

(b) $\lim\limits_{x \to 1} \dfrac{x^2 + x - 2}{x^3 - 1}$.

(c) $\lim\limits_{x \to 16} \dfrac{\sqrt{x} - 4}{x - 16}$.

(d) $\lim\limits_{x \to 2} \dfrac{x - 2}{x^4 - 16}$.

(e) $\lim\limits_{x \to 2} \dfrac{x^3 - 2x^2 + 4x - 8}{x^3 - 8}$.

44. Calcule

(a) $\lim\limits_{x \to \infty} \dfrac{4x^3 + 1}{2x^3 + x}$.

(b) $\lim\limits_{x \to -\infty} \dfrac{10x^5 - x + 4}{2x^5 + 2x}$.

(c) $\lim\limits_{x \to \infty} (3x^2 + \dfrac{x}{x^3 - 1})$.

(d) $\lim\limits_{x \to -\infty} (x^2 + \dfrac{x^3 + x - 1}{x^4 + 1})$.

45. Calcule

(a) $\lim\limits_{x \to -\infty} (\sqrt[3]{\dfrac{6x^6 + x}{1 + x}} + \dfrac{1}{x})$.

(b) $\lim\limits_{x \to \infty} (\sqrt[4]{\dfrac{x^9 + 1}{x^3 - 1}} + \dfrac{x^2}{x + 1})$.

46. Quais das funções representadas a seguir são contínuas em a?

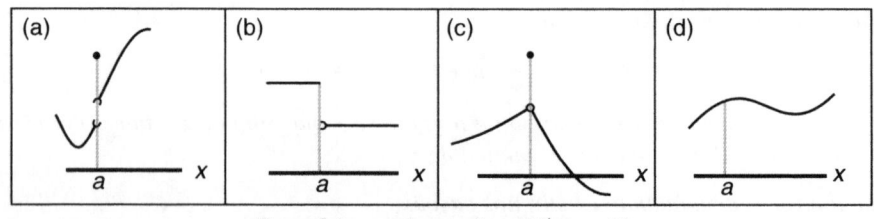

Exercício suplementar 46 (Cap. 2)

47. A função f é contínua em R, e para x diferente de um certo número inteiro positivo c, ela tem por expressão $f(x) = \dfrac{x^3 - 3x + 2}{x - c}$. Determine c e f(c).

48. A função f, de domínio R, é dada por $f(x) = x^2$ se x não é inteiro, e $f(x) = x^3$ se x é inteiro. Quais são os pontos onde ela é contínua?

49. A relação $\lim_{x \to a} f(x) = f(a)$ é sempre verdadeira?

50. Sabendo que $f(2) = 4$ e que $\lim_{x \to 2} \dfrac{f(x) - 4}{x - 2} = 5$, calcule $\lim_{x \to 2} f(x)$.

51. Calcule

(a) $\lim_{x \to \infty} \ln(\dfrac{x^2 - x + 1}{x^2 + 4})$.   (b) $\lim_{x \to 1} \ln(\dfrac{x^4 - 1}{x^2 - 1})$.

52. Na figura a seguir, o gráfico da função contínua f modeliza um arame. Um pedaço de um fio elástico tem uma extremidade fixada em A, e a outra, através de um anel, está vinculada ao arame. Faz-se o anel ir de M até B. Quando o anel está no ponto $M = (1 + \sqrt{3}/2, 2)$, o fio já se encontra esticado. Sabendo que o comprimento de ruptura do fio é 3, verifique matematicamente que vai haver ruptura. (Use o Teorema do Valor Intermediário.)

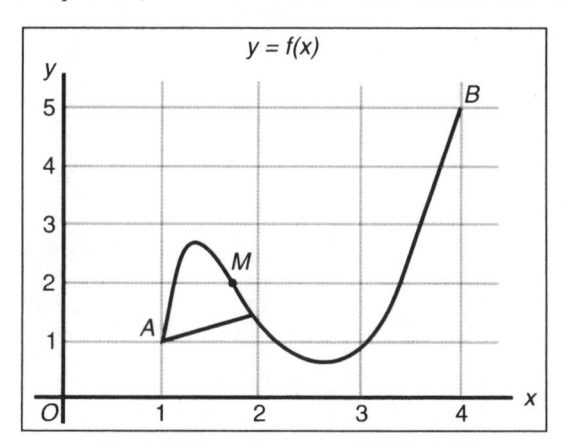

Exercício suplementar 52 (Cap. 2)

53. Uma função contínua em [a,b] tem como raízes nesse intervalo somente a e b. Mostre que seu sinal nesse intervalo não muda, ou seja, ou é positiva, ou é negativa. (Negue a tese, e use o Teorema de Bolzano para chegar a uma contradição.)

Observação. Como aplicação do resultado desse exercício, podemos estudar o sinal da função $f(x) = x(x - 1)(x - 4)(x - 5)$ do seguinte modo: as raízes são 0, 1, 4, 5. Entre elas, o sinal de f é constante; logo, basta testar o sinal em um ponto escolhido.

- Em $]-\infty, 0[$, escolhendo -1, temos $f(-1)=(-1)(-2)(-5)(-6) > 0$. Então, nesse intervalo a função é positiva.

- Em $]0,1[$, escolhendo $1/2$, temos $f(1/2)=1/2(-1/2)(-7/2)(-9/2) < 0$. Então, nesse intervalo a função é negativa.

   E assim por diante.

54. Sendo $f(x) = \sqrt[3]{x^2}$, mostre que f não é derivável em $x = 0$, que f é crescente no intervalo dado por $x \geq 0$, e decrescente no intervalo dado por $x \leq 0$.

55. Sendo $f(x) = \sqrt[3]{x^2}(x-2)^2$, mostre que f não é derivável em $x = 0$ e que é crescente em $[0, 1/2]$.

56. Uma função contínua tem por domínio um intervalo, no interior do qual é derivável, a derivada não se anulando em nenhum ponto. Mostre que a função é injetora.

Respostas dos exercícios suplementares do Capítulo 2

1. $(-2,-6)$.

2. $4x$.

3. (a) 23.   (b) 2.

4. 2.

5. (b).

6.

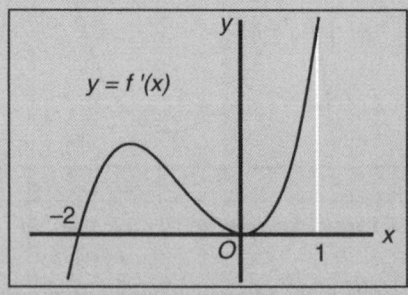

Resposta do exercício suplementar 6 (Cap. 2)

7. $-\dfrac{2x+1}{x^2(x+1)^2}.$

8. (a) $(-1,-3)$ e $(1,3)$.   (b) $(1,21/2)$.

9. 1.

10. (a) $\dfrac{1}{2\sqrt{x}(1+\sqrt{x})^2}.$ (b) $-\dfrac{1}{x\sqrt[3]{x}}(1+\dfrac{1}{\sqrt[3]{x}})^2.$ (c) $\dfrac{2}{\sqrt[3]{4+3x}}.$

   (d) $2x(1+x^2)^{10}(1-x^3)^9(11-15x-26x^3).$ (e) $x(2\ln x+1)$

   (f) $(8x^3+11x^2-2x-1)/(x+1)^2.$ (g) $380x(10x^2+1)^{18}.$

11. (a) $\dfrac{-3x^2+2x-4}{\sqrt{x^2+1}(x+2)^5}.$ (b) $-\dfrac{51(2-3u)^2}{(u+5)^4}.$ (c) $-\dfrac{1}{2z(\sqrt{z}+1)}.$

12. (a) $(\ln x - 1)/\ln^2 x.$ (b) $\dfrac{2}{5}x^{-3/5}+\ln^2 x+2\ln x.$

13. $(3\ln^2 2)/2.$

14. $-1/2.$

15. $13/3.$

16. (a) $7/2.$ (b) $-5/2.$

17. (a) $-19/8.$ (b) $2.$

18. $1/2$ ou $64/3.$

19. $(-3,0).$

21. $v(1)=-1.$

22. $\dfrac{1200}{\sqrt{5}}$ km/h.

23. $h=2/\sqrt{\pi}.$

24. $\dfrac{\sqrt{3}}{2}$ m/h.

25. $\sqrt{3}$ m/s.

26. $(-1,1)$ e $(1,-1).$

27. (a) Crescente em $]-\infty,-1[$; crescente em $]-1,0]$; decrescente em $[0,1[$; decrescente em $]1,\infty[$.

(b) Decrescente $]-\infty,-1]$; crescente em $[-1,1[$; decrescente em $]1,\infty[$.

(c) Crescente em $]-\infty,-1]$; decrescente em $[-1,1]$; crescente em $[1,\infty[$.

(d) Crescente em $]-\infty,-1]$; decrescente em $[-1,1]$;crescente em $[1,\infty[$.

(e) Decrescente em $]-\infty,0]$; crescente em $[0,\infty[$.

(f) Decrescente em $]-\infty,0]$; crescente $[0,\infty[$.

28. Decrescente em $]0,1]$, crescente em $[1,\infty[$.

29. (a) e (c).

30. (a) Concavidade para cima em $]-\infty,1/2]$; concavidade para baixo em $[1/2,\infty[$. Ponto de inflexão : 1/2.

(b) Concavidade para cima $]-\infty,-1]$ e em $[1,\infty[$; concavidade para baixo em $[-1,1]$. Pontos de inflexão: –1 e 1.

(c) Concavidade para cima $]-\infty,-4[$; concavidade para baixo em $]-4,4[$; concavidade para cima em $]4,\infty[$. Não há pontos de inflexão.

(d) Concavidade para baixo em $]-\infty,-2]$; concavidade para cima $[-2,1[$; concavidade para cima em $]1,\infty[$. Ponto de inflexão : – 2.

(e) Concavidade para baixo em $]-\infty,-1]$; concavidade para cima $[-1,1]$; concavidade para baixo $[1,\infty[$. Pontos de inflexão: – 1 e 1.

31. Concavidade para cima em [a,m], em [n,p], em [q,b]; concavidade para baixo em [m,n] e em [p,q]. Pontos de inflexão : m, n, p, q.

32. São os pontos do arco cujas abscissas verificam $2 < x \leq 5$.

33. (b) g é negativa se $x < -1$, ou $x > 3$; g é positiva se $-1 < x < 3$. (c) h é negativa se $x < -2$, ou $-1 < x < 1$, ou $x > 3$; h é positiva se $-2 < x < -1$ ou $1 < x < 3$.

34. f é positiva se $x < 1$ ou $2 < x < 5$; f é negativa se $1 < x < 2$ ou $x > 5$.

35. (a) Concavidade para cima em $]-\infty,1]$ e em $[2,\infty[$; concavidade para baixo em [1,2]. Pontos de inflexão: 1 e 2.

(b) Concavidade para cima em R. Não há pontos de inflexão.

36. 24 graus Celsius; 13 horas.

37. $r = 2R/3$, $h = H/3$.

40. (a) $f^{-1}(x) = x^3 - 1$. (b) Não existe. (c) $f^{-1}(x) = \sqrt[5]{x^7 - 1}$. (d) $f^{-1}(x) = \dfrac{2x-3}{4x-2}$.

41. (a) 1/7. (b) 1/2.

42. (a) 83. (b) −63/5. (c) −2. (d) 2. (e) 1/9.
(f) 1/12. (g) 0. (h) 64/9. (i) 4/5.

43. (a) −1. (b) 1. (c) 1/8. (d) 1/32. (e) 2/3.

44. (a) 2. (b) 5. (c) ∞. (d) ∞.

45. (a) −∞. (b) ∞.

46. (d).

47. $c=1$ e $f(c) = 0$.

48. Em todos os pontos de $\mathbb{R} - \{x \in \mathbb{Z} \mid x \leq -1 \text{ ou } x \geq 2\}$.

49. Não.

50. 4.

51. (a) 0. (b) ln 2.

Capítulo 3

Integral e Sua Relação com a Derivada

§16- Primitiva
    (A)   Conceito
    (B)   Aplicação à função logaritmo neperiano
    (C)   Notação de Leibniz
    (D)   Propriedade de Linearidade

§17- Obtenção de uma função a partir de sua derivada
    (A)   O problema de valor inicial
    (B)   Aplicações

§18- Integral definida
    (A)   Conceito
    (B)   Propriedades
    (C)   Complementos

§19- Os dois teoremas fundamentais do Cálculo
    (A)   Primeiro Teorema Fundamental do Cálculo
    (B)   Segundo Teorema Fundamental do Cálculo

§20- Aplicações da integral definida
    (A)   Área da região entre gráficos
    (B)   Cálculo de volume
    (C)   Aplicações às ciências
    (D)   Valor médio de uma função
    (E)   Aplicações à Economia

Exercícios suplementares para o Capítulo 3

§16- PRIMITIVA

(A) Conceito

Motivação física. Vamos supor dada a velocidade escalar v de um movimento. Qual a função horária s desse movimento? Lembrando que $v = ds/dt$ (§9(A)), então estamos querendo achar uma função, a saber s, cuja derivada, a saber v, é dada. Concretamente: sendo $v(t) = 2t$, queremos achar s tal que $ds/dt = 2t$. Conforme veremos, existem muitas funções que resolvem o problema.

Motivação geométrica. Queremos achar uma função f, conhecendo em cada x do seu domínio a inclinação da reta tangente ao gráfico no ponto correspondente. Ou seja, queremos achar f, conhecida f'. Concretamente, sendo $f'(x) = 5/x$, queremos achar f.

Problemas dessa natureza serão focalizados no §17. Tendo em vista as motivações acima, introduzimos a seguinte definição:

Uma **primitiva da função f no intervalo I** é uma função F tal que

$$\frac{dF}{dX}(x) = f(x)$$

para todo x de I.

É preciso esclarecer que quando o intervalo I contém uma extremidade, a derivada nesse ponto deve ser entendida como derivada lateral à direita ou à esquerda, conforme a extremidade seja respectivamente inferior ou superior, de acordo com a seguinte definição:

Se x_0 é um ponto do domínio de f, os números

$$\lim_{x \to x_0^-} \frac{f(x) - f(x_0)}{x - x_0} \quad \text{e} \quad \lim_{x \to x_0^+} \frac{f(x) - f(x_0)}{x - x_0}$$

chamam-se, respectivamente, **derivada à esquerda de f em x_0** e **derivada à direita de f em x_0**, e são referidos coletivamente como **derivadas laterais em x_0**.

Assim, se $I = [a, \infty[$, a derivada em a é a derivada à direita.

Exemplo 16-1 Se $f(x) = x^2$, vamos tentar adivinhar uma primitiva de f. Como

$$\frac{dx^3}{dx} = 3x^2 \quad \text{então} \quad \frac{d}{dx}(\frac{1}{3}x^3) = x^2$$

de modo que uma primitiva F de f em um intervalo é dada por $F(x) = x^3/3$. Outra primitiva é dada por $x^3/3 + 2$, pois

$$\frac{d}{dx}(\frac{1}{3}x^3 + 2) = \frac{d}{dx}(\frac{1}{3}x^3) + \frac{d2}{dx} = x^2 + 0 = x^2$$

É claro que em lugar de 2 podemos tomar uma constante qualquer c, que ainda obtemos uma primitiva da função f. ◄

Observações.

(1) É imediato que se F é uma primitiva de f em um intervalo, F mais uma função constante também é uma primitiva de f nesse intervalo.
(2) Quando se fala em primitiva, deve-se especificar qual é o intervalo. No entanto, freqüentemente isto não será feito, subentendendo-se que a primitiva está sendo considerada no maior intervalo possível.

Colocamos agora a seguinte questão: Se F_1 e F_2 são primitivas de uma mesma função f em I, qual a relação entre F_1 e F_2? Para responder a isto, observemos que, como para todo x de I se tem

$$\frac{dF_1}{dx}(x) = f(x) = \frac{dF_2}{dx}(x) \quad \therefore \quad \frac{dF_1}{dx}(x) = \frac{dF_2}{dx}(x)$$

então

$$\frac{d(F_1 - F_2)}{dx}(x) = 0$$

o que significa que $F_1 - F_2$ é constante em I, de acordo com uma aplicação do Teorema do Valor Médio que vimos no §15. Se você preferir usar a intuição em lugar de recorrer a esse resultado, basta observar que se uma função h tem derivada nula em um intervalo, as correspondentes tangentes ao seu gráfico são *todas* horizontais, o que força o trecho correspondente do gráfico estar contido em uma reta horizontal, isto é, h é constante (no caso, $h(x) = F_1(x) - F_2(x)$). Reunindo este resultado com a observação anterior, podemos enunciar:

F_1 e F_2 são primitivas de f em um intervalo I se e somente se elas diferem por uma constante em I, isto é, existe um número c tal que

$$F_1(x) = F_2(x) + c$$

para todo x de I.

Pelo resultado acima, se adivinharmos uma primitiva particular de *f*, e a ela adicionarmos uma (função) constante, obteremos a expressão geral de uma primitiva de *f*.

Exemplo 16-2

(a) Se $f(x) = x^r$, $r \neq -1$, racional, uma primitiva F de f é dada por $f(x) = x^{r+1}/(r+1)$, pois

$$\frac{dF}{dx}(x) = \frac{1}{r+1}\frac{dx^{r+1}}{dx} = \frac{1}{r+1}(r+1)x^{r+1-1} = x^r$$

Portanto, sendo *c* uma constante arbitrária, uma primitiva qualquer de *f* tem por expressão $x^{r+1}/(r+1) + c$. ◄

(b) Para achar uma primitiva de *f* dada por $f(x) = 1/\sqrt{x}$, observamos que $1/\sqrt{x} = = 1/x^{1/2} = x^{-1/2}$. Podemos então aplicar o resultado em (a) para obter uma primitiva F de f:

$$F(x) = \frac{x^{-1/2+1}}{-1/2+1} = \frac{x^{1/2}}{1/2} = 2x^{1/2} = 2\sqrt{x}$$ ◄

e daí, a expressão de uma primitiva qualquer de *f*, que é $2\sqrt{x} + c$, *c* uma constante arbitrária. ◄

Exercício 16-1 Dê uma primitiva de *f*, nos casos

(a) $f(x) = 1$. (b) $f(x) = x$. (c) $f(x) = x^2$. (d) $f(x) = \sqrt{x}$. (e) $f(x) = \sqrt[3]{x^2}$.
(f) $f(x) = \sqrt[7]{x^9}$. (g) $f(x) = 1/\sqrt[7]{x^9}$. (h) $f(x) = x^{-2}$. (i) $f(x) = x^{-2/3}$. (j) $f(x) = \sqrt[4]{x^3}$.

Exercício 16-2 Verifique se F é primitiva de f, nos casos:

(a) $F(x) = x \ln x - x$, $f(x) = \ln x$. (b) $F(x) = \ln(\ln x)$, $f(x) = (x . \ln x)^{-1}$.
(c) $F(x) = 1/x$, $f(x) = \ln x$. (d) $F(x) = \ln(x-4) - \ln(x-3)$, $f(x) = 1/(x^2 - 7x + 12)$.

Exercício 16-3 Seja $f(x) = 1/x$, $x \neq 0$.

(a) Dê a derivada de $f(x) = \ln x$, $x > 0$. Conclua que F é uma primitiva de *f* no intervalo dado por $x > 0$.
(b) Calcule a derivada de $G(x) = \ln(-x)$, $x < 0$. Conclua que G é uma primitiva de *f* no intervalo dado por $x < 0$.
(c) Conclua que $\ln |x|$ é uma expressão para uma primitiva de *f* que serve tanto para o intervalo dado por $x < 0$ quanto para o intervalo dado por $x > 0$.

(B) Aplicação à função logaritmo neperiano

O fato de que duas primitivas diferem por uma constante, visto na seção anterior, permite estabelecer propriedades básicas da função logaritmo neperiano, conforme veremos a seguir.

Propriedade fundamental. Quaisquer que sejam os números reais positivos a e b, tem-se

$$ln(ab) = ln\ a + ln\ b$$

De fato, como

$$\frac{dln(ax)}{dx} = \frac{1}{ax} \cdot \frac{d(ax)}{dx} = \frac{1}{ax} \cdot a = \frac{1}{x}$$

e

$$\frac{dlnx}{dx} = \frac{1}{x}$$

então existe uma constante c tal que

$$ln(ax) = ln\ x + c$$

Fazendo $x = 1$, e lembrando que $ln\ 1 = 0$, resulta $ln\ a = c$. Assim,

$$ln(ax) = ln\ x + ln\ a$$

e a demonstração termina fazendo-se $x = b$. ◄

Observação. Como $b \cdot (a/b) = a$, então $ln[b \cdot (a/b)] = ln\ a$, ou, pela propriedade anterior, $ln\ b + ln(a/b) = ln\ a$, de modo que

$$ln(\frac{a}{b}) = lna - lnb \quad (a > 0, b > 0)$$

No exercício a seguir, indicaremos como provar que

$$ln(a^r) = r\ ln\ a \quad (a > 0, r\ \text{racional})$$

(relembremos que um número é racional se puder ser escrito como quociente de números inteiros).

Exercício 16-4 Seja r um número racional, e x um número real positivo.

(a) Calcule $\dfrac{dln(x^r)}{dx}$ e $\dfrac{d(rlnx)}{dx}$.

(b) Conclua que existe uma constante c tal que $ln(x^r) = r \ln x + c$.
(c) Faça $x = 1$ para determinar c.
(d) Prove que para $a > 0$ tem-se $ln(a^r) = r \ln a$.

(C) Notação de Leibniz

Uma notação tradicionalmente usada para designar uma primitiva de uma função f em um intervalo I é devida a Leibniz:

$$\int f(x)dx$$

Nesse contexto, f é chamada de **integrando** ou **função integranda**. Uma primitiva de f também é chamada de **antiderivada de f**, ou de **integral de f**.

Portanto, por definição de primitiva, temos, para todo x de I,

$$\frac{d}{dx}(\int f(x)dx) = f(x)$$

(subentende-se que a função do primeiro membro está calculada em x).

Observações.

(1) Esta notação parece estranha à primeira vista. O dx que aparece na notação tem o objetivo de facilitar o cálculo de primitivas, conforme veremos posteriormente (§27), do mesmo modo que a notação de Leibniz para derivada nos ajudou no cálculo de derivadas (§9).

(2) Vimos, na seção (A), que duas primitivas de uma mesma função diferem por uma constante, e que portanto se conhecermos uma primitiva da função, qualquer outra se obtém somando-se à primitiva uma constante. De acordo com isto, podemos então escrever

$$\int x^2 dx = \frac{x^3}{3}, \qquad \int x^2 dx = \frac{x^3}{3} + 2, \qquad \int x^2 dx = \frac{x^3}{3} + c.$$

onde c é uma constante arbitrária. Isto mostra que a notação de Leibniz comporta uma certa ambigüidade, no sentido de que a mesma notação está sendo usada para coisas diferentes.

(3) Permite-se escrever $\int dx$ e $\int \frac{f(x)dx}{g(x)}$ em lugar de $\int 1 dx$ e $\int \frac{f(x)}{g(x)} dx$, respectivamente.

Exercício 16-5 Sabendo que $\int f(x)dx = x/(x^2 + 1)$, determine $f(x)$.

Com a notação de Leibniz para uma primitiva podemos escrever as primitivas achadas na seção (A) (Exemplo 16-2 e Exercício 16-3) do seguinte modo:

$$\int x^r dx = \frac{x^{r+1}}{r+1}$$

$r \neq -1$, racional

$$\int \frac{dx}{x} = \ln|x|$$

(D) Propriedade de linearidade

A seguinte fórmula,

$$\int (mf + ng)(x)dx = m\int f(x)dx + n\int g(x)dx \qquad (\blacklozenge)$$

onde m e n são constantes, deve ser interpretada assim: conhecida uma primitiva de f, a saber $\int f(x)dx$, e uma primitiva de g, a saber $\int g(x)dx$, uma primitiva de $mf+ng$ é dada pelo segundo membro da fórmula acima, ou seja, é m vezes a primitiva de f mais n vezes a de g. A demonstração é simples, desde que você se lembre da definição de primitiva:

$$\frac{d}{dx}(m\int f(x)dx + n\int g(x)dx) = m\frac{d}{dx}\int f(x)dx + n\frac{d}{dx}\int g(x)dx = mf(x) + ng(x)$$

Esta relação nos diz que a função entre parênteses no primeiro membro é uma primitiva da função $mf(x) + ng(x)$, ou seja,

$$m\int f(x)dx + n\int g(x)dx = \int (mf + ng)(x)dx \qquad \triangleleft$$

Esta propriedade se estende para um número qualquer de funções.

Exemplo 16-3

(a) $\int (x - 2x^2 + 5x^3)\,dx = \int x\,dx - 2\int x^2\,dx + 5\int x^3\,dx$

$= \dfrac{x^2}{2} - 2\dfrac{x^3}{3} + 5\dfrac{x^4}{4}.$

$\triangleleft$

(b) $\int (x^2 - \frac{1}{2\sqrt{x}} + 1)dx = \int x^2 dx - \frac{1}{2}\int \frac{dx}{\sqrt{x}} + \int dx$

$= \frac{x^3}{3} - \frac{1}{2}\cdot\frac{x^{-1/2+1}}{-1/2+1} + x = \frac{x^3}{3} - x^{1/2} + x.$ ◀

(c) $\int (5 - \frac{3}{x})dx = \int 5dx - 3\int \frac{dx}{x} = 5x - 3lnx$ ◀

Observação. Podemos verificar se não erramos em contas, derivando o resultado obtido: devemos obter a função integranda (a que está sob o sinal de integral $\int$). Assim, se você derivar o último membro de (a), deverá obter $x - 2x^2 + 5x^3$.

ATENÇÃO. Observe o seguinte procedimento:

$$\int xdx = x\int dx = x.x = x^2 \ ?!$$

Você acha que está certo? Bem, certamente a propriedade (♦) não valida este procedimento. De onde será que veio essa idéia? Como você já deve ter aprendido, não se pode "chutar", não se pode afirmar algo que não tenha como suporte um resultado anterior. Ora, já temos uma fórmula para proceder corretamente, por que não usá-la? Eis um procedimento correto:

$$\int xdx = \frac{x^2}{2}$$

Portanto, cuidado! Para calcular $\int f(x)g(x)dx$, você não pode tirar $f(x)$ para fora do sinal de integral, a não ser que f seja constante, o mesmo comentário valendo evidentemente para $g(x)$. Assim,

$$\int x.x^{4/3}dx \neq x\int x^{4/3}dx, \ \int x.x^{4/3}dx \neq x^{4/3}\int xdx$$

Quer saber como fazer? Simples: $x.x^{4/3} = x^{1+4/3} = x^{7/3}$; logo,

$$\int x.x^{4/3}dx = \int x^{7/3}dx = \frac{x^{7/3+1}}{7/3+1} = \frac{x^{10/3}}{10/3} = \frac{3}{10}x^{10/3}$$

Exercício 16-6 Calcule, e verifique o resultado por derivação:

(a) $\int (4x^5 + 5x^4 + 2)dx.$ (b) $\int (1 - 3\sqrt{x} + x)dx.$ (c) $\int (7x^6 + \sqrt[3]{x})dx.$

(d) $\int (10 - \frac{1}{x}) dx$. (e) $\int (\sqrt[7]{x^3} + \frac{2}{x}) dx$. (f) $\int \frac{x^3 - 2x}{x^2} dx$.

(g) $\int (x\sqrt[3]{x^2}) dx$. (h) $\int \sqrt{x}(x^2 - 1) dx$. (i) $\int x(x+1)^2 dx$.

Respostas dos exercícios do §16

16-1 (a) x.   (b) $x^2/2$.   (c) $x^3/3$.   (d) $2x^{3/2}/3$.   (e) $3x^{5/3}/5$.

(f) $7x^{16/7}/16$.   (g) $-7x^{-2/7}/2$.   (h) $-1/x$.   (i) $3x^{1/3}$.   (j) $4x^{7/4}/7$.

16-2 (a) Sim.   (b) Sim.   (c) Não.   (d) Sim.

16-3 (a) $1/x$.   (b) $1/x$.

16-4 (a) r/x.   (c) $c = 0$.

16-5 $\dfrac{1-x^2}{(1+x^2)^2}$.

16-6 As respostas não são únicas, pois estamos interpretando os símbolos acima como uma primitiva. Porém, qualquer resposta se obtém da que daremos, somando-se a ela uma constante.

(a) $\dfrac{2x^6}{3} + x^5 + 2x$.   (b) $x - 2x^{3/2} + \dfrac{x^2}{2}$.   (c) $x^7 + \dfrac{3x^{4/3}}{4}$.

(d) $10x - ln\,|x|$.   (e) $\dfrac{7x^{10/7}}{10} + 2ln\,|x|$.   (f) $\dfrac{x^2}{2} - 2ln\,|x|$.

(g) $\dfrac{3x^{8/3}}{8}$.   (h) $\dfrac{2x^{7/2}}{7} - \dfrac{2x^{3/2}}{3}$.   (i) $\dfrac{x^4}{4} + \dfrac{2x^3}{3} + \dfrac{x^2}{2}$.

---

§17- OBTENÇÃO DE UMA FUNÇÃO A PARTIR DE SUA DERIVADA

(A) O problema de valor inicial

Suponha que f é uma função derivável em um intervalo I. Então f é uma primitiva de df/dx em I pois por definição, uma tal primitiva é uma função F tal que

$$\frac{dF}{dx}(x) = \frac{df}{dx}(x)$$

para todo x de I, e é claro que $F = f$ cumpre este papel. Portanto, usando a notação de Leibniz para primitiva, podemos escrever a expressão geral de uma primitiva de df/dx em I:

$$\int \frac{df}{dx}(x)dx = f(x) + d$$

onde d é uma constante arbitrária. Portanto, fazendo $c = -d$, obtemos

$$\boxed{f(x) = \int \frac{df}{dx}(x)dx + c}$$

(♣)

c uma constante arbitrária. (Às vezes escreve-se $\frac{df}{dx}$ em lugar de $\frac{df}{dx}(x)$, para aliviar a notação.)

Esta fórmula nos diz que conhecida a derivada de uma função, esta não está determinada, pois a constante c é arbitrária. Na verdade, obtemos uma infinidade de funções, uma para cada valor de c, cujos gráficos diferem entre si por uma "translação verical", conforme ilustrado na Figura 17-1. Fica evidente que se impusermos que para $x = x_0$ a função deve assumir o valor y_0, isto é, $f(x_0) = y_0$, então c fica determinado, e assim f fica determinada. Isto é ilustrado no exemplo a seguir.

Exemplo 17-1 Determine a função f, sabendo que $f'(x) = \sqrt[5]{x^4} + 2x + \frac{1}{x} + 4$, e que $f(1) = 5/9$.

Resolução. Como $f'(x) = \sqrt[5]{x^4} + 2x + \frac{1}{x} + 4$, então, pela fórmula acima, temos

$$f(x) = \int (\sqrt[5]{x^4} + 2x + \frac{1}{x} + 4)\,dx + c = \int x^{4/5}dx + 2\int x\,dx + \int \frac{dx}{x} + 4\int dx + c$$

$$= \frac{x^{4/5+1}}{\frac{4}{5}+1} + 2\frac{x^2}{2} + \ln|x| + 4x + c = \frac{5}{9}x^{9/5} + x^2 + \ln|x| + 4x + c$$

Impondo que $f(1) = 5/9$, resulta

$$\frac{5}{9} = \frac{5}{9}.1^{9/5} + 1^2 + \ln 1 + 4.1 + c \qquad \therefore \qquad c = -5$$

logo, substituindo na expressão de $f(x)$, e observando que estamos em um intervalo em que $x > 0$, vem

$$f(x) = \frac{5}{9}x^{9/5} + x^2 + \ln x + 4x - 5 \qquad \blacktriangleleft$$

Observação. O problema de determinação de uma função f de derivada dada, conhecendo-se um ponto (x_0, y_0) por onde seu gráfico passa, é conhecido como **problema de valor inicial**, e a condição $y_0 = f(x_0)$ é referida como **condição inicial**. Esta nomenclatura é usada no contexto da teoria das Equações Diferenciais.

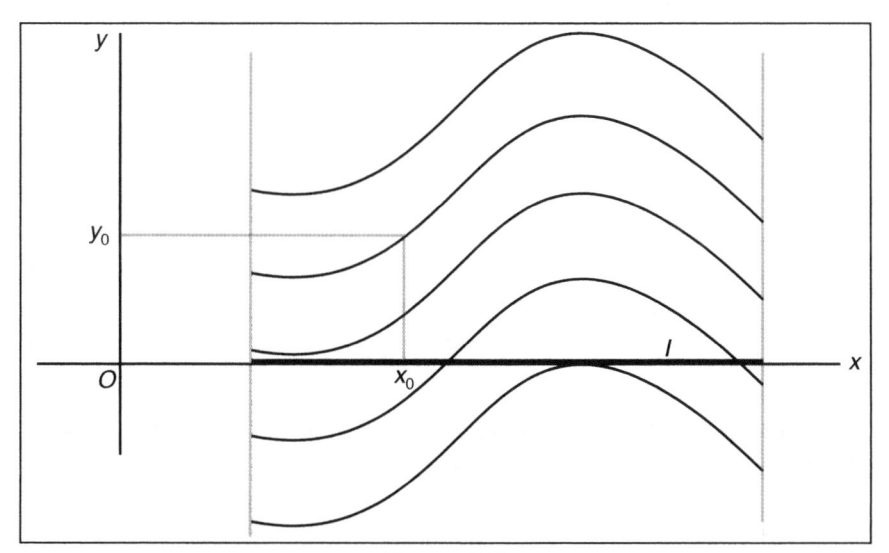

Figura 17-1

Exercício 17-1 Determine a função f tal que $f'(x) = 5x^3 - 2x + 15$, com $f(0) = -1$.

Exercício 17-2 Sabendo que $u'(t) = 3\sqrt{t} - 19t^3 \cdot \sqrt[3]{t^7}$, e que $u(1) = 1$, determine a função u.

Exercício 17-3 Resolva o problema de valor inicial, em cada caso:

(a) $f'(x) = \dfrac{2x^2 - \sqrt{x}}{x}$, $f(4) = 13$. (b) $u'(t) = \sqrt{t}\,(2 - t^4 + t\sqrt[4]{t})$, $u(1) = 50/33$.

(B) Aplicações

Nos exemplos e exercícios a seguir, trata-se de resolver um problema de valor inicial, só que o enunciado não explicita isto. Para colocar o enunciado como um problema de valor inicial, é necessário saber as definições das grandezas em jogo. Por exemplo, em um movimento de função horária s, a velocidade escalar é definida por $v = ds/dt$. Então, se for pedida a função horária s, sendo dada a velocidade escalar, escrevemos

$$s(t) = \int v(t)\,dt + c$$

onde a constante c se determina através de uma condição inicial dada, $s(t_0) = s_0$. Vejamos um exemplo para que você entenda melhor o que quisemos dizer.

Exemplo 17-2 A velocidade escalar em um movimento é dada por $v(t) = t^{2/3}$. Ache a função horária do movimento, sabendo que ela vale 1 no instante $t = 0$.

Resolução. Temos

$$s(t) = \int v(t)dt + c = \int t^{2/3} dt + c = \frac{t^{2/3+1}}{\frac{2}{3}+1} + c = \frac{t^{5/3}}{\frac{5}{3}} + c$$

ou seja,

$$s(t) = \frac{3t^{5/3}}{5} + c$$

Foi dado que $s(0) = 1$. Fazendo $t = 0$ na equação acima resulta $s(0) = c$, ou seja, $1 = c$. Substituindo na expressão de $s(t)$, vem

$$s(t) = \frac{3t^{5/3}}{5} + 1$$ ◄

Exercício 17-4 No movimento de uma partícula tem-se $v(t) = t^6$. Determine:

(a) A função horária mais geral relativa a essa velocidade.
(b) A função horária que, para $t = 1$, toma o valor -2 (isto é, tal que $s(1) = -2$).

Exercício 17-5 A aceleração escalar, relembremos, é dada por $a = dv/dt$. Sendo $a(t) = 1/t$, $(t > 0)$, e sabendo que a velocidade escalar vale 2 no instante $t = 1$, determine v.

Exercício 17-6 Um balão esférico tem seu volume V expandindo-se, no instante t, a uma taxa de t^2 (isto é, $dV/dt = t^2$). Sabendo que seu volume no instante inicial $t = 0$ vale 3, determine:

(a) Seu volume como função de t.   (b) Seu volume no instante $t = 3$.

Exercício 17-7 Determine uma função f, sabendo que ela toma o valor 2 em $x = 0$, conhecendo a inclinação da reta tangente ao seu gráfico no ponto de abscissa x, a qual vale $15x\sqrt{x} - 5 + 5\sqrt[3]{x^2}$.

Exercício 17-8 Um veículo desvaloriza-se a uma taxa proporcional ao tempo decorrido após sua aquisição. Sabendo que foi comprado a 3000 u.m. e que após um ano vale 2900 u.m., determine seu valor 4 anos após sua aquisição. (Lembrete: u.m. é abreviatura de unidade monetária.)

Exemplo 17-3

(a) O custo marginal para produção de uma quantidade x de um bem é dado por $C_{mg}(x) = 9\sqrt{x} + 4$. Sabendo que o custo fixo é 40, determine a função custo.

(b) O custo médio marginal relativo à produção de um bem é dado por $(C_m)_{mg} = 2x - 12 - 30/x^2$. Calcule o custo total, sabendo que o custo para produzir uma unidade é 79.

Resolução.

(a) Conforme vimos no §9(C), temos $C_{mg} = dC/dx$; logo,

$$C(x) = \int C_{mg}(x)dx + c = \int (9\sqrt{x} + 4)dx + c = 9\frac{x^{1/2+1}}{1/2+1} + 4x + c$$

ou seja,

$$C(x) = 6\sqrt{x^3} + 4x + c$$

O custo fixo é obtido fazendo $x = 0$ na expressão acima: $C(0) = c$. Tal custo fixo foi dado como 40; logo, $c = 40$. Substituindo na expressão de $C(x)$ vem

$$C(x) = 6\sqrt{x^3} + 4x + 40 \qquad \triangleleft$$

(b) De acordo com a definição geral do conceito marginal em Economia (§9(C)), temos que $(C_m)_{mg} = dC_m/dx$, logo

$$C_m(x) = \int (C_m)_{mg}(x)dx + c = \int (2x - 12 - \frac{30}{x^2})dx + c = x^2 - 12x + \frac{30}{x} + c$$

Neste caso, não foi dada uma condição inicial para C_m, ou seja, não foi adiantado nenhum valor dessa função, o que, se fosse feito, permitiria a determinação da constante c. Mas isto não importa, pois foi dada uma condição inicial para C. Ora, $C_m(x) = C(x)/x$, de modo que $C(x) = xC_m(x)$; logo,

$$C(x) = x^3 - 12x^2 + 30 + cx$$

Agora, usamos o dado $C(1) = 78$. Substituindo na expressão acima, vem

$$78 = 1^3 - 12.1^2 + 30 + c.1$$

de onde resulta $c = 59$. Portanto,

$$C(x) = x^3 - 12x^2 + 30 + 59x \qquad \triangleleft$$

Exercício 17-9 O custo marginal sendo dado por $C_{mg}(x) = 7\sqrt[3]{x^4}$, determine a função custo, sabendo que o custo fixo é 10.

Exercício 17-10 O custo médio marginal sendo dado por $(C_m)_{mg}(x) = x^2 - \dfrac{20}{x^2}$, determine a função custo, sabendo que o custo para produzir 3 unidades é 47.

Exercício 17-11 A receita marginal sendo dada por $R_m(x) = 5 - \dfrac{3x}{2}$, pede-se equação de demanda.

Respostas dos exercícios do §17

17-1 $f(x) = \dfrac{5x^4}{4} - x^2 + 15x - 1.$

17-2 $u(t) = 2\sqrt{t^3} - 3\sqrt[3]{t^{19}} + 2.$

17-3 (a) $f(x) = x^2 - 2\sqrt{x} + 1.$ (b) $u(t) = \dfrac{4\sqrt{t^3}}{3} - \dfrac{2\sqrt{t^{11}}}{11} + \dfrac{4\sqrt[4]{t^{11}}}{11}.$

17-4 (a) $\dfrac{t^7}{7} + c.$ (b) $s(t) = \dfrac{t^7 - 15}{7}.$

17-5 $v(t) = \ln t + 2.$

17-6 (a) $\dfrac{t^3}{3} + 3.$ (b) 12.

17-7 $6\sqrt{x^5} - 5x + 3\sqrt[3]{x^5} + 2.$

17-8 1400 u.m.

17-9 $3\sqrt[3]{x^7} + 10.$

17-10 $20 + \dfrac{x^4}{3}.$

17-11 $3x + 4p = 20.$

---

§18- INTEGRAL DEFINIDA

(A) Conceito

Dada uma função f não negativa no intervalo $[a, b]$, $a < b$, isto é, $f(x) \geq 0$ nesse intervalo, queremos achar a área da região limitada pelo gráfico de f, pelas retas $x = a$ e $x = b$, e pelo eixo Ox (Figura 18-1(a)). Tal região será referida como **região sob a curva** $y = f(x)$, $a \le x \le b$, ou como **região sob o gráfico de** f, **de a a b**.

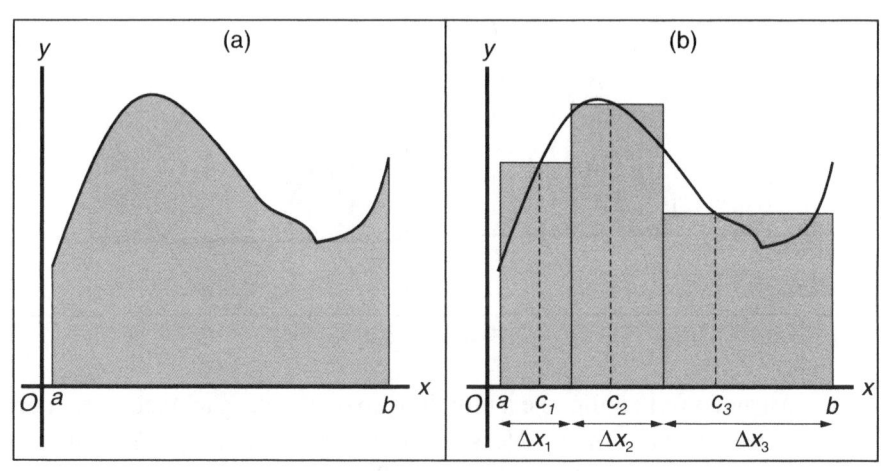

Figura 18-1

Para isso, dividimos $[a, b]$ em n subintervalos. Escolhendo c_1 no primeiro subintervalo, c_2 no segundo e assim por diante, formemos a soma

$$f(c_1)\Delta x_1 + f(c_2)\Delta x_2 + \ldots + f(c_n)\Delta x_n$$

onde Δx_1 é o comprimento do primeiro subintervalo, Δx_2 o do segundo, etc. Na Figura 18-1(b) ilustramos uma divisão em três partes.

A soma acima é chamada de **soma de Riemann** de f, e se escreve de modo abreviado na forma de uma somatória:

$$\sum_{i+1}^{n} f(c_i)\Delta x_i \qquad (\star)$$

Claramente, cada parcela é área de um retângulo, e a soma acima pode ser pensada como uma aproximação da área $\mathbb{A}$ que queremos achar. Chamemos de **amplitude** da divisão ao maior dos Δx_i, indicado por $max\ \Delta x_i$. Vemos que, no caso da Figura 18-1, se aumentarmos n de modo que a nova amplitude seja menor que a anterior, a soma $(\star)$ fica mais próxima de $\mathbb{A}$, como a Figura 18-2(a) ilustra. Na verdade, espera-se que as somas de Riemann fiquem arbitrariamente próximas de $\mathbb{A}$ para todas as divisões de amplitudes suficientemente próximas de 0 (para quaisquer escolhas dos pontos c_i). Indica-se assim:

$$\mathbb{A} = \lim_{max\Delta x_1 \to 0} \sum_{i=1}^{n} f(c_i)\Delta x_i \qquad (\heartsuit)$$

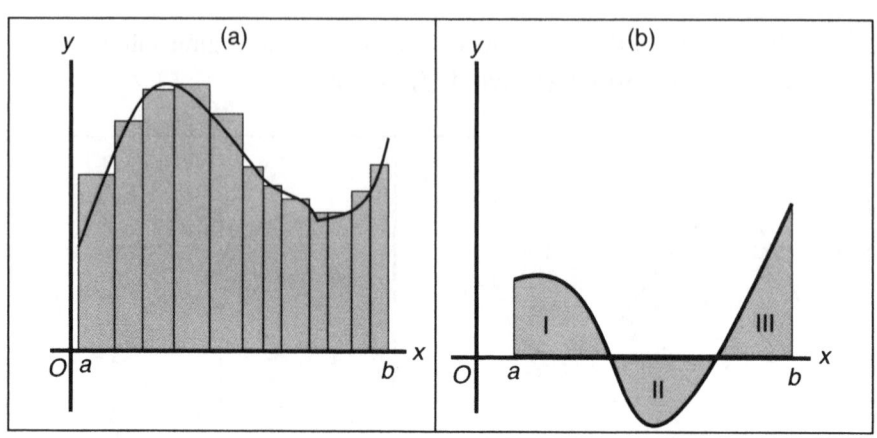

Figura 18-2

A construção feita aplica-se a uma função qualquer, não necessariamente verificando $f(x) \geq 0$ no intervalo $[a, b]$. Nesse caso, cada retângulo que fica abaixo de Ox corresponde a uma parcela negativa da soma de Riemann, a saber, a área desse retângulo afetada do sinal menos. Assim, o segundo membro de (♥) nos dá o saldo das áreas, ou seja, a soma das áreas afetadas de sinal. Por exemplo, no caso da Figura 18-2(b), o referido segundo membro é

área da região I – área da região II + área da região III

Utilizaremos o seguinte símbolo :

$$\int_a^b f = \lim_{max\Delta x_i \to 0} \sum_{i=1}^n f(c_i)\Delta x_i \qquad (\clubsuit)$$

Tal número, caso exista, chama-se **integral definida de f em $[a, b]$,** ou **integral de f de a a b,** e a função f é dita **integrável em $[a, b]$**. Nesse contexto, f é chamada de **integrando.**

De acordo com o exposto, temos a seguinte importante

INTERPRETAÇÃO GEOMÉTRICA DA INTEGRAL DEFINIDA

Se f é não negativa em $[a, b]$, $\int_a^b f$ é a área da região sob o gráfico de f, de a a b.

Observação. Apenas como curiosidade, informaremos que a função de Dirichlet, definida por $f(x) = 0$ se x é irracional e $f(x) = 1$ se x é racional, não é integrável em nenhum intervalo $[a, b]$, com $a < b$.

Informamos uma condição que garante a integrabilidade:

{ Uma função contínua em um intervalo [a, b] é integrável nesse intervalo.

Exemplo 18-1 Se $f(x) = 3$, então uma soma de Riemann qualquer de f em [a, b] é

$$\sum_{i=1}^{n} f(c_i)\Delta x_i = f(c_1)\Delta x_1 + f(c_2)\Delta x_2 + \ldots + f(c_n)\Delta x_n$$

$$= 3(\Delta x_1 + \Delta x_2 + \ldots + \Delta x_n) = 3(b - a)$$

Logo, é intuitivo que o segundo membro de (♥) é $3(b - a)$. Assim,

$$\int_a^b f = 3(b - a)$$

◄

O resultado poderia ser obtido geometricamente, calculando a área da região sob o gráfico de f, de a a b, que é um retângulo (Figura 18-3(a)), de dimensões $b - a$ e 3. ◄

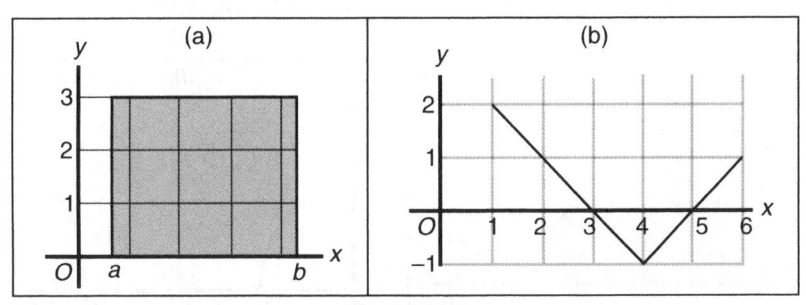

Figura 18-3

Exercício 18-1 Calcule $\int_1^6 f, \int_1^4 f, \int_2^6 f, \int_3^5 f$, o gráfico de f estando representado na Figura 18-3(b).

Exercício 18-2 Calcule $\int_{-1}^{1} f$, nos casos:

(a) $f(x) = 4$.   (b) $f(x) = -5$.   (c) $f(x) = x + 1$.   (d) $f(x) = 2x$.   (e) $f(x) = \sqrt{1 - x^2}$.

(*Lembrete*: a área de um círculo de raio r é πr^2.)

Exercício 18-3 A função contínua f, cujo domínio é $[-a, a]$, $a > 0$, é positiva em [0, a]. Use sua intuição e a interpretação geométrica da integral definida para se convencer do seguinte:

(a) Se f é ímpar, então $\int_{-a}^{a} f = 0$.   (b) Se f é par, então $\int_{-a}^{a} f = 2\int_0^a f$.

Observação. Os resultados do exercício anterior valem mesmo que a função não seja positiva em [0, *a*], e para *f* integrável. Eles economizam trabalho em cálculo de integrais.

Exercício 18-4 É dado que $\int_0^4 f = 3$. Calcule:

(a) $\int_{-4}^{4} f$, sendo *f* par. (b) $\int_{-4}^{0} f$, sendo *f* ímpar. (c) $\int_{-4}^{0} f$, sendo *f* par. (d) $\int_{-4}^{4} f$, sendo *f* ímpar.

(B) Propriedades

Enunciaremos algumas propriedades da integral definida, as quais, interpretadas como área, são plausíveis. Por exemplo, se $a < c < b$ temos

$$\int_a^c f + \int_c^b f = \int_a^b f$$

o que exprime, se $f(x) \geq 0$ em [*a*, *b*], que a área sob o gráfico de *a* a *c* mais a área sob o gráfico de *c* a *b* é igual à área sob o gráfico de *a* a *b* (Figura 18-4(a)).

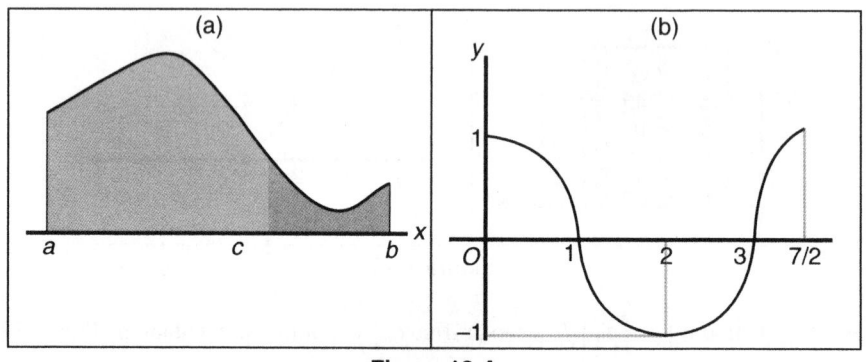

Figura 18-4

Neste ponto convém definir

$$\begin{cases} \int_a^a f = 0 \quad \text{e} \quad \int_r^s f = -\int_s^r f \text{ se } r > s \end{cases}$$

Com estas definições, a propriedade acima citada pode ser enunciada sem a restrição $a < c < b$:

(I_1) Se a, b, c são pontos de um intervalo onde f é integrável, então

$$\int_a^c f + \int_c^b f = \int_a^b f$$

Exercício 18-5 O gráfico de uma função f está representado na Figura 18-4(b), os trechos para x entre 0 e 1 e entre 1 e 3 sendo partes de circunferências, cada uma de raio 1 e centro no eixo Ox. Sabendo que a área sob o gráfico de f de 3 a 7/2 vale $\pi/6$, calcule:

(a) $\int_1^0 f.$ (b) $\int_0^3 f.$ (c) $\int_0^{7/2} f.$ (d) $\int_1^2 f + \int_2^3 f.$ (e) $\int_1^3 f + \int_3^2 f.$ (f) $\int_2^2 f.$

Para a próxima propriedade, considere uma função f integrável em $[a, b]$, e sejam m e M números reais, com $m \leq M$. Para a motivação geométrica a seguir, vamos supor a função positiva no intervalo dado, e $0 \leq m$.

- Se $m \leq f(x)$ para todo x de $[a, b]$, isto significa que a parte do gráfico de f relativa a esse intervalo está acima da reta de equação $y = m$ ou toca nela (Figura 18-5(a)), e assim o retângulo acinzentado mostrado está contido na região sob o gráfico de f de a a b, o que acarreta que a área do retângulo é menor ou igual à área da região, ou seja,

$$m(b-a) \leq \int_a^b f$$

- Se $f(x) \leq M$ para todo x de $[a, b]$, isto significa que a parte do gráfico de f relativa a esse intervalo está abaixo da reta de equação $y = M$ ou toca nela (Figura 18-5(a)), e um raciocínio semelhante ao feito acima nos conduz a

$$\int_a^b f \leq M(b-a)$$

onde o retângulo envolvido agora é o tracejado na referida figura.

- Portanto, se $m \leq f(x) \leq M$, para todo x de $[a, b]$, podemos concluir que

$$m(b-a) \leq \int_a^b f \leq M(b-a)$$

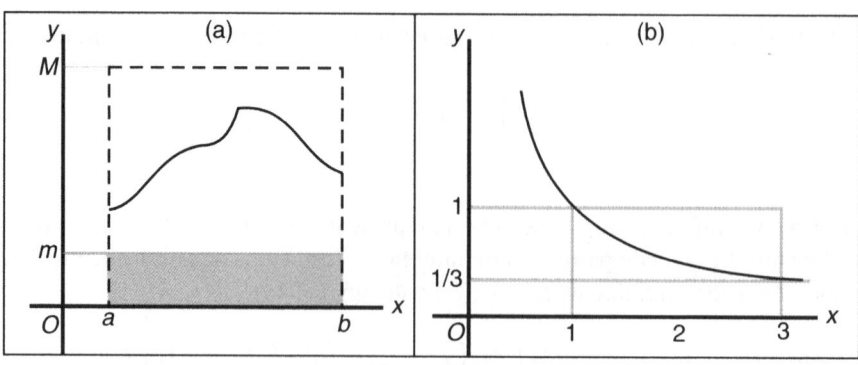

Figura 18-5

O resultado geral é o seguinte (não se supõe necessariamente $f(x) \geq 0$ em $[a, b]$):

(I_2) Seja f integrável em $[a, b]$, e m e M números reais.

- Se $m \leq f(x)$ para todo x de $[a, b]$, então $m(b-a) \leq \int_a^b f$.

- Se $f(x) \leq M$ para todo x de $[a, b]$, então $\int_a^b f \leq M(b-a)$.

- Se $m \leq f(x) \leq M$ para todo x de $[a, b]$, então $m(b-a) \leq \int_a^b f \leq M(b-a)$.

Exemplo 18-2 Vamos *definir* a função logaritmo neperiano, que apareceu no §6. Sendo $f(x) = 1/x$, definimos

$$\ln x = \int_1^x f \qquad (x > 0)$$

Note que sendo f contínua no intervalo dado por $x > 0$, então, como vimos no parágrafo anterior, f é integrável no intervalo de extremidades 1 e x, $x > 0$ qualquer.

Fazendo $x = 1$, o segundo membro vale 0; logo,

$$\ln 1 = 0$$

Observando a Figura 18-5(b), vemos que em [1, 3] tem-se $1/3 \leq f(x) \leq 1$; logo, pela propriedade(I_2), podemos escrever

$$\frac{1}{3}(3-1) \leq \int_1^3 f \leq 1.(3-1)$$

ou seja,

$$\frac{2}{3} \leq ln3 \leq 2$$ ◄

Exercício 18-6 Mostre que (a) $3/4 \leq ln\ 4 \leq 3$. (b) $9/10 \leq ln\ 10 \leq 9$.

Para a próxima propriedade, considere a Figura 18-6(a), onde se representa o gráfico de uma função f, contínua no intervalo $[a, b]$. Representamos também um retângulo, com a intenção de que sua área seja igual à da região sob o gráfico de f de a a b.

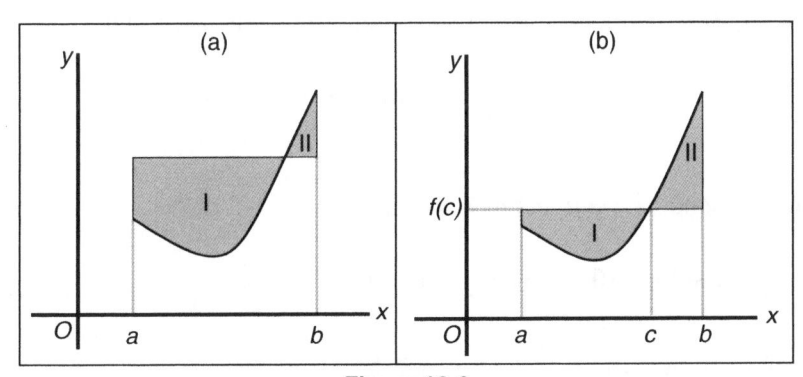

Figura 18-6

Claramente, isto não foi conseguido, pois a área da região I não é igual à da região II. Porém, vemos que descendo progressivamente o lado superior do retângulo, a área da região I diminui e a da região II aumenta. Parece que vai haver uma posição em que estas áreas são iguais, como se mostra na Figura 18-6(b). Nesse caso, a área do retângulo é igual à da região sob o gráfico de f, de a a b. Observe que, sendo c como mostrado nessa última figura, a área do retângulo é $f(c)(b - a)$, e como a referida área da região sob o gráfico é a integral de f de a a b, devemos ter

$$f(c)(b-a) = \int_a^b f$$

Este é o conteúdo do seguinte resultado:

(I_3) Se f é contínua em $[a, b]$, então existe c desse intervalo tal que

$$f(c)(b-a) = \int_a^b f$$

Exercício 18-7 Determine c como na propriedade acima, nos casos:

(a) $f(x) = x + 1$, $0 \le x \le 1$. (b) $f(x) = 2x + 1$, $0 \le x \le 2$. (c) $f(x) = \sqrt{1-x^2}$, $-1 \le x \le 1$.

A seguinte propriedade é referida como **linearidade da integral definida**:

(I_4) Se f e g são integráveis em $[a, b]$ então

$$\text{(i)} \int_a^b (f+g) = \int_a^b f + \int_a^b g \qquad \text{(ii)} \int_a^b cf = c \int_a^b f \qquad c \text{ real}$$

ou, equivalentemente, se m e n são números reais quaisquer,

$$\int_a^b (mf + ng) = m \int_a^b f + n \int_a^b g$$

Exemplo 18-3 Sendo $\int_{-1}^4 f = 10$ e $\int_{-1}^4 g = -6$, temos

(a) $\int_{-1}^4 (f+g) = \int_{-1}^4 f + \int_{-1}^4 g = 10 + (-6) = 10 - 6 = 4$.

(b) $\int_{-1}^4 5f = 5 \int_{-1}^4 f = 5.10 = 50$.

(c) $\int_{-1}^4 (2f - 3g) = 2 \int_{-1}^4 f - 3 \int_{-1}^4 g = 2.10 - 3.(-6) = 38$.

Exercício 18-8 Sabendo que $\int_8^{13} f = 2$ e que $\int_8^{13} g = -2$, calcule:

(a) $\int_8^{13} (f+g)$. (b) $\int_8^{13} (f-g)$. (c) $\int_8^{13} (3f + 5g)$. (d) $\int_8^{13} (-f + 2g)$.

Exercício 18-9 Sabendo que $\int_1^0 f = 3$, $g(x) = 2x$, calcule $\int_0^1 (f+g)$.

Exercício 18-10 Sabendo que a função f é par, a função g é ímpar, $\int_{-1}^1 f = 4$, $\int_0^1 g = -2$, Calcule:

(a) $\int_{-1}^1 (2f - 5g)$. (b) $\int_0^1 (f - 4g)$.

(C) Complementos

(1) Demonstração da propriedade (I_3)

Como f é contínua, então, pelo Teorema de Weierstrass (§14), existem x_1 e x_2 em $[a, b]$ tais que, para todo x desse intervalo, tem-se

$$f(x_1) \leq f(x) \leq f(x_2)$$

Então, pela propriedade (I_2), vista neste parágrafo, podemos escrever

$$f(x_1)(b-a) \leq \int_a^b f \leq f(x_2)(b-a) \quad \therefore \quad f(x_1) \leq \frac{1}{b-a}\int_a^b f \leq f(x_2)$$

Pelo Teorema do Valor Intermediário(§14), existe c do intervalo de extremidades x_1 e x_2 tal que $f(c)$ atinge o valor $\dfrac{1}{b-a}\displaystyle\int_a^b f$ (intermediário entre $f(x_1)$ e $f(x_2)$):

$$f(c) = \frac{1}{b-a}\int_a^b f$$

o que termina a demonstração. ◀

(2) Desigualdades com integrais

Os itens (a) e (b) a seguir são evidentes do ponto de vista geométrico, quando se interpreta integral como área:

(I_5) (a) Se $f(x) \geq 0$ em $[a, b]$, e f é integrável nesse intervalo, então $\displaystyle\int_a^b f \geq 0$.

(b) Se $f(x) \leq g(x)$ em $[a, b]$, e f e g são integráveis nesse intervalo, então $\displaystyle\int_a^b f \leq \int_a^b g$.

(c) Se f é integrável em $[a, b]$, então $|f|$ também é, e $\left|\displaystyle\int_a^b f\right| \leq \displaystyle\int_a^b |f|$

onde $|f|$ é definida por $|f|(x) = |f(x)|$.

A demonstração de (a) decorre de (I_2) (fazendo $m = 0$). Quanto a (b), temos $g(x) - f(x) \geq 0$ em $[a, b]$, e daí $\int_a^b (g - f) \geq 0$, por (a). Usando (I_4) vem $\int_a^b g - \int_a^b f \geq 0$, que equivale à tese. Quanto a (c), a demonstração da integrabilidade de $|f|$ está fora dos nossos objetivos, e a demonstração da desigualdade, que faremos, usa o seguinte: sendo $a \geq 0$, $|x| \leq a$ equivale a $-a \leq x \leq a$.

A dupla desigualdade $-|f(x)| \leq f(x) \leq |f(x)|$ nos dá, por (b),

$$\int_a^b (-|f|) \leq \int_a^b f \leq \int_a^b |f| \quad \therefore \quad -\int_a^b |f| \leq \int_a^b f \leq \int_a^b |f|$$

onde usamos (I_4). Pela propriedade acima recordada, isto equivale a

$$\left| \int_a^b f \right| \leq \int_a^b |f|$$

◁

Na Figura 18-7 ilustramos esse resultado, onde ocorre o sinal <. De fato, **para o caso dessa figura**, temos

$\left| \int_a^b f \right| =$ |área de (α) – área de (β) + área de (γ)| = área de (α) – área de (β) + área de (γ)

$\int_a^b |f| =$ área de (α) + área de (β') + área de (γ) = área de (α) + área de (β) + área de (γ)

Logo,

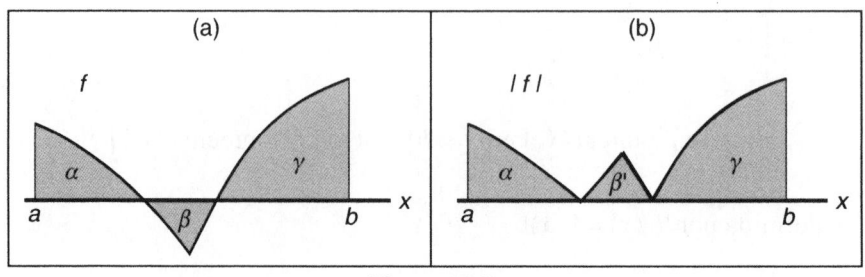

$$\left| \int_a^b f \right| < \int_a^b |f|.$$

Figura 18-7

Respostas dos exercícios do § 18

18-1 3/2, 3/2, 0, – 1.

18-2 (a) 8.   (b) – 10.   (c) 2.   (d) 0.   (e) $\pi/2$.

18-4 (a) 6.   (b) – 3.   (c) 3.   (d) 0.

18-5 (a) $-\pi/4$.   (b) $-\pi/4$.   (c) $-\pi/12$.   (d) $-\pi/2$.   (e) $-\pi/4$.   (f) 0.

18-7 (a) 1/2.   (b) 1.   (c) $\pm\sqrt{1-\pi^2/16}$.

18-8 (a) 0.   (b) 4.   (c) – 4.   (d) – 6.

18-9 – 2.

18-10 (a) 16.   (b) 12.

§19- OS DOIS TEOREMAS FUNDAMENTAIS DO CÁLCULO

(A) Primeiro Teorema Fundamental do Cálculo

Parece, à primeira vista, não haver relação alguma entre o problema de calcular a inclinação de reta tangente a gráfico de função e o problema de calcular a área de uma região sob o gráfico de função, ou seja, entre derivada e integral. No entanto, tal relação existe, e graças a ela o Cálculo é uma teoria rica. Parece que a primeira pessoa a se dar conta dessa relação foi Isaac Barrow (1630-1677), mas os primeiros que realmente a entenderam e a exploraram foram Isaac Newton (1642-1727), aluno de Barrow, e Gottfried Wilhelm von Leibniz (1646-1716), considerados os fundadores do Cálculo (independentemente um do outro). O objetivo deste parágrafo é revelar esta ligação entre derivada e integral (Primeiro Teorema Fundamental do Cálculo), e mostrar como conseqüência a relação entre integral definida e primitiva (Segundo Teorema Fundamental do Cálculo).

Sendo f uma função contínua em um intervalo I, tomemos c desse intervalo, e consideremos a função A, tendo I por domínio, dada por

$$A(x) = \int_c^x f$$

(para a qual uma notação melhor seria A_c). Suponhamos $f(x) \geq 0$ para todo x em I.

- Se $x \geq c$, $A(x)$ é a área sob o gráfico de f de c a x. Na Figura 19-1(a), $A(x)$ é a área da região α.
- Suponhamos agora $x < c$. Como

$$A(x) = \int_c^x f = -\int_x^c f$$

vemos que $A(x)$ é a área da região sob o gráfico de f de x a c, afetada do sinal menos. Na Figura 19-1(b), $A(x)$ é menos a área da região β.

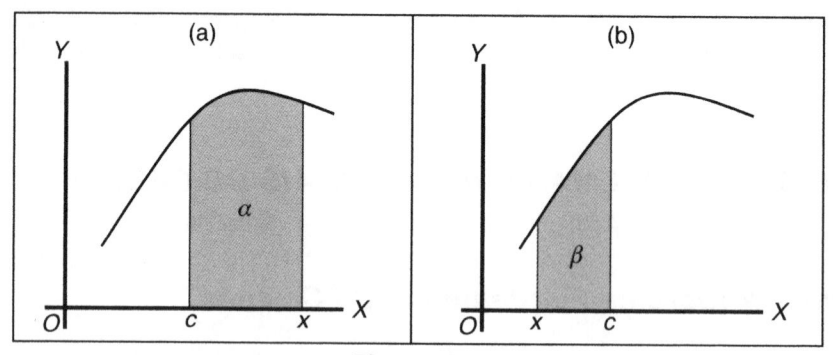

Figura 19-1

Como o entendimento da função A é fundamental, vamos calculá-la em um exemplo concreto. Usaremos o fato de que a área de um trapézio é igual ao produto da semi-soma das medidas das bases pela altura.

Exemplo 19-1 Tomemos $f(x) = x$, $I = [0, \infty[$, e a função A como acima, com a escolha $c = 1$. Para achar a expressão de $A(x)$, suporemos inicialmente $1 \leq x$. Nesse caso, $A(x)$ é a área do trapézio α destacado na Figura 19-2(a), que se degenera em um segmento se $x = 1$. Portanto,

$$A(x) = \left(\frac{\text{base menor} + \text{base maior}}{2}\right) \cdot (\text{altura}) = \left(\frac{x+1}{2}\right) \cdot (x-1) = \frac{x^2 - 1}{2}$$

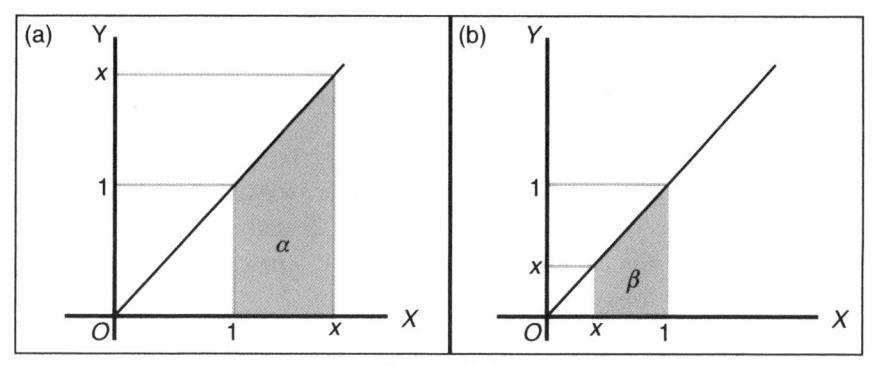

Figura 19-2

Para o caso $0 \le x < 1$ (Figura 19-2(b)), $A(x)$ é menos a área do trapézio β destacado na Figura 19-2(b):

$$A(x) = -(\frac{\text{base menor + base maior}}{2}) \cdot (\text{altura}) = -(\frac{x+1}{2}) \cdot (1-x) = \frac{x^2-1}{2}$$

Conclusão: para qualquer x de I, tem-se $A(x) = \dfrac{x^2-1}{2}$ ◀

Exercício 19-1 Calcule $A(x)$, sendo $f(x) = 2$ para todo x real, e c um número qualquer, fixado.

Agora que você entendeu a função A, observe que no caso do exemplo anterior,

$$\frac{dA}{dx} = \frac{d}{dx}(\frac{x^2-1}{2}) = \frac{2x}{2} = x = f(x)$$

o mesmo sucedendo no caso do exercício anterior (deixamos a verificação para você). Este fato não é um mero acaso, conforme veremos a seguir.

Voltemos à nossa função A no caso geral, para tentar calcular sua derivada em um ponto x_0 de I. Temos, para x em I:

$$A(x) - A(x_0) = \int_c^x f - \int_c^{x_0} f = \int_c^x f + \int_{x_0}^c f = \int_{x_0}^x f$$

(usamos (I_1), parágrafo anterior). Por (I_3), parágrafo anterior, o último membro vale $f(d)(x - x_0)$ para algum d entre x_0 e x (na verdade a propriedade citada é aplicável para $x \ge x_0$, porém um argumento simples mostra que a conclusão vale também para $x < x_0$). Portanto,

$$A(x) - A(x_0) = f(d)(x - x_0)$$

e daí,

$$\frac{A(x)-A(x_0)}{x-x_0} = f(d)$$

Agora argumentaremos intuitivamente. Se $x \to x_0$, vemos, pelo fato de d estar entre x_0 e x, que $d \to x_0$, o que acarreta, pelo fato de ser f contínua, que $f(d) \to f(x_0)$. A relação anterior nos dá, então, fazendo $x \to x_0$ a maravilhosa igualdade

$$\frac{dA}{dx}(x_0) = f(x_0)$$

(se x_0 é extremidade de I, digamos inferior, então fazemos $x \to x_0+$, e a derivada obtida no primeiro membro é a derivada à direita).

Registremos, com espalhafato:

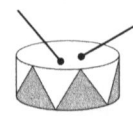

PRIMEIRO TEOREMA FUNDAMENTAL DO CÁLCULO

Seja f uma função contínua no intervalo I. Escolhendo c em I, seja A a função de domínio I dada por $A(x) = \int_c^x f$. Então, para todo x de I, tem-se

$$\frac{dA}{dx}(x) = f(x)$$

Um enunciado mais condensado é o seguinte:

Se f é contínua no intervalo I, e c é um ponto de I, então $\dfrac{d}{dx}(\int_c^x f) = f(x)$.

Exemplo 19-2 No parágrafo anterior, definimos a função ln por

$$ln\, x = \int_1^x f \qquad\qquad (x > 0)$$

sendo $f(x) = 1/x$. Pelo Primeiro Teorema Fundamental do Cálculo, podemos concluir que a derivada em x da função ln é $f(x)$, ou seja, $1/x$. Este fato já foi adiantado no §6, e agora está justificado. ◂

Exercício 19-2 Calcule

(a) $\dfrac{d}{dx}(\int_{3}^{x} f)$, $\quad f(x)=3x^{2}+2x-1$.

(b) $\dfrac{d}{dx}(\int_{4}^{x} f)$, $\quad f(x)=\ln(x^{2}+1)$.

(c) $\dfrac{d}{dx}(\int_{-8}^{x} f)$, $\quad f(x)=(1-x)/(1+x^{3})$.

(d) $\dfrac{d}{dx}(\int_{0}^{x} f)$, $\quad f(x)=|x^{3}-x^{4}+x+1|$.

Exercício 19-3 Lembrando que $\int_{a}^{b} f = -\int_{b}^{a} f$, calcule:

(a) $\dfrac{d}{dx}(\int_{x}^{7} f)$, sendo $f(x) = 1/\ln x$.

(b) $\dfrac{d}{dx}(\int_{x}^{-2} f)$, sendo $f(x) = 1/(x^{5}+x+1)$.

Exemplo 19-3 Calcule a aceleração escalar no movimento de velocidade escalar dada por

$$v(t) = \int_{0}^{t^{3}} f$$

Resolução. Sabemos que $a = dv/dt$. Não podemos aplicar diretamente o Primeiro Teorema Fundamental do Cálculo, pois o extremo superior da integral é t^{3} (se fosse t, poderíamos aplicá-lo, e a derivada seria f). Para recair no referido teorema, fazemos $u = t^{3}$. Então,

$$a(t) = \dfrac{dv}{dt}(t) = \dfrac{d}{dt}\int_{0}^{t^{3}} f = \dfrac{d}{dt}\int_{0}^{u} f = (\dfrac{d}{du}\int_{0}^{u} f).\dfrac{du}{dt} = f(u).3t^{2} = f(t^{3}).3t^{2}$$

onde na quarta igualdade usamos a regra da cadeia, e na quinta o Primeiro Teorema Fundamental do Cálculo.

Exercício 19-4 Calcule a velocidade escalar no movimento cuja função horária é dada por $s(t) = \int_{1}^{t^{5}} f$, nos casos:

(a) $f(t) = \ln t$.

(b) $f(t) = (1 + t^{2})^{100}$.

(c) $\dfrac{1+t}{1-t^{5}}$.

Exercício 19-5 Calcule a derivada da função A dada por

$$A(x) = \int_{x^{2}}^{x^{3}} f$$

e aplique a fórmula obtida no caso $f(x) = x^{4}$.

Exercício 19-6 Determine f de domínio $[0, \infty[$, sabendo que a área da região sob seu gráfico de 0 a x vale $\dfrac{2x^{3/2}}{3}$, para todo x do domínio.

(B) Segundo Teorema Fundamental do Cálculo

Veremos agora por que é importante a noção de primitiva no cálculo de uma integral definida.

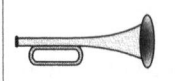

SEGUNDO TEOREMA FUNDAMENTAL DO CÁLCULO

Se f é uma função contínua no intervalo I, e F é uma primitiva de f em I, então

$$\int_a^b f = F(b) - F(a)$$

para quaisquer a e b de I.

A demonstração é fácil: pelo Primeiro Teorema Fundamental do Cálculo, a função A dada por $A(x) = \int_a^x f$ é uma primitiva de f em I. Como F também é, existe uma constante c tal que $A(x) = F(x) + c$ (§ 16(A)), ou seja,

$$\int_a^x f = F(x) + c$$

Fazendo $x = a$, obtemos $0 = F(a) + c$; logo, $c = -F(a)$. Substituindo na expressão acima, vem

$$\int_a^x f = F(x) - F(a)$$

e agora é só fazer $x = b$. ◄

Costuma-se usar a seguinte indicação:

$$F(b) - F(a) = F(x)\Big|_a^b$$

de modo que

$$\int_a^b f = F(x)\Big|_a^b$$

Vamos agora introduzir a notação de Leibniz para a integral definida:

Indicaremos $\int_a^b f$ por $\int_a^b f(x)dx$

A notação de Leibniz acima fica sem sentido para quem a vê pela primeira vez. De fato, porque aparece o dx? O que isto significa? Para o momento, vamos dizer que essa simbologia vai nos ajudar a calcular primitivas (§25).

Exemplo 19-4 Calcule a área da região sob o gráfico da função f de 1 a 3, sendo $f(x) = x^2$.

Resolução. A região está indicada na Figura 19-3(a), e sua área é dada por $\int_1^3 f$, ou seja, na notação de Leibniz, por $\int_1^3 f(x)dx$, ou seja, por $\int_1^3 x^2 dx$. Como uma primitiva de f em um intervalo qualquer é F dada por $F(x) = x^3/3$, então, pelo Segundo Teorema Fundamental do Cálculo, podemos escrever

$$\int_1^3 x^2 dx = \frac{x^3}{3}\Big|_1^3 = \frac{3^3}{3} - \frac{1^3}{3} = \frac{26}{3}$$

◀

Exercício 19-7 Calcule a área da região sob o gráfico de f, nos casos:

(a) $f(x) = x^4$, $0 \leq x \leq 1$.   (b) $f(x) = \sqrt{x}$, $0 \leq x \leq 4$.
(c) $f(x) = 1/x$, $a \leq x \leq b$ $(a > 0)$.   (d) $f(x) = 1/x^2$, $1/2 \leq x \leq 1$.

Exercício 19-8 Calcule $\int_{-1}^{1} f(x)\,dx$:

(a) $f(x) = \sqrt[3]{x}$.   (b) $f(x) = x\sqrt[3]{x}$ (c) $f(x) = x^{3/5}$.   (d) $f(x) = x^{5/3}$.

Exercício 19-9 Seja $f(x) = x^2 - 4$. O gráfico de f está representado na Figura 19-3.

(a) Faça um esforço para adivinhar uma primitiva de f.
(b) Calcule a área da região destacada na referida figura.

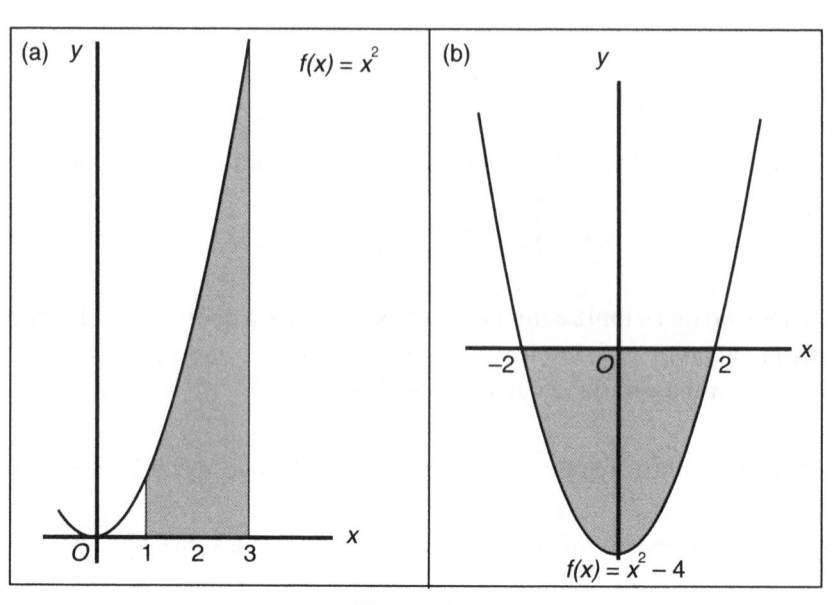

Figura 19-3

Observação. Como vimos no Segundo Teorema Fundamental do Cálculo, temos que

$$\int_a^b f(x)dx = F(b) - F(a)$$

ou seja, como $\dfrac{dF}{dx}(x) = f(x)$,

$$\boxed{\int_a^b \frac{dF}{dx}(x)dx = F(b) - F(a)} \qquad (\clubsuit)$$

Exemplo 19-5 O **deslocamento** de uma partícula em um movimento de função horária s, entre os instantes t_1 e t_2, é definido por $s(t_2) - s(t_1)$. Como por definição $v = ds/dt$, a fórmula ($\clubsuit$) nos dá, supondo v contínua,

$$\int_{t_1}^{t_2} v(t)dt = \int_{t_1}^{t_2} \frac{ds}{dt}(t)dt = s(t)\bigg|_{t_1}^{t_2} = s(t_2) - s(t_1)$$

Assim, se $v(t) = t$ (t em segundos, v em metros por segundo), o deslocamento entre $t_1 = 2$ e $t_2 = 5$ é

$$s(5) - s(2) = \int_2^5 t\,dt = \frac{t^2}{2}\Big|_2^5 = \frac{5^2}{2} - \frac{2^2}{2} = \frac{21}{2} \quad \text{metros} \qquad \blacktriangleleft$$

Exercício 19-10 Calcule o deslocamento entre os instantes 9 e 16, sendo $v(t) = t^{3/2}$ (tempo em segundos, v em metros por segundo).

Exemplo 19-6 A resistência elétrica R de um fio de níquel varia com a temperatura T, sendo a taxa de variação de R com T dada por $286,2.10^{-3} + 702.10^{-6}T$, R em ohms e T em graus Celsius. Sabendo que para 0 graus Celsius a resistência vale 54 ohms, calcule a resistência do fio à temperatura de 100 graus Celsius.

Resolução. Por (♣), podemos escrever

$$\int_0^{100} \frac{dR}{dT}(T)\,dT = R(100) - R(0)$$

ou seja, de acordo com os dados,

$$\int_0^{100} (286,2.10^{-3} + 702.10^{-6}T)\,dT = R(100) - 54$$

$$(286,2.10^{-3}T + 702.10^{-6}\frac{T^2}{2})\Big|_0^{100} = R(100) - 54$$

de onde resulta, após cálculos, $R(100) = 86,13$ ohms. $\qquad \blacktriangleleft$

Exercício 19-11 Uma torneira lança água em um recipiente a uma vazão que no instante t (em minutos) vale $0,8t$ litros por minuto. O volume de água no instante $t = 3$ minutos é de 4 litros. Calcule o volume de água no instante inicial $t = 0$. (Lembre-se de que a vazão é a derivada do volume como função de t.)

Observação. Vimos, no Exemplo 19-4, que

$$\int_1^3 x^2\,dx = \frac{x^3}{3}\Big|_1^3 = \frac{3^3}{3} - \frac{1^3}{3} = \frac{26}{3}$$

Se alguém quiser mudar o símbolo da variável x para, digamos, z, teremos

$$\int_1^3 z^2\,dz = \frac{z^3}{3}\Big|_1^3 = \frac{3^3}{3} - \frac{1^3}{3} = \frac{26}{3}$$

e obtemos, é claro, o mesmo resultado. Este exemplo nos indica o fato geral de que para se calcular uma integral definida, não importa a letra que usamos para a variável independente. Este fato nos ajuda quando o extremo superior da integral é x. Por exemplo, se quisermos considerar a função F dada por $f(x) = \int_1^x f$, onde $f(x) = x^2$, não convém escrever $F(x) = \int_1^x x^2 \, dx$, pois haveria perigo de confusão. Alguém poderia escrever que $F(2) = \int_1^2 2^2 \, d2$, uma total besteira. Convém então escrever $F(x) = \int_1^x z^2 \, dz$.

Em particular, podemos escrever, graças à fórmula (♣),

$$\int_a^x \frac{dF}{dz}(z) \, dz = F(x) - F(a) \qquad (\blacklozenge)$$

o que nos mostra que podemos obter uma função F desde que conheçamos sua derivada (suposta integrável) e o valor de F em um seu ponto.

Respostas dos exercícios do § 19

19-1 $2(x - c)$.

19-2 (a) $3x^2 + 2x - 1$ (b) $ln(x^2 + 1)$ (c) $(1 - x)/(1 + x^3)$ (d) $x^3 - x^4 + x + 1$.

19-3 (a) $-1/lnx$. (b) $-1/(x^5 + x + 1)$.

19-4 (a) $5t^4 ln(t^5)$. (b) $5t^4(1 + t^{10})^{100}$. (c) $\dfrac{5t^4(1 + t^5)}{1 - t^{25}}$.

19-5 $3x^2 f(x^3) - 2xf(x^2)$; $3x^{14} - 2x^9$.

19-6 $f(x) = \sqrt{x}$.

19-7 (a) 1/5. (b) 16/3. (c) $ln(b/a)$. (d) 1.

19-8 (a) 0. (b) 6/7. (c) 0. (d) 0.

19-9 (a) $\dfrac{x^3}{3} - 4x$. (b) 32/3.

19-10 1562/5 m.

19-11 0,4 litros.

Cap. 3   Integral e sua relação com a derivada

§20- APLICAÇÕES DA INTEGRAL DEFINIDA

(A) Área da região entre gráficos

Sendo f e g funções contínuas em $[a, b]$, com $f(x) \geq g(x)$ nesse intervalo, queremos calcular a área da região limitada pelos gráficos dessas funções e pelas retas $x = a$ e $x = b$. Na Figura 20-1(a), as funções são positivas em $[a, b]$, de modo que fica fácil entender que a área procurada é a diferença da área sob o gráfico de f e da área sob o gráfico de g de a a b, ou seja,

$$A = \int_a^b f(x)dx - \int_a^b g(x)dx = \int_a^b \left[f(x) - g(x)\right]dx$$

Se f ou g não verificam a condição de serem positivas em $[a, b]$, escolhemos uma constante c tal que as funções "transladas verticalmente por c" $f + c$ e $g + c$ sejam positivas no intervalo (Figura 20-1(b)). Nesse caso, a área procurada é igual à da região entre os gráficos dessas funções, ou seja,

$$A = \int_a^b [(f(x)+c)-(g(x)+c)]dx = \int_a^b [f(x)-g(x)]dx$$

que é a mesma fórmula anterior. Portanto:

Sendo f e g funções contínuas em $[a, b]$, com $f(x) \geq g(x)$ nesse intervalo, a área da região limitada pelos gráficos de f e de g e pelas retas $x = a$ e $x = b$ é

$$A = \int_a^b [f(x) - g(x)]dx$$

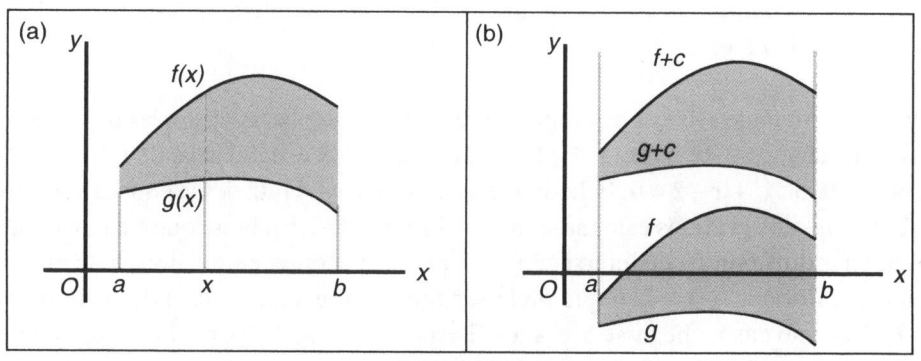

Figura 20-1

Exemplo 20-1 Sendo $f(x) = -x + 7$ e $g(x) = x^2 - 1$, calcule a área da região limitada pelos gráficos de f e g e pelas retas $x = -1$ e $x = 2$.

Resolução. Inicialmente esboçamos os gráficos de f e g, isto é, representamos sem muita precisão esses gráficos, o suficiente para indicar qual está por cima e qual está por baixo, o que está feito na Figura 20-2(a), onde se destaca a região em questão. Temos

$$A = \int_{-1}^{2}[(-x+7)-(x^2-1)]dx = \int_{-1}^{2}(8-x-x^2)dx = (8x - \frac{1}{2}x^2 - \frac{1}{3}x^3)\Big|_{-1}^{2} = \frac{39}{2} \blacktriangleleft$$

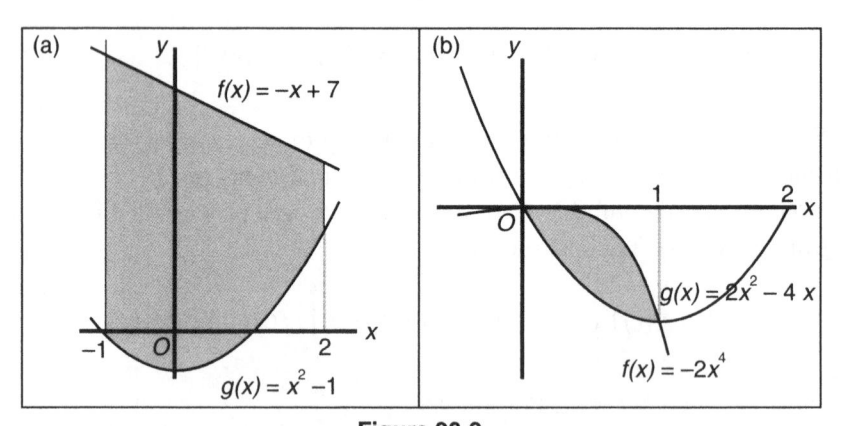

Figura 20-2

Exercício 20-1 Calcule a área da região limitada pelos gráficos de f e g e pelas retas $x = 1$ e $x = 2$, nos casos:

(a) $f(x) = x^2$, $g(x) = -2x^3$.   (b) $f(x) = -x^2 + 3x$, $g(x) = x^2 - 3x + 9/4$.

Exemplo 20-2 Sendo $f(x) = -2x^4$ e $g(x) = 2x^2 - 4x$, calcule a área da região limitada pelos gráficos de f e g.

Resolução. Além de esboçar os gráficos, precisamos calcular as abscissas das interseções. Para isso, igualamos $-2x^4 = 2x^2 - 4x$; logo, $2x^4 + 2x^2 - 4x = 0$, ou seja, $2x(x^3 + x - 2) = 0$; logo, ou $x = 0$, ou $x^3 + x - 2 = 0$. Felizmente vê-se que $x = 1$ é raiz dessa equação do terceiro grau. O esboço dos gráficos está mostrado na Figura 20-2(b). Note que fica evidente que temos apenas dois pontos de interseção, mas poderia acontecer que houvesse outros (teríamos que fatorar $x^3 + x - 2$, o que pode ser feito, por exemplo, usando o algoritmo de Briot-Ruffini; no caso, chega-se a $x^3 + x - 2 = (x - 1)(x^2 + x + 2)$, e é fácil verificar que o fator quadrático não tem raízes reais). Portanto, a área pedida é

$$A = \int_0^1 [-2x^4 - (2x^2 - 4x)]dx = \int_0^1 [(-2x^4 - 2x^2 + 4x)]dx$$

$$= (-2\frac{x^5}{5} - 2\frac{x^3}{3} + 4\frac{x^2}{2})\Big|_0^1 = \frac{14}{15}$$

◄

Exercício 20-2 Calcule a área da região limitada pelos gráficos das funções f e g, nos casos:

(a) $f(x) = 2x$, $g(x) = x^2 + x$. (b) $f(x) = 1$, $g(x) = x^2 - 2x + 1$. (c) $f(x) = 8x - x^2$, $g(x) = x^2$.
(d) $f(x) = x$, $g(x) = 6 - x^2$. (e) $f(x) = x + 1$, $g(x) = 4 + 3x - x^2$. (f) $f(x) = x^3$, $g(x) = \sqrt{x}$.

Exercício 20-3 Calcule a área da região limitada pela reta $x = 2$ e pelos gráficos das funções f e g, dadas por $f(x) = x$ e $g(x) = 1/x$.

(B) Cálculo de volume

Aprenderemos a calcular o volume de um sólido do tipo especial mostrado na Figura 20-3(a), pressupondo que para cada x de $[a, b]$ é conhecida a área $A(x)$ da seção transversal do sólido correspondente a x (tal seção é a interseção do sólido com o plano $\pi(x)$ perpendicular à reta s, como mostrado na figura).

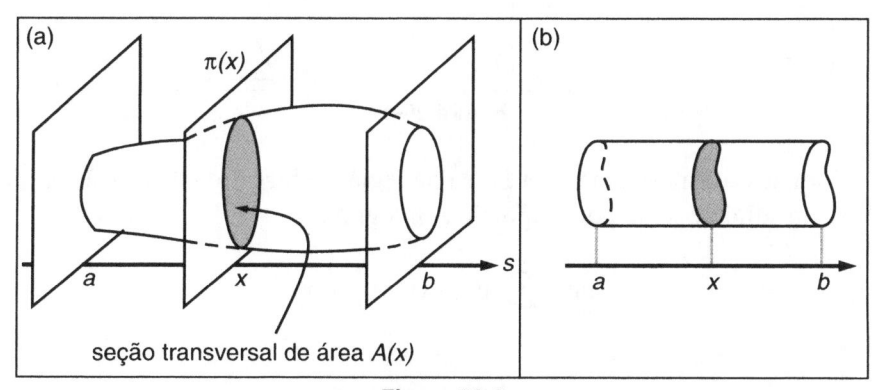

Figura 20-3

Vamos admitir que, se o sólido for um cilindro (Figura 20-3(b)), caso em que todas as seções transversais têm mesma área, o volume é o produto dessa área comum pela altura ($b - a$ no caso da figura) do cilindro. Por exemplo, se tivermos um cilindro circular de raio R, o volume vale $\pi R^2(b - a)$.

Para calcular o volume no caso geral, adotaremos um procedimento análogo ao usado no cálculo da área da região sob o gráfico de uma função(§18). Dividimos o intervalo $[a, b]$ em n subintervalos. Escolhemos c_1 no primeiro deles. O número $A(c_1)\Delta x_1$, onde Δx_1 é o comprimento do primeiro subintervalo, é o volume de um cilindro de altura Δx_1 e área da base $A(c_1)$, que consideraremos uma aproximação do volume do trecho do sólido correspondente a Δx_1 (Figura 20-4(a)). Com interpretações análogas para $A(c_2)\Delta x_2$, $A(c_3)\Delta x_3$, etc., obteremos, como aproximação do volume V do sólido, o número

$$A(c_1)\Delta x_1 + A(c_2)\Delta x_2 + \ldots + A(c_n)\Delta x_n = \sum_{i=1}^{n} A(c_i)\Delta x_i$$

(a Figura 20-4(b) ilustra uma situação em que $n = 4$).

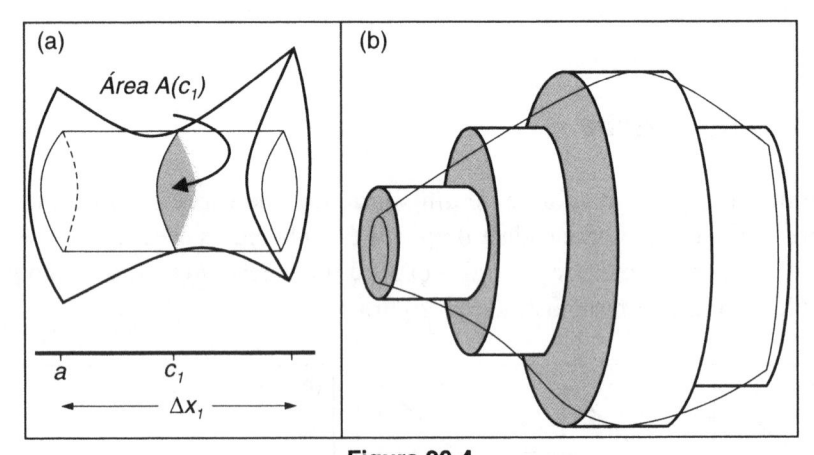

Figura 20-4

Com nossa experiência sobre área de região sob gráfico de função, vemos que o volume V do sólido é dado por (supondo A integrável)

$$\lim_{max\Delta x_i \to 0} \sum_{i=1}^{n} A(c_i)\Delta x_i = \int_{a}^{b} A(x)dx$$

Exemplo 20-3 Um reservatório tem forma obtida pela rotação, em torno de Ox, do gráfico de f, sendo $f(x) = \sqrt{x}$, $0 \le x \le 4$, x em metros (Figura 20-5(a)). Calcule o volume do reservatório.

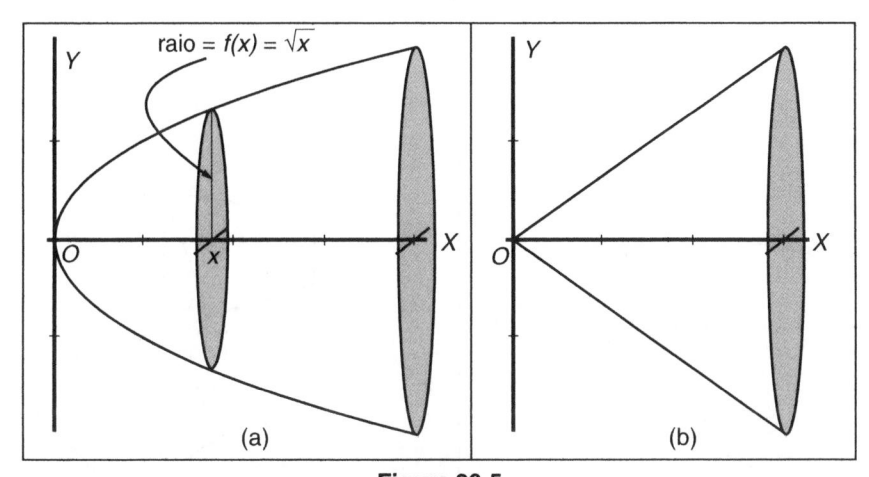

Figura 20-5

Resolução. Para cada x de $[0, 4]$, a seção transversal é um círculo de raio $f(x) = \sqrt{x}$ (Figura 20-5(a)). Portanto, a área da mesma é $A(x) = \pi (\sqrt{x})^2 = \pi x$. O volume pedido é

$$V = \int_0^4 A(x)\, dx = \int_0^4 \pi x\, dx = \pi \left.\frac{x^2}{2}\right|_0^4 = 8\pi$$

◄

Exercício 20-4 Um cone é gerado pela rotação, em torno de Ox, da região sob o gráfico da função f dada por $f(x) = 2x/3$, $0 \leq x \leq 3$ (Figura 20-5(b)). Calcule seu volume.

Exercício 20-5 Deduza a fórmula que dá o volume de um cone circular reto de raio da base R e altura H.

Exercício 20-6 Deduza a fórmula que dá o volume de uma esfera de raio R.

Exercício 20-7 Calcule o volume do sólido obtido pela rotação, em torno de Ox, da região referida no Exercício 20-2(f).

Exemplo 20-4 Na Figura 20-6(a) o sólido tem por base um círculo de raio r e centro O, e toda seção transversal é um triângulo retângulo isósceles, como ilustrado. Calcule o volume V do sólido.

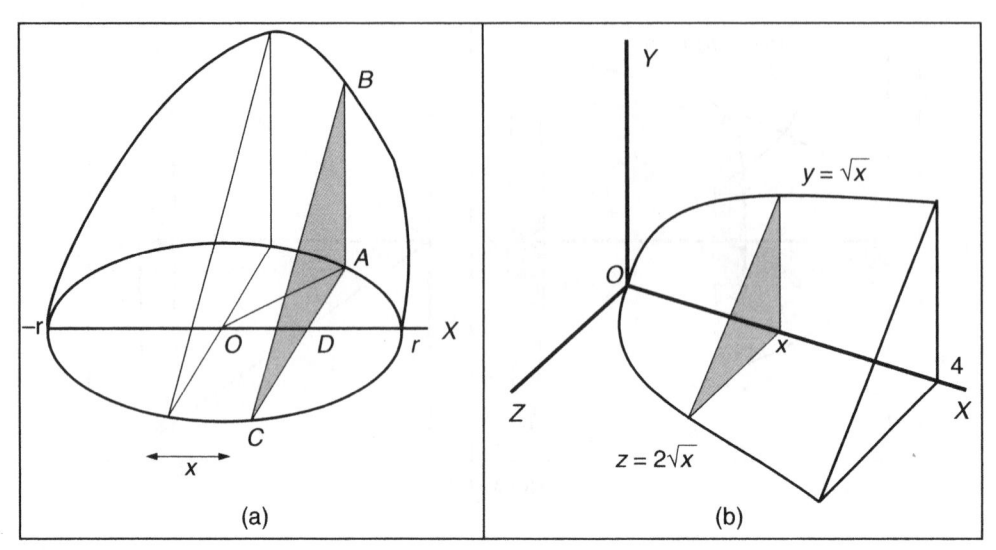

Figura 20-6

Resolução. De acordo com o que vimos, o volume buscado é

$$V = \int_{-r}^{r} A(x)\,dx$$

onde $A(x)$ é a área da seção transversal correspondente a x.

Porém, pela simetria do sólido, temos

$$V = 2\int_{0}^{r} A(x)\,dx$$

Observando a Figura 20-6(a), onde se mostra a seção transversal correspondente a x, temos

$$A(x) = \frac{(AC)(AB)}{2} = \frac{(AC)(AC)}{2} = \frac{(AC)^2}{2} = \frac{(2DA)^2}{2} = 2\,(DA)^2$$

No triângulo retângulo ODA temos $(AO)^2 = (OD)^2 + (DA)^2$, ou seja, $r^2 = x^2 + (DA)^2$, de onde resulta $(DA)^2 = r^2 - x^2$. Portanto,

$$A(x) = 2(r^2 - x^2)$$

Então

$$V = 2\int_0^r A(x)dx = 2\int_0^r 2(r^2 - x^2)dx = 4\,(r^2 x - \frac{x^3}{3})\Big|_0^r = \frac{8r^3}{3}$$ ◄

Exercício 20-8 Repita o exemplo anterior, supondo que cada seção é um triângulo equilátero.

Exercício 20-9 Calcule o volume do sólido indicado na Figura 20-6(b).

Exercício 20-10 Para um sólido como o da Figura 20-3(a), a seção transversal correspondente a $x > 0$ é um quadrado de lado x. Calcule o volume da parte do sólido correspondente ao intervalo [1, 3].

Exercício 20-11 Para um sólido como o da Figura 20-3(a), o volume da parte dele correspondente a [1, x] é x^3. Calcule a área da seção transversal correspondente a $x = 2$.

(C) Aplicações às ciências

Exemplo 20-5 A Figura 20-7 mostra uma haste retilínea de comprimento 5 cm que tem, no ponto de abscissa x, densidade linear $\mu(x) = 20 + 4x$ gramas/cm. Calcule a massa da haste.

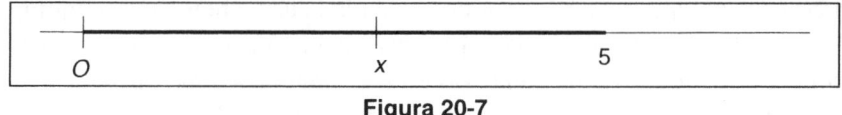

Figura 20-7

Resolução. A densidade linear é definida por(§ 9(B))

$$\mu = \frac{dm}{dx}$$

$m(x)$ sendo a massa do trecho da haste de 0 a x. Então, usando a fórmula (♣) do §19(B), vem

$$\int_0^5 \mu(x)dx = \int_0^5 \frac{dm}{dx}(x)dx = m(x)\Big|_0^5 = m(5) - m(0) = m(5)$$

já que $m(0) = 0$. Então,

$$m(5) = \int_0^5 (20 + 4x)dx = (20x + 4\frac{x^2}{2})\Big|_0^5 = 150 \text{ gramas}$$ ◄

Observação. Poderíamos ter resolvido o exemplo acima só usando a noção de primitiva(§17): como $\mu = dm/dx$ então

$$m(x) = \int \frac{dm}{dx}dx + c = \int \mu(x)dx + c = \int (20 + 4x)dx + c = 20x + 2x^2 + c$$

Determina-se c impondo que $m(0) = 0$: $0 = 20.0 + 2.0^2 + c$ $\therefore$ $c = 0$

Assim,

$$m(x) = 20x + 2x^2 \quad \therefore \quad m(5) = 20.5 + 2.5^2 = 150$$

Você pode optar por um ou outro método na resolução dos exercícios e do exemplo a seguir. Uma boa coisa é fazer pelos dois métodos. Se os resultados forem os mesmos, isso mostrará que você está entendendo.

Exercício 20-12   Um fio retilíneo situa-se na posição dada pelo intervalo [a, b], e tem densidade $\mu(x)$ no ponto de abscissa x. Calcule sua massa, nos casos (x em cm, $\mu(x)$ em g/cm):

(a) $a = 0$, $b = 6$; $\mu(x) = 2x + 1$.   (b) $a = 1$, $b = 6$; $\mu(x) = 1 + 1/x$.
(c) $a = 2$, $b = 4$; $\mu(x) = 3x^2 + 2x + 1$.

Exemplo 20-6   Um tanque de 54 litros de capacidade está cheio de um líquido. No instante $t = 0$, tomado como origem do tempo, abre-se uma torneira do tanque, e uma bomba faz com que o líquido saia pela torneira a uma razão, no instante t, de $-3\sqrt{t}$ litros/min. Calcule o tempo que leva para o tanque ser esvaziado.

Resolução.   Sendo $V(t)$ o volume de líquido no tanque no instante t, então a vazão do líquido é, de acordo com o enunciado, $(dV/dt)(t) = -3\sqrt{t}$. Pela fórmula (♣) do §19(B), temos, observando que $V(0) = 54$:

$$\int_0^t (-3\sqrt{t})dt = \int_0^t \frac{dV}{dt}(t)dt = V(t)\Big|_0^t = V(t) - V(0) = V(t) - 54$$

Efetuando a integração do primeiro membro, vem

$$-2t^{3/2} = V(t) - 54$$

de onde resulta a fórmula seguinte, que dá o volume de líquido no tanque em função de t:

$$V(t) = 54 - 2t^{3/2}$$

O instante t procurado é aquele em que o tanque está vazio, ou seja, em que $V(t) = 0$:

$$0 = 54 - 2t^{3/2}$$

Daí resulta $t^{3/2} = 27$; logo, $t = 27^{2/3} = (\sqrt[3]{27})^2 = 3^2 = 9$, e assim, o tanque estará vazio 9 minutos depois de aberta a torneira. ◄

Exercício 20-13 Um tanque de capacidade 20 litros, vazio, está sendo preenchido por água, à razão de $1 + 2t$ litros /hora, t em horas, o processo sendo iniciado no instante $t = 0$.

(a) Determine o volume de água no instante t.
(b) Quanto tempo demorará para encher o tanque?
(c) Qual a quantidade de água despejada entre os instantes $t = 1$ h e $t = 2$ h?

Exercício 20-14 Um veículo gasta combustível à razão, no instante t, de $6\sqrt{t}$ litros / hora, t em horas. Ele passa por uma cidade no instante $t = 1$ hora, e por outra 3 horas depois. Calcule o combustível gasto entre as duas cidades.

Exercício 20-15 Em uma certa cidade, um estudo feito propôs o seguinte: ocorridos t anos após 1993, o número de nascimentos por ano é $1000(2 + t)$. Determine o aumento da população durante o ano de 1995, sabendo que o número de pessoas falecidas durante tal ano foi de 500.

(D) Valor médio de uma função

Trata-se de definir a noção de valor médio de uma função f em um intervalo $[a, b]$, no qual ela integrável. Para obter uma aproximação do que seria esse número, dividimos $[a, b]$ em n subintervalos, cada um de comprimento $(b - a)/n$. No primeiro, escolhemos um ponto c_1, no segundo um ponto c_2, e assim por diante. Tomaremos como aproximação do valor médio a seguinte média aritmética

$$\frac{f(c_1) + f(c_2) + \ldots + f(c_n)}{n}$$

Parece natural que a média de f em $[a, b]$ seja o número do qual se aproxima esta média ao fazer n aumentar além de qualquer número, ou como se diz, para n tendendo a infinito (indica-se $n \to \infty$). Podemos fazer aparecer uma soma de Riemann nessa expressão, multiplicando o numerador e denominador por $b - a$:

$$\frac{f(c_1) + f(c_2) + \ldots + f(c_n)}{n} = \frac{f(c_1) + f(c_2) + \ldots + f(c_n)}{n} \cdot \frac{b-a}{b-a}$$

$$= \frac{1}{b-a} \cdot \frac{f(c_1)(b-a) + f(c_2)(b-a) + \ldots + f(c_n)(b-a)}{n}$$

$$= \frac{1}{b-a}(f(c_1)\frac{b-a}{n} + f(c_2)\frac{b-a}{n} + \ldots + f(c_n)\frac{b-a}{n})$$

$$= \frac{1}{b-a}\sum_{i=1}^{n} f(c_i)\Delta x_i \qquad (\clubsuit)$$

onde escrevemos

$$\Delta x_i = \frac{b-a}{n}, \; i = 1, 2, \ldots, n$$

a fim de ressaltar que o que está entre parênteses é uma soma de Riemann da função f. Fazendo $n \to \infty$, temos:

- o primeiro membro de ($\clubsuit$) tende ao valor médio de f em $[a, b]$;
- $\frac{b-a}{n} \to 0$, ou seja $max\Delta x_i \to 0$; logo, $\sum_{i=1}^{n} f(c_i)\Delta x_i \to \int_a^b f(x)dx$.

Somos assim levados a definir f_m, o **valor médio de f em $[a, b]$**, também chamado de **média de f em $[a, b]$**, por

$$\boxed{f_m = \frac{1}{b-a}\int_a^b f(x)dx}$$

Exemplo 20-7 Sendo $f(x) = x^n$, $n > 0$ inteiro, calcule a média de f em $[0, 1]$.

Resolução. Temos

$$fm = \frac{1}{1-0}\int_0^1 x^n dx = (\frac{x^{n+1}}{n+1})\Big|_0^1 = \frac{1}{n+1} \qquad \triangleleft$$

Exercício 20-16 Calcule o valor médio de f no intervalo especificado, nos casos:

(a) $f(x) = x^2$, $[-1, 4]$.
(b) $f(x) = x^2$, $[a, b]$.
(c) $f(x) = 2 - x^2 - \sqrt[3]{x^2}$, $[-1, 1]$.
(d) $f(x) = 9(1 - \sqrt{x} - 2x^2)$, $[1, 4]$.

Exercício 20-17 A temperatura de um ponto de uma cidade, de 6 horas até o meio-dia, é dada por $T(t) = -0,0003t^2 + 4t + 8$ graus Celsius, sendo t o tempo em horas decorrido após as 6 horas. Calcule a temperatura média (= valor médio da temperatura) no intervalo de 8 horas ao meio dia.

Observações.

(1) Vimos, no §18(B), que se f é contínua em $[a, b]$, então existe c de $[a, b]$ tal que

$$f(c) = \frac{1}{b-a} \int_a^b f(x)dx$$

Este teorema nos diz, então, que a média (valor médio) de f em $[a, b]$ vale $f(c)$ para algum c do intervalo, ou seja, tal média é atingida em algum ponto do intervalo. Por esse motivo, o teorema acima é chamado de **Teorema da Média**.

(2) Sendo s a função horária de um movimento, nós definimos, no §9(A), a velocidade escalar média no intervalo de extremidades t e $t + \Delta t$ como sendo

$$v_m = \frac{s(t + \Delta t) - s(t)}{\Delta t}$$

e a velocidade escalar por $v = ds/dt$. Note que já foi usado o símbolo de valor médio. Vamos ver que a notação é consistente, ou seja, a velocidade média acima definida coincide com o valor médio da velocidade escalar. De fato, este é dado, supondo $\Delta t > 0$, por

$$\frac{1}{\Delta t} \int_t^{t+\Delta t} v(t)dt = \frac{1}{\Delta t} \int_t^{t+\Delta t} \frac{ds}{dt} dt = \frac{1}{\Delta t} s(t)\Big|_t^{t+\Delta t} = \frac{1}{\Delta t}(s(t+\Delta t) - s(t))$$

(usamos (✱) do §19(B)), que coincide com a definição de velocidade escalar média no referido intervalo. Obteremos a mesma expressão se supusermos $\Delta t < 0$, como você pode verificar. Portanto, podemos dizer que, em um intervalo $[a, b]$,

velocidade escalar média = média da velocidade escalar

(que é sinônimo de valor médio da velocidade escalar).

Exercício 20-18 Mostre que a aceleração média em um intervalo de extremidades t e $t + \Delta t$ coincide com a média da aceleração escalar (suposta integrável) nesse intervalo.

Exercício 20-19 Mostre que a média em $[a, b]$ das inclinações das retas tangentes ao gráfico de uma função f integrável nesse intervalo é igual à inclinação da reta que passa por $(a, f(a))$ e $(b, f(b))$.

(E) Aplicações à Economia

(1) Custo de armazenamento

Vamos aprender como se calcula custo de armazenamento. A questão é a seguinte: para armazenar uma quantidade q de um certo produto durante um intervalo de tempo, quanto deve ser pago ao dono do armazém, sendo p (fixo) o preço de armazenamento por unidade do produto e por unidade de tempo?

- Suponhamos inicialmente que q é uma quantidade fixa, independente do tempo. Então concordaremos que para armazenar tal quantidade q durante um intervalo de tempo Δt, deveremos pagar a quantia $p.q.\Delta t$. Por exemplo, se $p = 0,02$ dólares por quilo por dia, para armazenarmos $q = 1$ tonelada do produto durante $\Delta t = 3$ dias, pagaremos $0,02.1000. 3 = 60$ dólares.

- Vamos agora supor que a quantidade q varia com o tempo t, $q = q(t)$, sendo $a \leq t \leq b$. Ao fim desse intervalo, quanto deve ser pago pelo armazenamento? Vamos calcular uma aproximação do pagamento a ser feito. Dividimos o intervalo de tempo $[a, b]$ em n subintervalos. No primeiro deles, de duração (comprimento) Δt_1, vamos escolher um instante c_1 e considerar que a função q nesse intervalo é aproximadamente constante e igual a $q(c_1)$. Nesse caso, o pagamento a ser feito é $p.q(c_1).\Delta t_1$. Repetindo a história para os outros subintervalos, e usando uma notação de significado óbvio, obteremos a seguinte aproximação para a quantia a ser paga no intervalo de tempo $[a, b]$:

$$p.q(c_1).\Delta t_1 + p.q(c_2).\Delta t_2 + \ldots + p.q(c_n).\Delta t_n = \sum_{i=1}^{n} p.q(c_i).\Delta t_i$$

que é uma soma de Riemann da função que a cada t associa $p.q(t)$. Para melhorar a aproximação aumentamos o número de divisões, de modo que a maior delas diminua. No limite, quando $max\ \Delta t_i \to 0$, obteremos um número, que é razoável tomar como o valor a ser pago, ou seja,

$$\text{valor a ser pago} = \int_a^b p.q(t)dt = p\int_a^b q(t)dt$$

Exemplo 20-8 Para armazenagem de um produto líquido cobra-se 2 dólares por litro e por unidade de tempo (em mês). Um comerciante quer armazenar uma quantidade desse produto, que inicialmente é de 8000 litros, a qual vai sendo retirada com o tempo, pois existe uma previsão de venda à taxa constante de 2000 litros por unidade de tempo(mês). Qual o valor a ser pago pelo armazenamento, se ele durar 3 meses?

Resolução. A quantidade do produto em litros é dada por $q(t) = 8000 - 2000t$, pois no instante t vendeu-se supostamente $2000t$ litros, que agora estão sendo retirados. Então o valor a ser pago para $t = 3$ é

$$\text{valor a ser pago} = \int_0^3 p.q(t)dt = \int_0^3 2(8000 - 2000t)dt$$

$$= (16000t - \frac{4000t^2}{2})\Big|_0^3 = 30000 \text{ u.m.} \qquad \triangleleft$$

Exercício 20-20 Uma firma de construção quer armazenar 10 toneladas de um produto, cujo uso ao longo do tempo varia a uma taxa prevista que no instante t vale $0,6t$ toneladas/mês, t o tempo em meses decorrido após o início do armazenamento. O preço de armazenagem é de 0,05 dólar por quilo por mês, constante. Qual o valor a ser pago para o dono do armazém após 2 meses?

Exercício 20-21 Um negociante pretende armazenar 10 000 litros de um certo produto. De acordo com contrato feito com o dono do armazém, ele vai retirar o produto a uma taxa constante, de maneira que ao final de um ano o estoque se esgote. Se o preço de armazenamento é 0,3 u.m. por litro por mês, determine o valor pago ao dono do armazém após um ano.

(2) Disposição a gastar e excedente do consumidor

Consideremos a curva de demanda de um bem, gráfico da função $p = f(x)$ (§5)), que significa, relembremos, que o mercado consumidor adquirirá uma quantidade x do bem se ele custar p por unidade. Na Figura 20-8(a) representa-se uma curva de demanda típica.

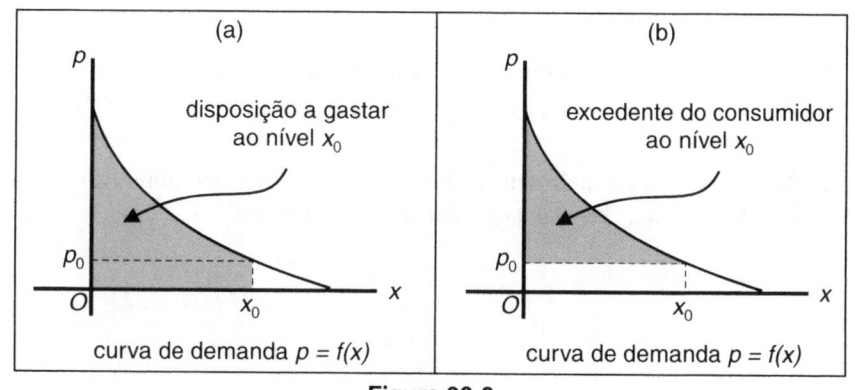

Figura 20-8

Vamos supor o consumo ao nível x_0, caso em que o preço por unidade é $p_0 = f(x_0)$. Para os consumidores que podem pagar um preço por unidade maior que p_0, existe uma quantia que reflete a disposição dos mesmos ao gasto. Esta quantia é chamada pelos economistas de **disposição a gastar ao nível de consumo** x_0. Eis como se chega a defini-la. Divide-se $[0, x_0]$ em n subintervalos. Toma-se c_1 no primeiro, para considerar a função nele como aproximadamente $f(c_1)$. Neste caso, sendo Δx_1 o comprimento do intervalo, o gasto pela compra de Δx_1 unidades do bem é $f(c_1)\Delta x_1$ (por exemplo, se temos $\Delta x_1 = 3$ unidades a $f(c_1) = 2$ dólares, o gasto pela compra é de 3.2 = 6 dólares). Repetindo o procedimento para as outras faixas (quer dizer, para os outros subintervalos), e somando, obtemos a seguinte aproximação para a disposição a gastar ao nível de consumo x_0:

$$f(c_1)\Delta x_1 + f(c_2)\Delta x_2 + \ldots + f(c_n)\Delta x_n = \sum_{i=1}^{n} f(c_i)\Delta x_1$$

Trata-se de uma soma de Riemann de f; logo, por um argumento bem conhecido por nós (veja o exemplo anterior, ou como se chega à área da região sob um gráfico, no §18) devemos definir a **disposição a gastar ao nível de consumo x_0** por

$$\int_0^{x_0} f(x)\,dx$$

Geometricamente, este número é a área sob a curva de demanda, de 0 a x_0 (Figura 20-8(a)).

Um outro conceito relacionado com o visto, é o de **excedente do consumidor ao nível** x_0, definido como sendo a disposição a gastar ao nível x_0 menos o que foi gasto na compra de x_0 unidades (que é $p_0 x_0$):

$$\int_0^{x_0} f(x)\,dx - p_0 x_0$$

Como $p_0 x_0$ é a área do retângulo "semitracejado" da Figura 20-8(a), vemos que o excedente do consumidor é a área da região destacada na Figura 20-8(b).

Exercício 20-22 Dada a equação de demanda $p = 180 - 4x - x^2/5$, determine, ao nível de consumo $x_0 = 5$:(a) a disposição a gastar;(b) o excedente do consumidor.

Exercício 20-23 Dada a equação de demanda de um bem, $p = 108 - 3(x + 4)^2$, determine a disposição a gastar e o excedente do consumidor, ao nível de consumo igual à metade do consumo correspondente à gratuidade do bem.

(3) O excedente do produtor

Consideremos a curva de oferta de um bem, gráfico da função $p = g(x)$ (§5), que significa, relembremos, que o produtor oferece uma quantidade x do bem a um preço por unidade p. Na Figura 20-9 representa-se uma curva de oferta típica. Vamos supor que a quantidade x_0 esteja sendo oferecida ao preço p_0, ou seja, $p_0 = g(x_0)$. Aqueles produtores que estariam dispostos a oferecer o bem a um preço por unidade mais baixo que p_0 (portanto em menor quantidade, segundo a curva de oferta), estariam ganhando. Com um raciocínio semelhante ao feito no exemplo anterior, chega-se a que uma definição conveniente para definir tal ganho é o seguinte número, chamado de **excedente do produtor ao nível p_0**:

$$p_0 x_0 - \int_0^{x_0} g(x)\,dx$$

Como $p_0 x_0$ é a área do retângulo "semitracejado" da Figura 20-9, vemos que o excedente do consumidor anteriormente definido é a área da região destacada nessa figura.

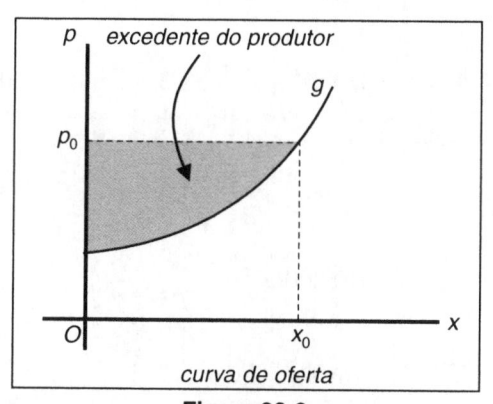

Figura 20-9

Exercício 20-24 Dadas as equações de demanda e oferta, determine o excedente do consumidor e do produtor, ambos relativos ao ponto de equilíbrio do mercado (o ponto de equilíbrio é interseção das curvas de demanda e de oferta), nos casos :

(a) $p = 42 - 6x$ e $p - 9x^2/8 = 0$.

(b) $p = -2x^2 - x + 6$ e $p = x^2 + 2x$.

Respostas dos exercícios do § 20

20-1 (a) 59/6. (b) 25/12.

20-2 (a) 1/6. (b) 4/3. (c) 64/3. (d) 125/6. (e) 32/3. (f) 5/12.

20-3 $3/2 - \ln 2$.

20-4 4π.

20-5 $\pi R^2 H/3$.

20-6 $4\pi R^3/3$.

20-7 $5\pi/14$.

20-8 $4\sqrt{3}r^3/3$.

20-9 8.

20-10 26/3.

20-11 12.

20-12 (a) 42 gramas. (b) $5 + \ln 6$ gramas. (c) 70 gramas.

20-13 (a) $V(t) = t^2 + t$ litros. (b) 4 horas. (c) 4 litros.

20-14 28 litros.

20-15 4000.

20-16 (a) 13/3. (b) $(a^2 + ab + b^2)/3$. (c) 16/15. (d) -131.

20-17 $23,99... \cong 24$ graus Celsius.

20-20 960 dólares.

20-21 18000 u.m.

20-22 (a) 2525/3. (b) 200/3.

20-23 47 e 14.

20-24 (a) 48 e 48. (b) 11/6 e 5/3.

EXERCÍCIOS SUPLEMENTARES PARA O CAPÍTULO 3

1. Calcule

   (a) $\int \dfrac{9(x^2-1)^2}{\sqrt{x}}\, dx.$ (b) $\int 7\sqrt[3]{t}(t-2)^2\, dt.$ (c) $\int \dfrac{\sqrt{x}+x^3+x^2-x}{x^{3/2}}\, dx.$

   (d) $\int \dfrac{x^4+3x^{4/3}-1}{\sqrt[3]{x^2}}\, dx.$ (e) $\int \dfrac{x^{1/3}+3x^{4/3}-1}{\sqrt[3]{x^4}}.$

2. Em cada caso, determine f a partir dos dados:

   (a) $f'(x) = \sqrt[3]{x^2} + x,\ f(0) = 2$ (b) $f'(x) = x^2 + x^{-3} + x^{1/2} - 3x^{1/4},\ f(1) = 1/10.$

3. Em um movimento, a aceleração escalar é dada por $a(t) = 4t^3 - 2t + 3$.
   (a) Determine a velocidade escalar, sabendo que ela vale 4 para $t = 1$.
   (b) Determine a função horária, sabendo que ela vale 5 para $t = 0$.

4. Uma população tem, no instante inicial, 5.000 organismos. Decorridas t horas, ela cresce à taxa de $150 + 6\sqrt{t} - 2t$ organismos por hora. Qual a população depois de uma hora?

5. Sendo f a função cujo gráfico está representado na figura (a linha curva é uma semicircunferência de raio 1), calcule:

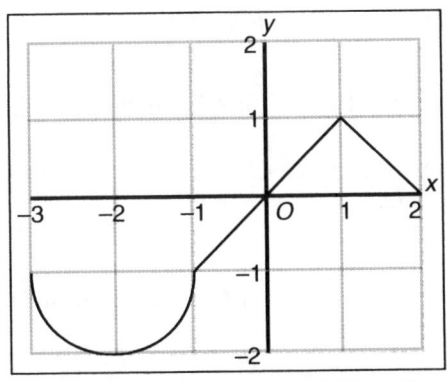

   (a) $\displaystyle\int_{-3}^{2} f.$ (b) $\displaystyle\int_{2}^{-2} f.$

Exercício suplementar 5 (Cap. 3)

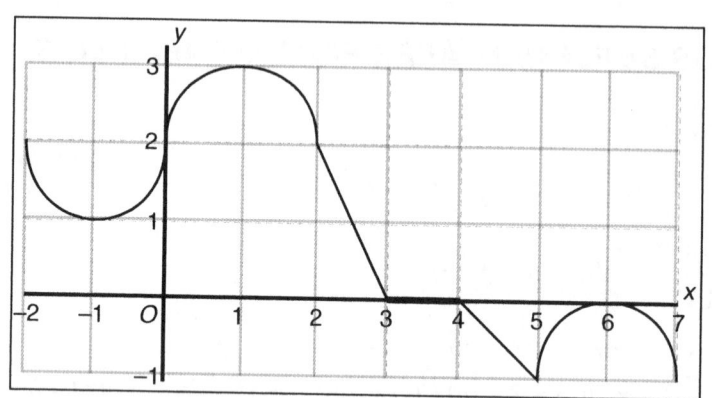

Exercício suplementar 6 (Cap. 3)

6. Calcule para a função representada na figura,

   (a) $\int_{-1}^{1} f.$ (b) $\int_{4}^{1} f.$ (c) $\int_{-2}^{0} f.$ (d) $\int_{-2}^{2} f.$ (e) $\int_{3}^{6} f.$

   (as três linhas curvas são semicircunferências de raio 1).

7. O gráfico de uma função f contínua, crescente, de domínio $[0, 1]$, passa pelos pontos $(0, 0)$ e $(1, 1)$, e se mantém abaixo da reta $y = x$ em $]0, 1[$. Sabendo que

   $$\int_0^1 f^{-1}(x)\, dx = \frac{3}{4}$$

   calcule a área da região limitada pelos gráficos de f e de f^{-1}.

8. Sabendo que $\int_{-2}^{3} f = 1$, $\int_{1}^{2} g = -1$, $\int_{3}^{2} g = 4$, $\int_{-2}^{1} g = 8$, calcule:

   (a) $\int_{-2}^{3} (3f - 5g).$ (b) $\int_{-2}^{2} 4g.$

9. Uma função f contínua em $[1, 3]$ é tal que $\int_{3}^{1} f = -8$. Mostre que ela assume, nesse intervalo, o valor 4.

10. Mostre que não pode ocorrer simultaneamente $\int_{2}^{3} f = -8$ e $\int_{2}^{3} |f| = 7$.

11. Calcule:

    (a) $\dfrac{d}{dx} \int_{1}^{\ln x} \ln t\, dt.$ (b) $\dfrac{d}{dx} \int_{\sqrt{x}}^{x^3} \dfrac{dt}{t^6 + 1}.$

12. Estude a função f quanto a crescimento e decrescimento:

(a) $f(x) = \int_{1}^{x} \dfrac{t^6}{1+t^{12}}\, dt$ (b) $f(x) = \int_{x}^{1} (t-1)^5 (t-2)^7\, dt$

13. Estude a função f quanto ao sinal:

(a) $f(x) = \int_{2}^{x} \dfrac{1+t^2}{1+t^{20}}\, dt$ (b) $f(x) = \int_{1}^{x} \ln t\, dt$

14. Estude a função f quanto à concavidade:

(a) $f(x) = \int_{2}^{x} \ln t\, dt$ (b) $f(x) = \int_{3}^{x} \sqrt{t + \dfrac{4}{t^2}}\, dt$, $x > 0$.

15. Na figura está representado o gráfico da função f, onde a área da região destacada vale $1/3$. Sendo $F(x) = \int_{1}^{x} f$, $0 \leq x \leq 3$, pede-se:

(a) Mostre que F é injetora.   (b) Calcule $\dfrac{dF^{-1}}{dy}(\dfrac{5}{6})$.

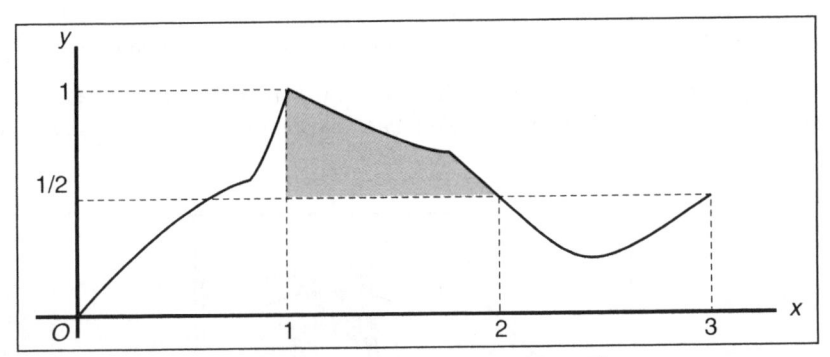

Exercício suplementar 15 (Cap. 3)

16. Considere uma função f contínua, crescente e positiva em $[a, b]$, $0 \leq a < b$. (a) Faça uma representação de f para tornar geometricamente evidente a igualdade

$$\int_{a}^{b} f + \int_{f(a)}^{f(b)} f^{-1} = bf(b) - af(a)$$

(b) Considere agora a função F dada por

$$F(x) = \int_{a}^{x} f + \int_{f(a)}^{f(x)} f^{-1} - xf(x) + af(a)$$

Mostre que a derivada de F é nula em]a, b[e conclua que F é constante em [a, b]. Fazendo x = a, mostre que esta constante é nula. Em particular, F(b) = 0. Conclua que ficou provada a fórmula dada em (a). Você usou nessa demonstração o fato de f ser positiva? O fato de $0 \leq a$?

17. Calcule:

(a) $\int_{0}^{1}(4x-x^{3}-1)\,dx$ (b) $\int_{-2}^{1}|x|\,dx$ (c) $\int_{-1}^{2}|x^{2}-1|\,dx$.

18. Calcule a área da região limitada pelas retas $x = 0$, $x = 2$, $y = 3x + 21$, e pela curva $y = 3x^{2} + 3$.

19. Calcule a área da região limitada pelos gráficos de f e g, nos casos:

(a) $f(x) = x^{2} + 2x + 1$, $g(x) = 2x + 2$.   (b) $f(x) = 3 - x^{2}$, $g(x) = 1 + x$.

20. Calcule o volume do sólido gerado pela rotação, em torno do eixo Ox, da região limitada pelos gráficos de f e g, nos casos:

(a) $f(x) = 2x$ e $g(x) = x^{2}$.   (b) $f(x) = x^{4}$ e $g(x) = x^{2}$.

(c) $f(x) = x^{6}$, $x \geq 0$, e $g(x) = x^{2}$, $x \geq 0$.

21. Calcule o volume do sólido cuja base é a região limitada pelas curvas $y = \sqrt{x}$ e $y = x^{2}$, sabendo que cada seção perpendicular a Ox é um semicírculo com diâmetro no plano Oxy.

22. A base de um sólido é formada pela região sob o gráfico de f, sendo $f(x) = x^{2} - x$, $0 \leq x \leq 1$. Para cada x, a seção transversal correspondente, perpendicular a OX, é um triângulo equilátero (ver figura). Calcule o volume do sólido.

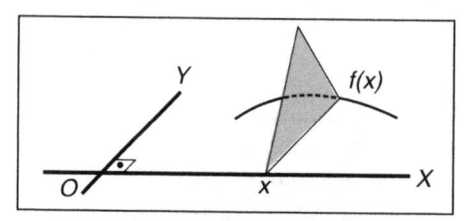

Exercício suplementar 22 (Cap. 3)

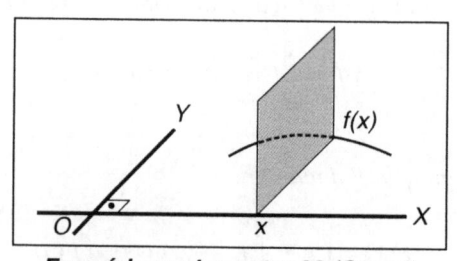

Exercício suplementar 23 (Cap. 3)

23. A base de um sólido é formada pela região sob o gráfico de f, sendo $f(x) = x - x^2$, $0 \leq x \leq 1$. Para cada x, a seção transversal correspondente, perpendicular a OX, é um quadrado (ver figura). Calcule o volume do sólido.

24. Calcule o volume de um barril, gerado pela rotação em torno de Ox da região $\dfrac{x^2}{a^2} + \dfrac{y^2}{b^2} = 1$,

$y \geq 0$, $-m \leq x \leq m$, onde a e b são números positivos.

25. (a) Calcule a área do segmento de parábola representada na figura (a), em função de a (VM é eixo de simetria).

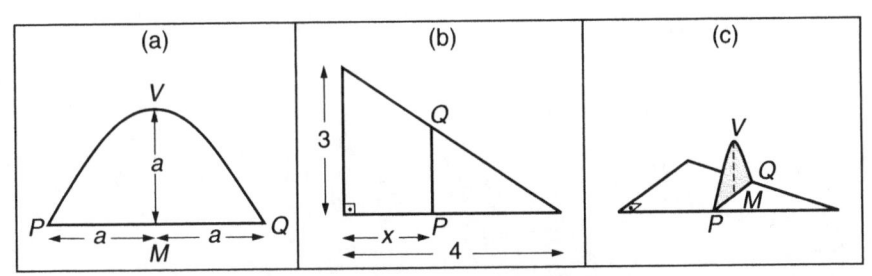

Exercício suplementar 25 (Cap. 3)

(b) Calcule o volume do sólido cuja base é o triângulo mostrado na figura (b), e cuja seção transversal correspondente a x é uma parábola do tipo descrito em (a), conforme ilustrado na figura (c).

26. Um automóvel a 90 km/h passa a ser freado, ficando com aceleração escalar constante. Determiná-la, sabendo que ele pára 5 segundos depois.

27. O centro de massa de um fio retilíneo de densidade μ, situado no eixo Ox, cuja posição é descrita por $a \leq x \leq b$, é definido como sendo o ponto de abscissa x_G dada por

$$M x_G = \int_a^b x\mu(x)\,dx$$

onde M é a massa do fio.

(a) Dê o centro de massa se o fio é homogêneo, isto é, tem densidade constante.

(b) Dê o centro de massa se $a=0$, $b=1$, e $\mu(x)=2x$.

28. Uma bomba injeta líquido em um tanque de 900 litros de capacidade, de forma cilíndrica e base horizontal, à razão, em cada instante $t \geq 0$ (em horas), de $400t^3 + 800t$ litros por hora, e uma outra, simultaneamente, retira o líquido à razão de $1200t^2$ litros por hora. No instante inicial $t = 0$ o tanque está vazio.

(a) Determine o maior volume de líquido no tanque que ocorre entre o instante 0 e duas horas após, e o instante em que isso ocorreu.

(b) Qual o volume de líquido no tanque para $t = 2$ horas?

(c) Verifique que existe um instante a partir do qual passa a haver transbordamento. Qual é esse instante?

Respostas dos exercícios suplementares do Capítulo 3

1. (a) $2\sqrt{x^9} - \dfrac{36}{5}\sqrt{x^5} + 18\sqrt{x}$. (b) $21\sqrt[3]{t^4} - 12\sqrt[3]{t^7} + \dfrac{21}{10}\sqrt[3]{t^{10}}$.

   (c) $\ln|x| + \dfrac{2}{5}x^{5/2} + \dfrac{2}{3}x^{3/2} - 2x^{1/2}$. (d) $\dfrac{3}{13}x^{13/3} + \dfrac{9}{5}x^{5/3} - 3x^{1/3}$.

   (e) $\ln|x| + 3x + 3x^{-1/3}$.

2. (a) $f(x) = \dfrac{3}{5}x^{5/3} + \dfrac{1}{2}x^2 + 2$. (b) $f(x) = \dfrac{1}{3}x^3 - \dfrac{1}{2}x^{-2} + \dfrac{2}{3}x^{3/2} - \dfrac{12}{5}x^{5/4} + 2$.

3. (a) $v(t) = t^4 - t^2 + 3t + 1$. (b) $s(t) = \dfrac{1}{5}t^3 - \dfrac{1}{3}t^3 + \dfrac{3}{2}t^2 + t + 5$.

4. 5153.

5. (a) $-(\pi + 3)/2$. (b) $(\pi + 2)/4$.

6. (a) 4. (b) $-3 - (\pi/4)$. (c) $4 - (\pi/2)$. (d) 8. (e) $(\pi/4) - 3/2$.

7. 1/2.

8. (a) -12. (b) 28.

11. (a) $\dfrac{\ln(\ln x)}{x}$. (b) $\dfrac{3x^2}{x^{18}+1} - \dfrac{1}{2\sqrt{x}(x^3+1)}$.

12. (a) Crescente em R.

    (b) Decrescente $]-\infty, 1]$; crescente em $[1, 2]$; decrescente $[2, \infty[$.

13. (a) $f(x) < 0$ se $x < 2$ e $f(x) > 0$ se $x > 2$.

    (b) O domínio de f é o $]0, \infty[$. Ela é positiva no seu domínio, exceto em $x = 1$.

14. (a) Concavidade para cima no intervalo $]0, \infty[$.

    (b) Concavidade para baixo em $]0, 2]$; concavidade para cima no intervalo $[2, \infty[$.

15. (b) 2.

17. (a) ¾. (b) 5/2. (c) 8/3.

18. 34.

19. (a) 4/3. (b) 9/2.

20.	(a) $64\pi/15$.	(b) $8\pi/45$.	(c) $8\pi/65$.
21.	$9\pi/560$.		
22.	$\sqrt{3}/120$.		
23.	$1/30$.		
24.	$\dfrac{2\pi b^2 m}{3a^2}(3a^2 - m^2)$.		
25.	(a) $4a^2/3$.	(b) 4.	
26.	$-5\ m/s^2$.		
27.	(a) $x_G = (a+b)/2$.	(b) $2/3$.	
28.	(a) 100 litros.	(b) 0.	(c) $t = 3$ horas.

Capítulo 4

Estudo de Algumas Funções

§21- As funções logaritmo neperiano e exponencial; funções hiperbólicas
  (A) A função logaritmo neperiano
  (B) A função exponencial
  (C) Funções hiperbólicas

§22- As funções logaritmo e exponencial gerais
  (A) A função exponencial de base a
  (B) A função logaritmo de base a
  (C) Dois limites

§23- Funções trigonométricas e inversas
  (A) Derivadas e primitivas das funções trigonométricas
  (B) Funções trigonométricas inversas
  (C) Aplicações a máximos e mínimos

§ 24- Formas indeterminadas
  (A) Tipo 0/0
  (B) Tipo ∞/∞
  (C) Tipos $0.\infty$ e $\infty-\infty$
  (D) Tipos 1^∞, 0^0 e ∞^0

Exercícios suplementares para o Capítulo 4

§21- AS FUNÇÕES LOGARITMO NEPERIANO E EXPONENCIAL; FUNÇÕES HIPERBÓLICAS

(A) A função logaritmo neperiano

A função *ln*, logaritmo neperiano, já apareceu anteriormente. Eis sua definição (Exemplo 18-2) e algumas propriedades.

Por definição, $ln\ x = \int_1^x \dfrac{dt}{t}$ $(x > 0)$ $\therefore$ $ln\ 1 = 0$

Propriedades:

(a) $(ln\ x)' = \dfrac{1}{x}$

(b) A função *ln* é crescente.

(c) A função *ln* tem concavidade para baixo no seu domínio.

(d) Valem as seguintes propriedades algébricas:

$\quad$ (L_1) $ln\ (ab) = ln\ a + ln\ b$

$\quad$ (L_2) $ln\ \dfrac{a}{b} = ln\ a - ln\ b$; $\qquad\qquad ln\ \dfrac{1}{b} = -ln\ b$

$\quad$ (L_3) $ln(a^r) = r\ ln\ a$ $\qquad$ (*r* racional)

(e) A imagem da função *ln* é $\mathbb{R}$.

(f) $\lim\limits_{x \to 0+} ln\ x = -\infty$ $\qquad \lim\limits_{x \to \infty} ln\ x = \infty$

Na Figura 21-1 está representado o gráfico da função *ln*.

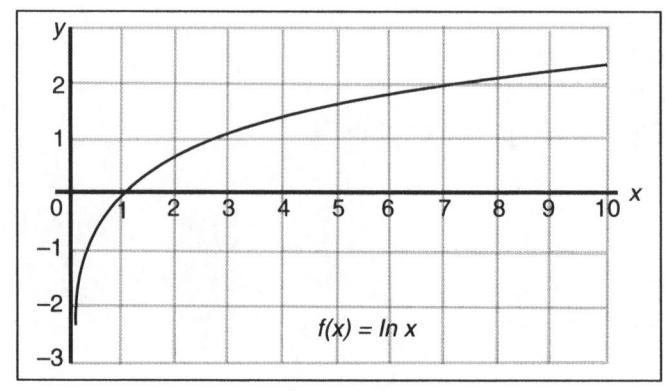

Figura 21-1

Demonstração.

(a) Veja o Exemplo 19-2.

(b) Decorre de (a), por ser $x > 0$, que a derivada de ln é positiva; logo, essa função é crescente.

(c) $(ln\ x)'' = -1/x^2 < 0$, logo(§10) a concavidade é para baixo.

(d) Veja o §16(B).

(e) Será omitida a demonstração.

(f) Como a imagem de ln é $\mathbb{R}$, dado qualquer número positivo M existe x_M tal que $ln\ x_M = M$, e como a função é crescente, se $x > x_M$ tem-se $ln\ x > ln\ x_M = M$, ou seja, $ln\ x$ é maior do que qualquer número positivo, para todo x suficientemente grande, que é o significado do segundo limite. O primeiro se trata analogamente.

Exemplo 21-1 Exprima $S = ln(\dfrac{\sqrt[3]{2}}{45})$ em termos de $ln\ 2$, $ln\ 3$ e $ln\ 5$.

Resolução. Escrevendo $\sqrt[3]{2} = 2^{1/3}$, e $45 = 5.9 = 5.3^2$, temos:

$$S = ln(\dfrac{2^{1/3}}{5.3^2}) = ln(2^{1/3}) - ln(5.3^2) \qquad \text{(por } (L_2)\text{)}$$

$$= ln(2^{1/3}) - (ln\ 5 + ln(3^2)) \qquad \text{(por } (L_1)\text{)}$$

$$= \dfrac{1}{3} ln\ 2 - ln\ 5 - 2\ ln\ 3 \qquad \text{(por } (L_3)\text{)}$$

◄

Exercício 21-1 Sendo $ln\ a = 2$, $ln\ b = 5$, $ln(3/5) = -0,51$, calcule

(a) $ln(ab)$.   (b) $ln(\dfrac{a}{b})$.   (c) $ln\sqrt{ab}$.   (d) $ln(a^2 b^3)$.

(e) $ln(\dfrac{1}{ab})$.   (f) $ln(\dfrac{1}{\sqrt[3]{ab^2}})$.   (g) $ln(\dfrac{\sqrt[3]{b}}{a^3})$.   (h) $ln(\dfrac{3b^2}{5\sqrt{a^3}})$.

Exercício 21-2 Mostre a segunda fórmula de (L_2)

Exercício 21-3 Como vimos acima, a função ln é crescente, logo é injetora. Assim, se $ln\ a = ln\ b$, devemos ter $a = b$. Usando isto, resolva as seguintes equações:

(a) $ln\ x = ln\ 4$.   (b) $ln\ x^2 = ln\ 16$.   (c) $ln\ (x-1) = ln\ 6$.
(d) $ln\ x + ln\ 3 = ln\ 9$.   (e) $ln(x-1) = 2ln\ 2$.   (f) $ln(x^2) - ln\ 4 = ln\ x$.
(g) $ln(x - 2x^2) = -ln\ 4$.   (h) $ln\ x - ln(x-1) = ln\ 2 + ln(3-x)$.   (i) $ln(1-x) = ln(x-1)$.

Observação. Um erro bastante comum é pensar que $ln(a + b) = ln\, a + ln\, b$ vale sempre. Esta relação equivale, por (L_1), a $ln(a + b) = ln(ab)$, ou seja(veja o exercício anterior) a $a + b = ab$. Assim, $ln(3 + 3/2) = ln\, 3 + ln(3/2)$, pois $3 + 3/2 = 3.(3/2)$, como você pode verificar. Por outro lado, $ln(5 + 2) \neq ln\, 5 + ln\, 2$, pois $5 + 2 \neq 5.2$.

Exercício 21-4 Decida se é verdadeira ou falsa cada uma das afirmações:

(a) $ln(3 + 4) = ln\, 3 + ln\, 4$.   (b) $ln\, (4 + 4/3) = ln\, 4 + ln(4/3)$.   (c) $ln(10 + 1) = ln(10) + ln\, 1$.

Exercício 21-5 Decida se é verdadeira ou falsa a afirmação: Para quaisquer c e x positivos, tem-se $ln(cx) = c\, ln\, x$.

Introduziremos agora um número importante. Pelo que vimos, a imagem de ln é $\mathbb{R}$, de modo que dado um número qualquer m, existe um número positivo c tal que $ln\, c = m$, o qual é único. Em particular, escolhendo $m = 1$, existe um único número, que será designado pela letra e, tal que $ln\, e = 1$. Esta notação foi introduzida pelo grande matemático suíço Leonhard Euler (1707-1783), que parece ter sido o primeiro a reconhecer a importância desse número. Destaquemos:

$$\boxed{ln\, e = 1}$$

Pode-se provar que o número e é irracional, isto é, não pode ser escrito como quociente de números inteiros. Através de uma calculadora você pode verificar que

$$\boxed{e = 2{,}7182818...}$$

Posteriormente veremos como se faz esse cálculo, no qual utilizaremos uma estimativa do número e, que passaremos a deduzir. Observe a Figura 21-2, onde se representa o gráfico da função f dada por $f(x) = 1/x$.

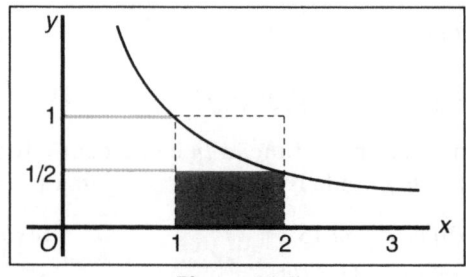

Figura 21-2

Cap. 4 Estudo de algumas funções

É evidente, do ponto de vista geométrico, que a área do retângulo destacado é menor do que a área sob o gráfico da função de 1 a 2, que por sua vez é menor do que a área do quadrado tracejado:

$$\frac{1}{2} < \int_1^2 \frac{dx}{x} < 1 \qquad \text{ou seja,} \qquad \frac{1}{2} < ln\,2 < 1$$

Examinaremos cada desigualdade dessa dupla desigualdade em separado. De $ln\,2 < 1$, ou seja, $ln\,2 < ln\,e$, vem $2 < e$. De $1/2 < ln\,2$ vem $1 < 2\,ln\,2$, logo $ln\,e < ln\,2^2$ e portanto, $e < 2^2 = 4$. Destaquemos os resultados:

$$\{ \qquad\qquad\qquad 2 < e < 4 \qquad\qquad\qquad (\diamondsuit)$$

Exercício 21-6

(a) Mostre que, se $h > 0$, então $\dfrac{h}{1+h} < ln(1+h) < h$.

(b) Verifique que a mesma desigualdade dupla do item (a) vale para $-1 < h < 0$.

(c) Para quais x se tem $1 + \dfrac{1}{x} > 0$?

(d) Prove que, se $x < -1$ ou $x > 0$, tem-se $\dfrac{1}{x+1} < ln\,(1+\dfrac{1}{x}) < \dfrac{1}{x}$.

(B) Função exponencial

Como vimos, a função ln é crescente; logo, tem inversa, a qual é chamada de **função exponencial,** cujo domínio é $\mathbb{R}$ (que é a imagem de ln), e cuja imagem é o conjunto dos números reais positivos (que é o domínio de ln). A função exponencial, como inversa de ln, será indicada por ln^{-1}, notação que será logo substituída por outra, como veremos adiante.

Para todo x **racional** tem-se, por (L_3),

$$ln(e^x) = x\,ln\,e = x \qquad\qquad \therefore \qquad\qquad e^x = ln^{-1}(x)$$

Esta relação mostra que ln^{-1} coincide, no conjunto dos números racionais, com a função que a cada **racional** x associa e^x. Aproveitamos isto para **definir** e^x para x **real qualquer** do seguinte modo:

Sendo x um número *real*, define-se

$$e^x = ln^{-1}(x)$$

Se f tem inversa, sabemos que $y = f(x)$ equivale a $x = f^{-1}(y)$ (§12). Portanto, como a exponencial é a inversa do logaritmo neperiano, temos

$$\boxed{y = e^x \quad \text{equivale a} \quad x = ln\ y} \qquad (\clubsuit)$$

Exercício 21-7 Complete:

(a) $y = e^m$, logo $m = ...$ (b) $2 = e^x$, logo $x = ...$ (c) $4 = e^x$, logo $x = ...$
(d) $a = ln\ b$, logo $b = ...$ (e) $5 = ln\ x$, logo $x = ...$ (f) $2a + 1 = e^{x-1}$, logo $x = ...$
(g) $a = ln(x-2)$, logo $x = ...$ (h) $1 = ln\ x$, logo $x = ...$ (i) $1 = e^x$, logo $x = ...$

Na Figura 21-3 estão representados os gráficos de *ln* e de sua inversa, a função exponencial.

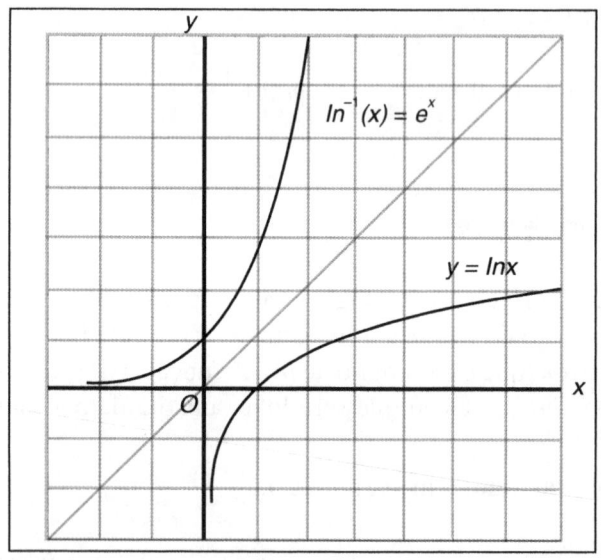

Figura 21-3

Propriedades da função exponencial, $f(x) = e^x$:

(a) A função exponencial é crescente.
(b) A função exponencial tem concavidade para cima em R.
(c) A imagem da função exponencial é o conjunto dos reais positivos.
(d) Valem as seguintes propriedades algébricas:

$$(E_1)\ e^{a+b} = e^a e^b$$

$$(E_2)\ e^{a-b} = \frac{e^a}{e^b}$$

(e) $\lim_{x \to -\infty} e^x = 0$; $\lim_{x \to \infty} e^x = \infty$

(f) $(e^x)' = e^x$.

Demonstração. Vamos nos limitar a demonstrar (E_1) (as outras não são difíceis de demonstrar; (f) foi objeto do Exercício 12-7).

Para (E_1): Sendo

$$y = e^a \qquad Y = e^b$$

então, por definição de exponencial, temos

$$a = \ln y \quad \text{e} \quad b = \ln Y$$

Portanto,

$$a + b = \ln y + \ln Y = \ln(yY) = \ln(e^a e^b)$$

Novamente pela definição de exponencial, temos

$$e^a e^b = e^{a+b} \qquad \triangleleft$$

A inversa de uma função desfaz o que a função faz, de modo que se você calcula primeiro $\ln x$ e depois exponencia, você obtém x. Ou seja, em símbolos, $e^{\ln x} = x$. Analogamente, se você primeiro calcula e^x e depois toma o logaritmo neperiano, você obtém x, ou seja, $\ln(e^x) = x$. Destaquemos:

$e^{\ln x} = x$ $x > 0$, real ($\blacklozenge$)	$\ln(e^x) = x$ x real ($\heartsuit$)

Exercício 21-8 Complete:
(a) $e^{\ln 3} = \ldots$ (b) $e^{\ln(4x-1)} = \ldots$ (c) $e^{\ln(w-2)} = \ldots$
(d) $\ln(e^3) = \ldots$ (e) $\ln(e^{s-65}) = \ldots$ (f) $\ln(e^{a+b}) = \ldots$

Exercício 21-9 Resolva as equações:

(a) $e^{\ln x} = x^2$.   (b) $e^{\ln(x-1)} = 2x^2 - 7$.   (c) $\ln(e^{2x+3}) = 4x^2 - 5x - 33$.

Exercício 21-10 Prove (E_2).

Exercício 21-11 Pelo fato da exponencial ter inversa temos que $e^a = e^b$ equivale a $a = b$. Resolva as equações:

(a) $e^x = e^6$.   (b) $e^{x+3} = e^{10}$.   (c) $e^{x^2} \cdot e^{-2x} = e^{-1}$.

(d) $(e^x)^3 = e^{x^2+2}$.   (e) $\dfrac{(e^x)^{3x}}{e^{2x}} = \dfrac{1}{e^5}$.   (f) $e^{x^3-4x} = 1$.

Exercício 21-12 Dê a inclinação da reta tangente ao gráfico de f no ponto de abscissa x_0, nos casos:

(a) $f(x) = e^x$, $x_0 = 0$.   (b) $f(x) = e^{2x}$, $x_0 = 1$.   (c) $f(x) = e^{x^3-2x}$, $x_0 = -1$.

Exercício 21-13 Estude a função f quanto ao crescimento e decrescimento:

(a) $f(x) = e^{-x}$.   (b) $f(x) = e^{-x^2/2}$.   (c) $f(x) = xe^x$.

Exercício 21-14 Estude, quanto à concavidade, a função f, e dê os pontos de inflexão:

(a) $f(x) = xe^x$.   (b) $f(x) = x^2 e^x$.

Exercício 21-15 Um fabricante de um produto tem um custo de 4 reais por unidade fabricada desse produto. A expectativa é de que se cada unidade for oferecida a um preço de x reais, os consumidores comprarão $2100\, e^{-0,1x}$ unidades por dia. Determine o preço que deve ser oferecida a unidade para que o fabricante tenha lucro diário máximo.

Relembrando que uma primitiva de uma função f em um intervalo é uma função F tal que $\dfrac{dF}{dx}(x) = f(x)$ em todo x do intervalo (§16(A)), e como $de^x/dx = e^x$, a função exponencial é uma primitiva dela mesma, ou seja,

$$\int e^x\, dx = e^x$$

Exercício 21-16 Calcule a área sob o gráfico da função exponencial,

(a) de 0 a 1;   (b) de -1 a 0;   (c) de $\ln 2$ a $\ln 3$.

(C) Funções hiperbólicas

Apresentaremos brevemente as funções hiperbólicas, definidas a partir da função exponencial, as quais tem diversas aplicações em engenharia.

Cap. 4 Estudo de algumas funções

As funções **seno hiperbólico**, **co-seno hiperbólico**, **tangente hiperbólica**, **cotangente hiperbólica**, todas de domínio R, indicadas respectivamente por *sh*, *ch*, *th* e *cth* são definidas por

$$sh\ x = \frac{e^x - e^{-x}}{2} \qquad ch\ x = \frac{e^x + e^{-x}}{2}$$

$$th\ x = \frac{sh\ x}{ch\ x} = \frac{e^x - e^{-x}}{e^x + e^{-x}} \qquad coth\ x = \frac{ch\ x}{sh\ x} = \frac{e^x + e^{-x}}{e^x - e^{-x}}$$

Observação. Para as funções acima definidas são usadas com mais freqüencia as notações *senh, cosh, tgh* e *cotgh*, respectivamente.

Os gráficos dessas funções estão representados nas Figuras 21-4.

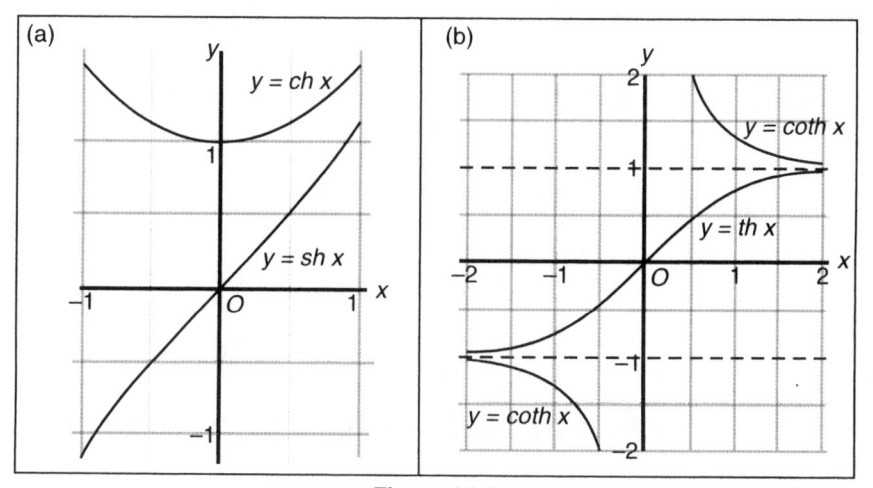

Figura 21-4

Eis algumas identidades verificadas pelas funções hiperbólicas ($sh^2\ x$ significa $(sh\ x)^2$, $ch^2\ x$ significa $(ch\ x)^2$):

$ch^2 x - sh^2 x = 1$

$sh(-x) = -sh\ x \qquad ch(-x) = ch\ x$

$sh(a \pm b) = sh\ a \cdot ch\ b \pm sh\ b \cdot ch\ a$

$ch(a \pm b) = ch\ a \cdot ch\ b \pm sh\ a \cdot sh\ b$

$sh(2x) = 2\ sh\ x \cdot ch\ x$

$ch(2x) = ch^2\ x + sh^2\ x = 2\ sh^2\ x + 1 = 2ch^2\ x - 1$

As demonstrações delas são simples. Vejamos algumas:

- $ch^2x - sh^2x = (\dfrac{e^x + e^{-x}}{2})^2 - (\dfrac{e^x - e^{-x}}{2})^2 = \dfrac{1}{4}(e^{2x} + 2e^x e^{-x} + e^{-2x}) - \dfrac{1}{4}(e^{2x} - 2e^x e^{-x} + e^{-2x})$

  $= \dfrac{1}{4}(e^{2x} + 2 + e^{-2x} - e^{2x} + 2 - e^{-2x}) = \dfrac{1}{4} \cdot 4 = 1$ ◄

- $sh(-x) = \dfrac{e^{-x} - e^{-(-x)}}{2} = \dfrac{e^{-x} - e^x}{2} = -\dfrac{e^x - e^{-x}}{2} = -sh\, x$ ◄

Para demonstrar a fórmula de $sh(a + b)$, observemos que das definições de sh e ch vem imediatamente

$$ch\, x + sh\, x = e^x \qquad ch\, x - sh\, x = e^{-x}$$

- Usaremos, para esta parte, as abreviações S_x para $sh\, x$ e C_x para $ch\, x$. Então as fórmulas ficam $C_x + S_x = e^x$, $C_x - S_x = e^{-x}$. Temos:

$$sh(a + b) = \dfrac{e^{a+b} - e^{-(a+b)}}{2} = \dfrac{e^a e^b - e^{-a} e^{-b}}{2}$$

$$= \dfrac{1}{2}[(C_a + S_a)(C_b + S_b) - (C_a - S_a)(C_b - S_b)]$$

$$= \dfrac{1}{2}[C_a C_b + C_a S_b + S_a C_b + S_a S_b - C_a C_b + C_a S_b + S_a C_b - S_a S_b]$$

$$= \dfrac{1}{2}[2C_a S_b + 2S_a C_b] = C_a S_b + S_a C_b = ch\, a\, sh\, b + sh\, a \cdot ch\, b$$ ◄

- Fazendo $b = a = x$, resulta $sh(2x) = 2\, sh\, x \cdot ch\, x$. ◄

- $sh(a-b) = sh[(a + (-b)] = sh\, a \cdot ch(-b) + sh(-b) \cdot ch\, a = sh\, a \cdot ch\, b + (-sh\, b)\, ch\, a$
  $= sh\, a \cdot ch\, b - sh\, b \cdot ch\, a$ ◄

Exercício 21-17 Demonstre as demais identidades acima indicadas.

Observação. Para cada t real, considere o ponto $(ch\, t, sh\, t)$. Como $ch^2 t - sh^2 t = 1$, vemos que tal ponto pertence à curva dada por $x^2 - y^2 = 1$, a qual é chamada de hipérbole. Daí o nome de funções hiperbólicas para sh e ch.

Estabeleceremos agora alguns limites de funções hiperbólicas. Observando que para $x \to -\infty$ tem-se $e^x \to 0$ e $e^{-x} \to \infty$, resulta $sh\, x = (e^x - e^{-x})/2 \to -\infty$. Analogamente, $ch\, x \to \infty$ se $x \to -\infty$ (veja a Figura 21-4). Observando que para $x \to \infty$ tem-se $e^x \to \infty$ e $e^{-x} = 1/e^x \to 0$, resulta $sh\, x = (e^x - e^{-x})/2 \to \infty$. Analogamente, $ch\, x \to \infty$ se $x \to \infty$. Um estudo para th e $coth$ nos conduz aos resultados a seguir (veja a Figura 21-4), anexados aos que acabamos de estabelecer:

$$\lim_{x \to -\infty} sh\, x = -\infty \quad \lim_{x \to \infty} sh\, x = \infty \quad \lim_{x \to -\infty} ch\, x = \infty \quad \lim_{x \to \infty} ch\, x = \infty$$

$$\lim_{x \to -\infty} th\, x = -1 \quad \lim_{x \to \infty} th\, x = 1 \quad \lim_{x \to -\infty} coth\, x = -1 \quad \lim_{x \to \infty} coth = 1$$

Exercício 21-18 Estabeleça as fórmulas acima, à exceção da primeira, já provada. Para o caso de th, divida numerador e denominador por e^x.

Agora, passemos às derivadas. Temos, por exemplo,

$$(sh\, x)' = (\frac{e^x - e^{-x}}{2})' = \frac{(e^x)' - (e^{-x})'}{2} = \frac{e^x - (-e^{-x})}{2} = \frac{e^x + e^{-x}}{2} = ch\, x$$

Do mesmo modo se obtém $ch' = sh$. Para a derivada de th e de $coth$, pode-se aplicar a regra do quociente, usando suas definições em termos de sh e de ch:

$$(sh\, x)' = ch\, x \qquad (ch\, x)' = sh\, x$$

$$(th\, x)' = \frac{1}{ch^2 x} \qquad (coth\, x)' = -\frac{1}{sh^2 x}$$

Observação. As funções secante hiperbólica e co-secante hiperbólica, indicadas respectivamente por $sech$ e $csch$, são definidas por $sech\, x = 1/ch\, x$ e $csch\, x = 1/sh\, x$, de modo que, pelo que escrevemos acima, tem-se $(th\, x)' = sech^2 x$ e $(cth\, x)' = -csch^2 x$.

Exercício 21-19 Obtenha as derivadas de th e $coth$.

Exercício 21-20 Calcule a derivada das funções dadas por:

(a) $ln(thx)$. (b) $sh^2 x$. (c) $ch^3(2x)$.

Da tabela de derivadas acima resulta a seguinte:

$$\int sh\, x\, dx = ch\, x \qquad \int ch\, x\, dx = sh\, x$$

$$\int sech^2 x\, dx = th\, x \qquad \int csc^2 x\, dx = -coth\, x$$

Exercício 21-21 Prove:

(a) $\int ch^6 x\, sh\, x\, dx = (ch^7 x)/7$ (b) $\int coth\, x\, dx = \ln|shx|$ (c) $\int 4th(1+2x)\, dx = 2\ln(ch(1+2x))$.

Observação. Quando se suspende um cabo homogêneo e flexível entre dois pontos, pode-se provar que sua forma é dada, em um sistema de coordenadas conveniente, por $y = a\, ch(x/a)$, conforme ilustra a Figura 21-5. (O ponto mais baixo está em Oy.) O gráfico dessa função é chamado de **catenária** (*catena* em latim significa *cadeia*).

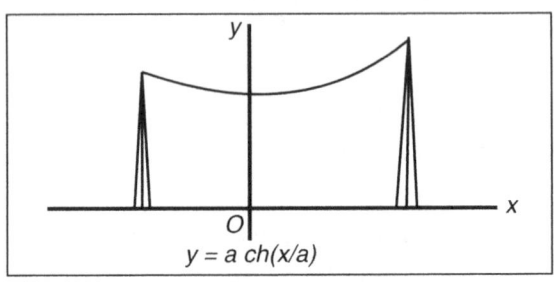

Figura 21-5

Exercício 21-22 Na Figura 21-5, calcule a inclinação da reta tangente à curva no ponto de abscissa $x > 0$ tal que $ch(x/a) = \sqrt{10}$.

Respostas dos exercícios do § 21

21-1 (a) 7.   (b) −3.   (c) 7/2.   (d) 19.   (e) −7.   (f) −4.   (g) −13/3.   (h) 6, 49.

21-3 (a) $x = 4$.   (b) $x = \pm 4$ (c) $x = 7$.   (d) $x = 3$.

(e) $x = 5$.   (f) $x = 4$.   (g) não existe x.   (h) $x = 2, x = 3/2$.   (i) não existe x.

21-4 (a) F.   (b) V.   (c) F.

21-5 Falso: fazendo $x = 1$, a relação fica $\ln c = 0$, logo $c = 1$. Basta tomar $x = 1$ e $c \neq 1$.

21-6 (c) $x < -1$ ou $x > 0$. Use o fato de que o sinal de a/b é o mesmo de ab.

21-7 (a) $\ln y$.   (b) $\ln 2$.   (c) $\ln 4$.   (d) e^a.   (e) e^5.

(f) $1 + \ln(2a+1)$.   (g) $2 + e^a$.   (h) e.   (i) 0.

21-8 (a) 3.   (b) $4x - 1$.   (c) $w - 2$.   (d) 3.   (e) $s - 65$.   (f) $a + b$.

21-9 (a) {1}.   (b) {2}.   (c) {4, −9/4}.

21-11 (a) {6}.   (b) {7}.   (c) {1}.   (d) {1, 2}.

(e) Não existem raízes.   (f) { −2, 0, 2}.

21-12 (a) 1.   (b) $2e^2$.   (c) e.

21-13 (a) Decrescente.   (b) Crescente em $]-\infty, 0[$; decrescente em $]0, \infty[$.

(c) Decrescente em $]-\infty, -1[$; crescente em $]-1, \infty[$.

21-14 (a) Concavidade para baixo em $]-\infty, -2]$; concavidade para cima em $[-2, \infty[$. Ponto de inflexão: -2

(b) Concavidade para cima em $]-\infty, -2-\sqrt{2}]$; concavidade para baixo em $[-2-\sqrt{2}, -2+\sqrt{2}]$; concavidade para cima em $[-2+\sqrt{2}, \infty[$. Pontos de inflexão: $-2-\sqrt{2}$ e $-2+\sqrt{2}$.

21-15 14 reais.

21-16 (a) $e-1$.   (b) $1-1/e$.   (c) 1.

21-20 (a) $1/(sh\, x\, ch\, x)$.   (b) $2sh\, x\, ch\, x$.   (c) $6ch^2(2x)sh(2x)$.

21-22 3.

§22- AS FUNÇÕES LOGARITMO E EXPONENCIAL GERAIS

(A) A função exponencial de base a

Consideremos o número 2^3, que sabemos desde a nossa infância ser $2.2.2 = 8$. Pela propriedade (L_3), §21, temos $\ln 2^3 = 3 \ln 2$. Tomando exponencial de ambos os membros, vem $e^{\ln 2^3} = e^{3\ln 2}$, ou seja, $2^3 = e^{3\ln 2}$. Exatamente do mesmo modo, chega-se a que para todo racional r e todo $a > 0$ tem-se $a^r = e^{r \ln a}$. Isto nos leva a **definir** a^b para b real qualquer do seguinte modo:

$$a^b = e^{b \ln a}$$

Assim, $2^\pi = e^{\pi \ln 2}$, $(\sqrt[3]{5})^{\sqrt{2}} = e^{\sqrt{2}\, \ln \sqrt[3]{5}}$. Note que $a^b > 0$, pois $e^x > 0$ para todo x.

Exercício 22-1 Sendo $f(x) = x^{1/\ln x}$, $x > 0$, $x \neq 1$, mostre que f é constante.

Se $a > 0$ e $a \neq 1$, definimos a **função exponencial de base a** por
$$f(x) = a^x \qquad (x \text{ real})$$

Observações.

(1) Se $a = e$ temos a nossa conhecida função exponencial, que agora fica com o nome alternativo de função exponencial de base e.

(2) Nós exigimos, na definição acima, que $a \neq 1$, pela simples razão de que se $a = 1$ então $a^x = 1^x = 1$, e f seria uma função constante, a qual não queremos chamar de função exponencial.

Exercício 22-2 Prove que $\ln a^x = x \ln a$, para todo x real.

As seguintes propriedades são de fácil verificação:

(Eb$_1$) $a^{b+c} = a^b a^c$

(Eb$_2$) $a^{b-c} = \dfrac{a^b}{a^c}$

(Eb$_3$) $(a^b)^c = a^{bc}$

(Eb$_4$) $(ab)^c = a^c b^c$

Para prová-las, basta usar a definição de exponencial de base a e as propriedades da exponencial de base e. Por exemplo, para **(Eb$_1$)**:

$$a^{b+c} = e^{(b+c)\ln a} = e^{b \ln a + c \ln a} = e^{b \ln a} e^{c \ln a} = a^b a^c$$

Exercício 22-3 Prove as restantes propriedades acima.

A derivada da função exponencial de base a se calcula assim:

$$\frac{da^x}{dx} = \frac{de^{x \ln a}}{dx} = e^{x \ln a} \cdot \frac{d(x \ln a)}{dx} = e^{x \ln a} \cdot \ln a = a^x \ln a$$

(usamos a regra da cadeia, §8). Destaquemos:

$$\boxed{\frac{da^x}{dx} = a^x \ln a}$$

Exercício 22-4 Calcule a derivada de:

(a) 2^x.   (b) 6^x.   (c) $(\sqrt{5})^x$.   (d) π^x.   (e) 3^{5x^2+x}.

Como $a^x > 0$, o sinal da derivada é dada pelo sinal de $\ln a$. Observando a representação do gráfico de $\ln$ (Figura 21-1), vemos que $\ln a < 0$ se $0 < a < 1$, e $\ln a > 0$ se $a > 1$. Assim, temos:

- Se $0 < a < 1$ então $da^x/dx < 0$; logo, a função exponencial de base a é decrescente.
- Se $a > 1$ então $da^x/dx > 0$; logo, a função exponencial de base a é crescente.

Para informações sobre a concavidade da função exponencial, observemos que $\dfrac{d^2 a^x}{dx^2} = (\ln a)^2 a^x > 0$, logo (§10):

A concavidade da função exponencial de base a é para cima em $\mathbb{R}$.

Com isto, podemos representar o gráfico dessa função, o que está feito na Figura 22-1. Os seguintes fatos ajudam a compreender melhor o que se passa.

- A função exponencial de base a tem por imagem o conjunto dos números reais positivos.
- Se $0 < a < 1$, tem-se
$$\lim_{x \to -\infty} a^x = \infty \qquad \lim_{x \to \infty} a^x = 0$$
- Se $a > 1$, tem-se
$$\lim_{x \to -\infty} a^x = 0 \qquad \lim_{x \to \infty} a^x = \infty$$

Eles podem ser demonstrados usando a definição $a^x = e^{x \ln a}$ e propriedades da função exponencial de base e. Por exemplo, suponha $a > 1$. Fazendo $u = x \ln a$, vemos que se $x \to \infty$ então $u \to \infty$, pois $\ln a > 0$. Assim,

$$\lim_{x \to \infty} a^x = \lim_{x \to \infty} e^{x \ln a} = \lim_{u \to \infty} e^u = \infty$$

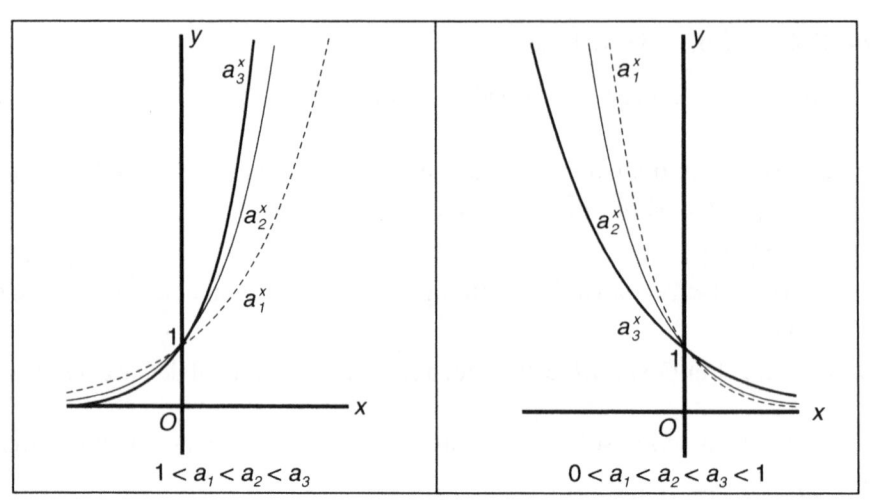

Figura 22-1

Exemplo 22-1 Mostre que, para **qualquer c real**, tem-se

$$\boxed{\frac{dx^c}{dx} = cx^{c-1}}$$

Resolução. Usando $x^c = e^{c\ln x}$, vem

$$\frac{dx^c}{dx} = \frac{d(e^{c\ln x})}{dx} = e^{c\ln x} \cdot \frac{d(c\ln x)}{dx} = x^c \cdot c\frac{d\ln x}{dx} = x^c \cdot c\frac{1}{x} = cx^{c-1} \quad \blacktriangleleft$$

Exercício 22-5 Calcule a derivada de:

(a) $x^{\sqrt{2}}$.   (b) x^π.   (c) $x^{\sqrt[3]{7}}$.   (d) x^e.

Exemplo 22-2 Calcule $\dfrac{d(x^{\sqrt{x}})}{dx}$.

Resolução. Temos $x^{\sqrt{x}} = e^{\sqrt{x}\ln x}$; logo,

$$\frac{d(x^{\sqrt{x}})}{dx} = \frac{d(e^{\sqrt{x}\ln x})}{dx} = e^{\sqrt{x}\ln x} \cdot \frac{d(\sqrt{x}\ln x)}{dx} = x^{\sqrt{x}} \cdot \frac{d(\sqrt{x}\ln x)}{dx}$$

Usando a regra do produto, vem:

$$\frac{d(\sqrt{x}\ln x)}{dx} = \frac{d(\sqrt{x})}{dx}.\ln x + \sqrt{x}.\frac{d\ln x}{dx} = \frac{1}{2\sqrt{x}}.\ln x + \sqrt{x}.\frac{1}{x}$$

resultado que substituído na relação que o precede nos dá

$$\frac{d(x^{\sqrt{x}})}{dx} = x^{\sqrt{x}}\left(\frac{1}{2\sqrt{x}}.\ln x + \sqrt{x}.\frac{1}{x}\right)$$
◄

Exercício 22-6 Calcule a derivada de:

(a) x^x .   (b) x^{x^2} .   (c) $x^{\ln x}$.   (d) $x^{1/x}$.   (e) $(2x+1)^x$.

Exercício 22-7 Estude, quanto à concavidade (§10), a função f, nos casos:

(a) $f(x) = 3^x$.   (b) $f(x) = (0,5)^x$.   (c) $f(x) = 3^x(x-1/\ln 3)$.

Exercício 22-8 Como vimos acima, temos $da^x/dx = a^x \ln a$.

(a) Complete:

$$\int a^x \ln a\, dx = \ldots\ldots\ldots$$

(b) Deduza que

$$\boxed{\int a^x\, dx = \frac{a^x}{\ln a}}$$

(c) Calcule a área da região limitada pelos gráficos das funções f e g, sendo $f(x) = 2^x$ e $g(x) = x + 1$. Para este item, você deve adivinhar, usando um esboço de gráficos, as soluções da equação $2^x = x + 1$.

(B) A função logaritmo de base a

Vimos acima que a função exponencial de base a é decrescente se $0 < a < 1$, e crescente se $a > 1$. Em ambos os casos ela tem, então, inversa.

A função inversa da função exponencial de base a se chama **função logaritmo de base a**, e é indicada por $\log_a$.

Como a função exponencial de base a e a função logaritmo de base a são uma a inversa da outra, temos

$$y = a^x \qquad \text{se e somente se} \qquad x = \log_a y \qquad (\heartsuit)$$

Em particular, como $a = a^1$, então $1 = \log_a a$. Destaquemos:

$$\log_a a = 1$$

Exercício 22-9 Sabendo que $y = 3^x$, exprima x em função de y.

Como a inversa de uma função desfaz o que a função faz, se você primeiro calcula $\log_a x$, e em seguida exponencia com base a, você obtém x, ou seja, $a^{\log_a x} = x$. Com raciocínio análogo, podemos escrever $\log_a a^x = x$. Destaquemos:

$$\boxed{a^{\log_a x} = x} \qquad (\clubsuit) \qquad \boxed{\log_a (a^x) = x}$$

Exercício 22-10 Resolva as equações:

(a) $2^{\log_2 x} = 6$. (b) $\pi^{\log_\pi x^2} = 4$. (c) $\log_7 7^{3x+2} = 2x^2 - 3$. (d) $\log_x x^{x^2} = 4$.

Temos as seguintes propriedades algébricas da função logaritmo de base a:

(la$_1$) $\log_a (bc) = \log_a b + \log_a c$

(la$_2$) $\log_a \left(\dfrac{b}{c}\right) = \log_a b - \log_a c$

(la$_3$) $\log_a b^c = c \log_a b$

Provemos, por exemplo, **(la$_1$)**. Esta afirmação equivale, por ($\heartsuit$), a $bc = a^{\log_a b + \log_a c}$. Assim, basta provarmos esta igualdade, o que é fácil, pois o segundo membro dela vale $a^{\log_a b} \cdot a^{\log_a c} = b \cdot c$.

Exercício 22-11 Prove **(la$_2$)** e **(la$_3$)**.

Pela condição de ser inversa da exponencial de base a, $\log_a$ tem as seguintes propriedades (veja a Figura 22-2, onde representamos os gráficos de $\log_a$ e de sua inversa, a função exponencial de base a, nos casos $0 < a < 1$ e $a > 1$):

- O domínio de $\log_a$ é o conjunto dos números reais positivos, e sua imagem é R.
- Se $a > 1$,
$$\lim_{x \to 0+} \log_a x = -\infty \qquad \lim_{x \to \infty} \log_a x = \infty$$

- Se $0 < a < 1$,
$$\lim_{x \to 0+} \log_a x = \infty \qquad \lim_{x \to \infty} \log_a x = -\infty$$

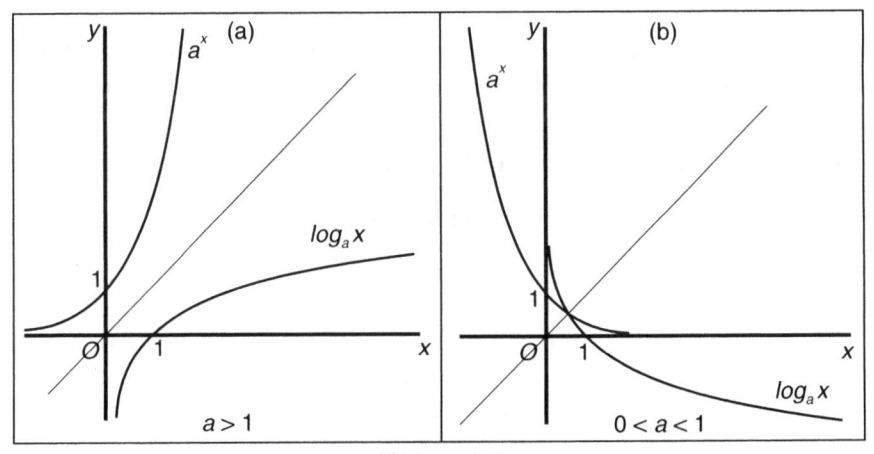

Figura 22-2

Observe que, de acordo com a definição de logaritmo de base a, a função ln também pode ser referida como função logaritmo de base e.

Pelo teorema da derivada de função inversa (§12), $\log_a$ é derivável. Então podemos aplicar a regra da cadeia para derivar membro a membro a primeira fórmula de (♣):

$$(a^{\log_a x} . \ln a)(\log_a x)' = 1$$

De onde resulta, usando de novo (♣),

$$\boxed{(\log_a x)' = \frac{1}{x \ln a}}$$

Exercício 22-12 Calcule a derivada de

(a) $\log_8 x$. (b) $\log_4(6x^6 + 3x^4 + 2)$. (c) $x \log_2 x$.

A seguinte fórmula, conhecida como **fórmula de mudança de base**, permite passar de uma base para outra:

$$\log_a b = \log_c b \cdot \log_a c \qquad (\spadesuit)$$

Para memorizá-la, lembre-se de um produto de frações:

$$\frac{b}{a} = \frac{b}{c} \cdot \frac{c}{a}$$

A demonstração é simples: partimos do segundo membro da fórmula, que é, por **(la₃)**, igual a $\log_a c^{\log_c b}$. Mas $c^{\log_c b} = b$ por (♣), e assim chegamos ao primeiro membro.

Fazendo $a = b$ na fórmula vem, lembrando que $\log_a a = 1$:

$$1 = \log_c a \cdot \log_a c$$

de onde resulta

$$\log_a c = \frac{1}{\log_c a} \qquad (\star)$$

que pode ser lembrada observando a igualdade de frações

$$\frac{c}{a} = \frac{1}{\dfrac{a}{c}}$$

Substituindo a última relação na que a precede, obtemos

$$\log_a b = \frac{\log_c b}{\log_c a} \qquad (\diamond)$$

que pode ser lembrada observando a igualdade de frações

$$\frac{b}{a} = \frac{\dfrac{b}{c}}{\dfrac{a}{c}}$$

Exemplo 22-3   Resolva a equação $\log_3 x + \log_9 x = 1$.

Resolução.   Procuraremos exprimir os logaritmos em uma mesma base, digamos, 3. Então, pela fórmula (♠), temos

$$\log_9 x = \log_3 x \cdot \log_9 3 = \log_3 x \cdot \frac{1}{2}$$

Substituindo na equação, vem

$$\log_3 x + \frac{1}{2}\cdot\log_3 x = 1 \quad \therefore \quad \frac{3}{2}\log_3 x = 1 \quad \therefore \quad \log_3 x = \frac{2}{3}$$

de onde resulta $x = 3^{2/3} = \sqrt[3]{3^2} = \sqrt[3]{9}$. ◄

Observação.   Podemos resolver a equação acima exprimindo os logaritmos na base 9: $\log_3 x = \log_9 x \cdot \log_3 9 = \log_9 x \cdot 2$. Substituindo na equação, resulta $3\log_9 x = 1$; portanto, $\log_9 x = 1/3$, e daí $x = 9^{1/3} = \sqrt[3]{9}$.

Exercício 22-13   Resolva as equações:
(a) $\log_4 x + \log_{16} x = 3/2$.   (b) $\log_{1/3} x + 2\log_3 x = 2$.   (c) $\log_2(x-5) - \log_4(x-5) = 1$.

Exercício 22-14   Resolva as equações
(a) $1/\log_4 x + \log_2 x = 3$.   (b)$\log_x 4 + \log_2 x = 3$ (Use (★).)   (c) $2(\log_4 x + \log_x 4) = 5$.

Exercício 22-15   Prove que

$$\log_{a^c} b = \frac{1}{c}\log_a b.$$

(C) Dois limites

Os seguintes limites

$$\boxed{\lim_{h\to 0} \log_a (1+h)^{\frac{1}{h}} = \frac{1}{\ln a}} \qquad \boxed{\lim_{h\to 0} \frac{a^h - 1}{h} = \ln a}$$

são facilmente obtidos. Faremos o primeiro, deixando o outro como exercício.

Usando h em lugar de Δx, a definição de $f'(x_0)$ é

$$f'(x_0) = \lim_{h \to 0} \frac{f(x_0 + h) - (f(x_0))}{h}$$

Se $f(x) = \log_a x$, temos $f'(x) = \dfrac{1}{x \ln a}$; logo, $f'(1) = \dfrac{1}{\ln a}$. A fórmula acima fica

$$\frac{1}{\ln a} = \lim_{h \to 0} \frac{\log_a(1+h) - \log_a 1}{h} = \lim_{h \to 0} \frac{\log_a(1+h)}{h}$$

$$= \lim_{h \to 0} \frac{1}{h} \log_a(1+h) = \lim_{h \to 0} \log_a(1+h)^{1/h}$$

◁

Exercício 22-16   Demonstre o segundo limite acima.

Respostas dos exercícios do § 22

22-4 (a) $2^x \ln 2$.   (b) $6^x \ln 6$.   (c) $5^{x/2}(\ln 5)/2$.   (d) $\pi^x \ln \pi$.   (e) $3^{5x^2+x}(10x+1)\ln 3$.

22-5 (a) $\sqrt{2}\, x^{\sqrt{2}-1}$.   (b) $\pi\, x^{\pi-1}$.   (c) $\sqrt[3]{7}\, x^{\sqrt[3]{7}-1}$.   (d) $e\, x^{e-1}$.

22-6 (a) $x^x(1 + \ln x)$.   (b) $x^{x^2}(2x\ln x + x)$.   (c) $x^{\ln x} \cdot \dfrac{2\ln x}{x}$.

(d) $x^{1/x}\left(\dfrac{1-\ln x}{x^2}\right)$.   (e) $(2x+1)^x \left[\ln(2x+1) + \dfrac{2x}{2x+1}\right]$.

22-7 (a) concavidade para cima em R.   (b) concavidade para cima em R.

(c) concavidade para baixo em $]-\infty, -1/\ln 3]$, e para cima em $[-1/\ln 3, \infty[$.

22-8 (a) a^x.   (c) $1,5 - 1/\ln 2$.

22-9 $x = \log_3 y$.

22-10 (a) $\{6\}$.   (b) $\{-2, 2\}$.   (c) $\{-1, 5/2\}$.   (d) $\{2\}$.

22-12 (a) $\dfrac{1}{x \ln 8}$.   (b) $\dfrac{36x^5 + 12x^3}{(6x^6 + 3x^4 + 2)\ln 4}$.   (c) $\log_2 x + \dfrac{1}{\ln 2}$.

22-13 (a) $\{4\}$.   (b) $\{9\}$.   (c) $\{9\}$.

22-14 (a) $\{2, 4\}$.   (b) $\{2, 4\}$.   (c) $\{2, 16\}$.

§23- FUNÇÕES TRIGONOMÉTRICAS E INVERSAS

(A) Derivadas e primitivas das funções trigonométricas

Calcularemos a derivada da função seno, através da qual seremos capazes de calcular as derivadas das demais funções trigonométricas. Sendo $f(x) = sen\ x$, temos

$$\frac{sen(x+h) - sen\ x}{h} = \frac{sen\ x.cos h + cos\ x.sen h - sen\ x}{h} = \frac{sen\ x.(cos\ h - 1) + cos\ x.sen\ h}{h}$$

$$= sen\ x \frac{(cos h - 1)}{h} + cos\ x \frac{sen h}{h} \qquad (\clubsuit)$$

onde a fórmula para $sen(x + h)$ foi dada no §4. Fazendo $h \to 0$, o primeiro membro dá a derivada procurada, de modo que devemos saber como calcular os limites, para $h \to 0$, de $(cos\ h-1)/h$ e de $(sen\ h)/h$. Veremos que o primeiro se obtém do segundo. Para este, usaremos um fato intuitivo do ponto de vista geométrico, que é ilustrado na Figura 23-1(a). O fato é que a medida de uma corda fica tão próxima quanto quisermos da medida do arco correspondente, desde que o arco seja suficientemente pequeno.

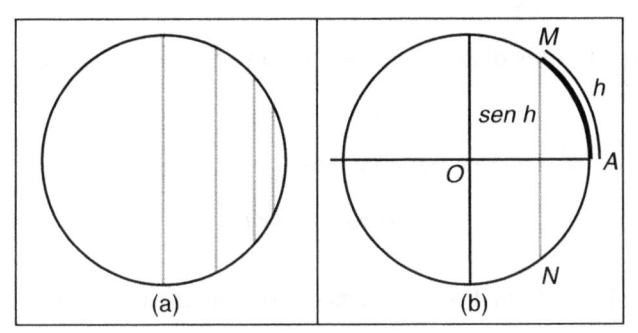

Figura 23-1

Assim, o quociente

$$\frac{\text{medida da corda}}{\text{medida do arco correspondente}}$$

tende a 1, para a medida do arco tendendo a 0. Na Figura 23-1(b), onde $h > 0$ e próximo de 0, o quociente acima é $(2sen\ h)/2h = (sen\ h)/h$. Portanto, $(sen\ h)/h \to 1$ se $h \to 0 +$. Analogamente chega-se a que $(sen\ h)/h \to 1$ se $h \to 0 -$. Portanto,

$$\boxed{\lim_{h \to 0} \frac{sen\, h}{h} = 1}$$

O outro limite que queremos calcular recai neste, usando o seguinte resultado, visto no Exemplo 4-9(b):

$$\frac{cos\, h - 1}{h} = -(\frac{sen\, h}{h})^2 \cdot \frac{h}{cos\, h + 1}$$

Usando o fato de que $\lim_{h \to 0}(cos\, h) = 1$, que pedimos para você aceitar olhando para o gráfico da função co-seno (Figura 4-7), temos

$$\lim_{h \to 0}\frac{cos\, h - 1}{h} = -(\lim_{h \to 0}\frac{sen\, h}{h})^2 \cdot \frac{\lim_{h \to 0} h}{\lim_{h \to 0}(cos\, h) + 1} = -(1)^2 \cdot \frac{0}{1+1}$$

ou seja,

$$\boxed{\lim_{h \to 0} \frac{cos\, h - 1}{h} = 0}$$

Usando os limites obtidos em (♣), resulta $f'(x) = cos\, x$, ou seja,

$$(sen\, x)' = cos\, x.$$

A derivada da função co-seno é dada por

$$(cos\, x)' = -\, sen\, x.$$

Exercício 23-1 Deduza a fórmula da derivada do co-seno, usando $cos\, x = sen(\pi/2 - x)$.

A partir das derivadas do seno e do co-seno, podemos calcular as derivadas das restantes funções trigonométricas, como se exemplifica a seguir.

Exemplo 23-1 Calcule a derivada da função tangente.

Resolução. Temos

$$(tg\ x)' = \left(\frac{sen\ x}{cos\ x}\right)' = \frac{(sen\ x)' cos\ x - sen\ x (cos\ x)'}{cos^2 x}$$

$$= \frac{(cos\ x) cos\ x - sen\ x(-sen\ x)}{cos^2 x} = \frac{cos^2 x + sen^2 x}{cos^2 x} = \frac{1}{cos^2 x} = sec^2 x \quad \triangleleft$$

No quadro a seguir destacaremos as derivadas obtidas, e outras que deixaremos como exercício.

$$\frac{d\ sen\ x}{dx} = cos\ x \qquad \frac{d\ cos\ x}{dx} = -sen\ x$$

$$\frac{d\ tg\ x}{dx} = sec^2 x \qquad \frac{d\ cot\ x}{dx} = -csc^2 x$$

$$\frac{d\ sec\ x}{dx} = sec\ x\ tg\ x \qquad \frac{d\ csc\ x}{dx} = -csc\ x\ cot\ x$$

Exercício 23-2 Deduza as fórmulas do quadro acima, exceto as da primeira linha.

Exercício 23-3 Calcule a inclinação da reta tangente ao gráfico da função f, no ponto de abscissa dado, e depois verifique seu resultado na figura onde o gráfico está representado (§5), nos casos:

(a) $f(x) = sen\ x$, $x = 0$.   (b) $f(x) = cos\ x$, $x = \pi/2$.   (c) $f(x) = tg\ x$, $x = \pi$.
(d) $f(x) = sec\ x$, $x = -\pi$.   (e) $f(x) = csc\ x$, $x = 3\pi/2$.   (f) $f(x) = cot\ x$, $x = \pi/2$.

Exercício 23-4 Estude, quanto à concavidade, dando os pontos de inflexão, as funções:

(a) seno, no intervalo $[0, 2\pi]$.   (b) co-seno, no intervalo $[-3\pi/2, \pi/2]$.
(c) tangente, no intervalo $]-\pi/2, \pi/2[$.   (d) cotangente, no intervalo $]0, \pi[$.

Confira seus resultados com os gráficos dessas funções, representados nas figuras do §4.

Exercício 23-5 Repita o exercício anterior para as funções

(a) secante, no intervalo $]-\pi/2, \pi/2[$.   (b) co-secante, no intervalo $]\pi, 2\pi[$.

Exercício 23-6 Calcule a derivada da função f, nos casos:

(a) $f(x) = sen(x^2 + x - 1)$.   (b) $f(x) = cos(3x^5 - 5x^3)$.   (c) $f(x) = tg(\sqrt[8]{x} + \sqrt[5]{x^2})$.
(d) $f(x) = cot\left(\frac{1}{1-x}\right)$.   (e) $f(x) = sec(e^x)$.   (f) $f(x) = csc\ (sen\ x)$.

Exercício 23-7 Calcule a derivada da função f, nos casos:

(a) $f(x) = sen^4 x$.   (b) $f(x) = 3cos^3 x$.   (c) $f(x) = 5tg^2 x$.

Exercício 23-8 Calcule a derivada da função f, nos casos:

(a) $f(x) = \dfrac{sen\, x}{1 + cos\, x}$.   (b) $f(x) = (sec\, x)(tg\, x)$.   (c) $f(x) = sen(cos\, x)$.

A partir da tabela de derivadas podemos construir uma correspondente de primitivas. Por exemplo:

$$\frac{d\, sen\, x}{dx} = cos\, x \qquad logo \qquad \int cos\, x\, dx = sen\, x$$

Da mesma forma,

$$\frac{d\, tg\, x}{dx} = sec^2 x \qquad logo \qquad \int sec^2 x\, dx = tg\, x$$

Eis uma tabela de primitivas:

$$\int sen\, x\, dx = -cos\, x \qquad \int cos\, x\, dx = sen\, x$$

$$\int sec^2 x\, dx = tg\, x \qquad \int csc^2 x\, dx = -cot\, x$$

$$\int sec\, x\, tg\, x\, dx = sec\, x \qquad \int csc\, x\, cot\, x\, dx = -csc\, x$$

Exercício 23-9 Calcule a área da região sob o gráfico de f, nos casos:

(a) $f(x) = sen\, x,\ 0 \leq x \leq \pi$.   (b) $f(x) = cos\, x,\ -\pi/2 \leq x \leq \pi/2$.
(c) $f(x) = sec^2 x,\ 0 \leq x \leq \pi/4$.   (d) $f(x) = sec\, x\, tg\, x,\ 0 \leq x \leq \pi/3$.

(B) Funções trigonométricas inversas

(1) Função arco-seno

Se você observar a representação do gráfico da função seno, notará que existem dois valores de x (na verdade existem infinitos) tais que $sen\, x = 0$. Isto impede a existência de função inversa do seno. Lembremos que (§12) para existir a inversa, é preciso que a cada y da imagem de f exista um único x do domínio f tal que $y = f(x)$. Do ponto de vista geométrico, f tem inversa se e somente se toda reta paralela ao eixo Ox encontra o gráfico de f no máximo em um ponto. No caso da função seno, é claro que isto não ocorre. Portanto,

A FUNÇÃO SENO NÃO TEM INVERSA.

Podemos, no entanto, escolher um trecho do gráfico dessa função para o qual toda reta paralela a Ox o encontra no máximo em um ponto. Por exemplo, o trecho correspondente ao intervalo $[-\pi/2, \pi/2]$(Figura 23-2(a)). Pois bem, esta nova função, que certamente não é a função seno, tem inversa. Esta inversa é chamada de função **arco-seno**, e indicada por *arcsen*.

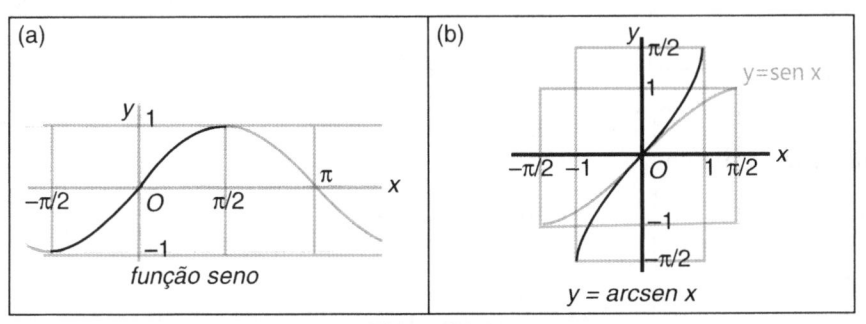

Figura 23-2

Portanto,

$y = sen\ x, -\pi/2 \le x \le \pi/2$ se e somente se $x = arcsen\ y$ (♣)

Na Figura 23-2(b) representamos a função acima e sua inversa *arcsen*, as quais, como inversas uma da outra, têm gráfico simétrico com relação à reta $y = x$ (§12(B)).

As seguintes propriedades decorrem da definição da função *arcsen*, e ficam evidentes se observarmos a Figura 23-2:

- Domínio de *arcsen*: $[-1, 1]$.
- Imagem de *arcsen*: $[-\pi/2, \pi/2]$.
- *arcsen* é contínua.
- *arcsen* é ímpar, ou seja, $arcsen(-x) = -arcsen\ x$.

Exercício 23-10 Verdadeiro ou falso?

(a) A função arco-seno é a inversa da função seno.
(b) A função seno não tem inversa.
(c) O domínio da função arco-seno é [−π/2, π/2].
(d) O domínio da função arco-seno é [−1, 1].

Para o próximo exemplo e para os exercícios a seguir, convém ter em mente a seguinte tabela (§5):

x	0	π/6	π/4	π/3	π/2
sen x	0	1/2	$\sqrt{2}/2$	$\sqrt{3}/2$	1

Exemplo 23-2 Calcule

(a) $arcsen\,(\sqrt{2}/2)$.   (b) $arcsen\,(-1)$.

Resolução.

(a) Escrevamos $x = arcsen(\sqrt{2}/2)$. Isto equivale, por (♣), a

$$\sqrt{2}/2 = sen\,x, \quad -\pi/2 \leq x \leq \pi/2$$

Pela tabela acima, resulta $x = \pi/4$, ou seja, $arcsen(\sqrt{2}/2) = \pi/4$. ◀

(b) Temos $arcsen(-1) = -arcsen\,1$. Calculemos $arcsen\,1$ como no item (a):

$$x = arcsen\,1 \qquad \text{equivale a} \qquad 1 = sen\,x,\, -\pi/2 \leq x \leq \pi/2$$

Pela tabela acima, resulta $x = \pi/2$. Assim, $arcsen(-1) = -\pi/2$. ◀

Exercício 23-11 Calcule:

(a) $arcsen\,0$.   (b) $arcsen(1/2)$.   (c) $arcsen(-1/2)$.
(d) $arcsen(-\sqrt{2}/2)$.   (e) $arcsen(\sqrt{3}/2)$.   (f) $arcsen(-\sqrt{3}/2)$.

Exercício 23-12 Verdadeiro ou falso?

(a) $arcsen(\pi/2) = 1$.   (b) $arcsen\,1 = \pi/2$.   (c) $arcsen(\pi/4) = \sqrt{2}/2$.

Como a inversa de uma função desfaz o que a função faz, temos

$$\begin{cases} arcsen(sen\,x) = x, & \text{para } -\pi/2 \leq x \leq \pi/2 \\ sen(arcsen\,y) = y, & \text{para } -1 \leq y \leq 1 \end{cases}$$

Exercício 23-13 Verdadeiro ou falso?

(a) $arcsen\ (sen\ 3,1) = 3,1$.   (b) $arcsen(sen\ 1) = 1$.   (c) $arcsen(sen\ \pi) = 0$.
(d) $arcsen(cos\ \pi) = -\pi/2$.   (e) $sen(arcsen\ 0,3) = 0,3$ (f) $sen(arcsen\ 2) = 2$.

Exemplo 23-3 Mostre que $cos(arcsen\ x) = \sqrt{1-x^2}$.

Resolução. Usando a relação fundamental $sen^2 a + cos^2 a = 1$, a qual significa $(sen\ a)^2 + (cos\ a)^2 = 1$, vem

$$[sen(arcsen\ x)]^2 + [cos(arcsen\ x)]^2 = 1$$

ou seja, como $sen(arcsen\ x) = x$,

$$x^2 + [cos(arcsen\ x)]^2 = 1$$

Dessa igualdade podemos tirar o valor de $cos(arcsen\ x)$, lembrando que como $-\pi/2 \leq arcsen\ x \leq \pi/2$ então $cos(arcsen\ x) \geq 0$:

$$cos(arcsen\ x) = \sqrt{1-x^2}$$ ◄

Vamos agora calcular a derivada da função arco-seno. Pelo teorema da função inversa (§12(C)), esta função é derivável em]−1, 1[; logo, podemos aplicar a regra da cadeia para derivar membro a membro a relação $x = sen(arcsen\ x)$:

$$1 = cos\ (arcsen\ x).(arcsen\ x)' = (\sqrt{1-x^2}).(arcsen\ x)'$$

(a derivada do seno de "alguém" é co-seno de "alguém" vezes a derivada de "alguém", lembra-se?). Portanto,

$$\boxed{(arcsen\ x)' = \frac{1}{\sqrt{1-x^2}} \quad (-1 < x < 1)}$$

Exercício 23-14 Calcule a derivada de:

(a) $x/arcsen\ x$.   (b) $x \cdot arcsen\ x$.   (c) $arcsen(2x+1)$.   (d) $arcsen(x^2)$.
(e) $x \cdot arcsen(1/x)$.   (f) $(arcsen\ x)^2$.   (g) $ln(arcsen\ x)$.   (h) $e^{arcsen\ x}$.

A fórmula da derivada do arco-seno nos permite escrever

$$\int \frac{dx}{\sqrt{1-x^2}} = \text{arcsen } x$$

Exercício 23-15 Calcule a área da região sob o gráfico da função $f(x) = 1/\sqrt{1-x^2}$, de $-1/2$ a $\sqrt{3}/2$.

(2) Função arco-tangente

Examinando uma representação do gráfico da função tangente (Figura 23-3), vemos que existe uma reta paralela a Ox que encontra o gráfico em mais de um ponto; logo,

A FUNÇÃO TANGENTE NÃO TEM INVERSA.

Restringindo-nos ao trecho correspondente ao intervalo $]-\pi/2, \pi/2[$, vemos (Figura 23-3(a)) que para a nova função assim obtida, qualquer reta paralela a Ox encontra o gráfico no máximo em um ponto, e por isso ela tem função inversa. Tal inversa é chamada função **arco-tangente**, e indicada por *arctg*. Portanto,

$y = tg\ x$, $-\pi/2 < x < \pi/2$ se e somente se $x = \text{arctg } y$ (♦)

Na Figura 23-3(b) representamos a função e sua inversa *arctg*, cujos gráficos são simétricos com relação à reta $y = x$ (§12(B)).

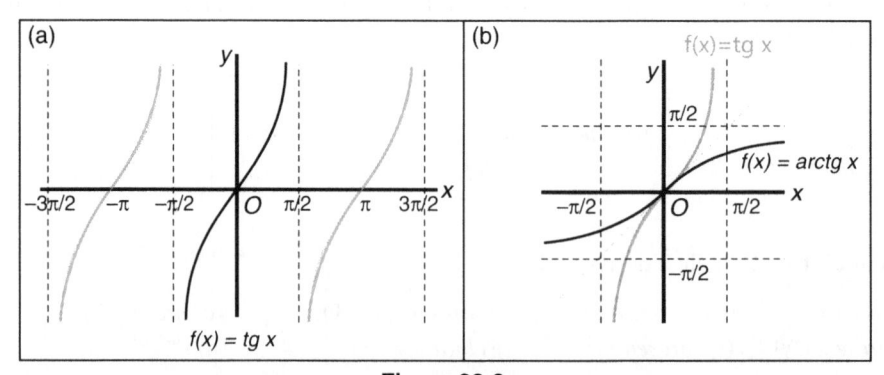

Figura 23-3

As seguintes propriedades decorrem da definição da função arco-tangente, e ficam evidentes se observarmos a Figura 23-3:

- Domínio de *arctg*: R.
- Imagem de *arctg*:]–π/2, π/2[.
- *arctg* é contínua.
- $\lim\limits_{x \to -\infty} arctg\ x = -\pi/2$ $\qquad$ $\lim\limits_{x \to \infty} arctg\ x = \pi/2$.
- *arctg* é ímpar, ou seja, $arctg(-x) = -arctg\ x$.

A seguinte tabela ajuda a resolver o próximo exercício:

x	0	π/6	π/4	π/3
tg x	0	$1/\sqrt{3}$	1	$\sqrt{3}$

Exercício 23-16 Calcule:

(a) *arctg* 1. (b) *arctg* $\sqrt{3}$. (c) *arctg*(–1). (d) *arctg* 0. (e) *arctg*($-1/\sqrt{3}$).

Exercício 23-17 Calcule:

(a) $\lim\limits_{x \to -\infty} arctg\ (x^3-2x-1)$. (b) $\lim\limits_{x \to -\infty} arctg(3x^4-x+3)$. (c) $\lim\limits_{x \to -\infty} arctg\ (\dfrac{x^6+x}{3x^2-1})$.

(d) $\lim\limits_{x \to 0+} arctg(ln\ x)$. (e) $\lim\limits_{x \to \infty} arctg\ (\dfrac{5x^4-2}{1-3x})$. (f) $\lim\limits_{x \to \infty} arctg\ (\dfrac{2+x}{2+x^3})$.

Como a inversa de uma função desfaz o que a função faz, temos

$arctg\ (tg\ x) = x$ $\qquad$ para $-\pi/2 < x < \pi/2$
$tg\ (arctg\ y) = y$ $\qquad$ para qualquer y real

Exercício 23-18 Calcule

(a) *arctg*(*tg* 0, 4). (b) *tg*(*arctg* (–2)). (c) *arctg*(*tg*(3π/4)). (d) *tg*(–*arctg*3).

Exemplo 23-4 Mostre que $sec^2(arctg\ x) = 1 + x^2$.

Resolução. Pela identidade $sec^2 a = 1 + tg^2 a$, vista no Exemplo 4-9, a qual significa $(sec\ a)^2 = 1 + (tg\ a)^2$, vem

$$[sec\ (arctg\ x)]^2 = 1 + [tg(arctg\ x)]^2 = 1 + x^2$$ ◁

Vamos agora calcular a derivada da função arco-tangente. Pelo teorema da função inversa (§12(C)), esta função é derivável, logo podemos aplicar a regra da cadeia para derivar membro a membro a relação $x = tg(arctg\ x)$:

$$1 = sec^2(arctg\ x).(arctgx)' = (1 + x^2).(arctg\ x)'$$

Portanto,

$$\boxed{\frac{d\ arctg\ x}{dx} = \frac{1}{1+x^2}}$$

Exercício 23-19 Calcule a derivada de

(a) $arctg\ (x^2 + x)$. (b) $x\ arctg\ x$. (c) $\dfrac{x}{arctg\ x}$.

(d) $arctg(e^x)$. (e) $2x^3 - arctg(x^2)$. (f) $arctg\ (\dfrac{x}{x+1})$.

(g) $(ln\ x)\ arctg\ x$. (h) $e^{arctg\ x}$. (i) $arctg\ \dfrac{1}{\sqrt{1-x^2}}$.

Exercício 23-20 (a) Calcule a derivada da função f dada por $f(x) = arctg\ x + arctg(1/x)$.

(b) Conclua que f é constante em qualquer intervalo.

(c) Mostre que $f(x) = \pi/2$ no intervalo $x > 0$ e que $f(x) = -\pi/2$ no intervalo $x < 0$.

(d) Critique a seguinte afirmação: se a derivada de uma função é nula a função é constante.

Exercício 23-21 Verifique que a função f dada por $f(x) = cos\ x$, $0 \le x \le \pi$, tem inversa. Tal inversa é chamada função **arco co-seno**, e é indicada por $arccos$. Prove que

(a) $(arccos\ x)' = -1/\sqrt{1-x^2}$, $-1 < x < 1$. (b) $arccos\ x = \pi/2 - arcsen\ x$.

A fórmula da derivada da função arco-tangente nos permite escrever

$$\boxed{\int \frac{dx}{1+x^2} = arctg\ x}$$

Exercício 23-22 Calcule a área da região sob o gráfico da função f dada por $f(x) = 1/(1 + x^2)$, de 1 a $\sqrt{3}$.

(C) Aplicações a máximos e mínimos

Exemplo 23-5 Um painel vertical tem sua extremidade inferior 1 metro acima do olho de um observador, e sua extremidade superior a 4 metros do mesmo, conforme ilustrado na Figura 23-4(a). Determine a distância x, do olho à parede, que dá o maior ângulo de visão.

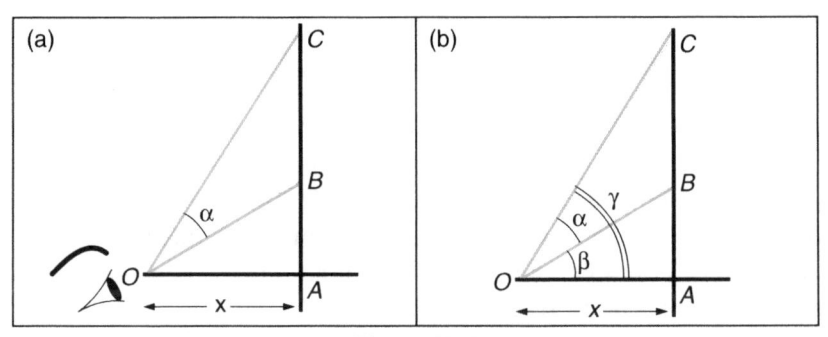

Figura 23-4

Resolução. O painel, em corte, está representado pelo segmento CB. Foi dado que $AB = 1$ e $AC = 4$. Sendo α (medida do ângulo de visão), β e γ como indicado na Figura 23-4(b), temos:

$$tg\,\alpha = tg\,(\gamma - \beta) = \frac{tg\,\gamma - tg\,\beta}{1 + tg\,\gamma \cdot tg\,\beta}$$

Mas, olhando para o triângulo OAC temos $tg\,\gamma = AC/x = 4/x$. Analogamente, $tg\,\beta = AB/x = 1/x$. Substituindo na expressão acima resulta

$$tg\,\alpha = \frac{\frac{4}{x} - \frac{1}{x}}{1 + \frac{4}{x} \cdot \frac{1}{x}} = \frac{\frac{3}{x}}{1 + \frac{4}{x^2}} = \frac{\frac{3}{x}}{\frac{x^2+4}{x^2}} = \frac{3}{x} \cdot \frac{x^2}{x^2+4} = \frac{3x}{x^2+4}$$

Portanto, como $0 < \alpha < \pi/2$, então

$$\alpha = arctg\,\frac{3x}{x^2+4}$$

Derivando, vem

$$\frac{d\alpha}{dx} = \frac{1}{1+(\frac{3x}{x^2+4})^2} \cdot \frac{d}{dx}(\frac{3x}{x^2+4}) = \frac{1}{1+(\frac{3x}{x^2+4})^2} \cdot \frac{3(x^2+4) - 3x \cdot 2x}{(x^2+4)^2}$$

$$= \frac{1}{1+(\frac{3x}{x^2+4})^2} \cdot \frac{12 - 3x^2}{(x^2+4)^2}$$

O sinal da derivada é claramente dado pelo sinal de $12-3x^2$, cujas raízes são ± 2. Como $x > 0$, devemos considerar a raiz 2. Esboçando o gráfico dessa função, o que deixamos para você fazer, conclui-se que ela é positiva para $0 < x < 2$; logo, α é crescente em $[0, 2]$; é negativa para $x > 2$, e portanto α é decrescente no intervalo $x \geq 2$. Assim, α tem um máximo para $x = 2$, que é a distância pedida no problema. ◄

Observação. Do ponto de vista geométrico, se imaginarmos a pessoa se deslocando, é fácil ver que existe uma posição que dá o máximo ângulo visual. Admitindo isto, basta igualar $d\alpha/dx$ a 0 para obter a resposta, o que equivale a zerar o numerador da expressão da derivada, ou seja, $12 - 3x^2 = 0$, de onde resulta, lembrando que $x > 0$, $x = 2$. A resolução fica um pouco mais simples. Se você pode agir assim, isso depende do grau de rigor exigido, e quem vai ditar isso é o seu professor.

Exercício 23-23 Repita o exemplo acima, no caso geral em que $AB = a$ e $AC = b$.

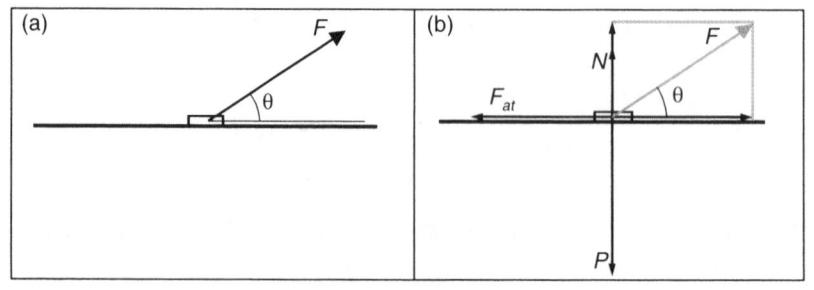

Figura 23-5

Exemplo 23-6 A Figura 23-5(a) esquematiza um bloco de peso P, em uma mesa horizontal. Uma força de intensidade F, fazendo um ângulo de medida θ com a horizontal, $0 < \theta < \pi/2$, é aplicada no bloco, como indicado na figura, o bloco permanecendo em equilíbrio, porém na iminência de escorregar. Existe atrito entre bloco e a mesa, que provoca o aparecimento de uma força de atrito F_{at}, que é oposta à tendência de movimento, cuja intensidade é proporcional à intensidade da reação normal da mesa. Tal constante de proporcionalidade é o coeficiente de atrito μ entre bloco e mesa. A pergunta é: qual θ dá a mínima intensidade F?

Resolução. As forças que atuam no bloco, representadas na Figura 23-5(b) são:

- a força aplicada de intensidade F, a qual vai ser substituída por suas componentes horizontal, de intensidade $F \cos \theta$, e pela componente vertical, de intensidade F sen θ ;
- o peso P (exercido pela Terra);

- a força exercida pela mesa, que é composta de uma reação normal de intensidade N e da força de atrito F_{at}.

Devemos ter, para equilíbrio na vertical, que

$$N + F \, sen \, \theta = P \quad \therefore \quad N = P - F \, sen \, \theta$$

A força de atrito é então $F_{at} = \mu N = \mu P - \mu F \, sen \, \theta$.

Considerando o equilíbrio na direção horizontal, a força de atrito deve ter mesma intensidade que a componente horizontal da força aplicada. Assim,

$$\mu P - \mu F \, sen \, \theta = F \, cos \, \theta$$

de onde resulta

$$F = \frac{\mu P}{cos \, \theta + \mu \, sen \, \theta}$$

Para determinar θ que dá o mínimo de F, derivemos:

$$\frac{dF}{d\theta} = \mu P \left(-\frac{\frac{d}{d\theta}(cos \, \theta + \mu \, sen \, \theta)}{(cos \, \theta + \mu \, sen \, \theta)^2} \right) = \mu P \frac{-sen \, \theta + \mu cos \, \theta}{(cos \, \theta + \mu \, sen \, \theta)^2} = \mu P \frac{cos \, \theta (tg \, \theta - \mu)}{(cos \, \theta + \mu \, sen \, \theta)^2}$$

Como $0 < \theta < \pi/2$, temos $cos \, \theta > 0$, e então o sinal da derivada é dado pelo sinal do fator $tg \, \theta - \mu$. Seja θ_0 o número que anula tal fator, isto é, $tg \, \theta_0 = \mu$. Então o fator fica $tg \, \theta - tg \, \theta_0$. Assim,

- se $tg \, \theta < tg \, \theta_0$, ou seja, se $0 < \theta < \theta_0$, temos $dF/d\theta < 0$; logo, F é decrescente no intervalo dado por $0 \leq \theta \leq \theta_0$.
- se $tg \, \theta > tg \, \theta_0$, ou seja, se $\theta > \theta_0$, temos $dF/d\theta > 0$; logo, F é crescente no intervalo dado por $\theta \geq \theta_0$.

(Usamos o fato de que $tg \, \theta$ é crescente no intervalo $0 < \theta < \pi/2$.)

Portanto, F atinge um mínimo para $\theta = \theta_0$. Como $tg \, \theta_0 = \mu$, temos que o valor pedido de θ é

$$\theta_0 = arctg \, \mu$$

◄

Exercício 23-24 Uma jóia tem formato de um triângulo isósceles ABC. Quer-se acrescentar fios de ouro OA, OB e OC, o ponto O situado na altura relativa ao lado AC, como mostra a Figura 23-6(a). Quer-se determinar a posição do ponto O para que a quantidade de ouro seja mínima. Indicaremos um roteiro:

(a) sendo $s = OA + OC + OB$, verifique que $s = 2OA + OB$.

(b) sendo θ a medida em radianos do ângulo OAC, calcule OA e OB em função de θ. As medidas m e h indicadas na Figura 23-6 podem figurar nas respostas.

(c) Determine s em função de θ.

(d) Calcule $ds/d\theta$, etc.

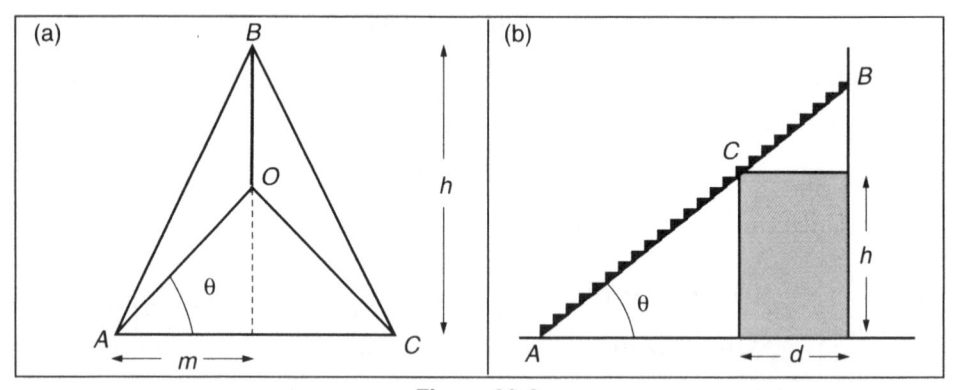

Figura 23-6

Exercício 23-25 Na Figura 23-6(b) mostra-se uma escada que deve estar apoiada no chão, na parede vertical, e no ponto C. Determine θ para que ela tenha menor comprimento possível. Os comprimentos d e h são fixos.

Exercício 23-26 Quando um raio luminoso atinge um ponto de uma superfície plana, a intensidade de aclaramento I é proporcional ao co-seno do ângulo de incidência e inversamente proporcional ao quadrado da distância à fonte luminosa. De acordo com isto, a notação sendo a indicada na Figura 23-7(a), temos que I no ponto P é dado por

$$I = c \frac{\cos \theta}{r^2}$$

onde c é a constante de proporcionalidade. Dê a altura h sobre o centro O de uma circunferência horizontal de raio a que deve ser colocado a fonte luminosa para que a intensidade de aclaramento em um ponto da circunferência seja máxima.

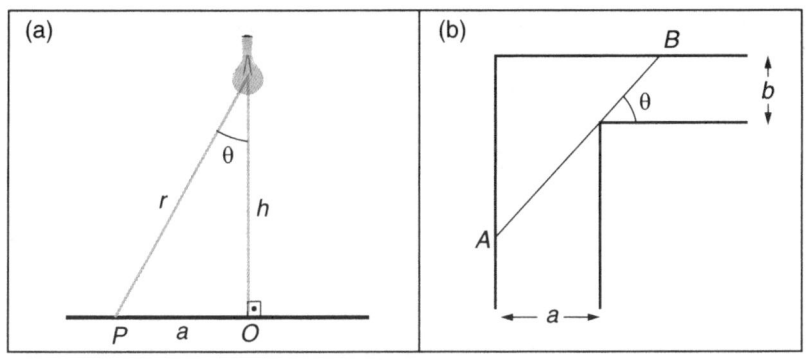

Figura 23-7

Exercício 23-27

(a) Na Figura 23-7(b), calcule o comprimento do segmento AB em função de θ, a e b. Em seguida, calcule θ que dá o menor dos comprimentos.

(b) Imagine agora que a Figura 23-7(b) é a planta de dois corredores de uma casa. Qual o comprimento do maior tubo (de diâmetro desprezível) que pode passar horizontalmente pelo canto?

Respostas dos exercícios do § 23

23-3 (a) 1. (b) −1. (c) 1. (d) 0. (e) 0. (f) −1.

23-4 (a) concavidade para baixo em $[0, \pi]$, concavidade para cima em $[\pi, 2\pi]$. Ponto de inflexão: π.

(b) concavidade para cima em $[-3\pi/2, -\pi/2]$, concavidade para baixo em $[-\pi/2, \pi/2]$. Ponto de inflexão: $-\pi/2$.

(c) concavidade para baixo em $]-\pi/2, 0]$, concavidade para cima em $[0, \pi/2[$. Ponto de inflexão: 0.

(d) concavidade para cima em $]0, \pi/2]$, concavidade para baixo em $[\pi/2, \pi[$. Ponto de inflexão: $\pi/2$.

23-5 (a) concavidade para cima em $]-\pi/2, \pi/2[$. Não existem pontos de inflexão.

(b) concavidade para baixo em $]\pi, 2\pi[$. Não existem pontos de inflexão.

23-6 (a) $(2x + 1) \cos(x^2 + x - 1)$. (b) $15x^2(1 - x^2) sen(3x^5 - 5x^3)$.

(c) $(\frac{1}{8} x^{-7/8} + \frac{2}{5} x^{-3/5}) \sec^2(\sqrt[8]{x} + \sqrt[5]{x^2})$. (d) $-\frac{1}{(1-x)^2} \csc^2(\frac{1}{1-x})$.

(e) $e^x \sec(e^x) tg(e^x)$. (f) $-\csc(sen\, x).\cot(sen\, x).\cos x$

23-7 (a) $4\,sen^3 x \cdot \cos x$. (b) $-9\cos^2 x \cdot sen\, x$. (c) $10\,tg\,x \cdot \sec^2 x$.

23-8 (a) $1/(1+\cos x)$. (b) $(\sec x)(\sec^2 x + tg^2 x)$. (c) $-(\cos(\cos x))\,sen\,x$.

23-9 (a) 2. (b) 2. (c) 1. (d) 1.

23-10 (a) F. (b) V. (c) F. (d) V.

23-11 (a) 0. (b) $\pi/6$. (c) $-\pi/6$. (d) $-\pi/4$. (e) $\pi/3$. (f) $-\pi/3$.

23-12 (a) F. (b) V. (c) F.

23-13 (a) F. (b) V. (c) V. (d) V. (e) V. (f) F.

23-14

(a) $\dfrac{\sqrt{1-x^2}\,arcsen\,x - x}{\sqrt{1-x^2}\,(arcsen\,x)^2}$. (b) $arcsen\,x + \dfrac{x}{\sqrt{1-x^2}}$. (c) $\dfrac{1}{\sqrt{-x-x^2}}$. (d) $\dfrac{2x}{\sqrt{1-x^4}}$.

(e) $arcsen(\dfrac{1}{x}) - \dfrac{|x|}{x\sqrt{x^2-1}}$. (f) $\dfrac{2(arcsen\,x)}{\sqrt{1-x^2}}$. (g) $\dfrac{1}{\sqrt{1-x^2}\,arcsen\,x}$. (h) $\dfrac{e^{arcsen\,x}}{\sqrt{1-x^2}}$.

23-15 $\pi/2$.

23-16 (a) $\pi/4$. (b) $\pi/3$. (c) $-\pi/4$. (d) 0. (e) $-\pi/6$.

23-17 (a) $-\pi/2$. (b) $\pi/2$. (c) $\pi/2$. (d) $-\pi/2$. (e) $-\pi/2$. (f) 0.

23-18 (a) 0,4. (b) -2. (c) $-\pi/4$. (d) -3.

23-19 (a) $\dfrac{2x+1}{1+x^4+2x^3+x^2}$. (b) $arctg\,x + \dfrac{x}{1+x^2}$. (c) $\dfrac{(1+x^2)arctg\,x - x}{(1+x^2)(arctg\,x)^2}$.

(d) $\dfrac{e^x}{1+e^{2x}}$. (e) $6x^2 - \dfrac{2x}{1+x^4}$. (f) $\dfrac{1}{2x^2+2x+1}$.

(g) $\dfrac{arctg\,x}{x} + \dfrac{\ln x}{1+x^2}$. (h) $\dfrac{e^{arctg\,x}}{1+x^2}$. (i) $\dfrac{x}{(2-x^2)\sqrt{1-x^2}}$.

23-20 (a) 0. (d) É falsa. O que se pode garantir é que em cada intervalo ela é constante.

23-22 $\pi/12$.

23-23 $\sqrt{ab}$.

23-24 (b) $OA = m/\cos\theta$, $OB = h - m\,tg\,\theta$.   (c) $s = 2m/\cos\theta + h - m\,tg\,\theta$.

(d) $ds/d\theta = 2m(\text{sen }\theta - 1/2)/\cos^2\theta$.

Resposta final: Se o ângulo $B\hat{A}C$ medir mais que $30°$, então o ponto O deve ser tal que $\theta = 30°$. Senão, O deve estar em B.

23-25 $\theta = arctg\,\sqrt[3]{h/d}$.

23-26 $a/\sqrt{2}$.

23-27 (a) $AB = a/\cos\theta + b/\text{sen }\theta$; $\theta = arctg\,\sqrt[3]{b/a}$.

(b) O comprimento se obtém expressando $\cos\theta$ e $\text{sen }\theta$ em função da $tg\,\theta$ na expressão em (a), pois $tg\,\theta = (b/a)^{1/3}$. Para isso, observe que $AB = a\sec\theta + b\csc\theta$, e que $\sec^2\theta = 1 + tg^2\theta$, $\csc^2\theta = 1 + \cot^2\theta$. Obtém-se

$$AB = a[1 + (b/a)^{2/3}]^{1/2} + b[1 + (a/b)^{2/3}]^{1/2}$$

É um exercício interessante mostrar que $AB = (a^{2/3} + b^{2/3})^{3/2}$.

§24- FORMAS INDETERMINADAS

(A) Tipo 0/0

Se no cálculo do limite de um quociente de funções tanto numerador quanto denominador tendem a 0, diz-se que tal limite é uma **forma indeterminada do tipo 0/0.** Eis um resultado útil para esse caso:

> **Regra de L'Hôpital para 0/0**
>
> Se $\lim_{x \to a} f(x) = 0$, $\lim_{x \to a} g(x) = 0$ e $\lim_{x \to a} \dfrac{f'(x)}{g'(x)} = L$, então $\lim_{x \to a} \dfrac{f(x)}{g(x)} = L$
>
> Cada um dos símbolos a e L pode ser um número real, ou ∞ ou $-\infty$. O resultado vale para limites laterais.

Exemplo 24-1

(a) $\lim_{x \to -2} \dfrac{10 + 3x - x^2}{2x^2 + 12x + 16}$ é forma indeterminada do tipo 0/0, pois tanto numerador quanto denominador tendem a 0. Pela Regra de L'Hôpital temos:

$$\lim_{x \to -2} \frac{10+3x-x^2}{2x^2+12x+16} = \lim_{x \to -2} \frac{(10+3x-x^2)'}{(2x^2+12x+16)'} = \lim_{x \to -2} \frac{3-2x}{4x+12} = \frac{7}{4}$$ ◄

(b) $\lim_{x \to \pi/2} \dfrac{sen\, x - 1}{cos\, x}$ é forma indeterminada do tipo 0/0, pois tanto numerador quanto denominador tendem a 0. Pela Regra de L' Hôpital temos:

$$\lim_{x \to \pi/2} \frac{sen\, x - 1}{cos\, x} = \lim_{x \to \pi/2} \frac{(sen\, x - 1)'}{(cos\, x)'} = \lim_{x \to \pi/2} \frac{cos\, x}{-sen\, x} = \frac{0}{-1} = 0$$ ◄

(c) $\lim_{x \to 2^-} \dfrac{3x^2 + 9x - 30}{5x^2 - 20x + 20}$ é forma indeterminada do tipo 0/0, pois tanto numerador quanto denominador tendem a 0. Pela Regra de L' Hôpital temos:

$$\lim_{x \to 2^-} \frac{3x^2+9x-30}{5x^2-20x+20} = \lim_{x \to 2^-} \frac{(3x^2+9x-30)'}{(5x^2-20x+20)'} = \lim_{x \to 2^-} \frac{6x+9}{10x-20} = -\infty$$ ◄

ATENÇÃO. Para não cometer erros, verifique cuidadosamente se realmente numerador e denominador tendem a 0. Depois, derive separadamente numerador e denominador (**não o quociente!**). Veja uma aplicação equivocada da Regra de L'Hôpital:

$$\lim_{x \to 0} \frac{cos\, x}{6x - 2} = \lim_{x \to 0} \frac{(cos\, x)'}{(6x-2)'} = \lim_{x \to 0} \frac{-sen\, x}{6} = 0$$

O resultado está errado, pois não se trata de forma indeterminada:

$$\lim_{x \to 0} \frac{cos\, x}{6x-2} = \frac{cos\, 0}{6.0-2} = \frac{1}{-2} \quad \textbf{(Correto!)}$$

Exercício 24-1 Calcule:

(a) $\lim_{x \to 4} \dfrac{5x^2 - 5x - 60}{4 + 3x - x^2}$.

(b) $\lim_{x \to 0} \dfrac{e^x - 1}{x}$.

(c) $\lim_{x \to 0} \dfrac{tg\, x}{x}$.

(d) $\lim_{x \to 1} \dfrac{sen(x-1)}{x\, ln(2x-1)}$.

(e) $\lim_{x \to 0^-} \dfrac{e^x - e^{-x}}{x^2}$.

(f) $\lim_{x \to \infty} \dfrac{ln(1+1/x)}{sen(1/x)}$.

Às vezes são necessárias várias aplicações da Regra de L'Hôpital, conforme ilustra o exemplo a seguir.

Exemplo 24-2

$$\lim_{x\to 0+} \frac{x^2}{x-\operatorname{sen} x} = \lim_{x\to 0+} \frac{(x^2)'}{(x-\operatorname{sen} x)'} = \lim_{x\to 0+} \frac{2x}{1-\cos x} = \lim_{x\to 0+} \frac{(2x)'}{(1-\cos x)'} = \lim_{x\to 0+} \frac{2}{\operatorname{sen} x} = \infty$$

onde usamos novamente a Regra de L'Hôpital para o limite de $2x/(1-\cos x)$, pois tanto numerador quanto denominador tendem a 0 para $x \to 0+$. ◀

Exercício 24-2 Calcule:

(a) $\lim_{x\to 1} \dfrac{4x^6 - 12x^5 + 12x^4 - 6x^3 + 6x^2 - 6x + 2}{x^5 - 3x^4 + 5x^3 - 7x^2 + 6x - 2}$.

(b) $\lim_{x\to -1} \dfrac{4x^5 + 8x^4 + 4x^3 - 2x^2 - 4x - 2}{x^4 + 2x^3 + 3x^2 + 4x + 2}$.

(c) $\lim_{x\to 0} \dfrac{\ln(\cos x)}{x^2}$.

(d) $\lim_{x\to \pi/2} \dfrac{\ln(\operatorname{sen} x)}{\ln x - \ln(\pi/2)}$.

(e) $\lim_{x\to 0} \dfrac{x - x\cos x}{x - \operatorname{sen} x}$.

(f) $\lim_{x\to 1} \dfrac{x\ln x - x + 1}{(x-1)\ln x}$.

(g) $\lim_{x\to 0} \dfrac{e^x - e^{-x} - 2x}{x - \operatorname{sen} x}$.

(h) $\lim_{x\to 0} \dfrac{e^{\operatorname{sen} x} - 1 - \operatorname{sen} x}{\operatorname{sen}^2 x}$.

(B) Tipo ∞/∞

No cálculo do limite de um quociente de funções em que o numerador tende a ∞ ou −∞, o mesmo sucedendo com o denominador, diz-se que tal limite é uma **forma indeterminada** do tipo ∞/∞. Eis um resultado útil para esse caso:

Regra de L'Hôpital para ∞/∞

Os símbolos ♦ e ■ representando ∞ ou −∞, tem-se:

Se $\lim_{x\to a} f(x) = $ ♦, $\lim_{x\to a} g(x) = $ ■ e $\lim_{x\to a} \dfrac{f'(x)}{g'(x)} = L$, então $\lim_{x\to a} \dfrac{f(x)}{g(x)} = L$

Cada um dos símbolos a e L pode ser um número real, ou ∞ ou −∞. O resultado vale para limites laterais.

Exemplo 24-3

(a) $\lim_{x \to 0+} \dfrac{\ln x}{\cot x}$ é uma forma indeterminada do tipo ∞/∞, pois $\ln x \to -\infty$ e $\cot x = \cos x / \operatorname{sen} x \to \infty$.

Então, pela regra acima,

$$\lim_{x \to 0+} \frac{\ln x}{\cot x} = \lim_{x \to 0+} \frac{(\ln x)'}{(\cot x)'} = \lim_{x \to 0+} \frac{1/x}{-\csc^2 x}$$

Lembrando que $\csc x = 1/\operatorname{sen} x$, vemos que ainda temos uma forma indeterminada do tipo ∞/∞. Em vez de aplicar cegamente a Regra de L'Hôpital acima, escreveremos a fração de modo mais conveniente:

$$\lim_{x \to 0+} \frac{1/x}{-\csc^2 x} = \lim_{x \to 0+} \frac{1/x}{-1/\operatorname{sen}^2 x} = \lim_{x \to 0+} \left(-\operatorname{sen} x \cdot \frac{\operatorname{sen} x}{x}\right) = 0.1 = 0$$

(usamos o fato de que $(\operatorname{sen} x)/x \to 1$ se $x \to 0$). ◄

(b) $\lim_{x \to \infty} \dfrac{x^{2,2}}{e^x}$ é uma forma indeterminada do tipo ∞/∞, pois numerador e denominador tendem a ∞. A derivada do numerador dividida pela do denominador é $2{,}2x^{1,2}/e^x$, que corresponde também à forma do tipo ∞/∞. Repetindo o procedimento, encontra-se $(2{,}2)(1{,}2)x^{0,2}/e^x$, que corresponde ainda ao tipo ∞/∞. Repetindo mais uma vez, obtém-se $(2{,}2)(1{,}2)(0{,}2)x^{-0,8}/e^x = (2{,}2)(1{,}2)(0{,}2)/x^{0,8}e^x$, que tende a 0 se $x \to \infty$. Assim,

$$\lim_{x \to \infty} \frac{x^{2,2}}{e^x} = 0$$ ◄

Com o mesmo tipo de procedimento, obtém-se, sendo c uma constante positiva,

$$\lim_{x \to \infty} \frac{x^c}{e^x} = 0 \qquad (c > 0)$$

de onde resulta facilmente que

$$\lim_{x \to \infty} \frac{p(x)}{e^x} = 0, \quad p \text{ uma função polinomial}$$

Exercício 24-3 Calcule:

(a) $\lim\limits_{x \to \infty} \dfrac{\ln x}{x}$.

(b) $\lim\limits_{x \to \infty} \dfrac{\ln x}{x^3}$.

(c) $\lim\limits_{x \to \infty} \dfrac{\ln x}{x^c}$, $c > 0$.

(d) $\lim\limits_{x \to \infty} \dfrac{\ln^2 x}{x^3}$.

(e) $\lim\limits_{x \to 0+} \dfrac{\ln x}{\ln(\operatorname{sen} x)}$.

(f) $\lim\limits_{x \to \pi/2+} \dfrac{\operatorname{tg} x}{\ln(2x - \pi)}$.

(C) Tipos $0.\infty$ e $\infty - \infty$

Se $\lim\limits_{x \to a} f(x) = 0$ e $\lim\limits_{x \to a} g(x) = \infty$ ou $\lim\limits_{x \to a} g(x) = -\infty$, então $\lim\limits_{x \to a} f(x)g(x)$ é referido como forma indeterminada do tipo $0.\infty$. Tal limite não dá necessariamente 0 (∞ não é número real, lembra-se?). Eis três casos dessa indeterminação:

$$\lim_{x \to 0}(x^2 \cdot \dfrac{1}{x^2}) = \lim_{x \to 0} 1 = 1 \qquad \lim_{x \to 0}(x^2 \cdot \dfrac{1}{x^4}) = \lim_{x \to 0}\dfrac{1}{x^2} = \infty \qquad \lim_{x \to 0}(x^4 \cdot \dfrac{1}{x^2}) = \lim_{x \to 0} x^2 = 0$$

Podemos recair, no caso 0/0, se escrevermos $f(x)g(x) = \dfrac{f(x)}{1/g(x)}$, ou no caso ∞/∞ se escrevermos $f(x)g(x) = \dfrac{g(x)}{1/f(x)}$.

Exemplo 24-4 $\lim\limits_{x \to 0+}(x \ln x)$ é uma forma indeterminada do tipo $0.\infty$, pois $x \to 0$ e $\ln x \to -\infty$. Para recair no caso ∞/∞, procedemos como segue:

$$\lim_{x \to 0+}(x \ln x) = \lim_{x \to 0+}\dfrac{\ln x}{1/x} = \lim_{x \to 0+}\dfrac{(\ln x)'}{(1/x)'} = \lim_{x \to 0+}\dfrac{1/x}{-1/x^2} = \lim_{x \to 0+}(-x) = 0 \qquad \triangleleft$$

Exercício 24-4 Calcule:

(a) $\lim\limits_{x \to \infty} x \ln(1 + \dfrac{1}{x})$.

(b) $\lim\limits_{x \to -\infty} x \ln(1 + \dfrac{1}{x})$.

(c) $\lim\limits_{x \to \infty} x \operatorname{sen}(\dfrac{1}{x})$.

(d) $\lim\limits_{x \to \pi/2} \operatorname{tg} x . \ln(\operatorname{sen} x)$.

(e) $\lim\limits_{x \to \pi/4}((\dfrac{\pi}{4} - x)\sec(2x))$.

Exemplo 24-5 $\lim_{x \to 0^+} (\dfrac{1}{x} - \dfrac{1}{x \sec x})$ é uma forma indeterminada do tipo $\infty - \infty$, pois $1/x \to \infty$ e $1/(x \sec x) \to \infty$. No caso deste exemplo, podemos recair no caso 0/0 por manipulação algébrica, reduzindo ao mesmo denominador a fração antes de passar ao limite:

$$\lim_{x \to 0^+} (\dfrac{1}{x} - \dfrac{1}{x \sec x}) = \lim_{x \to 0^+} \dfrac{\sec x - 1}{x \sec x} = \lim_{x \to 0^+} \dfrac{1}{\sec x} \lim_{x \to 0^+} \dfrac{\sec x - 1}{x} = \lim_{x \to 0^+} \dfrac{\sec x - 1}{x}$$

Este último limite é uma forma indeterminada do tipo 0/0. Dividindo a derivada do numerador, que é $\sec x . tg\, x$, pela do denominador, que é 1, encontra-se $\sec x . tg\, x$, que tende a $1.0 = 0$ se $x \to 0+$. Assim,

$$\lim_{x \to 0^+} (\dfrac{1}{x} - \dfrac{1}{x \sec x}) = 0$$

◄

Exercício 24-5 Calcule:

(a) $\lim_{x \to 0^-} (\dfrac{1}{x} - \dfrac{1}{x \sec x})$. (b) $\lim_{u \to 2^+} (\dfrac{u-1}{u-2} - \dfrac{1}{\ln(u-1)})$. (c) $\lim_{x \to 0} (\csc x - \dfrac{1}{x})$.

(D) Tipos 1^∞, 0^0 e ∞^0

As indeterminações de tipo 1^∞, 0^0 e ∞^0 surgem quando se estuda $\lim_{x \to a} f(x)^{g(x)}$. A idéia para tratar disso é usar a definição $a^b = e^{b \ln a}$, e o seguinte resultado sobre limite, para o qual se pressupõe que a composta das funções f e g esteja definida:

Se $\lim_{x \to a} g(x) = L$ e f é contínua em L, tem-se $\lim_{x \to a} f(g(x)) = f(L)$, ou seja,

$$\lim_{x \to a} f(g(x)) = f(\lim_{x \to a} g(x))$$

onde a é um número real, ou ∞, ou $-\infty$.

Exemplo 24-6 O limite a seguir é do tipo 1^∞.

$$\lim_{x \to \infty}(1 + \dfrac{1}{x})^x = \lim_{x \to \infty} e^{x \ln(1 + 1/x)} = e^{\lim_{x \to \infty} x \ln(1 + 1/x)} = e^1 = e$$

Cap. 4   Estudo de algumas funções

Na primeira igualdade usamos a definição de exponencial geral; na segunda, o resultado acima destacado sobre limite, e, na terceira, o Exercício 24-4(a). ◄

Exercício 24-6   Calcule:

(a) $\lim\limits_{x \to -\infty} (1+\dfrac{1}{x})^x$.

(b) $\lim\limits_{x \to \infty} (1+\dfrac{21}{x})^x$.

(c) $\lim\limits_{x \to 0+} (x+1)^{\cot x}$.

Exemplo 24-7   O limite a seguir é do tipo 0^0.

$$\lim_{x \to 0+} x^{\frac{1}{4+\ln x}} = \lim_{x \to 0+} e^{\frac{1}{4+\ln x} \ln x} = e^{\lim_{x \to 0+} \frac{\ln x}{4+\ln x}} = e^1 = e$$

onde o cálculo do limite em expoente é deixado para você efetuar. ◄

Exercício 24-7   Calcule:

(a) $\lim\limits_{x \to 0+} x^x$.

(b) $\lim\limits_{x \to 0+} (\operatorname{sen} x)^{\operatorname{sen} x}$.

(c) $\lim\limits_{x \to 0+} x^{\operatorname{sen} x}$.

Exemplo 24-8   O limite a seguir é do tipo ∞^0.

$$\lim_{x \to \infty} (3+x^2)^{1/\ln x} = \lim_{x \to \infty} e^{\frac{1}{\ln x} \ln(3+x^2)} = e^{\lim_{x \to \infty} \frac{\ln(3+x^2)}{\ln x}} = e^2$$

onde o cálculo do limite em expoente é deixado para você efetuar.

Exercício 24-8   Calcule:

(a) $\lim\limits_{x \to \pi/2-} (\operatorname{tg} x)^{\cos x}$.

(b) $\lim\limits_{x \to \infty} x^{1/x}$.

(c) $\lim\limits_{x \to 0+} (1+1/x)^x$.

Observação.   Damos a seguir a representação do gráfico da função f dada por $f(x) = (1+1/x)^x$, cujo comportamento em 0 e para x tendendo a $-\infty$ e a ∞ foram objeto do Exemplo 24-6, do Exercício 24-6(a), e do Exercício 24-8(c). Deixamos para você a tarefa de se convencer de que

$$\lim_{x \to -1-} (1+\dfrac{1}{x})^x = \infty$$

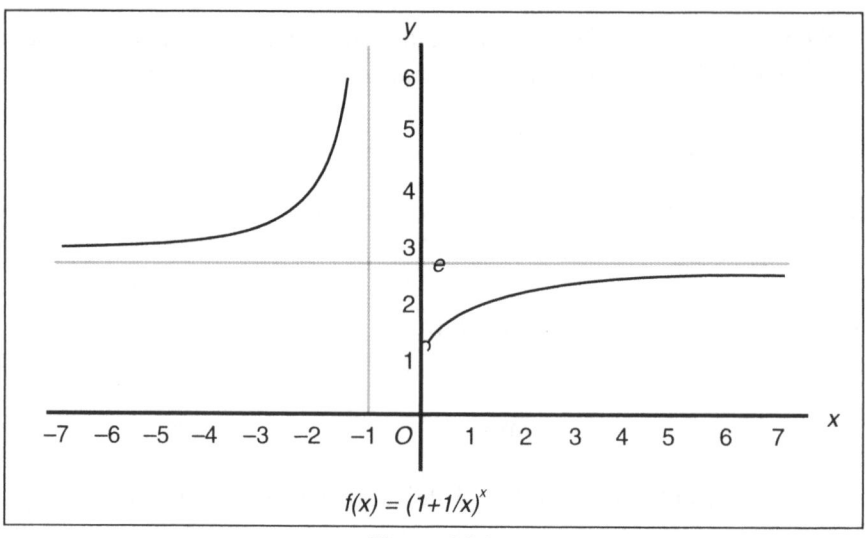

Figura 24-1

$f(x) = (1+1/x)^x$

Respostas dos exercícios do § 39

24-1 (a) −7. (b) 1. (c) 1. (d) 1/2. (e) −∞. (f) 1.

24-2 (a) 2/3. (b) −2. (c) −1/2. (d) 0.
(e) 3. (f) 1/2. (g) 2. (h) 1/2.

24-3 (a) 0. (b) 0. (c) 0.
(d) 0. (e) 1. (f) ∞.

24-4 (a) 1. (b) 1. (c) 1. (d) 0. (e) 1/2.

24-5 (a) 0. (b) 1/2. (c) 0.

24-6 (a) e. (b) e^{21}. (c) e.

24-7 (a) 1. (b) 1. (c) 1.

24-8 (a) 1. (b) 1. (c) 1.

EXERCÍCIOS SUPLEMENTARES PARA O CAPÍTULO 4

1. Calcule a derivada de f:

(a) $f(x) = \ln(1 + \sqrt{x})$. (b) $f(x) = x^2 e^x$. (c) $f(x) = \ln(x + \sqrt{x^2 + 1})$.

(d) $f(x)= \ln\sqrt{1+e^{2x}}$. (e) $f(x)=x^3-3x^3\ln x$. (f) $f(x)= \dfrac{1}{x} + \ln x^2 - \dfrac{\ln x}{x}$.

2. Calcule a derivada de f:

(a) $f(x) = x\, sh\, x + \dfrac{x^2}{ch\, x}$. (b) $f(x) = \ln(th\, x)$.

3. Dê a expressão da inversa da função, nos casos:

(a) $f(x) = sh\, x$. (b) $f(x) = ch\, x$, $x \geq 0$. (c) $f(x) = th\, x$.

4. Calcule a derivada de f:

(a) $f(x) = \dfrac{2^{3x}+3^{2x}}{3^{2x}}$. (b) $f(x) = \ln a \cdot \log_a x + \ln x \cdot \log_{10} x$.

5. Calcule a derivada de f:

(a) $f(x) = \dfrac{\cos x}{1-sen\, x}$. (b) $f(x)= (sen\, x + \cos(2x))^3$. (c) $f(x)= \sqrt{2x - sen(2x)}$.

(d) $f(x) = \dfrac{1}{2} tg^2 \sqrt{x} + \ln \cos\sqrt{x}$. (e) $f(x) = csc^2 x + sec^2 x$. (f) $f(x) = \ln\sqrt{\dfrac{1+sen\, x}{1-sen\, x}}$.

6. Represente o gráfico de $f(x)= \cos^2 x \cdot sen(2x)$, $-\dfrac{\pi}{2} \leq x \leq \dfrac{\pi}{2}$, indicando os pontos de inflexão e os valores mínimo e máximo.

7. Calcule a derivada de f:

(a) $f(x) = arctg\sqrt{\dfrac{1-x}{1+x}}$. (b) $f(x) = \ln(\sec x + tg\, x) - 2\ln 4$.

(c) $f(x)= 2\,arctg\, x + 2\ln(x+1) - \ln(1+x^2)$. (d) $f(x)= \sqrt{x}\, arcsen\sqrt{x} + \sqrt{1-x}$.

(e) $f(x) = arcsen\left(\dfrac{2x^3}{1+x^6}\right)$.

8. Calcule a derivada de f:

(a) $f(x) = x^{arcsen\, x}$. (b) $(\cos x)^{sen\, x}$.

9. Mostre que f tem inversa e calcule $\dfrac{df^{-1}}{dy}(y_0)$, nos casos:

(a) $f(x) = -x - arctg(e^x)$, $y_0 = -\pi/4$. (b) $f(x) = arcsen\left(e^x - \dfrac{1}{2}\right)$, $y_0 = \pi/6$.

10. Calcule

(a) $\lim\limits_{x \to 2} \dfrac{4x^2 + 12x - 40}{\ln(x^2 - 3)}$.

(b) $\lim\limits_{x \to 1} \operatorname{arcsen} [(x-1) \cot (x-1)]$.

(c) $\lim\limits_{x \to 1} \dfrac{\ln x^2}{2^{\ln x} - x}$.

(d) $\lim\limits_{x \to \infty} x(1 - 3^{1/x})$.

(e) $\lim\limits_{x \to 0} \dfrac{x^2}{\operatorname{ch} x - 1}$.

(f) $\lim\limits_{x \to 0} \left(\dfrac{\sqrt{9+x}+1}{4}\right)^{\frac{1}{\operatorname{sh} x}}$.

11. Seja $f(x) = e^{1/x}$.

(a) Estude o comportamento de f para $x \to \infty$, $x \to -\infty$ e $x \to 0$.

(b) Esboçe o gráfico de f, indicando os pontos de inflexão.

12. Seja $f(x) = x^2 e^{-x}$,

(a) Estude o comportamento de f para $x \to -\infty$ e $x \to \infty$.

(b) Represente o gráfico de f, indicando os pontos de inflexão e os valores mínimo e máximo.

13. Seja $f(x) = -\dfrac{\ln x}{x}$.

(a) Estude o comportamento de f para $x \to 0^+$ e $x \to \infty$.

(b) Represente o gráfico de f, indicando os pontos de inflexão e os valores mínimo e máximo.

14. Admita que, em cada caso, a relação dada define uma função derivável f tal que $y_0 = f(x_0)$. Calcule $f'(x_0)$.

(a) $y = \dfrac{e^{x+1}}{e^y}$; $x_0 = 0$, $y_0 = 1$.

(b) $2 \operatorname{arctg} \left(\dfrac{y}{x}\right) = \ln(x^2 + y^2)$; $x_0 = 1$, $y_0 = 0$.

(c) $x^y = y^x$; $x_0 = e^2$, $y_0 = e^2$.

Respostas dos exercícios suplementares do Capítulo 4

1. (a) $\dfrac{1}{2(\sqrt{x}+x)}$. (b) $xe^x(x+2)$. (c) $\dfrac{1}{\sqrt{x^2+1}}$.

   (d) $\dfrac{e^{2x}}{1+e^{2x}}$. (e) $-9x^2 \ln x$. (f) $\dfrac{2}{x}+\dfrac{\ln x}{x^2}-\dfrac{2}{x^2}$.

2. (a) $\operatorname{sh} x + x \operatorname{ch} x + \dfrac{2x \operatorname{ch} x - x^2 \operatorname{sh} x}{\operatorname{ch}^2 x}$. (b) $\dfrac{1}{\operatorname{sh} x . \operatorname{ch} x}$.

3. (a) $f^{-1}(x) = \ln(x+\sqrt{x^2+1})$. (b) $f^{-1}(x) = \ln(x+\sqrt{x^2-1})$. (c) $\dfrac{1}{2}\ln\dfrac{1+x}{1-x}$.

4. (a) $(\dfrac{8}{9})^x \ln(\dfrac{8}{9})$. (b) $\dfrac{1}{x}(1+\dfrac{2\ln x}{\ln 10})$.

5. (a) $\dfrac{1}{1-\operatorname{sen} x}$. (b) $3(\operatorname{sen} x + \cos(2x))^2(\cos x - 2\operatorname{sen}(2x))$.

   (c) $\dfrac{2\operatorname{sen}^2 x}{\sqrt{2x-\operatorname{sen}(2x)}}$. (d) $\dfrac{\operatorname{tg}^3 \sqrt{x}}{2\sqrt{x}}$. (e) $-\dfrac{16\cos(2x)}{\operatorname{sen}^3(2x)}$.

   (f) $\sec x$.

6. Pontos de inflexão: $-c, 0$ e c, sendo $c = \operatorname{arcsen}(\sqrt{10}/4)$. A reta tracejada tem equação $y = 2x$.

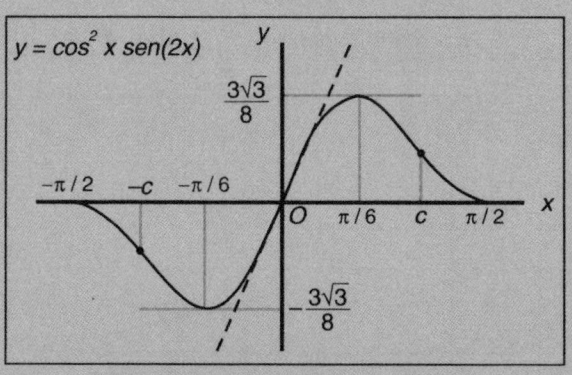

Exercício suplementar 6 (Cap. 4)

7. (a) $-\dfrac{1}{2\sqrt{1-x^2}}$. (b) $\sec x$. (c) $\dfrac{4}{(1+x^2)(1+x)}$.

(d) $\dfrac{arcsen\sqrt{x}}{2\sqrt{x}}$.   (e) $\dfrac{6x^2}{1+x^6}$ se $-1<x<1$; $-\dfrac{6x^2}{1+x^6}$ se $x<-1$ ou $x>1$.

8. (a) $x^{arcsen\,x}\left(\dfrac{\ln x}{\sqrt{1-x^2}}+\dfrac{arcsen\,x}{x}\right)$.   (b) $(\cos x)^{sen\,x}(\cos x.\ln(\cos x)-sen\,x.tg\,x)$.

9.   (a) $-2/3$.   (b) $\sqrt{3}/2$.

10. (a) 7.   (b) 1.   (c) $\dfrac{2}{\ln 2 - 1}$.   (d) $-\ln 3$.   (e) 2.   (f) $e^{1/24}$.

11. (a) $\lim\limits_{x\to -\infty} f(x) = \lim\limits_{x\to +\infty} f(x) = 1$; $\lim\limits_{x\to 0^-} f(x) = 0$, $\lim\limits_{x\to 0^+} f(x) = \infty$.

(b) Ponto de inflexão: $-1/2$.

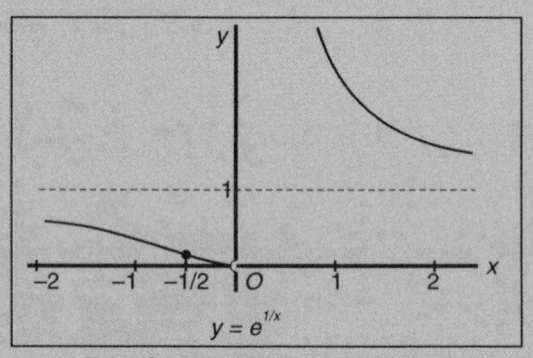

Exercício suplementar 11 (Cap. 4)

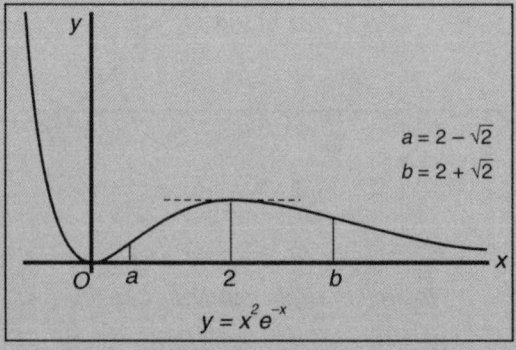

Exercício suplementar 12 (Cap. 4)

12. (a) $\lim\limits_{x \to -\infty} f(x) = \infty$; $\lim\limits_{x \to \infty} f(x) = 0$. (b) Pontos de inflexão: $2 - \sqrt{2}$ e $2 + \sqrt{2}$.

13. (a) $\lim\limits_{x \to 0^+} f(x) = \infty$; $\lim\limits_{x \to \infty} f(x) = 0$. (b) Ponto de inflexão: $e^{3/2}$.

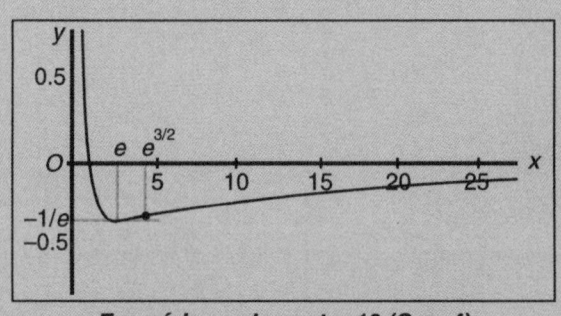

Exercício suplementar 13 (Cap. 4)

14. (a) 1/2. (b) 1. (c) 1.

Capítulo 5

Técnicas de Integração

§25- Integração por substituição e por partes
    (A)   Generalidades
    (B)   Método de substituição
    (C)   Complementos
    (D)   Método de integração por partes

§26- Integrais e substituições trigonométricas
    (A)   Algumas integrais trigonométricas
    (B)   Substituições trigonométricas

§27- Integração de funções racionais
    (A)   Integrais envolvendo expressão quadrática
    (B)   Integração de funções racionais

§28- Integrais impróprias
    (A)   Integrais sobre intervalo infinito
    (B)   Integrais com integrando não-limitado

Exercícios suplementares para o Capítulo 5

§25- INTEGRAÇÃO POR SUBSTITUIÇÃO E POR PARTES

(A) Generalidades

É tempo agora de aprendermos algumas técnicas para achar primitivas. Recordemos que

$\int \cos x\, dx = sen\, x$ pois $(sen\, x)' = \cos x$

$\int \dfrac{dx}{x} = ln|x|$ pois $(ln\, |x|)' = \dfrac{1}{x}$

Temos a seguinte tabela básica de primitivas, cuja verificação pode ser feita como acima, usando resultados obtidos em parágrafos passados (a e m são números reais, $1 \neq a > 0$, $m \neq -1$)

$$\int x^m dx = \frac{x^{m+1}}{m+1} \qquad \int \frac{dx}{x} = ln|x|$$

$$\int e^x dx = e^x \qquad \int a^x dx = \frac{a^x}{ln\, a}$$

$$\int sen\, x\, dx = -\cos x \qquad \int \cos x\, dx = sen\, x$$

$$\int sec^2 x\, dx = tg\, x \qquad \int csc^2 x\, dx = -cot\, x$$

$$\int (sec\, x)(tg\, x)\, dx = sec\, x \qquad \int (csc\, x)(cot\, x)\, dx = -csc\, x$$

$$\int \frac{dx}{\sqrt{1-x^2}} = arcsen\, x \qquad \int \frac{dx}{1+x^2} = arctg\, x$$

$$\int sh\, dx = ch\, x \qquad \int ch\, dx = sh\, x$$

Os métodos de integração consistem em fazer uma integral que não é de um dos tipos acima recair nessa tabela. Existem dois métodos de integração: **o método de integração por substituição**, e o **método de integração por partes**. Isto não deve levar você a pensar que achar primitiva é "moleza". Ao contrário, em geral é difícil, pois é enorme o número de situações em que artifícios específicos devem ser usados, os quais têm, no entanto, na sua base, os dois métodos acima. Nós aqui não vamos massacrar você (pelo menos não temos essa intenção) com mil tipos de integração, porque nosso objetivo é dar uma idéia de como as coisas funcionam em alguns casos. Se você quiser saber mais, ou precisar saber mais, pode proceder segundo as seguintes alternativas:

(i) Consultar uma tabela de integrais. Por exemplo,

Gradshteyn, I.S., Ryzhik, I.M. – *Tables of Integrals, Series, and Products*. Academic Press, Londres, 1983.

(ii) Consultar um livro que se aprofunde mais no assunto. Por exemplo,

Boulos, P. – *Exercícios Resolvidos e Propostos de Integração de Funções de uma Variável Real*. Editora E.Blücher, S.Paulo, 1985.

(iii) usar um "software" que integre simbolicamente, como o *Mathematica*, ou o *Maple*, ou o *Derive*.

AVISO. As funções cujas expressões são x, e^x, $\ln x$, $\operatorname{sen} x$, $\cos x$, $\operatorname{arcsen} x$, $\operatorname{arctg} x$, e a função constante são chamadas de **funções elementares básicas**. Qualquer função obtida delas por soma, subtração, multiplicação, divisão e composição é chamada de **função elementar**. O processo de derivação, que usa algumas regras básicas, quando aplicado a uma função elementar, produz sempre uma função elementar. O processo de integração aplicado a uma função elementar pode produzir uma função que não é elementar. Nesse caso, o inconveniente é que a gente pode despender muita energia e consumir tempo precioso, tentando uma tarefa impossível. Infelizmente, não é fácil reconhecer tal situação. Por curiosidade, relacionamos algumas funções cujas integrais não são funções elementares (note bem: as integrais dessas funções existem!):

$$f(x) = e^{-x^2}, f(x) = (\operatorname{sen} x)/x, f(x) = \operatorname{sen}(x^2), f(x) = \sqrt{\operatorname{sen} x}, f(x) = 1/\sqrt{2 + x + x^3}.$$

(B) Método de substituição

Veremos agora como a notação de Leibniz para primitivas é útil. Daremos de início regras mecânicas para ilustrar o método, deixando a justificativa para o final. Antes de mais nada, dada uma função u da variável x, introduziremos o seguinte símbolo

$$du = \frac{du}{dx} dx$$

onde du/dx é a derivada de u. Por exemplo, se $u = x^2$, então $du = 2x\, dx$. Manipulações como escrever $x\, dx = du/2$ são permitidas.

Exemplo 25-1 Calcule $\int 2x e^{x^2}\, dx$.

Resolução. Vamos escolher uma expressão de u. Tal escolha deve ser guiada de forma a aparecer du/dx como fator do integrando (integrando é a função que aparece sob o sinal de integral. No caso, o integrando é $2xe^{x^2}$). Escolhendo $u = x^2$, temos $du = 2x\,dx$. Substituindo vem

$$\int 2xe^{x^2}\,dx = \int e^{x^2}.2x\,dx = \int e^u\,du$$

Consultando a tabela básica de integrais dada anteriormente, vemos que $\int e^u\,du = e^u$. Como $u = x^2$, então

$$\int 2xe^{x^2}\,dx = e^{x^2}$$

Observações.

(1) Se tivéssemos escolhido $u = e^{x^2}$, teríamos $du = e^{x^2}.2x\,dx$, de modo que
$$\int 2xe^{x^2}\,dx = \int du = u = e^{x^2}$$
o que mostra que a escolha de u não é única. Por sinal, esta é melhor!

(2) Se o integrando não tivesse o 2, ou seja, se quiséssemos calcular $\int xe^{x^2}\,dx$ usando a substituição $u = x^2$, teríamos $du = 2x\,dx$; logo, $x\,dx = du/2$, e

$$\int xe^{x^2}\,dx = \int e^{x^2}.x\,dx = \int e^u\frac{du}{2} = \frac{1}{2}e^u = \frac{1}{2}e^{x^2}$$

Exemplo 25-2   Calcule $\int sen\,x \cos x\,dx$.

Resolução.   Notando que o fator $\cos x$ é a derivada de $sen\,x$, fazemos $u = sen\,x$; logo, $du = \cos x\,dx$. Substituindo, vem

$$\int sen\,x\cos x\,dx = \int u\,du = \frac{1}{2}u^2 = \frac{1}{2}sen^2\,x \qquad \triangleleft$$

Observação.   O resultado de uma integração sempre pode ser conferido. Basta derivar o resultado encontrado e verificar se deu o integrando. Esta prática detecta eventuais enganos.

Exercício 25-1   Calcule as integrais, e verifique seu resultado por derivação:

(a) $\int 3x^2 e^{x^3}\,dx$.   (b) $\int x^2 e^{x^3}\,dx$.   (c) $\int x\,sen(x^2)\,dx$.

(d) $\int e^x \cos(e^x)\,dx$.   (e) $\int x(x^2+1)^5\,dx$.   (f) $\int \dfrac{x\,dx}{(1+x^2)^3}$.

Agora que você se exercitou, vamos mostrar que, pelo menos nos casos simples, podemos evitar a menção explícita da variável de substituição u. Retomemos o Exemplo 25-1. Procure entender as igualdades a seguir:

$$\int 2xe^{x^2} dx = \int e^{x^2} .2x\,dx = \int e^{x^2} d(x^2) = e^{x^2}$$

Observe que é exatamente o que fizemos no exemplo, só que não escrevemos a variável u. Acompanhe outros exemplos:

$$\int xe^{x^2} dx = \int e^{x^2} \frac{d(x^2)}{2} = \frac{1}{2} e^{x^2}$$

$$\int sen\,x \cos x\,dx = \int sen\,x\,d(sen\,x) = \frac{1}{2} sen^2 x$$

$$\int \frac{\cos x\,dx}{1+sen\,x} = \int \frac{d(1+sen\,x)}{1+sen\,x} = ln|1+sen\,x|$$

$$\int x(x^2+1)^7 dx = \int (x^2+1)^7 \frac{d(x^2+1)}{2} = \frac{1}{2}\int (x^2+1)^7 d(x^2+1) = \frac{1}{2} \cdot \frac{(x^2+1)^8}{8} = \frac{(x^2+1)^8}{16}$$

$$\int th\,x\,dx = \int \frac{sh\,x\,dx}{ch\,x} = \int \frac{d(ch\,x)}{ch\,x} = ln|ch\,x| = ln(ch\,x)$$

Exercício 25-2 Refaça o Exercício 25-1, usando o procedimento acima.

Exercício 25-3 Calcule:

(a) $\int x\sqrt{x^2+2}\,dx.$ (b) $\int x^2(x^3+1)^5\,dx.$ (c) $\int (3x^2+2)\cos(x^3+2x)\,dx.$

(d) $\int \frac{e^x\,dx}{1+e^x}.$ (e) $\int e^x sec^2(e^x)\,dx.$ (f) $\int \frac{x}{1+x^2}\,dx.$

(g) $\int \frac{(3x^2+1)dx}{x^3+x}.$ (h) $\int \frac{(2x^3-1)dx}{(2x^4-4x)^3}.$ (i) $\int \frac{x^2\,dx}{1+x^6}.$

Exercício 25-4 Calcule

(a) $\int \frac{\cos x\,dx}{1+sen^2 x}.$ (b) $\int \frac{sen\,x\,dx}{2+\cos x}.$ (c) $\int tg\,x\,dx.$

(d) $\int cot\,x\,dx.$ (e) $\int \frac{sen\,x\,dx}{\sqrt{\cos^3 x}}.$ (f) $\int \cos^2 x\,sen\,x\,dx.$

(g) $\int (1+3\cos^2 x)\operatorname{sen} x\, dx.$ (h) $\int \dfrac{(\operatorname{sen} x + \cos x)dx}{(\operatorname{sen} x - \cos x)^2}.$ (i) $\int \dfrac{3(\operatorname{arctg} x)^2\, dx}{1+x^2}.$

Exemplo 25-3   Calcule $\int \dfrac{dx}{x\ln x}.$

Resolução.   Aqui é mais difícil ver uma boa escolha para u. Se você perceber que $1/x$, que aparece como fator do integrando, é a derivada de $\ln x$, verá que a escolha seguinte é conveniente:

$$u = \ln x \quad \therefore \quad du = \frac{1}{x}dx$$

Logo,

$$\int \frac{dx}{x\ln x} = \int \frac{du}{u} = \ln|u| = \ln|\ln x|$$

◂

Observação.   A resolução do exemplo acima sem escrever a variável u fica assim:

$$\int \frac{dx}{x\ln x} = \int \frac{d(\ln x)}{\ln x} = \ln|\ln x|$$

que é mais rápida. No entanto, quem deve decidir se escreve ou não a variável u é você. É questão de se sentir confortável ou não. Por exemplo, para calcular a integral $\int \dfrac{\cos\sqrt{x}}{\sqrt{x}}dx$, talvez você ache mais interessante escrever a variável $u = \sqrt{x}$. Temos:

$$du = d(x^{1/2}) = \frac{1}{2}x^{1/2-1}dx = \frac{1}{2}x^{-1/2}dx = \frac{1}{2\sqrt{x}}dx \quad \therefore \quad \frac{1}{\sqrt{x}}dx = 2\,du$$

e assim

$$\int \frac{\cos\sqrt{x}}{\sqrt{x}}dx = \int \cos u.(2\,du) = 2\int \cos u\, du = 2\,\operatorname{sen} u = 2\operatorname{sen}\sqrt{x}$$

Exercício 25-5   Calcule:

(a) $\int \dfrac{\operatorname{sen}\sqrt{x}}{\sqrt{x}}dx.$ (b) $\int \dfrac{\operatorname{sen}(\ln x)}{x}dx.$ (c) $\int \dfrac{e^x}{1+e^{2x}}dx.$ (d) $\int \dfrac{2x}{\cos^2(x^2)}dx.$

Exemplo 25-4 Calcule $\int sh(4x)dx$.

Resolução. Temos:

$$\int sh(4x)dx = \int sh(4x)\frac{d(4x)}{4} = \frac{1}{4}\int sh(4x)d(4x) = \frac{1}{4}ch(4x)$$ ◄

Exercício 25-6 Calcule :

(a) $\int e^{2x+3}dx$. (b) $\int sec(3x).tg(3x)dx$. (c) $\int cos(5x-4)dx$.

Observação. Considere $\int \frac{dx}{x} = ln\ |x|$. Sendo a uma constante, substituindo x do integrando por $x + a$, podemos substituir também no segundo membro x por $x + a$.

De fato, fazendo a substituição $u = x + a$, temos $du = dx$, e

$$\int \frac{dx}{x+a} = \int \frac{du}{u} = ln|u| = ln|x+a|$$

Isto vale para qualquer integral, não só a acima, pela própria forma da substituição. Assim, por exemplo,

$$\int cos(x+4)dx = sen(x+4)$$

Mas atenção, isto não vale se você trocar x por outra coisa. Este é um erro comum entre os estudantes. Por exemplo, se na fórmula $\int \frac{dx}{x} = ln|x|$ você substituir x do integrando e do segundo membro por x^2 obterá uma falsa relação, pois $\int \frac{dx}{x^2} \neq ln\ (x^2)$. Sabe por quê? É que derivando o segundo membro, obteremos $2/x$, que não é igual ao integrando $1/x^2$. E se você quer obter uma fórmula correta, basta notar que $1/x^2 = x^{-2}$, e portanto uma primitiva é $x^{-2+1}/(-2+1) = -x^{-1}$, ou seja

$$\int \frac{dx}{x^2} = -\frac{1}{x}.$$

Agora, se você derivar o segundo membro vai obter o integrando. Como já enfatizamos, esta é uma boa política: para ter certeza que não houve erro, derive o resultado da integração, e veja se coincide com o integrando.

Exemplo 25-5 Calcule $\int \dfrac{dx}{\sqrt{25-9x^2}}$.

Resolução. Examinando a tabela básica de integrais, vemos que esta integral se parece com a seguinte:

$$\int \frac{dx}{\sqrt{1-x^2}} = \operatorname{arcsen} x$$

Para recair nela, escrevemos

$$\sqrt{25-9x^2} = \sqrt{25(1-\frac{9}{25}x^2)} = 5\sqrt{1-(\frac{3x}{5})^2}$$

Logo,

$$\int \frac{dx}{\sqrt{25-9x^2}} = \int \frac{dx}{5\sqrt{1-(\frac{3x}{5})^2}} = \frac{1}{5}\int \frac{dx}{\sqrt{1-(\frac{3x}{5})^2}}$$

Fazendo a mudança $u = 3x/5$, temos $du = 3dx/5$, e assim

$$\int \frac{dx}{\sqrt{25-9x^2}} = \frac{1}{5}\int \frac{dx}{\sqrt{1-(\frac{3x}{5})^2}} = \frac{1}{5}\int \frac{\frac{5du}{3}}{\sqrt{1-u^2}} = \frac{1}{3}\int \frac{du}{\sqrt{1-u^2}} = \frac{1}{3}\operatorname{arcsen} u$$

Finalmente,

$$\int \frac{dx}{\sqrt{25-9x^2}} = \frac{1}{3}\operatorname{arcsen}(\frac{3x}{5})$$

◄

Observação. Sendo a e b números positivos, temos

$$a \pm bx^2 = a(1 \pm \frac{bx^2}{a}) = a(1 \pm \frac{(\sqrt{b})^2 x^2}{(\sqrt{a})^2}) = a(1 \pm (\frac{x\sqrt{b}}{\sqrt{a}})^2)$$

Este tipo de transformação algébrica foi utilizado no exemplo anterior, e será útil nos exercícios a seguir.

Exercício 25-7 Calcule:

(a) $\int \dfrac{3dx}{\sqrt{2-9x^2}}.$ (b) $\int \dfrac{dx}{\sqrt{25-x^2}}.$ (c) $\int \dfrac{dx}{\sqrt{36-16x^2}}.$

(d) $\int \dfrac{dx}{1+4x^2}.$ (e) $\int \dfrac{9dx}{1+9x^2}.$ (f) $\int \dfrac{dx}{49+4x^2}.$

Exercício 25-8 Deduza, sendo $a > 0$, as fórmulas:

(a) $\int \dfrac{dx}{\sqrt{a^2-x^2}} = arcsen(\dfrac{x}{a}).$ (b) $\int \dfrac{dx}{a^2+x^2} = \dfrac{1}{a} arctg(\dfrac{x}{a}).$

(C) Complementos

(1) Demonstração da fórmula de substituição

Justificaremos agora o procedimento usado no método de integração por substituição. Se F é uma primitiva da função contínua f, e g uma função com derivada contínua, temos, usando a regra da cadeia,

$$\frac{d}{dx}(F(g(x))) = \frac{dF}{dx}(g(x))\frac{dg}{dx} = f(g(x))\frac{dg}{dx}$$

Por definição de primitiva, $F(g(x))$ é primitiva da função do segundo membro, ou seja,

$$\int f(g(x))\frac{dg}{dx} dx = F(g(x)) \qquad (♥)$$

Pois bem, esta é a fórmula que justifica o método em questão. De fato, fazendo $u = g(x)$ na integral do primeiro membro, e usando a regra simbólica $du = \dfrac{dg}{dx} dx$, a integral do primeiro membro se torna

$$\int f(u) du$$

que indica uma primitiva F de f. E, quando fazemos isso na prática, escrevemos a variável independente de F como sendo u para em seguida substituirmos u por $g(x)$. Ora, é isto mesmo que exprime o segundo membro da fórmula de substituição (♥).

O método de substituição se aplica também a integrais definidas. De fato, como a função do segundo membro de (♥) é uma primitiva do integrando do primeiro membro, então pelo Segundo Teorema Fundamental do Cálculo (§19) podemos escrever

$$\int_a^b f(g(x))\frac{dg}{dx}dx = F(g(x))\Big|_a^b = F(g(b)) - F(g(a)) = F(u)\Big|_{g(a)}^{g(b)}$$

ou seja,

$$\int_a^b f(g(x))\frac{dg}{dx}dx = \int_{g(a)}^{g(b)} f(u)du$$

Exemplo 25-6 Calcule $\int_0^{\ln 2} \frac{e^x dx}{(e^x+1)^2}$.

Resolução. Fazendo $u = e^x + 1$, resulta $du = e^x\,dx$. Note que

se $x = 0$ tem-se $u = e^0 + 1 = 2$,
se $x = \ln 2$ tem-se $u = e^{\ln 2} + 1 = 2 + 1 = 3$

Logo, pela fórmula anterior, vem

$$\int_0^{\ln 2} \frac{e^x dx}{(e^x+1)^2} = \int_2^3 \frac{du}{u^2} = \frac{u^{-2+1}}{-2+1}\Big|_2^3 = -\frac{1}{u}\Big|_2^3 = \frac{1}{u}\Big|_3^2 = \frac{1}{2} - \frac{1}{3} = \frac{1}{6}$$

Observação. Você poderia também ter resolvido assim:

$$\int \frac{e^x dx}{(e^x+1)^2} = \int \frac{du}{u^2} = \frac{u^{-2+1}}{-2+1} = -\frac{1}{u} = -\frac{1}{e^x+1}$$

onde foi usada a mesma substituição. Agora, pelo Segundo Teorema Fundamental do Cálculo vem

$$\int_0^{\ln 2} \frac{e^x dx}{(e^x+1)^2} = -\frac{1}{e^x+1}\Big|_0^{\ln 2} = \frac{1}{e^x+1}\Big|_{\ln 2}^{0} = \frac{1}{e^0+1} - \frac{1}{e^{\ln 2}+1} = \frac{1}{2} - \frac{1}{3} = \frac{1}{6}$$

(2) Cálculo da integral da secante

Teremos agora uma pequena idéia de como o cálculo de uma integral pode requerer criatividade:

$$\int \sec x\,dx = \int \sec x \cdot \frac{\sec x + tg\,x}{\sec x + tg\,x}dx = \int \frac{\sec^2 x + \sec x\,tg\,x}{\sec x + tg\,x}dx = \int \frac{d(tg\,x + \sec x)}{\sec x + tg\,x} = \ln|\sec x + tg\,x|$$

Destaquemos:

$$\boxed{\int \sec x \, dx = \ln|\sec x + tg\, x|}$$

Exercício 25-9 Mostre, aproveitando o resultado acima, que

$$\boxed{\int \csc x \, dx = -\ln|\csc x + \cot x|}$$

Exercício 25-10 Calcule $\int \sen x \cos x \, dx$ de dois modos:
(a) Fazendo a substituição $u = \sen x$.
(b) Fazendo a substituição $u = \cos x$.
(c) Você é capaz de explicar o fato dos dois resultados serem diferentes?

(D) Método de integração por partes

Vamos estabelecer uma fórmula para a integral de um produto fg de funções, f e g tendo um intervalo por domínio, f com derivada contínua nesse intervalo. Sendo G uma primitiva de g, temos

$$(fG)' = f'G + fG' = f'G + fg$$

Logo,

$$fG = \int (f'G + fg) = \int f'G + \int fg$$

de onde resulta a seguinte fórmula, conhecida como **fórmula de integração por partes**

$$\int fg = fG - \int Gf'$$

Usando a notação de Leibniz para integral, ela se escreve assim:

$$\boxed{\int f(x)g(x)dx = f(x)G(x) - \int G(x)f'(x)dx} \qquad (\clubsuit)$$

Exemplo 25-7 Calcule $\int xe^x \, dx$.

Resolução. Façamos a seguinte escolha:
$$f(x) = x \qquad g(x) = e^x$$
logo
$$f'(x) = 1 \qquad G(x) = \int e^x dx = e^x$$

Substituindo em (♣) vem
$$\int xe^x dx = xe^x - \int e^x dx = xe^x - e^x \qquad ◂$$

Observação. Poderíamos ter escolhido
$$f(x) = e^x \qquad g(x) = x$$
Então,
$$f'(x) = e^x \qquad G(x) = \int x dx = \frac{x^2}{2}$$

Substituindo em (♣) vem
$$\int xe^x dx = \frac{x^2}{2} e^x - \int \frac{x^2}{2} e^x dx$$

o que mostra que a escolha não foi boa, uma vez que a integral do segundo membro é mais complicada que a do primeiro.

Exercício 25-11 Calcule:

(a) $\int x \cos x \, dx.$ (b) $\int x \, \text{sen} \, x \, dx.$ (c) $\int x \, \ln x \, dx.$ (d) $\int x^2 \ln x \, dx.$
(e) $\int \sqrt{x} \, \ln x \, dx.$ (f) $\int xe^{-x} dx.$ (g) $\int xe^{2x} dx.$

Exemplo 25-8 Calcule $\int \text{arctg} \, x \, dx.$

Resolução. Escolhendo
$$f(x) = \text{arctg} \, x \qquad g(x) = 1$$
logo
$$f'(x) = \frac{1}{1+x^2} \qquad G(x) = \int dx = x$$

temos, por (♣):

$$\int arctg\, x\, dx = x\, arctg\, x - \int \frac{x\, dx}{1+x^2} = x\, arctg\, x - \int \frac{(1/2)d(1+x^2)}{1+x^2}$$

$$= x\, arctg\, x - \frac{1}{2} ln(1+x^2)$$

Exercício 25-12 Calcule:

(a) $\int ln\, x\, dx$. \qquad (b) $\int arcsen\, x\, dx$.

Exemplo 25-9 (Integrais companheiras.) Calcule

$$I = \int e^x \cos x\, dx \quad e \quad J = \int e^x\, sen\, x\, dx.$$

Resolução. Vamos começar com I. Escolhendo

$$f(x) = e^x \qquad\qquad g(x) = \cos x$$

temos

$$f'(x) = e^x \qquad\qquad G(x) = \int \cos x\, dx = sen\, x$$

Por (♣),

$$I = e^x\, sen\, x - \int e^x\, sen\, x\, dx$$

ou seja,

$$I = e^x\, sen\, x - J \qquad\qquad (♦)$$

Repetindo o procedimento para o cálculo de J, com a escolha $f(x) = e^x$ e $g(x) =$ = sen x, obteremos

$$J = -e^x \cos x + I$$

Agora temos um sistema nas incógnitas I e J, formado por esta equação e por (♦). Resolvendo-o, obteremos

$$I = \frac{1}{2}(sen\, x + \cos x)e^x \qquad\qquad J = \frac{1}{2}(sen\, x - \cos x)e^x \qquad ◁$$

Exercício 25-13 Calcule I e J, sendo $I = \int \cos(ln\, x)\, dx$ e $J = \int sen(ln\, x)\, dx$.

O método de integração por partes se presta a determinar **fórmulas de redução**, que exprimem uma integral dependente de um número n a uma integral do mesmo tipo, dependente de um número inferior a n, conforme se explica no exemplo seguinte.

Exemplo 25-10   Ache uma fórmula de redução para $\int \sec^n x\, dx$, $n \geq 3$.

Resolução.   Vamos separar o integrando em dois fatores, um dos quais saibamos integrar: $\sec^n x = \sec^{n-2} x \cdot \sec^2 x$. Então escolhemos

$$f(x) = \sec^{n-2} x \qquad\qquad g(x) = \sec^2 x$$

Logo,

$$f'(x) = (n-2)\sec^{n-2} x\, tg\, x \qquad G(x) = \int \sec^2 x\, dx = tg\, x$$

Portanto, por (♣), temos

$$\int \sec^n x\, dx = \sec^{n-2} x\, tgx - (n-2)\int \sec^{n-2} x\, tg^2 x\, dx$$

$$= \sec^{n-2} x\, tg\, x - (n-2)\int \sec^{n-2} x(\sec^2 x - 1)\, dx$$

$$= \sec^{n-2} x\, tg\, x - (n-2)\int (\sec^n x - \sec^{n-2} x)\, dx$$

$$= \sec^{n-2} x\, tg\, x - (n-2)\int \sec^n x\, dx + (n-2)\int \sec^{n-2} x\, dx$$

Passando a segunda parcela do segundo membro para o primeiro, podemos tirar o valor de $\int \sec^n x\, dx$, para obter

$$\int \sec^n x\, dx = \frac{\sec^{n-2} x\, tg\, x}{n-1} + \frac{n-2}{n-1}\int \sec^{n-2} x\, dx \qquad \blacktriangleleft$$

Como aplicação desta fórmula, vamos calcular a integral de $\sec^3$. Fazendo $n = 3$ na fórmula de redução acima, vem

$$\int \sec^3 x\, dx = \frac{\sec x\, tg\, x}{2} + \frac{1}{2}\int \sec x\, dx$$

Usando a fórmula da integral da secante, obtida na seção (B), teremos

$$\int \sec^3 x\, dx = \frac{\sec x\, tgx}{2} + \frac{1}{2} \ln |\sec x + tg\, x|$$

Exercício 25-14

(a) Mostre que

$$\int x^n e^x\, dx = x^n e^x - n\int x^{n-1} e^x\, dx$$

(b) Usando esta fórmula, calcule $\int xe^x \, dx$ e $\int x^2 e^x \, dx$.

Exercício 25-15

(a) Mostre que

$$\int sen^n x \, dx = -\frac{1}{n}(sen^{n-1}x)\cos x + \frac{n-1}{n}\int sen^{n-2}x \, dx, \quad n \geq 2.$$

e calcule $\int sen^3 x \, dx$.

(b) Deduza uma fórmula de recorrência para $\int \cos^n x \, dx$, $n \geq 2$.

Respostas dos exercícios do §25

25-1 (a) e^{x^3}.   (b) $\frac{1}{3}e^{x^3}$.   (c) $-\frac{1}{2}\cos(x^2)$.

(d) $sen(e^x)$.   (e) $\frac{1}{12}(x^2+1)^6$.   (f) $-\frac{1}{4(1+x^2)^2}$.

25-3 (a) $\frac{1}{3}(\sqrt{x^2+2})^3$.   (b) $\frac{1}{18}(x^3+1)^6$.   (c) $sen(x^3+2x)$.

(d) $\ln(1+e^x)$.   (e) $tg(e^x)$.   (f) $\frac{1}{2}\ln(1+x^2)$.

(g) $\ln|x^3+x|$ (h) $-\frac{1}{8(2x^4-4x)^2}$.   (i) $\frac{1}{3}arctg(x^3)$ (usamos $x^6=(x^3)^2$).

25-4 (a) $arctg(sen \, x)$.   (b) $-\ln(2+\cos x)$.   (c) $-\ln|\cos x|$.

(d) $\ln|sen \, x|$.   (e) $\frac{2}{\sqrt{\cos x}}$.   (f) $-\frac{1}{3}\cos^3 x$.

(g) $-\cos x - \cos^3 x$.   (h) $-\frac{1}{sen \, x - \cos x}$.   (i) $(arctg \, x)^3$.

25-5 (a) $-2\cos\sqrt{x}$.   (b) $-\cos(\ln x)$.   (c) $arctg(e^x)$.   (d) $tg(x^2)$.

25-6 (a) $\frac{1}{2}e^{2x+3}$.   (b) $\frac{1}{3}sec(3x)$.   (c) $\frac{1}{5}sen(5x-4)$.

25-7 (a) $arcsen(\frac{3\sqrt{2}x}{2})$.   (b) $arcsen(\frac{x}{5})$.   (c) $\frac{1}{4}arcsen(\frac{2x}{3})$.

(d) $\frac{1}{2}arctg(2x)$.   (e) $3 \, arctg(3x)$.   (f) $\frac{1}{14}arctg(\frac{2x}{7})$.

25-10 (a) $(sen^2 x)/2$. (b) $-(cos^2 x)/2$

(c) Sendo ambas primitivas de $senx.cosx$, sua diferença deve ser uma constante, no caso 1/2.

25-11 (a) $x\, sen\, x + cos\, x$. (b) $-x\, cos\, x + sen\, x$. (c) $\frac{1}{2} x^2 \ln x - \frac{1}{4} x^2$.

(d) $\frac{1}{3} x^3 \ln x - \frac{1}{9} x^3$. (e) $\frac{2}{3} x^{3/2} \ln x - \frac{4}{9} x^{3/2}$. f) $-\frac{x+1}{e^x}$. (g) $\frac{1}{4}(2x-1)e^{2x}$.

25-12 (a) $x \ln x - x$. (b) $x\, arcsen\, x + \sqrt{1-x^2}$.

25-13 $I = \frac{x}{2}(sen(\ln x) + cos(\ln x))$, $J = \frac{x}{2}(sen(\ln x) - cos(\ln x))$.

25-14 (b) $(x-1)e^x$ e $(x^2 - 2x + 2)e^x$.

25-15 (a) $-\frac{1}{3} cos\, x(sen^2 x + 2)$. (b) $\int cos^n x\, dx = \frac{1}{n}(cos^{n-1} x) sen\, x + \frac{n-1}{n} \int cos^{n-2} x\, dx$.

§26- INTEGRAIS E SUBSTITUIÇÕES TRIGONOMÉTRICAS

(A) Algumas integrais trigonométricas

Veremos alguns poucos tipos de integrais cujos integrandos são formados de funções trigonométricas, apenas para dar uma idéia de como se tratam tais tipos.

(1) O integrando é produto de seno e co-senos

Usaremos as fórmulas (§4(A)):

$$sen(mx)\, cos(nx) = \frac{1}{2}[sen(m+n)x + sen(m-n)x]$$

$$sen(mx)\, sen(nx) = -\frac{1}{2}[cos(m+n)x - cos(m-n)x]$$

$$cos(mx)\, cos(nx) = \frac{1}{2}[cos(m+n)x + cos(m-n)x]$$

Exemplo 26-1

(a) $\displaystyle\int sen(3x)cos(4x)dx = \int \frac{1}{2}[sen(3x+4x)+sen(3x-4x)]dx$

$\displaystyle = \frac{1}{2}\int sen(7x)dx + \frac{1}{2}\int sen(-x)dx$

$\displaystyle = \frac{1}{2}\cdot\frac{1}{7}\int sen(7x)d(7x) + \frac{1}{2}\int(-sen\,x)dx$

$\displaystyle = -\frac{1}{14}cos(7x) + \frac{1}{2}cos\,x$ ◂

(b) $\displaystyle\int sen(3x)sen(4x)dx = \int -\frac{1}{2}[cos(3x+4x)-cos(3x-4x)]dx$

$\displaystyle = -\frac{1}{2}\int cos(7x)dx + \frac{1}{2}\int cos(-x)dx$

$\displaystyle = -\frac{1}{2}\cdot\frac{1}{7}\int cos(7x)d(7x) + \frac{1}{2}\int cos\,x\,dx$

$\displaystyle = -\frac{1}{14}sen(7x) + \frac{1}{2}sen\,x$ ◂

Exercício 26-1 Calcule:

(a) $\displaystyle\int sen(4u)\,cos(5u)du$.

(b) $\displaystyle\int sen(10x)sen(15x)dx$.

(c) $\displaystyle\int cos(4t+1)cos(4t-1)dt$.

(d) $\displaystyle\int sen(\frac{2x}{3})\,sen(\frac{x}{3})\,dx$.

(2) Integrais da forma $\int sen^m x\,cos^n x\,dx$

O procedimento, separado em três casos, está resumido a seguir. Os exemplos esclarecem cada caso.

(a) Se m é ímpar, separe o fator $sen\,x\,dx = -d(cos\,x)$; aplique a identidade $sen^2 x = 1 - cos^2 x$, e faça $u = cos\,x$.

(b) Se n é ímpar, separe o fator $cos\,x\,dx = d(sen\,x)$; aplique a identidade $cos^2 x = 1 - sen^2 x$, e faça $u = sen\,x$.

(c) Se m e n são pares, use as identidades $cos^2 x = \dfrac{1+cos(2x)}{2}$ e $sen^2 x = \dfrac{1-cos(2x)}{2}$ para reduzir potências de $sen\,x$ e $cos\,x$.

Exemplo 26-2   Calcule $\int sen^3 x \, cos^2 x \, dx$.

Resolução.   Temos $m = 3$. Seguindo as instruções em (a):

$$\int sen^3 x \cos^2 x \, dx = \int sen^2 x . \cos^2 x . sen \, x \, dx = \int (1 - \cos^2 x) \cos^2 x (-d(\cos x))$$

$$= \int (-\cos^2 x + \cos^4 x) d(\cos x) = -\frac{\cos^3 x}{3} + \frac{\cos^5 x}{5} \quad \blacktriangleleft$$

Exercício 26-2   Calcule:

(a) $\int sen^3 x \cos^{-4} x \, dx$.   (b) $\int sen^3 x \cos^2 x \, dx$.   (c) $\int sen^3 x \, dx$.

Exemplo 26-3   Calcule $\int \cos^3 x \, dx$.

Resolução.   Temos $n = 3$. Seguindo as instruções em (b):

$$\int \cos^3 x \, dx = \int \cos^2 x . \cos x \, dx = \int (1 - sen^2 x) d(sen \, x) = sen \, x - \frac{sen^3 x}{3} \quad \blacktriangleleft$$

Exercício 26-3   Calcule:

(a) $\int sen^2 x \cos^3 x \, dx$.   (b) $\int \cos^5 x \, dx$.   (c) $\int sen^4 x \cos^3 x \, dx$.

Exemplo 26-4   Calcule $\int sen^4 x \cos^2 x \, dx$.

Resolução.   Temos $m = 4$ e $n = 2$. Seguindo as instruções em (c):

$$\int sen^4 x \cos^2 x \, dx = \int (\frac{1 - \cos(2x)}{2})^2 \cdot \frac{1 + \cos(2x)}{2} dx$$

$$= \int \frac{1 - 2\cos(2x) + \cos^2(2x)}{4} \cdot \frac{1 + \cos(2x)}{2} dx$$

$$= \frac{1}{8} \int [1 - \cos(2x) - \cos^2(2x) + \cos^3(2x)] \, dx$$

$$= \frac{1}{8} \int [1 - \cos(2x) - \frac{1}{2}(1 + \cos(4x)) + \cos^3(2x)] \, dx$$

$$= \frac{1}{8} \int \left[\frac{1}{2} - \cos(2x) - \frac{1}{2}\cos(4x) + \cos^3(2x)\right] dx$$

$$= \frac{1}{8}\left[\int \frac{1}{2}dx - \int cos(2x)dx - \frac{1}{2}\int cos(4x)dx + \int cos^3(2x)dx\right]$$

$$= \frac{1}{8}\left[\frac{1}{2}x - \frac{1}{2}sen(2x) - \frac{1}{8}sen(4x) + \frac{1}{2}sen(2x) - \frac{1}{6}sen^3(2x)\right]$$

$$= \frac{1}{8}\left[\frac{1}{2}x - \frac{1}{8}sen(4x) - \frac{1}{6}sen^3(2x)\right]$$

$$= \frac{1}{16}x - \frac{1}{16}sen(4x) - \frac{1}{48}sen^3(2x)$$

(usamos o Exemplo 26-3, com a substituição $u = 2x$). ◄

Exercício 26-4 Calcule:

(a) $\int sen^2 x \, cos^2 x \, dx$.   (b) $\int cos^2 x \, dx$.   (c) $\int sen^2 x \, dx$.

(d) $\int cos^4 x \, dx$.   (e) $\int sen^4 x \, dx$.   (f) $\int sen^2 x \, cos^4 x \, dx$.

Exercício 26-5 Neste exercício, coloque o integrando em termos de seno e co-seno para depois integrar.

(a) $\int tg^3 x \, sec^5 x \, dx$.   (b) $\int cot^3 x \, csc^3 x \, dx$.   (c) $\int tg^3 x \, dx$.

(3) Integrais da forma $\int tg^n x \, dx$ e da forma $\int cot^n x \, dx$

No caso de $\int tg^n x \, dx$, separe o fator tg^2x, use $tg^2x = sec^2x - 1$. A integral se separará em duas. No caso da outra integral, separe o fator cot^2x, use $cot^2x = csc^2x - 1$. É mais fácil ver como a história termina através de exemplo:

Exemplo 26-5

(a) $\int tg^4 x \, dx = \int tg^2 x \cdot tg^2 x \, dx = \int tg^2 x \cdot (sec^2 x - 1) \, dx$

$$= \int tg^2 x \cdot sec^2 x \, dx - \int tg^2 x \, dx = \int tg^2 x \cdot d(tg \, x) - \int (sec^2 x - 1) \, dx$$

$$= \int tg^2 x \, d(tg \, x) - \int sec^2 x \, dx + \int dx = \frac{tg^3 x}{3} - tg \, x + x \quad ◄$$

(b) $\int cot^5 x \, dx = \int cot^3 x \cot^2 x \, dx = \int cot^3 x (csc^2 x - 1) \, dx$

$$= \int cot^3 x \, csc^2 x \, dx - \int cot^3 x \, dx$$

$$= -\int cot^3 x\, d(cot x) - \int cot x . cot^2 x\, dx$$
$$= -\int cot^3 x\, d(cot x) - \int cot x . (csc^2 x - 1)\, dx$$
$$= -\int cot^3 x\, d(cot x) - \int cot x\, csc^2 x\, dx + \int cot x\, dx$$
$$= -\int cot^3 x\, d(cot x) + \int cot x\, d(cot x) + \int cot x\, dx$$
$$= -\frac{cot^4 x}{4} + \frac{cot^2 x}{2} + ln|sen x|$$

(usamos o Exercício 25-4(d)).

Exercício 26-6 Calcule:

(a) $\int tg^2 x\, dx$. (b) $\int tg^5 x\, dx$. (c) $\int tg^6 x\, dx$.

(d) $\int cot^2 x\, dx$. (e) $\int cot^3 x\, dx$. (f) $\int cot^4 x\, dx$.

(B) Substituições trigonométricas

Veremos como tratar integrais que envolvem $\sqrt{a^2 - x^2}$, $\sqrt{a^2 + x^2}$ e $\sqrt{x^2 - a^2}$.

(1) Integrais envolvendo a expressão $\sqrt{a^2 - x^2}$ (a > 0)

Observemos de início que a expressão $\sqrt{a^2 - x^2}$ tem sentido para $a^2 - x^2 \geq 0$; ou seja, para $-a \leq x \leq a$. Para eliminar a raiz, usaremos a substituição

$$x = a\, sen\, \theta, \quad -\pi/2 \leq \theta \leq \pi/2$$

De fato,

$$\sqrt{a^2 - x^2} = \sqrt{a^2 - a^2 sen^2 \theta} = \sqrt{a^2(1 - sen^2 \theta)} = \sqrt{a^2 cos^2 \theta} = |a\, cos\theta| = a\, cos\theta$$

(na última igualdade, usamos que $a > 0$ e que $cos\, \theta \geq 0$, pois $-\frac{\pi}{2} \leq \theta \leq \frac{\pi}{2}$).

Depois de feita a substituição, e efetuada a integração, obteremos uma função de θ. Voltamos à variável x, o que é possível pois $\theta = arcsen(x/a)$. As fórmulas que permitem calcular $sen\, \theta$, $cos\, \theta$, $tg\, \theta$ em função de x podem ser deduzidas sem dificuldade, e estão dadas na Figura 26-1. Para evitar memorizações desnecessárias, é conveniente desenhar um triângulo retângulo que nos fará lembrar das fórmulas. Atenção para o modo de construí-lo: como $x = a\, sen\, \theta$, então $sen\, \theta = x/a$. Assim, supondo $x > 0$, x é a medida do cateto oposto ao ângulo de medida θ, e a a medida da hipotenusa, de modo que tal triângulo é como o da Figura 26-1, onde a medida do outro cateto foi obtida usando o Teorema de Pitágoras.

$\theta = \operatorname{arcsen} \frac{x}{a}$ $\operatorname{sen} \theta = \frac{x}{a}$

$\cos \theta = \frac{\sqrt{a^2 - x^2}}{a}$ $\operatorname{tg} \theta = \frac{x}{\sqrt{a^2 - x^2}}$

$x = a \operatorname{sen} \theta$, $-\pi/2 < \theta < \pi/2$

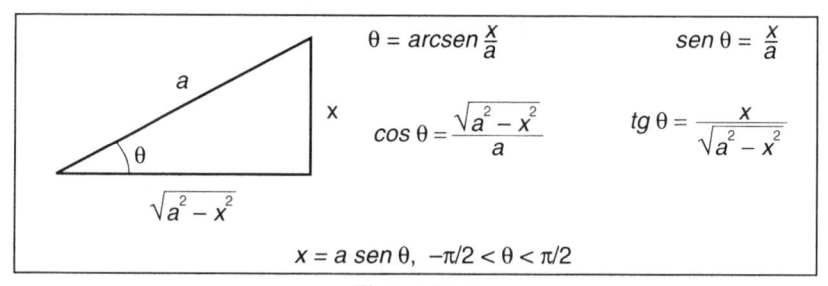

Figura 26-1

Exemplo 26-6 Calcule $\int \sqrt{a^2 - x^2}\, dx$.

Resolução. Temos

$$x = a\, sen\, \theta \quad \therefore \quad dx = a \cos \theta\, d\theta \quad \text{e} \quad \sqrt{a^2 - x^2} = a \cos \theta$$

Então

$$\int \sqrt{a^2 - x^2}\, dx = \int a \cos \theta . a \cos \theta\, d\theta = \int a^2 \cos^2 \theta\, d\theta = a^2 \left(\frac{\theta}{2} + \frac{sen(2\theta)}{4}\right)$$

$$= a^2 \left(\frac{\theta}{2} + \frac{sen\, \theta \cos \theta}{2}\right) = \frac{a^2}{2}(\theta + sen\, \theta \cos \theta)$$

(Na terceira igualdade usamos o Exercício 26-4(b), e na seguinte a relação sen(2θ) = 2*sen* θ *cos* θ (§ 4(A).) Para voltar à variável *x*, usamos o triângulo da Figura 26-1:

$$\theta = arcsen\left(\frac{x}{a}\right) \qquad sen\, \theta = \frac{x}{a} \qquad \cos \theta = \frac{\sqrt{a^2 - x^2}}{a}$$

Substituindo na expressão da integral resulta

$$\int \sqrt{a^2 - x^2}\, dx = \frac{a^2}{2} arcsen\left(\frac{x}{a}\right) + \frac{x}{2}\sqrt{a^2 - x^2} \qquad \blacktriangleleft$$

Exercício 26-7 Calcule :

(a) $\int \frac{x^3 dx}{\sqrt{1 - x^2}}$.   (b) $\int \frac{dx}{x^2 \sqrt{4 - x^2}}$.   (c) $\int \frac{x^2 dx}{\sqrt{1 - x^2}}$.

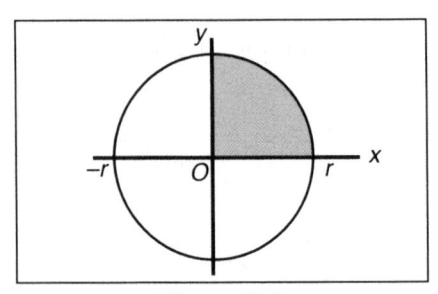

Figura 26-2

Observação. Com a fórmula obtida no exemplo acima, podemos calcular a área A de um círculo de raio r. Para isso, tomemos um sistema de coordenadas de origem O no centro do círculo (Figura 26-2). Como sabemos, a circunferência desse círculo tem por equação $x^2 + y^2 = r^2$, logo $y = \pm\sqrt{r^2 - x^2}$. Considerando $y \geq 0$, temos $y = \sqrt{r^2 - x^2}$. Fazendo x variar no intervalo $[0, r]$, obtemos uma função, cujo gráfico é a parte da circunferência que está no primeiro quadrante. A área da região sob tal gráfico (destacada na Figura 26-2) é 1/4 da área do círculo. Então

$$\frac{1}{4}A = \int_0^r \sqrt{r^2 - x^2}\, dx = \left(\frac{r^2}{2} arcsen\left(\frac{x}{r}\right) + \frac{x}{2}\sqrt{r^2 - x^2}\right)\Big|_0^r$$

$$= \left(\frac{r^2}{2} arcsen(1) + \frac{r}{2}\sqrt{0}\right) - \left(\frac{r^2}{2} arcsen(0) + \frac{0}{2}\sqrt{r^2}\right) = \frac{r^2}{2} \cdot \frac{\pi}{2} = \frac{\pi r^2}{4}.$$

(usamos $arcsen(1) = \pi/2$, $arcsen(0) = 0$). Assim, $A = \pi r^2$.

(2) Integrais envolvendo a expressão $\sqrt{a^2 + x^2}$ ($a > 0$)

Para eliminar a raiz da expressão $\sqrt{a^2 + x^2}$ (x real qualquer), usaremos a substituição

$$x = a\, tg\, \theta, \ -\pi/2 < \theta < \pi/2$$

Temos

$$\sqrt{a^2 + x^2} = \sqrt{a^2 + a^2 tg^2 \theta} = \sqrt{a^2(1 + tg^2 \theta)} = \sqrt{a^2 sec^2 \theta} = |a\, sec\, \theta| = a\, sec\, \theta$$

Como na seção anterior, é interessante desenhar o triângulo retângulo mostrado na Figura 26-3, cuja construção se faz observando que como $x = a\, tg\, \theta$, então $tg\, \theta = x/a$; logo, supondo $x > 0$, x é a medida do cateto oposto ao ângulo de medida θ, e a a medida do cateto adjacente, a medida da hipotenusa sendo obtida usando o Teorema de Pitágoras.

Cap. 5   Técnicas de integração   343

$$\theta = \operatorname{arctg} \frac{x}{a} \qquad \operatorname{sen} \theta = \frac{x}{\sqrt{a^2+x^2}}$$

$$\cos \theta = \frac{a}{\sqrt{a^2+x^2}} \qquad \operatorname{tg} \theta = \frac{x}{a}$$

$$x = a \operatorname{tg} \theta, \quad -\pi/2 < \theta < \pi/2$$

(Triângulo retângulo com catetos a e x, hipotenusa $\sqrt{a^2+x^2}$, ângulo θ.)

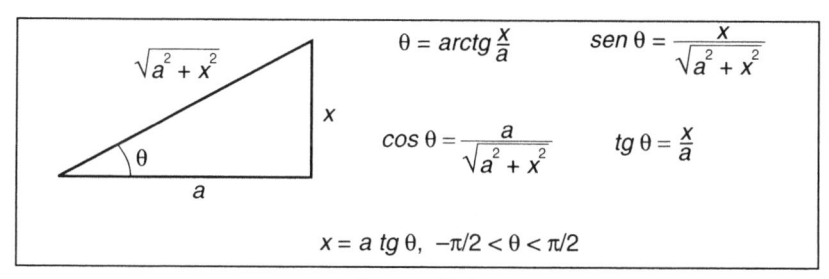

Figura 26-3

Exemplo 26-7   Calcule $\int \sqrt{a^2+x^2}\, dx$.

Resolução.   Temos

$$x = a\, tg\, \theta \quad \therefore \quad dx = a\, \sec^2 \theta\, d\theta \quad e \quad \sqrt{a^2+x^2} = a \sec \theta$$

Logo,

$$\int \sqrt{a^2+x^2}\, dx = \int a \sec\theta \cdot \sec^2\theta\, d\theta = a^2 \int \sec^3\theta\, d\theta$$

$$= a^2 (\frac{1}{2} \sec\theta\, tg\theta + \frac{1}{2} ln|\sec\theta + tg\theta|)$$

onde, na última igualdade, usamos fórmula obtida no § 25.

Para voltar à variável x, usamos o triângulo da Figura 26-3:

$$\sec \theta = \frac{1}{\cos\theta} = \frac{\sqrt{a^2+x^2}}{a} \qquad tg\, \theta = \frac{x}{a}$$

Substituindo estas relações na anterior, vem

$$\int \sqrt{a^2+x^2}\, dx = \frac{1}{2} x\sqrt{a^2+x^2} + \frac{a^2}{2} ln|\frac{x+\sqrt{a^2+x^2}}{a}|$$

Como a expressão dentro do módulo é positiva, podemos tirar o módulo. Além disso, por uma propriedade do logaritmo neperiano, a última parcela fica

$$\frac{a^2}{2} ln(x+\sqrt{a^2+x^2}) - \frac{a^2}{2} ln\, a$$

e como queremos uma primitiva, a constante $-\,(a^2 ln\, a)/2$ pode ser eliminada:

$$\int \sqrt{a^2+x^2}\, dx = \frac{1}{2} x\sqrt{a^2+x^2} + \frac{a^2}{2} ln(x+\sqrt{a^2+x^2}) \qquad \triangleleft$$

Exercício 26-8   Calcule, sendo a uma constante positiva:

(a) $\int \dfrac{dx}{x^2 \sqrt{a^2 + x^2}}.$
(b) $\int \dfrac{x^3 \, dx}{\sqrt{a^2 + x^2}}.$
(c) $\int \dfrac{dx}{\sqrt{a^2 + x^2}}.$

Para a parte (c) você pode usar a fórmula

$$\int \sec x \, dx = \ln|\sec x + tg\, x|$$

que foi mostrada no § 25(C).

(3) Integrais envolvendo a expressão $\sqrt{x^2 - a^2}$ ($a > 0$)

A expressão $\sqrt{x^2 - a^2}$ tem sentido se $x^2 - a^2 \geq 0$, ou seja, se $x \leq -a$ ou $x \geq a$. A substituição que usaremos para eliminar a raiz é $x = a \sec \theta$, pois

$$\sqrt{x^2 - a^2} = \sqrt{a^2 \sec^2 \theta - a^2} = \sqrt{a^2(\sec^2 \theta - 1)} = \sqrt{a^2 tg^2 \theta} = a|tg\theta|$$

Para estabelecer uma restrição sobre a variação de θ, convém observar que $\sec \theta = x/a$, de modo que se $x \leq -a$ temos $\sec \theta \leq -1$, e se $x \geq a$ temos $\sec \theta \geq 1$. Observando a representação do gráfico da secante (Figura 26-4), vemos que para podermos exprimir θ em função de x, é interessante a escolha

$$\pi \leq \theta < 3\pi/2 \qquad \text{se } x \leq -a$$
$$0 \leq \theta < \pi/2 \qquad \text{se } x \geq a$$

Em ambos os casos temos $tg\, \theta \geq 0$; logo,

$$\sqrt{x^2 - a^2} = a\, tg\, \theta$$

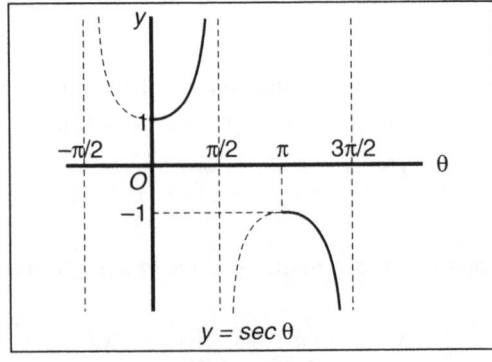

Figura 26-4

O tratamento apresenta algumas sutilezas que fogem à natureza deste livro, de modo que vamos apenas enunciar os resultados. Se você estiver interessado, consulte as páginas 470 a 472 da referência seguinte:

Kitchen, J.W., Jr. – *Calculus of One Variable,* Addison-Wesley. Reading, 1968.

O triângulo a ser usado em ambos os casos $x \le -a$ e $x \ge a$ é o dado na Figura 26-5, para efeito do cálculo das funções trigonométricas. A expressão de θ em função de x no primeiro caso é $\theta = 3\pi/2 - arcsen(a/|x|)$, e no segundo $\theta = \pi/2 - arcsen(a/|x|)$.

$$sen\,\theta = \frac{\sqrt{x^2-a^2}}{x}$$

$$cos\,\theta = \frac{a}{x}$$

$$tg\,\theta = \frac{\sqrt{x^2-a^2}}{a}$$

$x = a\,sec\,\theta$

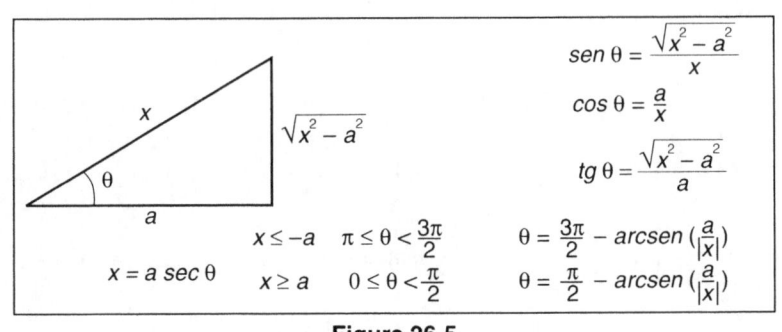

$x \le -a \quad \pi \le \theta < \frac{3\pi}{2} \qquad \theta = \frac{3\pi}{2} - arcsen(\frac{a}{|x|})$

$x \ge a \quad 0 \le \theta < \frac{\pi}{2} \qquad \theta = \frac{\pi}{2} - arcsen(\frac{a}{|x|})$

Figura 26-5

Exemplo 26-8 Calcule $\int \dfrac{dx}{x\sqrt{x^2-1}}$.

Resolução. Temos

$$x = sec\,\theta \qquad dx = sec\,\theta\,tg\,\theta\,d\theta \qquad \sqrt{x^2-1} = tg\,\theta$$

onde supomos θ em $]\pi, 3\pi/2[$ ou em $]0, \pi/2[$ conforme x varie no intervalo $x < -1$ ou no intervalo $x > 1$. Portanto,

$$\int \frac{dx}{x\sqrt{x^2-1}} = \int \frac{sec\theta\,tg\theta d\theta}{sec\theta\,tg\theta} = \int d\theta = \theta = \begin{cases} \dfrac{3\pi}{2} - arcsen(\dfrac{1}{|x|}) & \text{se } x < -1 \\ \dfrac{\pi}{2} - arcsen(\dfrac{1}{|x|}) & \text{se } x > 1 \end{cases}$$

Como estamos interessados em uma primitiva, podemos deixar de lado $\pi/2$ e $3\pi/2$:

$$\int \frac{dx}{x\sqrt{x^2-1}} = -arcsen(\frac{1}{|x|}) \qquad \triangleleft$$

Exercício 26-9 Calcule, sendo a uma constante positiva:

(a) $\int \sqrt{x^2 - a^2}\, dx.$
(b) $\int \dfrac{dx}{\sqrt{x^2 - a^2}}.$
(c) $\int \dfrac{x^2\, dx}{\sqrt{x^2 - a^2}}.$

Respostas dos exercícios do §26

26-1 (a) $-\dfrac{1}{18}\cos(9u) + \dfrac{1}{2}\cos u.$ (b) $-\dfrac{1}{50}sen(25x) + \dfrac{1}{10}sen(5x).$

(c) $\dfrac{1}{16}sen(8t) + \dfrac{t\cos 2}{2}.$ (d) $-\dfrac{1}{2}sen\, x + \dfrac{3}{2}sen(\dfrac{x}{3}).$

26-2 (a) $\dfrac{1}{3}sec^3 x - sec\, x.$ (b) $-\dfrac{\cos^3 x}{3} + \dfrac{\cos^5 x}{5}.$ (c) $-\cos x + \dfrac{\cos^3 x}{3}.$

26-3 (a) $\dfrac{sen^3 x}{3} - \dfrac{sen^5 x}{5}.$ (b) $sen\, x - \dfrac{2sen^3 x}{3} + \dfrac{sen^5 x}{5}.$ (c) $\dfrac{sen^5 x}{5} - \dfrac{sen^7 x}{7}.$

26-4 (a) $\dfrac{x}{8} - \dfrac{1}{32}sen(4x).$ (b) $\dfrac{x}{2} + \dfrac{sen(2x)}{4}.$ (c) $\dfrac{x}{2} - \dfrac{sen(2x)}{4}.$

(d) $\dfrac{3x}{8} + \dfrac{sen(2x)}{4} + \dfrac{sen(4x)}{32}.$ (e) $\dfrac{3x}{8} - \dfrac{sen(2x)}{4} + \dfrac{sen(4x)}{32}.$

(f) $\dfrac{x}{16} + \dfrac{sen^3(2x)}{48} - \dfrac{sen(4x)}{64}.$

26-5 (a) $\dfrac{sec^7 x}{7} - \dfrac{sec^5 x}{5}.$ (b) $-\dfrac{csc^5 x}{5} + \dfrac{csc^3 x}{3}.$ (c) $\dfrac{sec^2 x}{2} + ln|\cos x|.$

26-6 (a) $tg\, x - x.$ (b) $\dfrac{tg^4 x}{4} - \dfrac{tg^2 x}{2} - ln|\cos x|.$ (c) $\dfrac{tg^5 x}{5} - \dfrac{tg^3 x}{3} + tg\, x - x.$

(d) $-cot\, x - x.$ (e) $-\dfrac{cot^2 x}{2} - ln|sen\, x|.$ (f) $-\dfrac{cot^3 x}{3} + cot\, x + x.$

26-7 (a) $\dfrac{1}{3}(1-x^2)^{3/2} - \sqrt{1-x^2}.$ (b) $-\dfrac{1}{4}\dfrac{\sqrt{4-x^2}}{x}.$ (c) $\dfrac{1}{2}(arcsen\, x - x\sqrt{1-x^2}).$

26-8 (a) $-\dfrac{1}{a^2} \cdot \dfrac{\sqrt{a^2+x^2}}{x}$. (b) $\dfrac{1}{3}\sqrt{a^2+x^2}\,(x^2-2a^2)$.

(c) $\ln(x+\sqrt{a^2+x^2})$.

26-9 (a) $\dfrac{x}{2}\sqrt{x^2-a^2} - \dfrac{a^2}{2}\ln|x+\sqrt{x^2-a^2}|$. (b) $\ln|x+\sqrt{x^2-a^2}|$.

(c) $\dfrac{x}{2}\sqrt{x^2-a^2} + \dfrac{a^2}{2}\ln|x+\sqrt{x^2-a^2}|$.

§27- INTEGRAÇÃO DE FUNÇÕES RACIONAIS

(A) Integrais envolvendo expressão quadrática

Veremos agora como aplicar o método de completar quadrados ao cálculo de integrais. Utilizaremos a seguinte identidade:

$$x^2 + kx = (x + \frac{k}{2})^2 - (\frac{k}{2})^2$$

Assim, podemos escrever

$$x^2 + 5x = (x + \frac{5}{2})^2 - (\frac{5}{2})^2 = (x + \frac{5}{2})^2 - \frac{25}{4}$$

Usaremos as seguintes integrais (Exercício 25-8):

$$\int \frac{dx}{\sqrt{a^2-x^2}} = \operatorname{arcsen}(\frac{x}{a}) \qquad \int \frac{dx}{a^2+x^2} = \frac{1}{a}\operatorname{arctg}(\frac{x}{a}) \qquad (a>0)$$

Exemplo 27-1 Calcule:

(a) $\displaystyle\int \frac{dx}{36x^2+12x+5}$. (b) $\displaystyle\int \frac{dx}{\sqrt{12x-4x^2-8}}$.

Resolução.

(a) Vamos completar quadrados no denominador, e para tal fim, inicialmente colocamos 36 em evidência:

$$36x^2 + 12x + 5 = 36(x^2 + \frac{12}{36}x + \frac{5}{36}) = 36(x^2 + \frac{1}{3}x + \frac{5}{36})$$
$$= 36[(x+\frac{1}{6})^2 + \frac{1}{9}] = 36[(x+\frac{1}{6})^2 + (\frac{1}{3})^2]$$

Então

$$\int \frac{dx}{36x^2 + 12x + 5} = \int \frac{dx}{36[(x+1/6)^2 + (1/3)^2]} = \frac{1}{36} \int \frac{d(x+1/6)}{(x+1/6)^2 + (1/3)^2}$$
$$= \frac{1}{36} \cdot \frac{1}{1/3} arctg(\frac{x+1/6}{1/3}) = \frac{1}{12} arctg(\frac{6x+1}{2})$$ ◀

(b) Completemos quadrados na expressão debaixo da raiz:

$$12x - 4x^2 - 8 = -4(-3x + x^2 + 2) = -4[(x-\frac{3}{2})^2 - \frac{9}{4} + 2]$$
$$= -4[(x-\frac{3}{2})^2 - \frac{1}{4}] = 4[(\frac{1}{2})^2 - (x-\frac{3}{2})^2]$$

Assim,

$$\int \frac{dx}{\sqrt{12x - 4x^2 - 8}} = \int \frac{dx}{\sqrt{4[(1/2)^2 - (x-3/2)^2]}} = \frac{1}{2} \int \frac{dx}{\sqrt{(1/2)^2 - (x-3/2)^2}}$$
$$= \frac{1}{2} \int \frac{d(x-3/2)}{\sqrt{(1/2)^2 - (x-3/2)^2}} = \frac{1}{2} arcsen(\frac{x-3/2}{1/2}) = \frac{1}{2} arcsen(2x-3)$$ ◀

Exercício 27-1 Calcule:

(a) $\int \frac{dx}{x^2 + x + 1}$. (b) $\int \frac{dx}{8x^2 - 4x + 1}$. (c) $\int \frac{dx}{\sqrt{3x - x^2 - 2}}$. (d) $\int \frac{6\,dx}{\sqrt{12x - 9x^2}}$.

(B) Integração de funções racionais

Aprenderemos a integrar uma função racional, que lembramos ser um quociente de polinômios. Vamos nos restringir ao caso de uma função racional própria, que é aquela em que o grau do numerador é menor do que o grau do denominador, como por exemplo a função racional *f* dada por

$$f(x) = \frac{x^4 - x^3 + 2x + 1}{x^{14} - 2x - 1}$$

cujo numerador tem grau 4, menor do que o grau do denominador, que é 14. A razão é que se a função racional for imprópria, dividindo numerador pelo denominador ela se escreve como soma de um polinômio e uma função racional própria. Por exemplo, sendo

$$\frac{x^4 - x^3 + 2x + 1}{x^2 - 2x}$$

aplicamos o algoritmo da divisão do numerador pelo denominador para obter o quociente $x^2 + x + 2$ e resto $6x + 1$ (confira, por favor):

$$x^4 - x^3 + 2x + 1 = (x^2 - 2x)(x^2 + x + 2) + 6x + 1$$

Dividindo ambos os membros por $x^2 - 2x$, obtemos

$$\frac{x^4 - x^3 + 2x + 1}{x^2 - 2x} = x^2 + x + 2 + \frac{6x + 1}{x^2 - 2x}$$

Logo,

$$\int \frac{x^4 - x^3 + 2x + 1}{x^2 - 2x} dx = \int (x^2 + x + 2) dx + \int \frac{6x + 1}{x^2 - 2x} dx$$

$$= \frac{x^3}{3} + \frac{x^2}{2} + 2x + \int \frac{6x + 1}{x^2 - 2x} dx$$

e ficamos reduzidos à integração de uma função racional própria.

A integração de uma função racional própria faz uso do fato (algébrico) de que ela se decompõe em uma soma de funções racionais próprias especiais, esta decomposição sendo chamada de **decomposição em frações parciais**. Neste e no próximo parágrafo contaremos a você como ela é feita, em quatro casos.

Caso 1. *O denominador da função racional própria é produto de fatores distintos da forma x + a.*

Neste caso, cada fator $x + a$ dá origem, na decomposição em frações parciais, a uma parcela da forma $A/(x + a)$, A uma constante.

Exemplo 27-2 Para integrar a seguinte função racional própria

$$\frac{9x^2 - 28x + 12}{x^3 - 5x^2 + 6x}$$

a primeira providência é fatorar o denominador. Escrevemos inicialmente $x^3 - 5x^2 + 6x =$
$= x(x^2 - 5x + 6)$. Achando as raízes da função quadrática, obtemos 2 e 3, de modo que
ela se fatora como $(x - 2)(x - 3)$. Assim, o denominador fica $x(x - 2)(x - 3)$. Logo,

$$\frac{9x^2 - 28x + 12}{x^3 - 5x^2 + 6x} = \frac{9x^2 - 28x + 12}{x(x-2)(x-3)} = \frac{A}{x} + \frac{B}{x-2} + \frac{C}{x-3} \qquad (\clubsuit)$$

Bem, agora a coisa ficou simples para integrar, desde que consigamos determinar A, B e C. Para isso, reduzimos o que está no segundo membro acima ao mesmo denominador, o qual é $x(x - 2)(x - 3)$, para obter

$$\frac{9x^2 - 28x + 12}{x(x-2)(x-3)} = \frac{A(x-2)(x-3) + Bx(x-3) + Cx(x-2)}{x(x-2)(x-3)}$$

Os numeradores devem ser iguais:

$$9x^2 - 28x + 12 = A(x-2)(x-3) + Bx(x-3) + Cx(x-2) \qquad (\blacklozenge)$$

Podemos agora atribuir valores a x para determinar as constantes A, B e C, os quais podemos escolher estrategicamente no sentido de facilitar as contas. Uma escolha adequada é a que anula as parcelas do segundo membro, ou seja, 0, 2 e 3.

Para $x = 0$: $12 = A(-2)(-3)$ $\therefore$ $A = 2$
Para $x = 2$: $9.2^2 - 28.2 + 12 = B.2(2-3)$ $\therefore$ $B = 4$
Para $x = 3$: $9.3^2 - 28.3 + 12 = C.3(3-2)$ $\therefore$ $C = 3$

Substituindo em ($\clubsuit$), vem

$$\frac{9x^2 - 28x + 12}{x(x-2)(x-3)} = \frac{2}{x} + \frac{4}{x-2} + \frac{3}{x-3}$$

Pronto. Agora é só integrar:

$$\int \frac{9x^2 - 28x + 12}{x(x-2)(x-3)} dx = \int (\frac{2}{x} + \frac{4}{x-2} + \frac{3}{x-3}) dx = \int \frac{2}{x} dx + \int \frac{4}{x-2} dx + \int \frac{3}{x-3} dx$$

$$= 2\ ln\ |x| + 4\ ln\ |x-2| + 3\ ln\ |x-3| \qquad \triangleleft$$

Observação. Um outro modo de determinar A, B e C é desenvolver o segundo membro da relação (♦), ordenar segundo as potências de x, e igualar coeficientes. Após cálculos, chega-se a

$$9x^2 - 28x + 12 = (A + B + C)x^2 + (-5A - 3B - 2C)x + 6A$$

Logo, igualando os coeficientes respectivos, resulta

$$A + B + C = 9$$
$$-5A - 3B - 2C = -28$$
$$6A = 12$$

Resolvendo esse sistema obtém-se $A = 2$, $B = 4$ e $C = 3$.

Antes dos exercícios, eis exemplos de decomposição para reforçar seu entendimento:

$$\frac{2x+1}{x^2-1} = \frac{2x+1}{(x-1)(x+1)} = \frac{A}{x-1} + \frac{B}{x+1}$$

$$\frac{x^2}{x(x-1)(x+1)} = \frac{A}{x} + \frac{B}{x-1} + \frac{C}{x+1}$$

Será útil lembrar que, sendo a um número real qualquer, tem-se

$$\int \frac{dx}{x+a} = \ln|x+a|$$

Exercício 27-2 Calcule:

(a) $\int \dfrac{dx}{x^2-7x+12}$. (b) $\int \dfrac{dx}{2x^2-4x}$. (c) $\int \dfrac{5\,dx}{x^2+x-6}$.

(d) $\int \dfrac{4x^2+9x+6}{x^3+3x^2+2x}\,dx$. (e) $\int \dfrac{6x^2+22x+18}{(x+1)(x+2)(x+3)}\,dx$. (f) $\int \dfrac{2x^3+3x^2-x-1}{(x^2-1)(x^2+2x)}\,dx$.

Caso 2. O denominador da função racional própria é produto de fatores da forma x + a, alguns dos quais são repetidos.

Cada fator do denominador da forma $(x + a)^m$, onde m é a multiplicidade desse fator, dá origem, na decomposição em frações parciais da função racional própria, a parcelas da forma

$$\frac{A_1}{x+a} + \frac{A_2}{(x+a)^2} + \ldots + \frac{A_m}{(x+a)^m}$$

Exemplo 27-3 Para achar a decomposição em frações parciais da função racional própria

$$\frac{3x^2 - 21x + 31}{(x-2)(x-3)^2}$$

devemos colocar uma parcela do tipo $A/(x-2)$ devida ao fator $x-2$ do denominador, e o fator $x-3$, por estar repetido, com multiplicidade 2, exige a presença de duas parcelas $B/(x-3)$ e $C/(x-3)^2$. Assim,

$$\frac{3x^2 - 21x + 31}{(x-2)(x-3)^2} = \frac{A}{x-2} + \frac{B}{x-3} + \frac{C}{(x-3)^2} \qquad (\heartsuit)$$

Agora devemos determinar as constantes A, B e C. Como no caso anterior, vamos reduzir o que figura no segundo membro ao mesmo denominador, que no caso é $(x-2)(x-3)^2$, para obter

$$\frac{3x^2 - 21x + 31}{(x-2)(x-3)^2} = \frac{A(x-3)^2 + B(x-2)(x-3) + C(x-2)}{(x-2)(x-3)^2}$$

Igualando os numeradores, vem

$$3x^2 - 21x + 31 = A(x-3)^2 + B(x-2)(x-3) + C(x-2)$$

Para determinar as constantes, podemos usar o procedimento indicado na observação anterior, referente ao caso 1, ou, como fizemos no exemplo anterior, atribuir valores a x. Vamos fazer isso, escolhendo valores estratégicos para x, dois dos quais claramente são 2 e 3, que anulam termos. Não existindo outro x nessas condições, escolhemos 0, que é bom para cálculos:

Para $x = 2$: $\quad 3.2^2 - 21.2 + 31 = A(2-3)^2 \qquad\qquad \therefore \qquad A = 1$
Para $x = 3$: $\quad 3.3^2 - 21.3 + 31 = C(3-2) \qquad\qquad\ \ \therefore \qquad C = -5$
Para $x = 0$: $\quad 31 = A(-3)^2 + B(-2)(-3) + C(-2) \qquad \therefore \qquad B = 2$

Substituindo em (♥), vem

$$\frac{3x^2 - 21x + 31}{(x-2)(x-3)^2} = \frac{1}{x-2} + \frac{2}{x-3} - \frac{5}{(x-3)^2}$$

e daí,

$$\int \frac{3x^2 - 21x + 31}{(x-2)(x-3)^2} dx = \int \frac{dx}{x-2} + 2\int \frac{dx}{x-3} - 5\int \frac{dx}{(x-3)^2} = \ln |x-2| + 2\ln |x-3| + \frac{5}{x-3}$$

onde, para o cálculo da última integral, usamos o método de substituição. Não custa recordar (para $n \neq 1$ e a um real qualquer):

$$\int \frac{dx}{(x-a)^n} = \int (x-a)^{-n} dx = \int (x-a)^{-n} d(x-a) = \frac{(x-a)^{-n+1}}{-n+1} = \frac{1}{(1-n)(x-a)^{n-1}}$$

Antes dos exercícios, eis algumas decomposições para você confirmar seu entendimento :

$$\frac{3x - 2}{x^2(x-1)(x+3)^2} = \frac{A}{x} + \frac{B}{x^2} + \frac{C}{x-1} + \frac{D}{x+3} + \frac{E}{(x+3)^2}$$

$$\frac{5x^2 + 3x - 1}{x^2(x+7)^2} = \frac{A}{x} + \frac{B}{x^2} + \frac{C}{x+7} + \frac{D}{(x+7)^2}$$

Exercício 27-3 Calcule:

(a) $\int \frac{3x-1}{x(x-1)^2} dx.$

(b) $\int \frac{4x^2 - 9x + 1}{x^3 - 2x^2 + x} dx.$

(c) $\int \frac{x^3 + 3x^2 + 4x + 1}{[x(x+1)]^2} dx.$

(d) $\int \frac{2x^3 + 6x^2 - 9x + 4}{x^3(4-x)} dx.$

Para facilitar a exposição do que segue, qualificaremos de **irredutível** uma função quadrática que não tem raízes reais.

Caso 3. *O denominador da função racional própria contém fatores quadráticos irredutíveis, nenhum dos quais é repetido.*

Cada fator irredutível da forma $x^2 + px + q$ do denominador dá origem, na decomposição em frações parciais da função racional própria, a uma parcela da forma

$$\frac{Ax+B}{x^2+px+q}$$

Exemplo 27-4   Para achar a decomposição em frações parciais da função racional própria

$$\frac{1}{(x-1)(x^2+4x+5)}$$

nós a escrevemos como soma de duas parcelas; uma parcela é da forma $A/(x-1)$, devido ao fator $x-1$, e, devido ao fator quadrático x^2+4x+5 ser irredutível, a outra parcela é da forma $(Bx+C)/(x^2+4x+5)$:

$$\frac{1}{(x-1)(x^2+4x+5)} = \frac{A}{x-1} + \frac{Bx+C}{x^2+4x+5} \qquad (\spadesuit)$$

Reduzindo o que figura no segundo membro ao mesmo denominador, que é $(x-1)(x^2+4x+5)$, obtemos

$$\frac{1}{(x-1)(x^2+4x+5)} = \frac{A(x^2+4x+5)+(x-1)(Bx+C)}{(x-1)(x^2+4x+5)}$$

Igualando os numeradores, vem

$$1 = A(x^2+4x+5) + (x-1)(Bx+C)$$

Para determinar A, B e C podemos desenvolver o segundo membro, ordenar segundo as potências de x e igualar os respectivos coeficientes. Podemos, no entanto, optar por um procedimento "misto":

Fazendo $x = 1$, resulta $A = 1/10$. Fazendo $x = 0$, resulta $1 = 5A - C$, logo $C = -1/2$. Vamos igualar os coeficientes de x^2 em ambos os membros: $0 = A + B$, de onde resulta $B = -1/10$. Substituindo em ($\spadesuit$), vem

$$\frac{1}{(x-1)(x^2+4x+5)} = \frac{1}{10} \cdot \frac{1}{x-1} + \frac{-\frac{1}{10}x - \frac{1}{2}}{x^2+4x+5} = \frac{1}{10} \cdot \frac{1}{x-1} - \frac{1}{10} \cdot \frac{x+5}{x^2+4x+5}$$

Logo,

$$\int \frac{dx}{(x-1)(x^2+4x+5)} = \frac{1}{10}\int \frac{dx}{x-1} - \frac{1}{10}\int \frac{x+5}{x^2+4x+5}dx \qquad (\star)$$

A primeira integral do segundo membro vale $ln\ |x - 1|$. Para tratar da segunda, usamos a técnica de completar quadrados para o denominador:

$$x^2 + 4x + 5 = (x + 2)^2 + 1.$$

Fazendo a substituição $u = x + 2$, temos $du = dx$, e então:

$$\int \frac{x+5}{x^2+4x+5}dx = \int \frac{x+5}{(x+2)^2+1}dx = \int \frac{(u-2)+5}{u^2+1}du = \int \frac{u+3}{u^2+1}du \quad (\star)$$

Para resolver a última integral, escrevemos

$$\frac{u+3}{u^2+1} = \frac{u}{u^2+1} + \frac{3}{u^2+1}$$

Logo,

$$\int \frac{u+3}{u^2+1}du = \int \frac{u}{u^2+1}du + \int \frac{3}{u^2+1}du = \int \frac{d(u^2+1)/2}{u^2+1} + 3\ arctg\ u$$

$$= \frac{1}{2}ln\left|u^2+1\right| + 3\ arctg\ u = \frac{1}{2}ln\left|(x+2)^2+1\right| + 3\ arctg\ (x+2)$$

onde na última igualdade retornamos à variável x. Substituindo em ($\star$), vem

$$\int \frac{x+5}{x^2+4x+5}dx = \frac{1}{2}ln(x^2+4x+5) + 3\ arctg\ (x+2)$$

$((x + 2)^2 + 1 = x^2 + 4x + 5$ é positiva, por isso tiramos o módulo). Substituindo em (★), resulta, finalmente

$$\int \frac{dx}{(x-1)(x^2+4x+5)} = \frac{1}{10}ln|x-1| - \frac{1}{20}ln(x^2+4x+5) - \frac{3}{10}arctg(x+2) \quad \blacktriangleleft$$

Ilustramos mais algumas decomposições, para reforçar seu entendimento:

$$\frac{2x^3+x-1}{(x-4)(x+9)^2(x^2+x+1)} = \frac{A}{x-4} + \frac{B}{x+9} + \frac{Cx+D}{x^2+x+1}$$

$$\frac{2x^2+7x-1}{(x-3)(x+9)^2(x^2+4x+16)} = \frac{A}{x-3} + \frac{B}{x+9} + \frac{C}{(x+9)^2} + \frac{Dx+E}{x^2+4x+16}$$

ATENÇÃO. Tenha o cuidado de verificar que os fatores quadráticos nas duas decomposições acima são irredutíveis (não têm raízes reais), o que torna válido o tipo de decomposição.

Exercício 27-4 Calcule:

(a) $\int \dfrac{9x^2 +6x-6}{(x-1)(x^2+x+1)} dx.$

(b) $\int \dfrac{x^2}{(x+2)(x^2+4)} dx.$

(c) $\int \dfrac{dx}{x^5+x^3}.$

(d) $\int \dfrac{dx}{(x-1)^2(x^2+x+1)}.$

Caso 4. O denominador da função racional própria contém fatores quadráticos irredutíveis, alguns dos quais são repetidos.

Cada fator quadrático irredutível $x^2 + px + q$ de multiplicidade m (isto é, repetido m vezes) faz aparecer na decomposição da função racional própria uma soma de m parcelas:

$$\dfrac{A_1+B_1 x}{x^2+px+q} + \dfrac{A_2+B_2 x}{(x^2+px+q)^2} + \ldots + \dfrac{A_m+B_m x}{(x^2+px+q)^m}$$

onde os A_i e B_i são constantes.

Os cálculos costumam ser longos.

Exemplo 27-5 De acordo com o que foi dito, temos a seguinte decomposição:

$$\dfrac{3x^4+4x^2-3x^3-2x+2}{(x-1)(x^2+1)^2} = \dfrac{A}{x-1} + \dfrac{Bx+C}{x^2+1} + \dfrac{Dx+E}{(x^2+1)^2} \quad (\spadesuit)$$

Reduzindo o que figura no segundo membro ao mesmo denominador, que é $(x-1)(x^2+1)^2$, resulta

$$\dfrac{3x^4-3x^3+4x^2-2x+2}{(x-1)(x^2+1)^2} = \dfrac{A(x^2+1)^2+(Bx+C)(x-1)(x^2+1)+(Dx+E)(x-1)}{(x-1)(x^2+1)^2}$$

Logo, igualando os numeradores, vem

$$3x^4-3x^3+4x^2-2x+2 = A(x^2+1)^2+(Bx+C)(x-1)(x^2+1)+(Dx+E)(x-1)$$

Nesse caso, fazemos $x = 1$ para obter facilmente $A = 1$. Com esse valor substituído no segundo membro, desenvolvemos as potências e ordenamos segundo as potências de x, para obter:

$$3x^4-3x^3+4x^2-2x+2 = (B+1)x^4 + (C-B)x^3+(D-C+B+2)x^2+(E-D+C-B)x+1-C-E$$

Identificando coeficientes, vem

$$B+1=3$$

$$C - B = -3$$
$$D - C + B + 2 = 4$$
$$E - D + C - B = -2$$
$$1 - C - E = 2$$

sistema que, resolvido, fornece $B = 2, C = -1, D = -1, E = 0$. Substituindo em (♠) vem

$$\frac{3x^4 + 4x^2 - 3x^3 - 2x + 2}{(x-1)(x^2+1)^2} = \frac{1}{x-1} + \frac{2x-1}{x^2+1} - \frac{x}{(x^2+1)^2}$$

Logo,

$$\int \frac{3x^4 - 3x^3 + 4x^2 - 2x + 2}{(x-1)(x^2+1)^2} dx = \int \frac{dx}{x-1} + \int \frac{2x-1}{x^2+1} dx - \int \frac{xdx}{(x^2+1)^2}$$

$$= ln|x-1| + \int \frac{2x\,dx}{x^2+1} - \int \frac{dx}{x^2+1} - \int \frac{d(x^2+1)/2}{(x^2+1)^2}$$

$$= ln|x-1| + \int \frac{d(x^2+1)}{x^2+1} - \int \frac{dx}{x^2+1} - \int \frac{d(x^2+1)/2}{(x^2+1)^2}$$

$$= ln|x-1| + ln(x^2+1) - arctg\,x + \frac{1}{2(x^2+1)}$$

Exercício 27-5   Calcule

(a) $\int \frac{x^4+1}{x(x^2+1)^2} dx$.   (b) $\int \frac{1}{x(x^2+1)^2} dx$.

Observação.   Pode surgir a necessidade de se calcular, no caso em questão, uma integral do tipo

$$\int \frac{dx}{(x^2+px+q)^m}$$

sendo $x^2 + px + q$ irredutível.

Através de completação de quadrado e correspondente mudança de variável aparece uma integral da forma

$$\int \frac{du}{(u^2+a^2)^m} \qquad (a > 0)$$

para a qual a seguinte fórmula de redução pode ser deduzida, para $m > 1$:

$$\int \frac{du}{(u^2 + a^2)^m} = \frac{1}{2a^2(m-1)} \cdot \frac{u}{(u^2 + a^2)^{m-1}} + \frac{2m-3}{2a^2(m-1)} \int \frac{du}{(u^2 + a^2)^{m-1}}$$

O caso $m = 1$ já foi mencionado na seção (A):

$$\int \frac{du}{u^2 + a^2} = \frac{1}{a} arctg(\frac{u}{a})$$

Nós não vamos dar exemplos da situação acima, pois os cálculos são longos, e na verdade achamos que este tipo de atividade não se conforma ao espírito deste livro.

Complemento Se uma função racional não é própria, vimos, no parágrafo anterior, que por divisão ela se escreve como um polinômio mais uma função racional própria. Por outro lado, uma função racional própria tem uma decomposição em frações parciais, pois o seu denominador, sendo um polinômio, sempre se fatora como produto de polinômios de primeiro grau e polinômios irredutíveis de segundo grau (quem garante é o **Teorema Fundamental da Álgebra**). Portanto, a integral de uma função racional é, pelos casos que vimos, uma soma de integrais que só podem ser dos tipos seguintes:

(1) $\int \frac{dx}{(a+x)^m} = \begin{cases} \ln|x+a| & \text{se} \quad m = 1 \\ \frac{1}{1-m}(x+a)^{1-m} & \text{se} \quad m > 1 \end{cases}$

(2) $\int \frac{xdx}{(x^2 + px + q)^m}$ ($x^2 + px + q$ irredutível)

(3) $\int \frac{dx}{(x^2 + px + q)^m}$ ($x^2 + px + q$ irredutível)

Completando quadrados, obtemos

$$x^2 + px + q = (x + \frac{p}{2})^2 + (q - \frac{p^2}{4}) = u^2 + a^2$$

onde $u = x + \frac{p}{2}$ e $a = \sqrt{q - \frac{p^2}{4}}$. A substituição $u = x + \frac{p}{2}$ reduz o problema do cálculo das integrais (2) e (3) ao cálculo de uma integral do tipo

$$\int \frac{du}{(u^2 + a^2)^m}$$

cujo tratamento foi indicado na observação anterior, e a uma integral do tipo

$$\int \frac{u\,du}{(u^2+a^2)^m} = \begin{cases} \dfrac{1}{2}\ln(u^2+a^2) & \text{se } m=1 \\ \dfrac{1}{2(1-m)}(u^2+a^2)^{1-m} & \text{se } m>1 \end{cases}$$

Portanto, a integral de uma função racional se expressa em termos de polinômio, função racional, função arco-tangente, e função logaritmo neperiano.

Respostas dos exercícios do § 27

27-1 (a) $\dfrac{2}{\sqrt{3}}arctg(\dfrac{2x+1}{\sqrt{3}})$. (b) $\dfrac{1}{2}arctg(4x-1)$.

(c) $arcsen(2x-3)$. (d) $2\,arcsen(\dfrac{3x-2}{2})$.

27-2 (a) $ln|\dfrac{x-4}{x-3}|$. (b) $\dfrac{1}{4}ln|\dfrac{x-2}{x}|$.

(c) $ln|\dfrac{x-2}{x+3}|$. (d) $-ln|x+1|+3ln|x|+2ln|x+2|$.

(e) $ln|x+1|+2\,ln|x+2|+3\,ln|x+3|$. (f) $\dfrac{1}{2}ln|(x^2-1)(x^2+2x)|$.

27-3 (a) $ln|\dfrac{x-1}{x}|-\dfrac{2}{x-1}$. (b) $3ln|x-1|+ln|x|+\dfrac{4}{x-1}$.

(c) $2ln|x|-ln|x+1|-\dfrac{1}{x}+\dfrac{1}{x+1}$. (d) $ln|x|+\dfrac{2}{x}-\dfrac{1}{2x^2}-3ln|x-4|$.

27-4 (a) $3\,ln|x-1|+3ln(x^2+x+1)+4\sqrt{3}\,arctg(\dfrac{2x+1}{\sqrt{3}})$.

(b) $\dfrac{1}{2}ln|x+2|+\dfrac{1}{4}ln(x^2+4)-\dfrac{1}{2}arctg(\dfrac{x}{2})$.

(c) $\dfrac{1}{2}ln(x^2+1)-ln|x|-\dfrac{1}{2x^2}$.

(d) $-\dfrac{1}{3}ln|x-1|-\dfrac{1}{3(x-1)}+\dfrac{1}{6}ln(x^2+x+1)+\dfrac{1}{3\sqrt{3}}arctg(\dfrac{2x+1}{\sqrt{3}})$.

27-5 (a) $ln|x|+\dfrac{1}{x^2+1}$. (b) $ln|x|-\dfrac{1}{2}ln(x^2+1)+\dfrac{1}{2(x^2+1)}$.

§28- INTEGRAIS IMPRÓPRIAS

A integral definida de uma função pressupõe que a função seja limitada e que o intervalo de integração seja limitado. Vamos estender o conceito de integral para casos em que estas condições não são satisfeitas. Isto é útil no tratamento de certos assuntos de Matemática Aplicada, como por exemplo em circuitos elétricos, condução de calor etc. As integrais que estudaremos são chamadas de integrais impróprias; neste contexto, as que temos estudado até agora são referidas como integrais próprias.

(A) Integrais sobre intervalo infinito

(a) Sendo f contínua em $[a, \infty[$, define-se $\int_a^\infty f(x)\,dx = \lim_{t \to \infty} \int_a^t f(x)\,dx$, supondo que o limite existe, caso em que se diz que **a integral imprópria** $\int_a^\infty f(x)\,dx$ **é convergente**; se o limite não existe, diz-se que **a integral imprópria** $\int_a^\infty f(x)\,dx$ **é divergente**.

(b) Sendo f contínua em $]-\infty, b]$, define-se $\int_{-\infty}^b f(x)\,dx = \lim_{t \to -\infty} \int_t^b f(x)\,dx$, supondo que o limite existe, caso em que se diz que **a integral imprópria** $\int_{-\infty}^b f(x)\,dx$ **é convergente**; se o limite não existe, diz-se que a **integral imprópria** $\int_{-\infty}^b f(x)\,dx$ **é divergente**.

Na Figura 28-1(a) representamos o gráfico de uma função positiva em $[a, \infty[$. Nesse caso, $\int_a^t f(x)\,dx$ é uma área, e $\int_a^\infty f(x)\,dx$ pode ser interpretada como a área da região sob o gráfico de f relativa a esse intervalo (é uma extensão do conceito de área para esse tipo de região não-limitada). A Figura 28-1(b) ilustra a definição de $\int_{-\infty}^b f(x)\,dx$, no caso em que a função é positiva em $]-\infty, b]$. Aqui também cabe interpretação análoga.

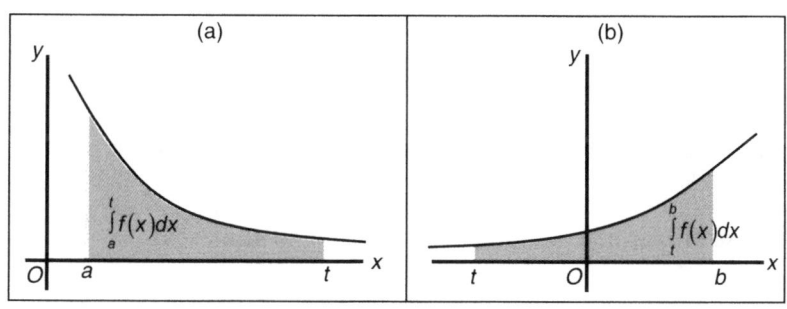

Figura 28-1

Exemplo 28-1

(a) $\int_1^\infty \frac{1}{x}\,dx = \lim_{t\to\infty}\int_1^t \frac{1}{x}\,dx = \lim_{t\to\infty} \ln|x|\Big|_1^t = \lim_{t\to\infty} \ln|t| = \infty$; portanto a integral imprópria

$\int_1^\infty \frac{1}{x}\,dx$ é divergente.

(b) Sendo $p \neq 1$, temos

$\int_1^\infty \frac{1}{x^p}\,dx = \lim_{t\to\infty}\int_1^t \frac{1}{x^p}\,dx = \lim_{t\to\infty}\frac{x^{1-p}}{1-p}\Big|_1^t = \lim_{t\to\infty}\frac{t^{1-p}-1}{1-p}$

- Se $p>1$, $t^{1-p} = 1/t^{p-1} \to 0$ para $t\to\infty$, e o limite acima vale $-1/(1-p)$, de modo que a integral imprópria $\int_1^\infty \frac{1}{x^p}\,dx$ é convergente.

- Se $p<1$, $t^{1-p}\to\infty$ para $t\to\infty$; logo, a integral imprópria $\int_1^\infty \frac{1}{x^p}\,dx$ é divergente.

(c) Pelos itens anteriores, podemos dizer que

$\int_1^\infty \frac{1}{x^p}\,dx$ é convergente se $p>1$ e divergente se $p\leq 1$ ◄

Sendo f contínua em $\mathbb{R}$, e se para um certo c as integrais impróprias $\int_{-\infty}^c f(x)\,dx$

e $\int_c^\infty f(x)\,dx$ são convergentes, define-se

$$\int_{-\infty}^\infty f(x)\,dx = \int_{-\infty}^c f(x)\,dx + \int_c^\infty f(x)\,dx$$

caso em que se diz que **a integral imprópria** $\int_{-\infty}^{\infty} f(x)dx$ **é convergente**; caso contrário, diz-se que **a integral imprópria** $\int_{-\infty}^{\infty} f(x)dx$ **é divergente**.

Pode-se provar que a definição independe do número c.

Exemplo 28-2

(a) $\int_{-\infty}^{0} \frac{1}{1+x^2}dx = \lim_{t \to -\infty} \int_{t}^{0} \frac{1}{1+x^2}dx = \lim_{t \to -\infty} \arctg\, x \Big|_{t}^{0} = \lim_{t \to -\infty}(-\arctg\, t) = -(-\frac{\pi}{2}) = \frac{\pi}{2}$

(b) $\int_{0}^{\infty} \frac{1}{1+x^2}dx = \lim_{t \to \infty} \int_{0}^{t} \frac{1}{1+x^2}dx = \lim_{t \to \infty} \arctg\, x \Big|_{0}^{t} = \lim_{t \to \infty} \arctg\, t = \frac{\pi}{2}$

(c) $\int_{-\infty}^{\infty} \frac{1}{1+x^2}dx = \int_{-\infty}^{0} \frac{1}{1+x^2}dx + \int_{0}^{\infty} \frac{1}{1+x^2}dx = \frac{\pi}{2} + \frac{\pi}{2} = \pi$

Exercício 28-1 Em cada caso, dê o valor da integral se for convergente:

(a) $\int_{0}^{\infty} e^x dx$.

(b) $\int_{-\infty}^{0} e^x dx$.

(c) $\int_{-\infty}^{\infty} e^x dx$.

(d) $\int_{-\infty}^{-1} xe^{-x^2} dx$.

(e) $\int_{-1}^{\infty} x e^{-x^2} dx$.

(f) $\int_{-\infty}^{\infty} x e^{-x^2} dx$.

(g) $\int_{0}^{\infty} \frac{\arctg\, x}{1+x^2} dx$.

(h) $\int_{-\infty}^{0} \frac{\arctg\, x}{1+x^2} dx$.

(i) $\int_{-\infty}^{\infty} \frac{\arctg\, x}{1+x^2} dx$.

(j) $\int_{0}^{\infty} x e^{-x} dx$.

(l) $\int_{-\infty}^{0} x e^{-x} dx$.

(m) $\int_{-\infty}^{\infty} x e^{-x} dx$.

(B) Integrais com integrando não-limitado

A definição de $\int_{a}^{b} f(x)dx$ pressupõe que a função f seja limitada em $[a, b]$, ou seja, existem números m e M tais que $m \leq f(x) \leq M$, para todo x do intervalo. O objetivo agora é o de estender essa definição para certos casos onde a função não é limitada.

Seremos mais breves nas definições do que nos casos da seção anterior, avisando porém que aqui também se fala em integral imprópria convergente e divergente, e se a função é positiva no intervalo de integração interpreta-se a integral como uma extensão do conceito de área.

(a) Se f é contínua em $[a, c[$ e tende a ∞ ou $a - \infty$ se x tende a c pela esquerda, define-se

$$\int_a^c f(x)\, dx = \lim_{t \to c-} \int_a^t f(x)\, dx$$

(b) Se f é contínua em $]c, b]$ e tende a ∞ ou $a - \infty$ se x tende a c pela direita, define-se

$$\int_c^b f(x)\, dx = \lim_{t \to c+} \int_t^b f(x)\, dx$$

(c) Sendo $a < c < b$, f como em (a) e em (b), define-se

$$\int_a^b f(x)\, dx = \int_a^c f(x)\, dx + \int_c^b f(x)\, dx$$

A Figura 28-2 ilustra as definições (a) e (b).

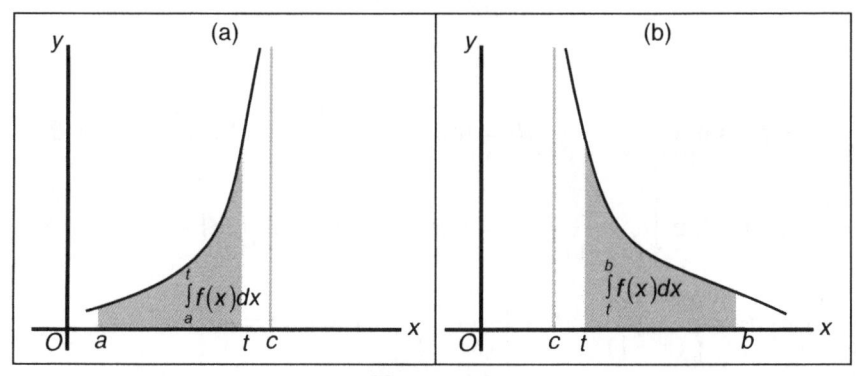

Figura 28-2

Exemplo 28-3

(a) $\displaystyle\int_0^1 \frac{1}{x}\, dx = \lim_{t \to 0+} \int_t^1 \frac{1}{x}\, dx = \lim_{t \to 0+} \ln|x|\Big|_t^1 = \lim_{t \to 0+}(-\ln|t|) = \infty$; portanto, a integral imprópria $\displaystyle\int_0^1 \frac{1}{x}\, dx$ é divergente.

(b) Sendo $p \neq 1$, temos

$$\int_0^1 \frac{1}{x^p} dx = \lim_{t \to 0+} \int_t^1 \frac{1}{x^p} dx = \lim_{t \to 0+} \frac{x^{1-p}}{1-p}\bigg|_t^1 = \lim_{t \to 0+} \frac{1-t^{1-p}}{1-p}$$

- Se $p > 1$, $t^{1-p} = 1/t^{p-1} \to \infty$ para $t \to 0+$; portanto, o limite não existe e a integral imprópria $\int_0^1 \frac{1}{x^p} dx$ é divergente.

- Se $p < 1$, $t^{1-p} \to 0$ para $t \to 0+$, e o limite anterior é $1/(1-p)$, e assim a integral imprópria $\int_0^1 \frac{1}{x^p} dx$ é convergente.

(c) Pelos itens anteriores, podemos dizer que

$$\int_0^1 \frac{1}{x^p} dx \text{ é convergente se } p < 1 \text{ e divergente se } p \geq 1$$ ◀

Exemplo 28-4 A seguinte primitiva será utilizada (cujo cálculo deixamos para você obter):

$$\int \frac{dx}{(x-1)^{4/5}} = 5\sqrt[5]{x-1}$$

(a) $\int_0^1 \frac{1}{(x-1)^{4/5}} dx = \lim_{t \to 1-} \int_0^t \frac{1}{(x-1)^{4/5}} dx = \lim_{t \to 1-} 5\sqrt[5]{x-1}\bigg|_0^t = \lim_{t \to 1-} 5(\sqrt[5]{t-1} + 1) = 5$ ◀

(b) $\int_1^2 \frac{1}{(x-1)^{4/5}} dx = \lim_{t \to 1+} \int_t^2 \frac{1}{(x-1)^{4/5}} dx = \lim_{t \to 1+} 5\sqrt[5]{x-1}\bigg|_t^2 = \lim_{t \to 1+} 5(1 - \sqrt[5]{t-1}) = 5$ ◀

(c) $\int_0^2 \frac{1}{(x-1)^{4/5}} dx = \int_0^1 \frac{1}{(x-1)^{4/5}} dx + \int_1^2 \frac{1}{(x-1)^{4/5}} dx = 5 + 5 = 10.$ ◀

Exercício 28-2 Em cada caso, dê o valor da integral se for convergente:

(a) $\int_0^1 \frac{1}{\sqrt{1-x^2}} dx.$ (b) $\int_0^4 \ln x \, dx.$ (c) $\int_0^1 4x \ln x \, dx.$ (d) $\int_{-27}^8 \frac{1}{\sqrt[3]{x}} dx.$

Exercício 28-3 Nos casos a seguir, trata-se de integrais impróprias cujos significados, apesar de não dados, são óbvios. Estude-as.

(a) $\int_{-1}^{1} \frac{1}{\sqrt{1-x^2}} dx.$ (b) $\int_{-1}^{1} \frac{x}{\sqrt{1-x^2}} dx.$ (c) $\int_{0}^{\infty} \frac{1}{x^p} dx.$

Exercício 28-4 Critique o seguinte procedimento:

$$\int_{-2}^{4} \frac{1}{x^2} dx = \int_{-2}^{4} x^{-2} dx = \int_{-2}^{4} \frac{x^{-2+1}}{-2+1} dx = \int_{-2}^{4} -x^{-1} dx = -\frac{1}{x}\bigg|_{-2}^{4} = \frac{1}{x}\bigg|_{4}^{-2} = \frac{1}{-2} - \frac{1}{4} = -\frac{3}{4}$$

Respostas dos exercícios do § 28

28-1 (a) divergente.	(b) 1.	(c) divergente.	(d) – 1/2e.
(e) 1/2e.	(f) 0.	(g) $\pi^2/8$.	(h) $-\pi^2/8$.
(i) 0.	(j) 1.	(l) divergente.	(m) divergente.
28-2 (a) $\pi/2$.	(b) $4ln4 - 4$.	(c) – 1.	(d) – 15/2.
28-3 (a) π.	(b) 0.	(c) divergente.	

EXERCÍCIOS SUPLEMENTARES PARA O CAPÍTULO 5

1. Calcule:

(a) $\int x(x^2+10)^{10} dx.$ (b) $\int 7u^6 \sqrt{1+u^7} du.$ (c) $\int \frac{e^{\sqrt{t}}}{\sqrt{t}} dt.$

(d) $\int (x+1)e^{x+x^2/2} dx.$ (e) $\int \frac{chx}{1+sh^2 x} dx.$ (f) $\int \frac{4\cot^3 x \, dx}{\cos^2 x - 1}.$

(g) $\int \frac{2^{\ln(6x^3)} dx}{x}.$ (h) $\int \frac{e^{arctgs} ds}{1+s^2}.$ (i) $\int \frac{xdx}{1+x^4}.$

2. Calcule:

(a) $\int xe^{3x} dx.$ (b) $\int x \sec^2 x \, dx.$

3. Calcule:

(a) $\int sen^5 x \, dx.$ (b) $\int sen^3 x \cos^{-6} x \, dx.$ (c) $\int \cot^6 x \, dx.$

(d) $\int \frac{\sec^4 x \, dx}{\sqrt[3]{tg^4 x}}.$ (e) $\int sen(2t) \, sen(2t+3) \, dt.$ (f) $\int sen \, x \, sen(2x) \, sen(3x) \, dx.$

4. Calcule:

(a) $\int \dfrac{dx}{(\sqrt{1+x^2})^3}$.

(b) $\int \dfrac{dx}{(1+x^2)\sqrt{1-x^2}}$.

(c) $\int \dfrac{\sqrt{x^2-9}}{x}\, dx$.

5. Calcule:

(a) $\int \dfrac{dx}{x^2+4x+5}$.

(b) $\int \dfrac{dx}{\sqrt{5-4x-x^2}}$.

(c) $\int \sqrt{\dfrac{2}{2+3x-2x^2}}\, dx$.

(d) $\int \dfrac{2dx}{6x-13-x^2}$.

(e) $\int \dfrac{\sqrt{3}\, dx}{x^2+x+1}$.

(f) $\int \dfrac{dx}{\sqrt{x^2+2x+3}}$.

6. Calcule:

(a) $\int \dfrac{2x^4-11x^2+20x-81}{x^3-13x+12}\, dx$.

(b) $\int \dfrac{(x+2)\, dx}{x^3-x^2-2x}$.

(c) $\int \dfrac{(x+2)\, dx}{x^3-2x^2}$.

(d) $\int \dfrac{4x+3}{x^3-2x^2+x}\, dx$.

7. Calcule o deslocamento de uma partícula entre os instantes t = 2 e t = 3, dada a velocidade escalar, nos casos (Sistema Internacional):

(a) $v(t) = \dfrac{1}{t^2-5t+4}$.

(b) $v(t) = \dfrac{8}{t^2-10t+9}$.

8. Calcule:

(a) $\int \dfrac{6x-2}{x^2-4x+8}\, dx$.

(b) $\int \dfrac{2x^2+x+4}{x^3+x^2+4x+4}\, dx$.

(c) $\int \dfrac{20x}{(x^2-3x+2)(x^2+1)}\, dx$.

(d) $\int \dfrac{2x^3-4x}{(x^2+1)^2}\, dx$.

(e) $\int \dfrac{x^4+1}{(x^2+1)^2}\, dx$.

(f) $\int \dfrac{x^5+3x^4+4x^3+18x^2-11x+34}{(x+3)(x^2+2)^2}\, dx$.

9. Para este exercício, onde o integrando apresenta radicais, efetue a substituição indicada para recair em uma integral de função racional. Resolveremos o primeiro item, como exemplo.

(a) $\int \dfrac{\sqrt{x+1}}{x+2}\, dx$, $t^2 = x+1$ $(t \geq 0)$.

Resolução. Temos $x = t^2 - 1$, logo $dx = 2t\, dt$. Substituindo vem

$$\int \dfrac{\sqrt{t^2}}{t^2-1+2}\, 2t\, dt = \int \dfrac{2t^2}{t^2+1}\, dt = 2\,(t - \operatorname{arctg} t)$$

onde o cálculo relativo à última igualdade é deixado para você. Voltando à variável x, através de $t = \sqrt{x+1}$, obtemos a resposta

$$\int \frac{\sqrt{x+1}}{x+2} dx = 2(\sqrt{x+1} - arctg\sqrt{x+1}).$$

(b) $\int \frac{\sqrt{x+1}}{x} dx$, $t^2 = x+1$ $(t \geq 0)$.

(c) $\int \frac{dx}{\sqrt[4]{x^5 - x}}$, $t^4 = x$ $(t > 0)$.

10. Calcule, quando convergente, a integral imprópria, nos casos:

(a) $\int_{-\infty}^{\sqrt{\ln 2}} xe^{-x^2} dx$. (b) $\int_{-\infty}^{\infty} \frac{dx}{\pi(x^2+1)}$. (c) $\int_{1}^{\infty} \frac{dx}{x^2+1}$.

(d) $\int_{1}^{\infty} \frac{8\, dx}{(x^2+1)^2}$. (e) $\int_{2}^{\infty} sen\, x\, dx$. (f) $\int_{0}^{\infty} \frac{arctg\, x\, dx}{1+x^2}$.

11. Calcule, quando convergente, a integral imprópria, nos casos:

(a) $\int_{0}^{1} 4x\, \ln x\, dx$. (b) $\int_{-1}^{1} \frac{dx}{x^4}$. (c) $\int_{0}^{1} \frac{x^5\, dx}{\sqrt{1-x^2}}$.

(d) $\int_{0}^{e} \frac{2dx}{x \cdot \sqrt[3]{\ln x}}$. (e) $\int_{0}^{1} \frac{dx}{x^3-1}$. (f) $\int_{0}^{1} \frac{dx}{\sqrt{x-x^2}}$.

Respostas dos exercícios suplementares do Capítulo 5

1. (a) $\frac{(x^2+10)^{11}}{22}$. (b) $\frac{2}{3}\sqrt{(1+u^7)^3}$. (c) $2e^{\sqrt{t}}$.

(d) $e^{\frac{x^2}{2}+x}$. (e) $arctg\,(sh\,x)$. (f) $cot^4 x$.

(g) $\frac{2^{\ln(6x^3)}}{3\ln 2}$. (h) $e^{arctg\,s}$. (i) $\frac{1}{2} arctg(x^2)$.

2. (a) $e^{3x}(3x-1)/9$. (b) $x\, tgx + \ln|cos\, x|$.

3. (a) $-\cos x + \frac{2}{3}\cos^3 x - \frac{1}{5}\cos^5 x$. (b) $\frac{1}{5}sec^5 x - \frac{1}{3} sec^3 x$.

(c) $-\frac{1}{5}cot^5 x + \frac{1}{3}cot^3 x - cot\, x - x$. (d) $-\frac{3}{\sqrt[3]{tg\,x}} + \frac{3}{5}\sqrt[3]{tg^5 x}$.

(e) $-\dfrac{sen(4t+3)}{8} + \dfrac{t\cos 3}{2}$. (f) $\dfrac{1}{24}\cos(6x) - \dfrac{1}{16}\cos(4x) - \dfrac{1}{8}\cos(2x)$.

4. (a) $\dfrac{x}{\sqrt{1+x^2}}$. (b) $\dfrac{1}{\sqrt{2}}\,arctg\left(\dfrac{x\sqrt{2}}{\sqrt{1-x^2}}\right)$.

(c) $\sqrt{x^2-9} + 3\,arcsen\left(\dfrac{3}{|x|}\right)$.

5. (a) $arctg(x+2)$. (b) $arcsen\left(\dfrac{x+2}{3}\right)$. (c) $arcsen\left(\dfrac{4x-3}{5}\right)$.

(d) $-arctg\left(\dfrac{x-3}{2}\right)$. (e) $2\,arctg\left(\dfrac{2x+1}{\sqrt{3}}\right)$. (f) $\ln(x+1+\sqrt{x^2+2x+3})$.

6. (a) $x^2 + 3\ln|x-3| + 5\ln|x+4| + 7\ln|x-1|$.

(b) $\dfrac{2}{3}\ln|x-2| + \dfrac{1}{3}\ln|x+1| - \ln|x|$.

(c) $\dfrac{1}{x} + \ln|x-2| - \ln|x|$. (d) $3\ln|x| - \dfrac{7}{x-1} - 3\ln|x-1|$.

7. (a) $-(2\ln 2)/3$ metros. (b) $\ln(3/7)$.

8. (a) $3\ln(x^2-4x+8) + 5\,arctg\left(\dfrac{x-2}{2}\right)$. (b) $\ln|x+1| + \dfrac{1}{2}\ln(x^2+4)$.

(c) $-10\ln|x-1| + 8\ln|x-2| + \ln(x^2+1) - 6\,arctg\,x$.

(d) $\dfrac{3}{x^2+1} + \ln(x^2+1)$.

(e) $x + \dfrac{x}{x^2+1} - arctg\,x$.

(f) $x + \dfrac{5}{2(x^2+2)} + \ln|x+3| - \dfrac{1}{2}\ln(x^2+2) + \dfrac{3}{\sqrt{2}}\,arctg\left(\dfrac{x}{\sqrt{2}}\right)$.

9. (b) $2\sqrt{x+1} + \ln\left|\dfrac{1-\sqrt{x+1}}{1+\sqrt{x+1}}\right|$. (c) $\ln(\sqrt[4]{x}-1)^4 - \ln x$.

10. (a) $-1/4$. (b) 1. (c) $\ln 2$. (d) $\pi - 2$. (e) Divergente. (f) $\pi^2/8$.

11. (a) -1. (b) Divergente. (c) $8/15$. (d) Divergente. (e) Divergente. (f) π.

Formulário

GEOMETRIA

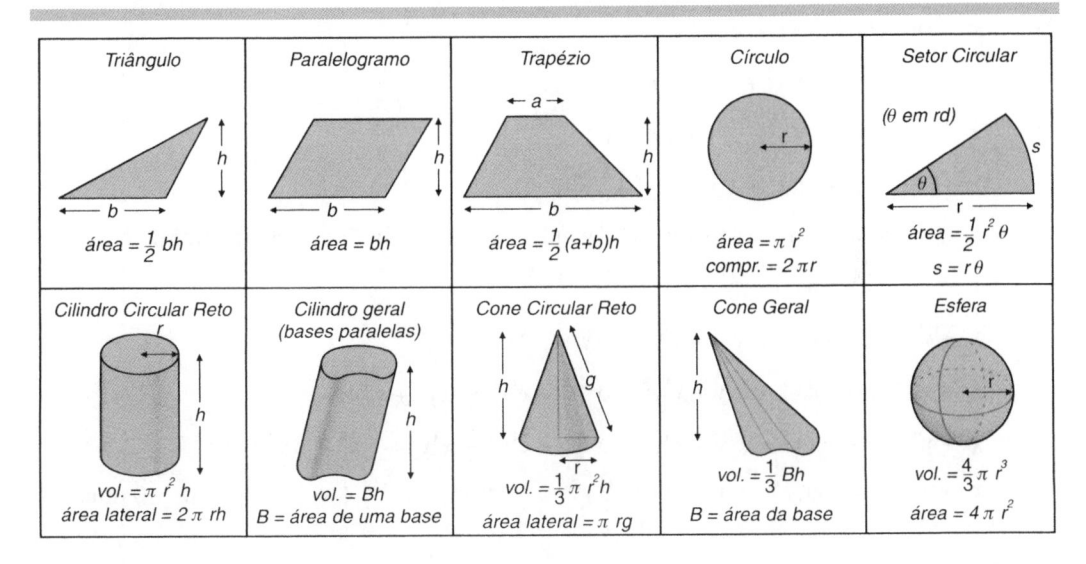

Triângulo	Paralelogramo	Trapézio	Círculo	Setor Circular
área = $\frac{1}{2}bh$	área = bh	área = $\frac{1}{2}(a+b)h$	área = πr^2 compr. = $2\pi r$	(θ em rd) área = $\frac{1}{2}r^2\theta$ $s = r\theta$
Cilindro Circular Reto	Cilindro geral (bases paralelas)	Cone Circular Reto	Cone Geral	Esfera
vol. = $\pi r^2 h$ área lateral = $2\pi rh$	vol. = Bh B = área de uma base	vol. = $\frac{1}{3}\pi r^2 h$ área lateral = πrg	vol. = $\frac{1}{3}Bh$ B = área da base	vol. = $\frac{4}{3}\pi r^3$ área = $4\pi r^2$

ÁLGEBRA

I. Raízes reais da equação quadrática $ax^2 + bx + c = 0$ (a,b,c reais, com $b^2 - 4ac \geq 0$):

$$x_1, x_2 = \frac{-b \pm \sqrt{b^2 - 4ac}}{2a}$$

Relações de Girard: $x_1 + x_2 = -b/a$ $x_1 x_2 = c/a$.

II. $\sqrt[n]{x^m} = (\sqrt[n]{x})^m = x^{m/n}$

III. $a^r a^s = a^{r+s}$ $\quad (a^r)^s = a^{rs}$ $\quad (ab)^r = a^r b^r$ $\quad a^{r-s} = \dfrac{a^r}{a^s}$ $\quad a^{-r} = \dfrac{1}{a^r}$

IV. $(x + y)^2 = x^2 + 2xy + y^2$

$(x + y)^3 = x^3 + 3x^2 y + 3xy^2 + y^3$

$(x + y)^4 = x^4 + 4x^3 y + 6x^2 y^2 + 4xy^3 + y^4$

$(x + y)^5 = x^5 + 5x^4 y + 10x^3 y^2 + 10x^2 y^3 + 5xy^4 + y^5$

$(x + y)^n = x^n + C_{n,1} x^{n-1} y + C_{n,2} x^{n-2} y^2 + C_{n,3} x^{n-3} y^3 + \ldots + C_{n,n-1} xy^{n-1} + y^n$

onde $C_{n,m} \dfrac{n(n-1)(n-2)\ldots(n-(m-1))}{1.2.3.\ldots.(m-1)m}$.

Para obter o desenvolvimento de $(x - y)^n$, escreva $-y$ em lugar de y na expressão acima.

V. $x^2 - y^2 = (x - y)(x + y)$

$x^3 - y^3 = (x - y)(x^2 + xy + y^2)$

$x^4 - y^4 = (x - y)(x^3 + x^2 y + xy^2 + y^3)$

$x^5 - y^5 = (x - y)(x^4 + x^3 y + x^2 y^2 + xy^3 + y^4)$

$x^n - y^n = (x - y)(x^{n-1} + x^{n-2} y + x^{n-3} y^2 + \ldots + xy^{n-2} + y^{n-1})$ $\quad$ ($n > 0$ inteiro)

$x^3 + y^3 = (x + y)(x^2 - xy + y^2)$

$x^5 + y^5 = (x + y)(x^4 - x^3 y + x^2 y^2 - xy^3 + y^4)$

$x^7 + y^7 = (x + y)(x^6 - x^5 y + x^4 y^2 - x^3 y^3 + x^2 y^4 - xy^5 + y^6)$

$x^9 + y^9 = (x + y)(x^8 - x^7 y + x^6 y^2 - x^5 y^3 + x^4 y^4 - x^3 y^5 + x^2 y^6 - xy^7 + y^8)$

$x^n + y^n = (x + y)(x^{n-1} - x^{n-2} y + x^{n-3} y^2 - x^{n-4} y^3 + \ldots - xy^{n-2} + y^{n-1})$ $\quad$ ($n > 0$ ímpar)

IDENTIDADES TRIGONOMÉTRICAS

I. $\operatorname{sen}^2 x + \cos^2 x = 1$ $\qquad$ $\sec^2 x = 1 + \operatorname{tg}^2 x$ $\qquad$ $\csc^2 x = 1 + \cot^2 x$

II. $\operatorname{sen}(-x) = -\operatorname{sen} x$ $\qquad$ $\cos(-x) = \cos x$ $\qquad$ $\operatorname{tg}(-x) = -\operatorname{tg} x$

$\csc(-x) = -\csc x$ $\qquad$ $\sec(-x) = \sec x$ $\qquad$ $\cot(-x) = -\cot x$

III. $\operatorname{sen}\left(\dfrac{\pi}{2} - x\right) = \cos x$ $\qquad$ $\cos\left(\dfrac{\pi}{2} - x\right) = \operatorname{sen} x$ $\qquad$ $\operatorname{tg}\left(\dfrac{\pi}{2} - x\right) = \cot x$

$\csc\left(\dfrac{\pi}{2} - x\right) = \sec x$ $\qquad$ $\sec\left(\dfrac{\pi}{2} - x\right) = \csc x$ $\qquad$ $\cot\left(\dfrac{\pi}{2} - x\right) = \operatorname{tg} x$

IV. $\quad sen(\pi-x) = sen\, x \qquad cos(\pi-x) = -cos\, x \qquad tg(\pi-x) = -tg\, x$

$\quad csc(\pi-x) = csc\, x \qquad sec(\pi-x) = -sec\, x \qquad cot(\pi-x) = -cot\, x$

$\quad sen(\pi-x) = -sen\, x \qquad cos(\pi-x) = -cos\, x \qquad tg(\pi-x) = tg\, x$

$\quad csc(\pi-x) = -csc\, x \qquad sec(\pi-x) = -sec\, x \qquad cot(\pi-x) = cot\, x$

V. $\quad sen(x \pm y) = sen\, x \cos y \pm \cos x\, sen\, y \qquad \cos(x \pm y) = \cos x \cos y \mp sen\, x\, sen\, y$

$$tg(x \pm y) = \frac{tg\, x \pm tg\, y}{1 \mp tg\, x\, tg\, y}$$

VI. $\quad sen(2x) = 2\, sen\, x \cos x \qquad \cos(2x) = \cos^2 x - sen^2 x = 2\cos^2 x - 1 = 1 - 2\, sen^2 x$

VII. $\quad sen^2(\frac{x}{2}) = \frac{1-\cos x}{2} \qquad\qquad \cos^2(\frac{x}{2}) = \frac{1+\cos x}{2}$

VIII. $\quad 2\, sen\, x \cos y = sen(x+y) + sen(x-y) \qquad 2\cos x \cos y = \cos(x+y) + \cos(x-y)$

$\quad 2\cos x\, sen\, y = sen(x+y) - sen(x-y) \qquad 2\, sen\, x\, sen\, y = -\cos(x+y) + \cos(x-y)$

XIX. $\quad sen\, x + sen\, y = 2\, sen(\frac{x+y}{2}) \cos(\frac{x-y}{2}) \qquad \cos x + \cos y = 2\cos(\frac{x+y}{2}) \cos(\frac{x-y}{2})$

$\quad sen\, x - sen\, y = 2\cos(\frac{x+y}{2}) sen(\frac{x-y}{2}) \qquad \cos x - \cos y = -2\, sen(\frac{x+y}{2}) sen(\frac{x-y}{2})$

FUNÇÕES TRIGONOMÉTRICAS INVERSAS

I. $\quad y = \arcsen x \quad$ se e somente se $\quad x = sen\, y, \quad -\pi/2 \le y \le \pi/2$

$\quad y = \arccos x \quad$ se e somente se $\quad x = \cos y, \quad 0 \le y \le \pi$

$\quad y = arctg\, x \quad$ se e somente se $\quad x = tg\, y, \quad -\pi/2 < y < \pi/2$

II. $\quad \arcsen(-x) = -\arcsen x \qquad arctg(-x) = -arctg\, x$

III. $\quad \arcsen x + \arccos x = \frac{\pi}{2} \qquad \arcsen x = arctg\left(\frac{x}{\sqrt{1-x^2}}\right)$

FUNÇÕES HIPERBÓLICAS

I. $\quad sh\, x = \dfrac{e^x - e^{-x}}{2} \qquad ch\, x = \dfrac{e^x + e^{-x}}{2} \qquad th\, x = \dfrac{sh\, x}{ch\, x}$

$$\coth = \frac{ch\ x}{sh\ x} \qquad \operatorname{sech} = \frac{1}{ch\ x} \qquad \operatorname{csch} = \frac{1}{sh\ x}$$

II. $ch^2 x - sh^2 x = 1 \qquad \operatorname{sech}^2 x = 1 - th^2 x \qquad \operatorname{csch}^2 x = \coth^2 x - 1$

III. $sh(-x) = -sh\ x \qquad ch(-x) = ch\ x \qquad th(-x) = -th\ x$

$\operatorname{csch}(-x) = -\csc x \qquad \operatorname{sech}(-x) = \operatorname{sech} x \qquad \coth(-x) = -\coth x$

IV. $sh(x \pm y) = sh\ x\ ch\ y \pm ch\ x\ sh\ y \qquad ch(x \pm y) = ch\ x\ ch\ y \pm sh\ x\ sh\ y$

$th(x \pm y) = \dfrac{th\ x \pm th\ y}{1 \pm th\ x\ th\ y}$

V. $sh(2x) = 2sh\ x\ ch\ x \qquad ch(2x) = ch^2 x + sh^2 x = 2sh^2 x + 1 = 2ch^2 x - 1$

VI. $ch\left(\dfrac{x}{2}\right) = \sqrt{\dfrac{ch\ x + 1}{2}} \qquad sh^2\left(\dfrac{x}{2}\right) = \dfrac{ch\ x - 1}{2}$

VII. $2sh\ x\ ch\ y = sh(x+y) + sh(x-y) \qquad 2ch\ x\ ch\ y = ch(x+y) + ch(x-y)$

$2ch\ x\ sh\ y = sh(x+y) - sh(x-y) \qquad 2sh\ x\ sh\ y = ch(x+y) - ch(x-y)$

VIII. $sh\ x + sh\ y = 2sh\left(\dfrac{x+y}{2}\right) ch\left(\dfrac{x-y}{2}\right) \qquad ch\ x + ch\ y = 2ch\left(\dfrac{x+y}{2}\right) ch\left(\dfrac{x-y}{2}\right)$

$sh\ x - sh\ y = 2ch\left(\dfrac{x+y}{2}\right) sh\left(\dfrac{x-y}{2}\right) \qquad ch\ x - ch\ y = 2sh\left(\dfrac{x+y}{2}\right) sh\left(\dfrac{x-y}{2}\right)$

REGRAS DE DERIVAÇÃO

I. Derivada da soma, diferença, produto e quociente

$(f \pm g)' = f' \pm g' \qquad (cf)' = cf'\ (c\ \text{constante}) \qquad (fg)' = f'g + fg'$

$(f^n)' = nf^{n-1} f' \qquad \left(\dfrac{f}{g}\right)' = \dfrac{f'g - fg'}{g^2} \qquad \left(\dfrac{1}{g}\right)' = -\dfrac{g'}{g^2}$

II. Regra da cadeia

Na notação de Leibniz: $y = f(u),\ u = g(x)$: $\qquad \dfrac{dy}{dx} = \dfrac{dy}{du} \dfrac{du}{dx}$

Na notação de função composta:

$$(f \circ g)'(x) = f'(g(x))g'(x)$$

sendo $(f \circ g)(x) = f(g(x))$.

III. *Derivada de função inversa*

Na notação de Leibniz: $\dfrac{dy}{dx} = \dfrac{1}{\frac{dx}{dy}}$

Em notação precisa: $(f^{-1})'(y) = \dfrac{1}{f'(x)}$, sendo $y = f(x)$

INTEGRAÇÃO

I. *Integração por substituição* $\displaystyle\int f(g(x))\dfrac{dg}{dx}\,dx = \int f(u)\,du$

$u = g(x)$, $du = \dfrac{dg}{dx}\,dx$. Em notação mais precisa, se F é uma primitiva de f, então

$$\int f(g(x))g'(x)\,dx = F(g(x))$$

II. *Integração por partes* $\displaystyle\int f(x)g(x)\,dx = f(x)G(x) - \int f'(x)G(x)\,dx$

onde G é uma primitiva de g: $\displaystyle\int g(x)\,dx = G$.

TABELA DE DERIVADAS BÁSICAS

$(c)' = 0$ (c constante) $(x)' = 1$ $(x^c)' = cx^{c-1}$; $\left(\dfrac{1}{x}\right)' = -\dfrac{1}{x^2}$; $(\sqrt{x})' = \dfrac{1}{2\sqrt{x}}$ $(a^x)' = a^x \ln a$; $(e^x)' = e^x$ $(\log_a x)' = \dfrac{1}{x \ln a}$; $(\ln x)' = \dfrac{1}{x}$ $(sen\,x)' = \cos x$ $(\cos x)' = -sen\,x$ $(tg\,x)' = \sec^2 x$ $(\cot x)' = -\csc^2 x$	$(arcsen\,x)' = \dfrac{1}{\sqrt{1-x^2}}$ $(arccos\,x)' = -\dfrac{1}{\sqrt{1-x^2}}$ $(arctg\,x)' = \dfrac{1}{1+x^2}$ $(sh\,x)' = ch\,x$ $(ch\,x)' = sh\,x$ $(th\,x)' = \dfrac{1}{ch^2 x}$ $(coth\,x)' = -\dfrac{1}{sh^2 x}$

TABELA DE INTEGRAIS BÁSICAS

$\int x^m \, dx = \dfrac{x^{m+1}}{m+1} \quad (m \neq -1)$

$\int \dfrac{dx}{x} = ln|x|$

$\int a^x \, dx = \dfrac{a^x}{ln\, a}; \quad \int e^x \, dx = e^x$

$\int sen\, x \, dx = -cos\, x$

$\int cos\, x \, dx = sen\, x$

$\int sec^2 x \, dx = tg\, x$

$\int csc^2 x \, dx = -cot\, x$

$\int (secx)(tg\, x) dx = sec\, x$

$\int (csc\, x)(cot\, x) dx = -csc\, x$

$\int \dfrac{dx}{\sqrt{1-x^2}} = arcsen\, x$

$\int \dfrac{dx}{\sqrt{1-x^2}} = -arccos\, x$

$\int \dfrac{dx}{1+x^2} = arctg\, x$

$\int sh\, x \, dx = ch\, x$

$\int ch\, x \, dx = sh\, x$

Apêndice

Limites Finitos

Usaremos o seguinte sobre módulo de um número real ($|x|=x$ se $x \geq 0$, $|x|=-x$ se $x<0$):
(1) Sendo $a>0$, $|x|<a \Leftrightarrow -a<x<a$ e $|x|\leq a \Leftrightarrow -a \leq x \leq a$.
(2) $|x+y|\leq |x|+|y|$.
(3) $|x-y|\geq |x|-|y|$.

Definição. Sejam a e r números reais, $r>0$. O intervalo $]a-r, a+r[$ é chamado **bola aberta de centro a e raio r**. O conjunto obtido de $]a-r, a+r[$ pela supressão de a chama-se **bola aberta perfurada de centro a e raio r**. Portanto, x está nessa bola perfurada se e somente se $0<|x-a|<r$.

Definição. Seja A um subconjunto não-vazio de $I\!R$ e a um número real. a é **ponto de acumulação de A** se toda bola aberta perfurada de centro a contém um elemento de A. Se toda bola aberta perfurada de centro a contém um elemento de A maior do que a, a é dito **ponto de acumulação à esquerda de A**. Analogamente se define **ponto de acumulação à direita de A**. Um ponto de acumulação à esquerda e também à direita de A é chamado **ponto de acumulação bilateral de A**.

Definição. Seja f uma função real de variável real de domínio A, a um ponto de acumulação de A, e L um número real. O símbolo $\lim_{x \to a} f(x) = L$ significa que dado $\varepsilon > 0$ existe $\delta > 0$ tal que para todo $x \in A$, $0<|x-a|<\delta \Rightarrow |f(x)-L|<\varepsilon$. Ou seja, dada uma bola aberta B de centro L e raio ε, existe uma bola aberta perfurada B' de centro a de raio δ tal que para todo x do domínio da função que está em B', $f(x)$ está em B (Figura (a)).

Se a é ponto de acumulação à direita de A, o símbolo $\lim_{x \to a-} f(x) = L$ significa que dado $\varepsilon > 0$ existe $\delta > 0$ tal que para todo $x \in A$, $0<a-x<\delta \Rightarrow |f(x)-L|<\varepsilon$.

Se a é ponto de acumulação à esquerda de A, o símbolo $\lim_{x \to a+} f(x) = L$ significa que dado $\varepsilon > 0$ existe $\delta > 0$ tal que para todo $x \in A$, $0 < x - a < \delta \Rightarrow |f(x) - L| < \varepsilon$.

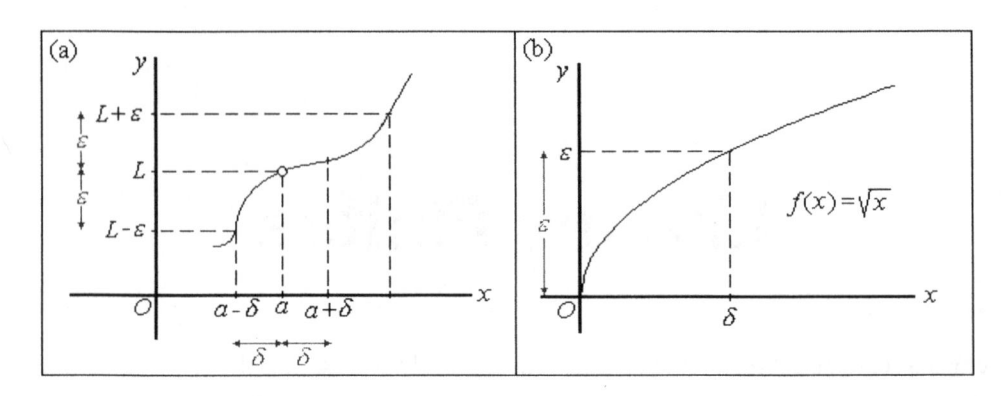

Exemplo. (a) Mostremos que $\lim_{x \to a} c = c$, ou seja, que dado $\varepsilon > 0$ existe $\delta > 0$ tal que para todo x, $0 < |x - a| < \delta \Rightarrow |c - c| < \varepsilon$. É óbvio que qualquer $\delta > 0$ serve.

(b) Mostremos que $\lim_{x \to a} x = a$, ou seja, que dado $\varepsilon > 0$ existe $\delta > 0$ tal que para todo x, $0 < |x - a| < \delta \Rightarrow |x - a| < \varepsilon$. É óbvio que basta tomar $\delta = \varepsilon$.

(c) Mostremos que $\lim_{x \to 1} (x^2 - 1)/(x - 1) = 2$, ou seja, que dado $\varepsilon > 0$ existe $\delta > 0$ tal que para todo $x \ne 1$, $0 < |x - 1| < \delta \Rightarrow |[(x^2 - 1)/(x - 1)] - 2| < \varepsilon$.

Como

$$\frac{x^2 - 1}{x - 1} - 2 = \frac{x^2 - 1 - 2(x - 1)}{x - 1} = \frac{x^2 - 2x + 1}{x - 1} = \frac{(x - 1)^2}{x - 1} = x - 1$$

a nossa tese fica: para todo $x \ne 1$, $0 < |x - 1| < \delta \Rightarrow |x - 1| < \varepsilon$, o que nos leva a escolher $\delta = \varepsilon$.

(d) Mostremos que $\lim_{x \to 0} \sqrt{x} = 0$, ou seja, que dado $\varepsilon > 0$ existe $\delta > 0$ tal que para todo $x \ge 0$, $0 < |x - 0| < \delta \Rightarrow |\sqrt{x} - 0| < \varepsilon$, ou seja, $0 < x < \delta \Rightarrow \sqrt{x} < \varepsilon$. Inspirados por isto, ou pelo gráfico da função (Figura (b)), vemos que basta tomar $\delta = \varepsilon^2$. De fato, $0 < x < \varepsilon^2 \Rightarrow \sqrt{x} < \varepsilon$. Observe que mostramos também que $\lim_{x \to 0+} \sqrt{x} = 0$.

Teorema 1. Seja a um ponto de acumulação do domínio de uma função f. Suponhamos que existe $K > 0$ tal que para todo x do domínio de f que está em uma bola aberta perfurada de a se tem $|f(x) - L| \le K |x - a|$. Então $\lim_{x \to a} f(x) = L$.

Demonstração. Seja Δ o raio da bola perfurada referida no enunciado. Dado $\varepsilon > 0$, seja $\delta = \min\{\Delta, \varepsilon/K\}$. Então, para todo x do domínio de f que está na bola perfurada tem-se:

$$0 < |x-a| < \delta \Rightarrow |f(x) - L| \le K|x-a| < K \cdot \frac{\varepsilon}{K} = \varepsilon \qquad \blacktriangleleft$$

Exemplo. (a) Mostremos que $\lim_{x \to 2}(3x^2 - 1) = 11$. Temos:

$$|3x^2 - 1 - 11| = |3x^2 - 12| = 3|x^2 - 4| = 3|x - 2||x + 2|$$

Vamos supor x variando na bola perfurada de centro 2 e raio 1; logo, $1 \le x \le 3$. Então $|x + 2| = x + 2 \le 3 + 2 = 5$. Portanto, para x nessa bola temos:

$$|3x^2 - 1 - 11| = 3|x - 2||x + 2| \le 15|x - 2|$$

O resultado segue, agora, do teorema anterior.

(b) Mostremos que $\lim_{x \to 3}(x^3 - x + 1)/(2x^2 - 13) = 5$. Temos:

$$|\frac{x^3 - x + 1}{2x^2 - 13} - 5| = |\frac{x^3 - x + 1 - 5(2x^2 - 13)}{2x^2 - 13}| = |\frac{x^3 - 10x^2 - x + 66}{2x^2 - 13}| = |\frac{(x-3)(x^2 - 7x - 22)}{2x^2 - 13}|$$

(obtivemos a fatoração indicada usando Briot-Ruffini, inspirando-nos no fato de que a expressão dentro do módulo deve tender a 0, logo 3 deve ser raiz do numerador). Como $|2x^2 - 13| \ge |2x^2| - |13| = 2|x|^2 - 13$, suporemos x em uma bola perfurada de centro 3 e raio suficientemente pequeno de modo que $2|x|^2 - 13$ seja maior que um número positivo. Para isto, basta tomar $r = 0,1$, caso em que $2,9 \le x \le 3,1$ e portanto $|2x^2 - 13| \ge 2|x|^2 - 13 = 2x^2 - 13 \ge 2 \cdot (2,9)^2 - 13 = 3,82$; logo, $|2x^2 - 13|^{-1} \le (3,82)^{-1}$. Por outro lado,

$$|x^2 - 7x - 22| \le |x^2| + |-7x| + |-22| = x^2 + 7x + 22 \le (3,1)^2 + 7(3,1) + 22 = 53,31$$

Portanto,

$$|\frac{x^3 - x + 1}{2x^2 - 13} - 5| = \frac{|x - 3||(x^2 - 7x - 22)|}{|2x^2 - 13|} = |x - 3||x^2 - 7x - 22||2x^2 - 13|^{-1} \le |x - 3|(53,31)(3,82)^{-1}$$

O resultado segue, agora, do teorema anterior.

Teorema 2. Seja a ponto de acumulação bilateral do domínio D de uma função f. Então

$$\lim_{x \to a} f(x) = L \iff (\lim_{x \to a-} f(x) = L \text{ e } \lim_{x \to a+} f(x) = L)$$

Demonstração. A parte $[\lim_{x \to a} f(x) = L \Rightarrow (\lim_{x \to a-} f(x) = L \text{ e } \lim_{x \to a+} f(x) = L)]$ é imediata.

Mostremos que $[(\lim_{x \to a-} f(x) = L$ e $\lim_{x \to a+} f(x) = L) \Rightarrow \lim_{x \to a} f(x) = L]$. Dado $\varepsilon > 0$, existe $\delta_1 > 0$ tal que para todo $x \in A$, $0 < a - x < \delta_1 \Rightarrow |f(x) - L| < \varepsilon$ e existe $\delta_2 > 0$ tal que para todo x de D, $0 < x - a < \delta_2 \Rightarrow |f(x) - L| < \varepsilon$. Tomando $\delta = \min\{\delta_1, \delta_2\}$ temos então que para todo x de D,

$$0 < a - x < \delta \Rightarrow |f(x) - L| < \varepsilon \text{ e } 0 < x - a < \delta \Rightarrow |f(x) - L| < \varepsilon$$

ou seja,

$$0 < |x - a| < \delta \Rightarrow |f(x) - L| < \varepsilon \quad \blacktriangleleft$$

Lema. Se $\lim_{x \to a} f(x) = L$, existem A, B e δ reais, $\delta > 0$, tais que para todo x do domínio de f tem-se $0 < |x - a| < \delta \Rightarrow A < f(x) < B$. Se $L > 0$, pode-se tomar $A > 0$; e se $L < 0$, pode-se tomar $B < 0$.

Demonstração. Sendo $M \geq 0$, $L^2 + M^2 \neq 0$, escolhamos $\varepsilon = M + (|L|/2)$. Existe $\delta > 0$ tal que para todo x do domínio de f, $0 < |x - a| < \delta \Rightarrow |f(x) - L| < \varepsilon = M + (|L|/2)$, ou seja, $0 < |x - a| < \delta \Rightarrow L - M - (|L|/2) < f(x) < L + M + (|L|/2)$. Basta fazer $A = L - M - (|L|/2)$ e $B = L + M + (|L|/2)$. Tomemos, agora, $M = 0$: se $L > 0$, temos $A = (L/2) > 0$; e se $L < 0$, temos $B = (L/2) < 0$. $\quad \blacktriangleleft$

Teorema 3. Suponhamos que $\lim_{x \to a} f(x) = L$. Seja D o domínio de f.

(a) Existem $K > 0$ e $\delta_1 > 0$ tais que, para todo x de D, $0 < |x - a| < \delta_1 \Rightarrow |f(x)| < K$.

(b) Se $L \neq 0$, existem $P > 0$ e $\delta_2 > 0$ tais que, para todo x de D, $0 < |x - a| < \delta_2 \Rightarrow |f(x)| > P$.

(c) Se $L \neq 0$, existe $\delta_3 > 0$ tal que para todo x de D, $0 < |x - a| < \delta_3 \Rightarrow Lf(x) > 0$.

Demonstração. (a) Imediato do Lema, pois $A < f(x) < B$ equivale a $-K < f(x) < K$ para algum $K > 0$ (por exemplo, $K = \max\{|A|, |B|\}$).

(b) e (c): Se $L > 0$, temos, pelo Lema, que existe $\delta_2 > 0$ tal que, para todo x de D, $0 < |x - a| < \delta_2 \Rightarrow 0 < A < f(x)$; logo, podemos tomar $P = A$. Note que, neste caso, $0 < |x - a| < \delta_2 \Rightarrow Lf(x) > 0$. Se $L < 0$, temos, pelo lema, que existe $\delta_3 > 0$ que para todo x de D, $0 < |x - a| < \delta_3 \Rightarrow f(x) < B < 0 \Rightarrow |f(x)| = -f(x) > -B$; logo, podemos tomar $P = -B$. Note que, neste caso, $0 < |x - a| < \delta_3 \Rightarrow Lf(x) > 0$. $\quad \blacktriangleleft$

Teorema 4. Se $\lim_{x \to a} f(x) = L$ e $\lim_{x \to a} f(x) = \overline{L}$ então $L = \overline{L}$.

Demonstração. Seja $\varepsilon > 0$. Considerando $\varepsilon/2$, existe $\delta_1 > 0$ tal que para todo x do domínio de f, $0 < |x - a| < \delta_1 \Rightarrow |f(x) - L| < \varepsilon/2$; existe $\delta_2 > 0$ tal que para todo x do domínio de f, $0 < |x - a| < \delta_2 \Rightarrow |f(x) - \overline{L}| < \varepsilon/2$. Portanto, sendo $\delta = \min\{\delta_1, \delta_2\}$, para todo x do domínio de f tem-se:

$0 < |x-a| < \delta \Rightarrow |L-\overline{L}| = |(L-f(x))+(f(x)-\overline{L})| \le |L-f(x)|+|f(x)-\overline{L}| \le \varepsilon/2 + \varepsilon/2 = \varepsilon$

Provamos que $|L-\overline{L}|$ é menor que qualquer número positivo, ou seja, $|L-\overline{L}|=0$; logo, $L=\overline{L}$. ◀

Teorema 5. Se $\lim_{x \to a} f(x) = L$ e $\lim_{x \to a} g(x) = M$, então:

(a) $\lim_{x \to a}(f+g)(x) = L+M$. (b) $\lim_{x \to a}(fg)(x) = LM$. (c) $\lim_{x \to a}(f/g)(x) = L/M$ se $M \ne 0$.

Demonstração. Indiquemos por D o domínio comum de f e g.
(a) Sendo $\varepsilon > 0$, consideremos $\varepsilon/2$. Então existe $\delta_1 > 0$ tal que para todo x de D, $0 < |x-a| < \delta_1 \Rightarrow |f(x)-L| < \varepsilon/2$ e existe $\delta_2 > 0$ tal que para todo x de D, $0 < |x-a| < \delta_2 \Rightarrow |g(x)-M| < \varepsilon/2$. Sendo $\delta = \min\{\delta_1, \delta_2\}$, temos, para todo x de D, que

$0 < |x-a| < \delta \Rightarrow |(f+g)(x)-(L+M)| = |f(x)+g(x)-L-M| = |(f(x)-L)+(g(x)-M)|$
$\le |f(x)-L|+|g(x)-M| < \varepsilon/2 + \varepsilon/2 = \varepsilon$ ◀

(b) Para x em D, tem-se:

$|(fg)(x)-LM| = |(f(x)-L)g(x)-(M-g(x))L| \le |(f(x)-L)g(x)|+|(M-g(x))L|$

$= |f(x)-L||g(x)|+|M-g(x)||L| \le |f(x)-L||g(x)|+|M-g(x)|(|L|+1)$

- Por outro lado, pelo Teorema 3(a) existem $\delta_1 > 0$ e $K > 0$ tal que para todo x de D tem-se $0 < |x-a| < \delta_1 \Rightarrow |g(x)| < K$
- Seja $\varepsilon > 0$. Então existem $\delta_2 > 0$ e $\delta_3 > 0$ tais que, para todo x de D, tem-se $0 < |x-a| < \delta_2 \Rightarrow |f(x)-L| < \varepsilon/2K$ e $0 < |x-a| < \delta_3 \Rightarrow |g(x)-L| < \varepsilon/2(|L|+1)$.

Portanto, tomando $\delta = \min\{\delta_1, \delta_2, \delta_3\}$, tem-se, para todo x de D:

$0 < |x-a| < \delta \Rightarrow |(fg)(x)-LM| \le |f(x)-L||g(x)|+|M-g(x)|(|L|+1)$

$$< \frac{\varepsilon}{2K}K + \frac{\varepsilon}{2(|L|+1)}(|L|+1) = \varepsilon \quad \blacktriangleleft$$

(c) Provemos, de início, que $\lim_{x \to a}(1/g)(x) = 1/M$. Para x em D tem-se:

$|(\frac{1}{g})(x) - \frac{1}{M}| = |\frac{1}{g(x)} - \frac{1}{M}| = |\frac{M-g(x)}{Mg(x)}| = |M-g(x)||M|^{-1}|g(x)|^{-1}$

- Por outro lado, pelo Teorema 3(b), existem $P > 0$ e $\delta_1 > 0$ tais que para todo x de D, tem-se:

$$0 < |x-a| < \delta_1 \Rightarrow |g(x)| > P \Rightarrow |g(x)|^{-1} < P^{-1}$$

- Dado $\varepsilon > 0$, existe $\delta_2 > 0$ tal que para todo x de D tem-se:

$$0 < |x-a| < \delta_2 \Rightarrow |g(x) - M| < \varepsilon |M| P$$

Portanto, se $\delta = \min\{\delta_1, \delta_2\}$, tem-se, para todo x de D:

$$0 < |x-a| < \delta \Rightarrow |(\frac{1}{g})(x) - \frac{1}{M}| = |M - g(x)||M|^{-1}|g(x)|^{-1} < \varepsilon |M| P |M|^{-1} P^{-1} = \varepsilon$$

Agora, usando a parte (b), temos:

$$\lim_{x \to a}(\frac{f}{g})(x) = \lim_{x \to a}(f \cdot \frac{1}{g})(x) = \lim_{x \to a} f(x) \lim_{x \to a}(\frac{1}{g})(x) = L \cdot \frac{1}{M} = \frac{L}{M} \quad \blacktriangleleft$$

Corolário. (a) Se $\lim_{x \to a} f(x) = L$ e c é um número real então, então $\lim_{x \to a}(cf)(x) = cL$.

(b) Se $\lim_{x \to a} f(x) = L$ e $\lim_{x \to a} g(x) = M$ então $\lim_{x \to a}(f - g)(x) = L - M$.

Demonstração. (a) Basta tomar $g(x) = c$ na propriedade (b) do teorema anterior e lembrar que $\lim_{x \to a} c = c$.

(b) Temos $\lim_{x \to a}[(-1)g](x) = (-1)M$ pela parte (b) do teorema anterior. Portanto,

$$\lim_{x \to a}(f - g)(x) = \lim_{x \to a}[(f + (-1)g)(x)] = \lim_{x \to a} f(x) + \lim_{x \to a}[(-1)g](x) = L + (-1)M = L - M$$

(usamos a parte (a) do teorema anterior na segunda igualdade). $\blacktriangleleft$

Bibliografia

APOSTOL, T. *Calculus.* Nova York, Blaisdell Publishing Company, 1964.

HOFFMANN, L. D. e **BRADLEY, G.L.** *Brief Calculus with Applications* (Fifth Edition). Nova York, McGraw-Hill, Inc., 1993.

KLINE, M., *Calculus-An Intuitive and Physical Approach.* Nova York, John Wiley & Sons, 1977.

LOOMIS, L. H. *Calculus* (Third Edition). Addison-Wesley Publishing Company, Reading, 1982.

PRIESTLEY, W. M. *Calculus: An Historical Approach.* Nova York, Springer-Verlag, 1979.

SIMMONS, F. G. *Cálculo com Geometria Analítica.* São Paulo, MAKRON *Books*, 1987.

SPIVAK, M. *Calculus (Cálculo Infinitesimal).* Barcelona, *Editora Reverté,* 1978.

VARBERG, D., PURCELL, E. J. *Calculus* (7th edition). Upper Saddle River, Prentice Hall, 1997.